한국에 파송된 첫 감리교 선교사
윌리엄 스크랜톤을 따라서

선한 사마리아인

Good Samaritan

서기종 지음

초판 1쇄 2022년 3월 15일

지은이 서기종
펴낸이 김문선
펴낸곳 이야기books
출판등록 2018년 2월 9일 제2018-000010호
주소 경기도 안산시 상록구 부루지1길40 지층
전화 070-8876-0031
팩스 0504-254-2932
이메일 story-books@naver.com
홈페이지 www.story-books.co.kr

ⓒ서기종, 2022
ISBN : 979-11-91434-10-1 [03230]
가격: 25,000원

※잘못된 책은 바꾸어 드립니다. 이 책은 저작권법에 따라 보호받는 저작물이므로 무단전재와 무단복제를 금합니다.

머리말

이 책을 쓰면서

금년은 윌리엄 스크랜톤 박사(1856-1922)의 서거 100주기가 되는 해이다. 그는 1884년 미국 감리교회에 의해 한국에 파송된 첫 번째 선교사였다. 혹자는 헨리 아펜젤러 선교사가 스크랜톤 선교사보다 먼저 한국 땅을 밟았기 때문에 그를 한국에 온 첫 번째 감리교 선교사로 생각하고 인정하는 경향이 있지만 그것은 올바른 역사인식이라고 보기 어렵다. 물론 이미 천국에 가신 두 선교사님은 누가 먼저 이 땅에 온 첫 번째 감리교 선교사의 영예를 누릴 것이냐는 문제에 대해 별 관심이 없으실 것이라고 믿는다. 윌리엄 스크랜톤과 헨리 아펜젤러, 이 두 분은 의심할 여지없이 감리교뿐만이 아니라 한국 개신교 선교 역사에 있어서 불멸의 족적을 남기신 위대한 하나님의 종이었다. 다만 우리는 19세기 말 한국 선교의 문을 열었던 미 감리교회가 파송한 첫 번째 선교사는 스크랜톤 박사이기 때문에 그 역사적인 사실을 분명히 해야 한다는 것이다.

윌리엄 스크랜톤 박사는 1884년 한국으로 파송을 받고, 일본을 거쳐 1885년 5월 서울에 도착한 이후로 이 땅의 복음화와 의료사역을 통한 봉사에 전념하였다. 그는 감리교 선교사로 22년(1885-1907) 그리고 친일적인 해리스 감독과의 불화로 감리교 선교사직과 목사직을 사임한 이후로 9년(1907-1916), 그렇게 30년 넘는 장구한 세월동안 이 땅에 머물며 그리스도의 사랑을 실천하였다. 그는 일차적으로 의료선교사였기 때문에 "선한 사마리아인 병원" 사역을 통해 환자들을 치료하는 것이 주 업무였지만 사실 그의 사역 범위는 광범위하였다. 그가 한국 교회와 한국인들을 위해서 한 일은 이루 헤아릴 수 없을 정도로 많다.

이 책은 크게 2부로 구성되어 있다:

1부에서는 윌리엄 스크랜톤의 생애와 사상을 살펴보려고 한다. 여기에서는 그의 개인적인 삶과 가족 이야기 그리고 선교사로서의 공적인 사역에 대해 중요한 역사적 사실들을 중심으로 조망할 것이다.[1]

2부는 윌리엄 스크랜톤이 썼거나 그에 관한 의미 있는 글을 담고 있다. 본서에 수록된 글은 선교 매거진(mission magazine)에 기고한 것만을 모은 것이다. 그가 미 감리교 해외선교부나 한국 선교회에 제출한 선교보고서 그리고 회의록 같은 것은 포함시키지 않았다.[2]

---

1) 특히, 본서에서는 1차 자료인 영어 원문에 대한 인용이 많은데, 언급된 원문과 그 번역에 관한 사료는 『윌리엄 B. 스크랜턴 서신 자료집』(스크랜턴 기념사업회 엮음)과 『윌리엄 B. 스크랜턴 자료집 I, II』(박형우, 김신권 편역)을 참조하였다. 메리 스크랜톤의 편지와 그녀가 기고한 글에 관한 부분은 『메리 스크랜톤 자료집』(The Writings of Mary F. Scranton, 동대문교회출판부)에 잘 나타나 있다.
2) 그가 쓴 이 글들은 여러 선교잡지를 통하여 미국에 있는 성도들에게 한국 선교 상황을 알리는데 큰 도움을 주었다. 각 글의 서두에 있는 [*] 부분은 필자가 원문을 번역하면서, 독자들의 이해를 돕기 위하여 해설을 붙인 것이다.

윌리엄 스크랜톤은 한국에 온 다른 선교사들과 비교해 볼 때 특이한 점이 있다. 그것은 그가 어머니 메리 스크랜톤과 함께 선교사로 이 땅에 와서 동역을 했다는 사실이다. 이 모자(母子)의 선교 사역은 많은 면에서 밀접하게 연관이 되어 있어 서로 분리하는 것이 불가능할 정도다. 메리 스크랜톤이 "이방 여인(한국 여성)의 친구"였다면, 윌리엄 스크랜톤은 한국인들에게 진정한 의미에서 "선한 사마리아인"이었다. 이들 모자가 "은자의 나라, 한국"에 와서 이 나라의 백성들을 위해 행한 일과 베풀어 준 그리스도의 사랑은 결코 잊을 수가 없다. 비록 그들은 우리 곁에 없지만 그들이 남긴 아름다운 헌신과 희생의 정신은 계속 이어져가야 할 것이다.

이 책이 세상의 빛을 보기까지 필자를 도와준 많은 분들이 있다. 특히 사랑하는 동역자 김경식 목사와 동대문 교회 교우들에게 깊은 감사를 드린다. 그들의 기도와 협조가 없었다면 오늘 이 순간이 없었을 것이다. 그리고 이 책은 이 세상에서 필자에게 가장 큰 기쁨과 힘을 주는 아내, 두 딸 하영과 다영의 가족 그리고 온유에게 주고 싶다.

SOLI DEO GLORIA
(오직 하나님께 영광을!)

2022년, 분당 성전에서

목 차

1부 윌리엄 스크랜톤의 생애와 사상 . 13

1. 윌리엄 스크랜톤의 집안 배경 . 15
1) 스크랜톤 가문 (The Scranton Family) . 16
2) 벤톤 가문 (The Benton Family) . 21
3) 암즈 가문 (The Arms Family) . 24

2. 윌리엄 스크랜톤의 신앙생활과 교육 . 27
1) 뉴헤이븐 제일감리교회 . 27
2) 홉킨스 문법학교 . 30
3) 예일대학 . 32
4) 예일대학 의학부 . 37
5) 뉴욕의과대학과 콜럼비아 대학 의학부 . 39

3. 윌리엄 스크랜톤의 결혼 . 43
* 한국선교를 위한 여호와이레의 하나님 . 48
1) 1882년: 윌리엄 그리피스와 임오군란 . 48
2) 1883년: 이수정의 개종과 선교사 파송요청 . 51
3) 1883년: 루신다 볼드윈 여사의 기부와 간구 . 61
4) 1883년: 존 가우처 목사의 열정과 권면 . 66
5) 1884년: 로버트 매클레이 선교사의 방한과 고종의 선교 윤허 . 72

4. 윌리엄 스크랜톤의 선교사 소명 . 79

5. 윌리엄 스크랜톤의 파송과 태평양 횡단 . 85

6. 윌리엄 스크랜톤의 일본 체류 . 97

7. 윌리엄 스크랜톤의 한국행과 정동 정착 . 106

8. 윌리엄 스크랜톤의 의료선교 사역 . 117

  1) 제중원 . 117

  2) 미국인 의사 진료소 . 122

  3) 정동 시병원 . 129

    *선한 사마리아인 병원 마스터 플랜 . 133

  4) 보구여관 (Salvation For All Women Institution) . 136

    *영아소동 (Baby Riot) . 143

  5) 서대문(애오개)진료소와 아현교회 . 152

  6) 남대문(상동)진료소와 상동교회 . 159

    *미드기념예배당 건축 . 180

    *상동청년학원 . 187

    *전덕기의 목사 안수 . 189

  7) 동대문(볼드윈) 진료소와 동대문교회 . 190

    *볼드윈 채플과 볼드윈 진료소의 건축 . 193

    *볼드윈 진료소 . 206

9. 윌리엄 스크랜톤의 목회와 지방순회사역 . 210

   1) 인천과 강화도 . 211

   2) 수원 (경기남부) . 217

   3) 평양 . 222

      *청일전쟁 . 231

      *북한지역 최초의 여성 세례 . 238

   4) 원산 . 242

   5) 공주 . 248

10. 윌리엄 스크랜톤의 문서선교 사역 . 261

   1) 성경번역 . 261

      *한글 성경과 한국어 공부 . 266

   2) 사전편찬 . 268

   3) 기독교서회 활동 . 272

   4) 세례문답과 감리교 덕행규칙의 간행 . 273

   5) 찬송가 작사 . 276

11. 윌리엄 스크랜톤과 남감리교의 한국선교 . 280

   1) 윤치호의 신앙고백 . 281

   2) 윤치호의 스크랜톤 방문 . 283

12. 윌리엄 스크랜톤의 선교에 대한 비전과 이론 . 289

13. 윌리엄 스크랜톤의 목회철학 . 302

   1) 현지인 영적지도력 양성 . 302
   2) 현지인 교회의 자립 . 307
   3) 교회 연합과 감리교 정체성 . 310
   4) 상동교회 엡웟 청년회의 해산 . 315

14. 윌리엄 스크랜톤과 앨리스 루즈벨트 방한 . 321

15. 윌리엄 스크랜톤의 감리교단과의 결별 . 331

16. 윌리엄 스크랜톤의 말년 사역 . 350

   1) 대한의원 촉탁의사 겸 의학교 교수 (1907. 6-1910. 5) . 352
   2) 한국의료선교사회 창립 (1907) . 355
   3) 한국 프리메이슨 설립과 활동 (1908) . 357
   4) 서울요양원 사역 (1909. 8-1911. 3) . 359
   5) 평북 운산금광 부속병원 (1911. 3-1912. 3) . 363
   6) 충남 직산금광 부속병원 (1913-1916) . 367
   7) 중국 대련 (1916-1917) . 370

17. 윌리엄 스크랜톤의 마지막 행적 . 371

   *일본 고베 (1917-1922) . 371

18. 윌리엄 스크랜톤의 가족 관련 이야기 . 385

1) 어거스타의 한국 입국과 메리언의 출생 (1885년) . 385
2) 메리언의 세례 (1886년) . 386
3) 첫 성탄절과 크리스마스트리 (1886년) . 387
4) 셋째 딸 캐서린의 출생 (1887년) . 387
5) 1차 안식년 휴가 (1891. 3. 18-1892. 5. 21) . 388
6) 스크랜톤 모자의 미국에서의 선교보고 (1891년) . 391
7) 윌리엄 홀 박사와의 만남 (1891년) . 392
8) 메리 스크랜톤의 환갑잔치와 넷째 딸 헬렌의 출생 (1893년) . 394
9) 경복궁 방문 (1895년) . 396
10) 2차 안식년 휴가 (1898. 11. 5.-1900. 2) . 397
11) 노블 선교사 부부를 위한 사역 (1898년) . 399
12) 스크랜톤 가족에 대한 보도 (1899년) . 402
13) 메리 스크랜톤의 발병 (1901년) . 402
14) 3차 안식년 병가 (1901. 7. 26-1904. 9) . 405
15) 뉴욕 클리프톤 스프링스 요양원 (1901년) . 407
16) 스크랜톤 모자의 한국 귀환 (1905년) . 410
17) 메리 스크랜톤의 서거 (1909년) . 419
   *대한매일신보 부고 기사 . 419
   *미 감리교 선교잡지 "시온의 전령사"(Zion's Herald) . 420
   *메리 힐만 선교사의 간증 . 422
   *미국 선교 잡지의 반응 . 423
   *미 감리교 여선교회의 이어지는 추모사 . 424
18) 윌리엄 스크랜톤의 아내와 네 자녀들 . 426

*이화학당교사 . 428

*자녀교육을 위해 스위스 로잔 거주 . 429

*상동청년학원 교사 . 435

*어거스타와 평양 개척선교를 위한 모금 . 442

*어거스타와 정동제일교회 건축 헌금 . 443

*어거스타와 서울외국인학교 사역 . 444

*어거스타의 결혼 . 447

*어거스타와 해롤드 포터 . 448

19. 윌리엄 스크랜톤: 망각의 세월 그리고 부활 . 461

20. 윌리엄 스크랜톤 연보 . 472

2부 윌리엄 스크랜톤의 글모음 . 485

1. 한국을 향한 길목에서 . 486

2. 개인 상황 . 487

3. 감리교 선교지로부터 온 서신 . 488

4. 서울의 상황 . 491

5. 미 감리교의 한국 선교를 돌아보며 . 503

6. 53명의 부처와 아홉 마리의 용 . 511

7. 미 감리교 한국 선교의 역사적인 고찰 . 516

8. 헨리 아펜젤러 목사에 대한 회상 . 540

9. 윌리엄 스크랜톤 박사 . 546

10. 과거와 현재 . 549

11. 자립 . 555

12. 현재의 상황 . 559

13. 이 기회의 날 . 562

14. 다시 찾은 강화 . 565

15. 세브란스병원 의과대학 . 569

참고문헌(Bibliography) . 581

1부

윌리엄 스크랜톤의 생애와 사상

William Benton Scranton

윌리엄 스크랜톤의 소년 시절부터 노년에 이르는 다양한 사진들

그는 소년 시절과 청년 시절을 뉴헤이븐과 뉴욕에서 보냈으며,
장년 시절 대부분은 선교지 한국에서 살았다.
그리고 일본 고베에서 하나님의 부르심을 받았다.

월리엄 스크랜톤의 생애와 사상
1. 월리엄 스크랜톤의 집안 배경

우리가 흔히 윌리엄 스크랜톤 선교사라고 부르는 그의 정식 이름은 윌리엄 벤톤 스크랜톤 (William Benton Scranton: 1856. 5. 29-1922. 3. 23)이며, 그는 미국 코네티컷 주 뉴헤이븐에서 태어났다. 그의 아버지는 윌리엄 텔콧 스크랜톤 (William Talcott Scranton: 1829. 5. 23-1872. 11. 4)이었으며, 어머니는 메리 플레처 스크랜톤 (Mary Fletcher Scranton: 1832. 12. 9-1909. 10. 8)이었다. 어머니의 결혼하기 이전의 이름은 메리 플레처 벤톤이었는데, 그녀는 결혼이후 남편의 성을 따라 메리 플레처 스크랜톤이 되었다. 그러나 그녀는 외동아들의 이름에 그녀 집안의 성(性)인 벤톤을 남겨 두었다. 이것은 미국인이나 유럽인들이 자녀의 이름을 지을 때 흔히 사용하는 방식이기도 하다.

여기에서 스크랜톤 선교사의 친가인 스크랜톤 가문과 외가인 벤톤 가문의 집안 내력을 잠시 살펴보도록 하자. 이 두 집안은 영국의 청교도 가문에 뿌리를 두고 있으며 유럽에서 개신교도들에 대한 핍박이 심해지자, 신앙의 자유를 찾아 17세기에 미국으로 이주한 역사를 가지고 있다.

1) 스크랜톤 가문 (The Scranton Family)

(1) 존 스크랜톤 (John Scranton: 1609-1671. 8. 27)

스크랜톤 가문의 미국 이주는 존 스크랜톤으로 거슬러 올라간다. 그는 영국 길포드(Guilford)에서 살고 있었는데 청교도들에 대한 핍박이 심해지자 다른 청교도들과 함께 고향을 떠나 당시 영국의 식민지였던 미국으로 건너 왔다. 그는 1639년 10월 오늘날의 코네티컷 주 길포드에 정착하게 되는데, 식민지인 미국으로 이주해서도 자신의 고향이름을 그대로 사용하였다. 영국의 첫 미국 식민지가 1607년 5월 세워진 버지니아 주의 제임스타운이었으니, 스크랜톤 집안은 영국의 식민지 초기부터 미국에 정착한 유서 깊은 가문인 셈이다. 원래 스크랜톤 가문은 주로 농업에 종사하였으나, 데이비드 스크랜톤(*윌리엄 스크랜톤 선교사의 할아버지)이 기계제작자로 활동하면서 부터 부와 명성을 쌓기 시작하였다. 이 가문은 후일 미국의 독립전쟁과 남북전쟁에도 참여하여 큰 족적을 남기게 된다.

존 스크랜톤이 미국 이주를 결심하는데 큰 영향을 준 사람은 영국 오클리(Ockley)에 있는 성 마가렛 교회의 담임목사였던 헨리 휫필드(Henry Whitefield: 1597-1659)였다. 그는 영국 청교도들의 유력한 지도자였는데, 당시 영국 국교회의 수장이었던 로드(Laud) 대주교와 갈등의 골이 깊어지자 1638년 교회를 사임하고 미국으로 이주할 것을 결심하였다. 이 때 그와 뜻을 같이 한 청교도들이 함께 미국으로 건너왔는데, 거기에 존 스크랜톤이 포함되어 있었다. 지금도 성

마가렛 교회에는 당시 휫필드 목사와 함께 배를 타고 미국행을 선택했던 25가정의 이름이 새겨진 명판이 벽에 걸려있다. 미국에 건너온 이들은 초기에 주로 코네티컷 주의 길포드, 뉴헤이븐, 밀포드에 둥지를 틀었다.

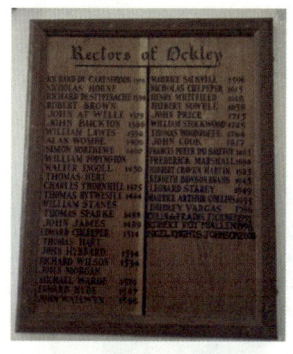

헨리 휫필드 목사와 같은 배를 탔던 청교도 명단

성 마가렛교회 역대 담임목사 명단

스크랜톤 가문의 미국 이주와 정착의 역사를 보여주는 족보

영국 오클리의 성 마가렛 교회 (St. Margaret's Church, Ockley)

(2) 데이비드 스크랜톤 (David Scranton: 1800. 7. 24-1873. 9. 20)

데이비드 스크랜톤은 농부였던 조상들과 달리 뉴헤이븐에 정착하여 기계제작자로서 활동을 하였다. 그는 존 파슐리와 함께 "스크랜톤과 파슐리"(Scranton and Parshley)라는 기계제작소를 운영하였는데, 1849년 10월에는 뉴욕 시가 주최한 박람회에 선반을 출품하여 입상하기도 하였다.

뉴헤이븐 제조회사에서 판매했던 선반 (박형우, p.52)

이 제작소는 후일 "뉴헤이븐 제조회사"(New Haven Manufacturing Company)로 이어졌으며, 그는 거의 10만 달러에 이르는 자산을 축적하기도 하였다. 그리고 이 자산의 일부는 나중에 손자인 스크랜톤 박사에게도 상속이 된다. 데이비드 스크랜톤은 2남 2녀의 자녀를 두었는데, 그중에 장남인 윌리엄 텔콧 스크랜톤이 바

로 스크랜톤 선교사의 아버지이다.[1]

뉴헤이븐 제조회사는 그 지역 산업의 상징적인 존재였으며, 데이비드는 이 회사의 중추적인 역할을 담당하였다. 당연히 그는 뉴헤이븐 지역 사회의 유명인사 중의 한 명이 되었으며, 후일 그가 사망했을 때 지역 신문 부고란에는 다음과 같은 기사가 실리기도 하였다:

"우리 지역 사회의 가장 연로한 시민 중의 한 분인 데이비드 스크랜톤이 지난 토요일 저녁, 향년 73세로 뇌졸중으로 인하여 갑자기 사망하였다. 그의 건강은 예전만 못하였지만 사망 한 시간 전까지만 해도 평상시 대로 일을 하고 있었다. 그는 햄든 출신이었지만 반세기 이상 뉴헤이븐의 주민으로 살아왔고 그의 근면, 정직과 겸손한 태도는 널리 알려져 있었다. 그는 유명한 뉴헤이븐 제조회사의 창립자의 한 사람으로서 이 회사의 최고 경영자였으며, 그의 정직하고 겸손한 태도가 그 회사의 성공에 기여한 바가 적지 않았다. 그는 언제나 모든 일을 강한 신앙심을 바탕으로 추진하였으며, 남을 속이는 것을 알지 못하는 사람이었다. 그의 삶은 모든 이들에게 존경을 받았고, 그에 대한 기억은 그를 아는 사람들에게 영원히 간직될 것이다."[2]

(3) 윌리엄 탤콧 스크랜톤 (William Talcott Scranton: 1829. 5. 23-1872. 11. 4)

스크랜톤 선교사의 아버지인 그는 데이비드의 장남으로 코네티컷 주

---

1) 박형우, 『윌리엄 B. 스크랜턴 자료집 I』, p.55
2) 박형우, 『윌리엄 B. 스크랜턴 자료집 I』, p.77

의 햄든(Hamden)에서 태어났으며, 10대 후반부터 사무원 및 식품 판매상으로 일을 시작하였다. 그리고 20대 중반부터는 기계제작자로 활동하였으나, 아버지 데이비드의 뉴헤이븐 제조회사와는 별도로 독자적으로 회사를 창업하였다. 그는 1853년 메리 플레처 벤톤과 결혼을 하여 외아들 윌리엄 스크랜톤을 얻었다. 그리고 남북전쟁이 발발하자 1862년에 코네티컷 제20보병연대에 소집되어 병참 장교(중위)로 참전하였다. 그가 1872년 43살의 젊은 나이에 세상을 떠났을 때 지역 신문의 부고란에는 다음과 같은 기사가 실렸다:

"휘트니 애비뉴(Whitney Ave.)에 위치한 스크랜톤 앤드 컴퍼니 (Scranton & Co.)의 창업자인 윌리엄 탤콧 스크랜톤이 어제 저녁 그로브 스트리트(Grove St.)에 있는 자택에서 사망하였다. 그는 매우 통증이 심한 질병을 오랫동안 앓고 있었다. 사망 당시 그는 제6구 지방의회의 의원이었으며, 여러 차례 의원직을 역임하였다. 그는 남북전쟁 당시 제20보병연대 병참 장교였으며, 브래들리(Bradley) 판사의 처남이었다 (*브래들리는 그의 누나인 앤의 남편으로, 스크랜톤 선교사의 큰 고모부이다.) 그는 신사적인 태도로 모든 사람을 정중하게 대하여 지역 주민들의 사랑을 받았으며, 그의 때 이른 죽음을 모두가 애도하고 있다."[3]

윌리엄 탤콧 스크랜톤은 아버지 데이비드보다 1년 먼저 세상을 떠났다. 이처럼 아들이 먼저 죽자, 데이비드는 1873년 세상을 떠날 때 자신의 손자인 윌리엄 스크랜톤에게 유산의 일부를 상속하였다. 아마도 16세의 어린 나이에 아버지를

---

3) 박형우, 『윌리엄 B. 스크랜턴 자료집 I』, p 106

잃고 앞으로 어머니를 모시고 살아야 하는 손자의 처지가 안타까웠을 것이다. 1874년 뉴헤이븐 지구 재판소의 유산 상속에 관한 기록은 다음과 같다:

> "뉴헤이븐의 고(故) 데이비드 스크랜톤의 유산 관리인들은 유산 분배를 위해 남은 부동산 35,025 달러와 개인 동산 51,402.53 달러의 유산 집행을 고인의 법적 상속인인 다섯 자녀에게 다음과 같이 분배한다. ... 우리는 데이비드 스크랜톤의 아들이었던 고(故) 윌리엄 탤콧 스크랜톤의 외아들 윌리엄 벤톤 스크랜톤에게 위에 기술한 뉴헤이븐 시의 오렌지 가(街)에 있는 부동산 전체의 1/5인 7,000 달러, 뉴헤이븐 제조회사의 주식 177주 (8,850 달러), 탁자 한 개 (1.5 달러), 현금 1,434 달러, 총 합계 17,285.50 달러를 할당한다."[4]

2) 벤톤 가문 (The Benton Family)

(1) 앤드류 벤톤 (Andrew Benton: 1620. 10. 15-1683. 7. 31)

스크랜톤 선교사의 외가인 벤톤 집안 역시 스크랜톤 가문과 마찬가지로 영국에 그 뿌리를 두고 있다. 이 집안은 1520년 영국 에섹스(Essex) 주의 에핑(Epping)에서 출생한 험프리 벤톤까지 거슬러 올라가는데, 1620년에 태어난 그의 고손자 앤드류 벤톤은 1639년 미국 코네티컷 주로 이주하였다. 그는 1649년 하트포드 출신의 한나 세라 스토킹과 결혼하였으며 그곳에서 사망하였고, 후일 그의 후손들은 코네티컷 주의 밀포드, 하트포드, 뉴헤이븐에 정착하였다.

---

[4] 박형우, 『윌리엄 B. 스크랜턴 자료집 I』, p 80

(2) 에라스투스 벤톤 (Erastus Benton: 1805. 1. 17-1884. 1. 24)

스크랜톤 선교사의 외할아버지인 그는 코네티컷 주의 톨랜드(Tolland)에서 태어나 그곳 감리교회에서 신앙교육을 받았다. 이 교회는 1793년에 설립되었는데 에라스투스를 포함한 젊고 유능한 성도들이 많이 있었다. 그는 후일 목회자가 되기로 결심하고, 1832년 메사추세츠 주의 벨처타운에서 목사 안수를 받고 목회 활동을 시작하였다. 1832년은 그의 딸 메리 플레처 벤톤이 출생한 해이기도 하다. 그는 뉴잉글랜드 지역의 여러 교회를 담임하였으며, 특히 해외 선교에 관심이 높아 자신이 속한 북감리회에 많은 선교비를 기부하였으며, 해외 선교부의 종신 명예이사로 활동하였다.

그는 메사추세츠 주의 벨처타운 출신인 알미라 타우니와 결혼하여 조시아와 메리 벤톤 남매를 낳았다. 조시아 벤톤은 아버지의 뒤를 이어 감리교 목회자가 되었으며, 그의 아들 스티븐 벤톤도 후일 감리교 성직자가 되어, 이 집안은 할아버지에서 부터 손자에 이르는 3대가 모두 목사의 길을 걷게 된다.

(3) 메리 플레처 벤톤 (Mary Fletcher Benton: 1832. 12. 9-1909. 10. 8)

메리 벤톤은 메사추세츠 주의 벨처타운(Belchertown)에서 출생하였다. 아버지 에라스투스 벤톤 목사는 아기가 태어나자, 딸의 이름을 메리 플레처라고 지었다. 메리라는 이름은 당시 여자 아기들에게는 아주 흔한 이름이었다. 흥미로운 것은 중간 이름을 플레처라고 한 것이다. 이 플레처라는 이름은 영국 감리교 운동의 창시자인 존 웨슬리 목사의 후계자이며, 탁월한 신학자였던 존 플레처 목사의 부인인 메리 보상케 플레처에게서 따온 것이었다. 원래 메리 보상케(Mary Bosanquet)는 영국 귀족 집안 출신이었으나, 존 웨슬리의 감리교 운동에 동참하면서 그의 든든한 후계자가 되었다. 웨슬리의 주선으로 존 플레처와 결혼한 그녀는 런던에 최초의 고아원을 설립하였으며, 초기 감리교 운동의 뛰어난 여성 지도자였다. 에라스투스 벤톤 목사는 딸의 이름을 이렇게 지으면서 장차 자신의 딸이 메리 보상케처럼 훌륭한 인물이 되기를 바랐던 것 같다.[5]

이처럼 목회자의 가정에서 출생한 그녀는 어려서부터 아버지의 목회지를 따라 여러 지역으로 옮겨 다니며 살게 되었다. 이것은 그녀뿐만이 아니라 감독의 파송에 따라 수시로 목회지를 옮겨 다니며 순회 목회를 하던 모든 감리교 목회자 자녀들의 운명과도 같은 모습이었다. 그녀는 어렸을 때부터 교회 사역에 참여하였고 전도활동에도 큰 관심을 가졌다. 그리고 아버지가 코네티컷 주의 놀위치에서 목회를 하던 시절 (1847-1850)에 놀위치 여자학원 (Norwich Female Academy)에 들어가 고등교육을 받았다.

그녀는 1853. 9. 7일 윌리엄 텔콧 스크랜톤과 결혼을 하는데, 이때부터 남편의 성을 따라 스크랜톤이라고 불리게 되었다. 그녀의 남편은 코네티컷 주의 뉴 헤이븐에서 기계제작사를 운영하던 사업가였다. 이들 부부에게서 태어난 외동아들이 훗날 위대한 선교사가 되는 윌리엄 벤톤 스크랜톤이다.

---

5) 서기종, 『이방여인의 친구』, p.21

〈메리 벤톤의 가계도〉

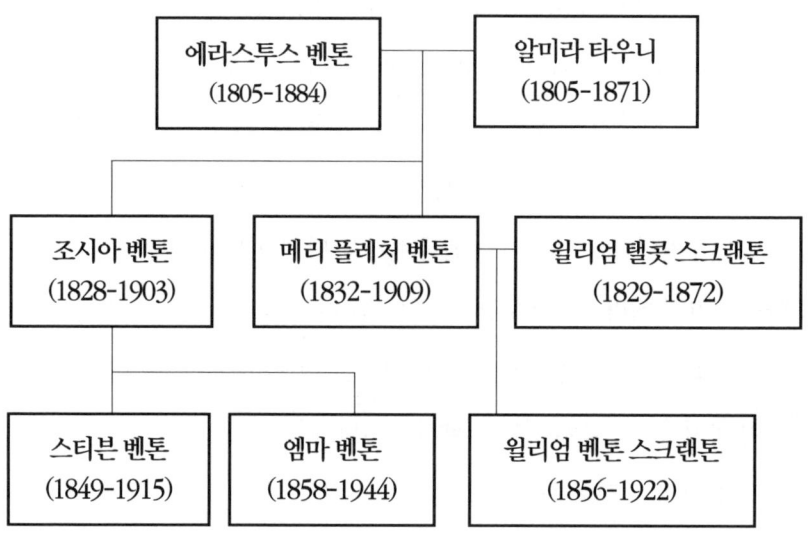

3) 암즈 가문 (The Arms Family)

지금까지 살펴본 대로 윌리엄 스크랜톤은 청교도 배경을 가진 스크랜톤 가문과 벤톤 가문의 후손으로 태어나 성장하게 된다. 그는 후일 예일 대학을 거쳐 뉴욕의과대학을 졸업하고 오하이오 주 클리블랜드에서 개업을 하던 1882년, 루이즈 암즈와 결혼을 하면서 또 다른 신앙의 명문 가정과 관계를 맺게 된다. 그의 아내 암즈 가문의 뿌리는 1630년 영국 런던까지 추적할 수 있다.

(1) 윌리엄 암즈 (William Arms: 1630. 12. 2-1691. 10. 1)

암즈 가문의 시작이라고 볼 수 있는 윌리엄 암즈에 대한 자료는 안타깝게도 많이 남아있지 않다. 런던에서 태어난 그는 1653년 사라 포트레이트와 결혼하였으나, 아내가 그 다음해 외아들을 낳고 세상을 떠났다. 그 후 1670년대 중반, 그는 아들과 함께 미국으로 이주하여 메릴랜드 주에 정착하였다.

(2) 하이럼 펠프스 암즈 (Hiram Phelps Arms: 1799. 6. 1-1882. 4. 6)

루이즈 암즈의 친할아버지인 하이럼은 코네티컷 주 윈저(Windsor)에서 태어나 예일대학에서 문학사를 받고, 후에 예일대학 신학교를 졸업하였다. 그는 1830년 톨랜드의 회중교회에서 목회 사역을 시작하였으며 그 후 40여 년 동안 여러 교회를 섬겼다. 회중교회는 감리교, 장로교, 침례교와 같은 개신교회의 한 교단으로 특히 미국 동북부 지역에 많이 형성되어 있다. 그는 1864년에 뉴욕대학교에서 신학박사 학위를 받았고, 1866년부터는 자신의 모교인 예일대학의 이사가 되었다. 그는 첫 번째 부인인 루시 앤 워덤스와의 사이에 모두 3남 4녀의 자녀를 두었는데, 그녀가 이른 나이에 사망하자 애비 제인 베이커와 재혼을 하였다. 그는 하나님 앞에 만인의 평등을 믿었으며, 강력한 노예제도 폐지론자였다.

(3) 조지 헨리 암즈(George Henry Arms: 1833. 4.15-1878. 10. 6)

루이즈 암즈의 아버지인 그는 코네티컷 주의 놀위치(Norwich)에서 출생하였으며, 1853년 켄터키 주 출신인 헨리에타 멕케이(Henrietta Mackay)와 결혼하여 3남 2녀의 자녀를 두었다. 그 중 후일 스크랜톤 선교사와 결혼하는 루이즈는 막내딸 이었다. 그는 다리를 건설하는 토목기사였으며, 남북전쟁 (1861-1865) 당시에 남군의 대령으로 참전하였다. 아버지 하이럼 목사가 강력한 노예제도 폐지론자였으며, 그의 동생인 프랭크도 노예제도를 반대하는 북군으로 참전을 하였으니 한 집안 두 형제가 노예제도를 둘러싸고 서로 다른 길을 선택한 것이다. 미국 역사의 아픈 단면을 볼 수 있는 장면이다. 조지는 남북전쟁 후 전쟁 후유증으로 시달리다가 결국 1878년 메사추세츠에서 사망하였다.

남편이 죽은 후 간호사로서 활동했던 헨리에타는 "톰 아저씨의 오두막"(Uncle Tom's Cabin)으로 유명한 작가 해리엇 비처 스토우(Harriet Beecher Stowe: 1811-1896)와 친분을 맺고, 하트포드에서 그녀의 개인 간호사로 일하기도 하였다.

2. 윌리엄 스크랜톤의 신앙생활과 교육

1) 뉴헤이븐 제일감리교회 (The First Methodist Church of New Haven)

 뉴헤이븐은 스크랜톤 가문과는 밀접한 관계가 있는 곳이며, 그들의 삶의 중심이라고 말해도 전혀 지나치지 않을 것이다. 윌리엄 스크랜톤 가족이 살았던 그로브 스트리트(Grove Street) 43번지의 생가 (*생가는 현재 존재하지 않고 그 주변이 식당으로 바뀌었다), 그들이 출석했던 칼리지 스트리트(College Street) 425번지의 제일감리교회 (*현재는 제일감리교회와 섬머필드 교회가 합병하여 First & Summerfield 연합감리교회라는 명칭을 사용한다. 그러나 교회의 위치와 주소는 스크랜톤 가족이 살던 때와 동일하다), 그리고 스크랜톤 가문의 묘가 있는 그로브 스트리트 227번지의 그로브 스트리트 묘원 등이 모두 뉴헤이븐의 시내 중심가에 위치하고 있다.

 뉴헤이븐에서 출생한 윌리엄 스크랜톤은 온 가족과 함께 태어날 때 부터 제일감리교회에 출석하였다. 이 교회 창립 200주년을 맞이하여 발간된 역사 자료에는 스크랜톤 모자가 한국에 최초의 감리교 선교사로 파송되었다는 기록이 담겨 있다.

뉴헤이븐 제일 감리교회
200주년 역사자료 표지

스크랜톤 집안의 가족 묘지가 있는
그로브 스트리트 묘원의 정문

윌리엄 B. 스크랜톤 아버지의 묘비석
(박형우, p.105)

메리와 윌리엄 스크랜톤의 모(母) 교회인 뉴헤이븐 제일감리교회의 모습
(425 College Street. New Haven, Connecticut)

2) 홉킨스 문법학교 (Hopkins Grammar School)

  뉴헤이븐에 위치한 이 학교는 청교도 지도자였던 존 대번포트(John Davenport) 목사에 의해 1660년에 설립된 미국에서 세 번째로 오래된 사립학교이다. 평소 교육에 관심이 많았던 그는 당시 코네티컷 식민지의 총독이었던 친구 에드워드 홉킨스(Edward Hopkins)에게 학교 설립에 관한 도움을 요청하였다. 1657년 사망한 에드워드는 장래가 촉망되는 젊은이들을 육성하라는 유언을 남겼으며, 대번포트 목사를 포함한 그의 유산 집행인들은 에드워드가 남긴 유산을 "홉킨스 기금"으로 만들어 그의 유지를 따라 학교를 설립하였다. 그리고 학교의 이름은 그의 성을 따 "홉킨스 문법학교"라고 하였다.

홉킨스 학교 카달로그 표지와 대번포트 목사

이 학교는 원래 뉴헤이븐 시내의 그린(Green)이라 부르는 곳에 있었는데 여러 차례 이사를 하였고, 1926년에 뉴헤이븐을 내려다 볼 수 있는 언덕 위 현재 위치로 이전하였다. 처음 홉킨스 문법학교가 있던 자리에는 현재 예일대학교 법과대학이 자리하고 있다. 홉킨스는 예일대학 입학을 위한 준비 학교의 성격을 지니고 있었고, 윌리엄 스크랜톤은 1869. 9월부터 1873. 6월까지 4년 동안 이 학교에 다녔다.

1865년에 건립된 학교 건물. 스크랜톤은 이 건물에서 교육을 받았던 것으로 판단 된다. (박형우, p.186)

홉킨스 학교 (1986년)
Forest Rd., New Haven

이 학교는 고전학부(Classical Department)와 자연학부(Scientific Department)로 구성이 되어 있었다. 윌리엄 스크랜톤은 고전학부에서 공부를 하였는데, 그리스어, 라틴어, 프랑스어, 대수 및 기하학, 지리, 영어 문법, 그리스와 로마의 고전 및 역사, 호머의 일리아드와 오디세이, 버질의 아이네이스, 키

케로의 웅변술, 영국사 등의 과목을 배울 수 있었다. 각 학년은 3학기로 이루어져 있었으며, 매년 8개로 세분된 학과목 중에서 최소한 세 과목을 수강해야 했고, 총 36학점을 취득하면 졸업이 가능하였다. 학점을 일찍 많이 취득하면 조기 졸업도 가능하였지만, 대개 4년의 시간이 걸렸고 스크랜톤 역시 4년 만에 졸업을 하였다. 1873년 그가 졸업할 당시 졸업생의 총 수는 45명(고전학부 22명, 자연학부 23명)이었다.[1]

3) 예일대학 (Yale College)

1873년 홉킨스 문법학교를 졸업한 스크랜톤은 바로 예일대학에 진학하지 않았다. 그 이유는 명확하지 않지만 1872년 11월에 아버지 그리고 1873년 9월에는 친할아버지 데이비드 스크랜톤이 사망한 것과 관련이 있는 듯하다. 아버지가 돌아가시고 난 이후에 그의 가정은 경제적으로 어려웠던 것으로 보인다. 아버지가 세상을 떠나기 2년 전인 1870년의 기록에 의하면, 그 집안의 부동산 가격이 500 달러에 불과하였다. 그런데 그 당시 예일대학의 학생들이 기숙사에 머물지 않고 집에서 통학을 하는 경우, 등록금을 포함하여 일 년에 최소한 160-220 달러 정도는 있어야 했

예일대 법대

---

1) *Annual Catalogue of the Officers and Scholars of the New Haven Hopkins Grammar School*, July 1873, pp.5-24

다. 이 정도의 경제적 부담을 홀어머니를 모시고 사는 스크랜톤이 감당하기는 어려웠을 것으로 보인다.

하지만 1873년 할아버지가 죽으면서 손자인 스크랜톤에게 17,285.50 달러의 적지 않은 유산을 남겼는데, 모든 법적절차가 끝나고 그가 유산을 받은 날짜는 1874. 4. 29일 이었다. 그가 예일대학에 입학지원서를 낸 날짜는 1874. 6. 26일로 되어있는데 그 이유는 할아버지의 유산으로 인하여 경제적인 어려움이 해소되었기 때문일 가능성이 크다. 그의 입학지원서를 보면 처음에 보호자(Guardian)를 레비 브래들리(Levi B. Bradley) 판사로 했다가 그 이름을 지우고, 자신의 어머니인 메리 스크랜톤으로 써 넣은 것을 확인할 수 있다. 브래들리 판사는 스크랜톤의 큰 고모부였다.[2]

예일대학의 인문학부에 진학한 스크랜톤은 동아리 모임인 델타 카파 입실론에 가입하여 활동을 하였고 여기에서 여러 친구들을 사귀게 된다. 스크랜톤의 예일대학 동창 중에는 후일 미국 사회에 지대한 영향을 미친 인물들이 많이 있었는데 그 중에 대표적인 사람이 윌리엄 하워드 태프트 (William Howard Taft: 1857. 9. 15-1930. 3. 8)이다.

스크랜톤과 동급반이었던 태프트와의 인연은 훗날 스크랜톤이 한국에 선교사로 나온 이후에도 이어지게 되는데 그가 어떤 인물이었는지 살펴볼 필요가 있다. 태프트는 예일대학을 졸업한 후 신시내티 법과대학을 거쳐 1880년 변호사 자격을 취득하였다. 그 후 1887년 신시내티 고등법원 판사, 1890-1892년까지 제15대 법무차관에 이어, 1892년부터 8년 동안 연방고등법원 판사로 재직

---

2) 박형우, 『윌리엄 B. 스크랜턴 자료집 I』, p 207

Blank Form for Admission to Yale College for the year 1874
(June, 1874, William B. Scranton)

스크랜톤의 예일 대학 입학 지원서 (1874년도)

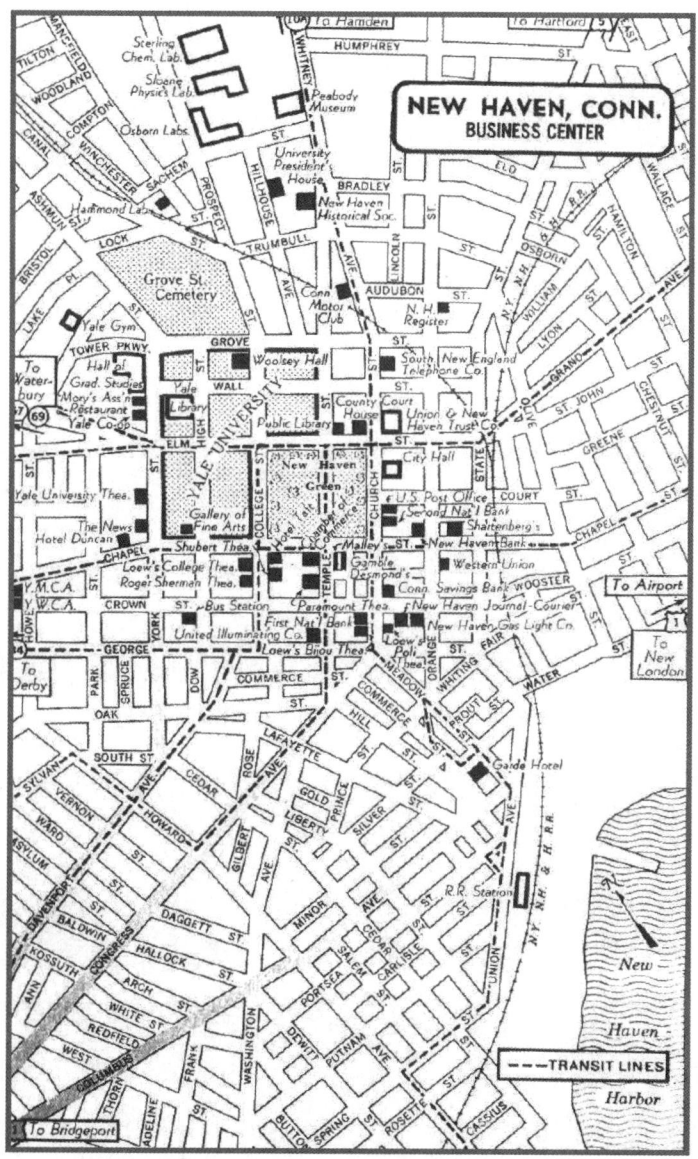

뉴헤이븐의 시내 지도 (박형우, p.166)

스크랜톤이 살았던 그로브가와 오렌지 가

스크랜톤 가족이 다녔던 뉴헤이븐 제일감리교회

학생 단체였던 델타 카파 입실론 건물과 기숙사였던 패넘 홀 (박형우, p.167)

하였다. 또한 1901-1903년까지는 필리핀 총독을 역임했고, 1904년에는 전쟁부 장관(*현재의 국방부 장관에 해당)에 임명되었다. 그는 1905년 시오도어 루즈벨트 대통령의 특사로 일본 총리 가쓰라 다로와 이른바 "가쓰라-태프트" 밀약을 맺어 한국이 일본의 식민지가 되는 과정에 참여하였다.

1905년 스크랜톤은 태프트가 대통령의 딸인 앨리스 루즈벨트와 함께 아시아 순방단을 이끌고 한국을 방문하였을 때 그들을 안내하였으며, 풍전등화와 같은 상황에 놓여 있는 한국의 실정과 일본의 야욕을 전달하였으나 때는 너무 늦고 말았다. 태프트는 한국에 오기 전에 이미 일본에 들려 "미국이 필리핀을 지배하는 것을 일본이 인정하고, 미국은 일본이 한국을 지배하는 것을 용인한다."는 밀약을 맺은 상태였다.

그는 1909년 루즈벨트의 뒤를 이어 미국의 제27대 대통령에 당선되어 1913년까지 재임하였다. 그러나 재선에 실패한 후에는 모교인 예일대학에서 법학을 가르쳤으며, 1921년에는 대법원장 직에 올라 미국 역사상 행정부와 사법부의 수장을 모두 역임한 유일한 인물이 되었다.

4) 예일대학 의학부 (Yale College, Department of Medicine)

1878년 6월 예일대학 인문학부를 졸업한 스크랜톤은 같은 해 9월 예일대학 의학부에 진학하였다. 그가 의사의 길을 선택한 이유는 어렸을 때 어머니와 한 약속 때문인 것으로 알려져 있다. 의학부에 진학한 그는 T. 미첼 프루던

(Theophile Mitchell Prudden, 1849. 7. 7-1924. 4. 10) 박사의 지도하에 의학을 공부하게 된다.

프루던 박사는 코네티컷 주 미들베리에서 출생하였으며, 1872년 예일대학을 졸업한 후, 1875년 예일대학 의학부를 마치고 의학박사 학위를 취득하였다. 그는 모교에서 1년 동안 인턴 생활을 한 후에 1876년 독일 하이델베르그에서 병리학을 공부하고, 그 후 오스트리아 비엔나 등지에서 연구를 한 다음에 귀국하였다. 당시 미국에는 병리학 실습과정이 없었는데 이를 안타깝게 여긴 그는 병리학 전담교수

스크랜튼을 지도했던
T.미첼 프루던 교수

가 되기를 희망하였지만 그 어떤 학교도 그의 계획을 받아들이지 않았다. 그래서 그는 예일대학 의학부에서 생물조직학 강의를 하고 있었는데, 1878년에 스크랜튼이 의학부에 입학을 하자 프루던 박사는 그의 지도교수가 되었다.

그러던 차에 콜럼비아 대학에서는 1877년 학교 동창들이 의학발전을 위해 1만 달러를 기부하였고, 학교에서는 이 기금을 병리학 연구에 사용하기로 결정하였다. 이에 프루던 박사는 자신이 원했던 병리학을 연구하기 위해 1879년 예일대학을 떠나 뉴욕으로 자리를 옮기게 된다. 스크랜튼도 1879년 9월에 뉴욕의과대학으로 전학을 하는데, 그 이유가 프루던 박사의 이적과 관련이 있어 보인다.[3]

---

3) 박형우, 『윌리엄 B. 스크랜턴 자료집 I』, pp.307-309

5) 뉴욕의과대학 (College of Physicians and Surgeons in the City of New York) 과 콜럼비아 대학 의학부 (Medical Department of Columbia College)

스크랜톤이 전학한 뉴욕의과대학은 1807년 뉴욕시에 설립되었으며, 1767년에 창립된 콜럼비아 대학 의학부와 더불어 당시 최고 수준의 의학연구기관이었다. 처음에 뉴욕의과대학은 독자적으로 운영되다가, 1869년부터는 콜럼비아 대학과 제휴하여 공동명의로 학위를 수여하였다. 그 후 1891년 뉴욕의과대학은 콜럼비아 대학에 완전히 통합되었다.

콜럼비아 대학 의학부로 이적한 프루던 박사는 스크랜톤이 뉴욕의과대학으로 전학하자 1879-1880년까지 1년 동안 그의 지도교수를 맡는다. 이것은 두 대학이 서로 제휴되어 있었기 때문에 가능한 일이었다. 이처럼 예일대학 의학부에서 맺은 사제지간의 관계가 뉴욕에서도 지속된 것이다. 프루던 박사는

뉴욕 의과대학 (박형우, p.311)

메리와 윌리엄 스크랜톤이
뉴욕에서 살던 건물
(뉴욕 웨스트 23번가 159번지).
이 당시 윌리엄 스크랜톤은 뉴욕 의
과대학(현재 콜롬비아 의과대학)에
다니고 있었다.

1892년 콜럼비아 대학 의학부에 병리학 교실이 만들어지자, 1909년 은퇴할 때까지 거기에서 교수로 활동하였다. 그는 미국 병리학과 세균학 분야의 개척자로 인정을 받고 있다.

1880-1881년에는 스크랜톤의 지도교수가 존 아이셤(John B. Isham)박사로 바뀌었는데, 스크랜톤은 1880년 3월 졸업에 필요한 해부학, 생리학 및 화학 시험에 합격하였다. 또한 1881년 9월에는 약물학, 내과학, 외과학 및 산부인과학 등의 시험에 합격하고, 논문이 통과됨으로써 졸업요건을 갖추었다.

그의 논문 제목은 "신경중추에 미치는 순환의 기계적 영향"이었으며, 논문 심사관은 존 달톤(John Call Dalton) 박사였다. 드디어 1882. 5. 16일 스크랜톤은 콜럼비아 대학 의학부를 졸업하며 의학박사 학위를 취득하였다. 졸업식은 스타인웨이 홀(Steinway Hall)에서 거행되었다.[4]

---

4) 박형우, 『윌리엄 B. 스크랜턴 자료집 I』, pp.408-409

졸업식이 거행된 스타인웨이 홀 　　　졸업식 초청장

Graduating Class, 1882.

C. S. Allaben, M.D. .... N. Y.
A. W. Anderson. .... N. J.
F. E. Baker. .... N. J.
A. V. N. Baldwin, A. B. .... N. J.
C. F. Barber .... N. Y.
C. C. Beach .... Conn.
H. S. Beahan .... N. Y.
W. F. Becker .... N. Y.
C. O. Belden. .... Conn.
T. N. Birnie, A. B. .... Mass.
A. B. Bisbee. .... Vt.
J. A. Booth, A. B. .... N. Y. City.
Robert Bowne, Jr. .... N. Y. City.
C. D. Brewer. .... Mass.
R. M. Brown. .... Ga.
Edson Card, Jr. .... N. Y.
A. B. Carter. .... N. Y. City.
DeLancy Carter. .... N. Y. City.
W. L. Chapman, M.D. .... Oregon.
J. S. Clark. .... Mass.
H. C. Coe, A.M., M.D. ...... N. Y. City.
E. E. Colton. .... Conn.
W. J. Corcoran, A.B. .... N. H.
C. F. Cripps. .... Australia.
W. D. Crosby, Ph. B. .... Ill.
C. W. Cutler, B.S. .... N. J.
E. L. Danielson. .... Conn.
W. D. Dietz, B.S. .... N. Y. City.
G. H. Donahue, A.B. .... N. Y.
A. C. Dougherty .... N. J.
W. I. Ducie, M.D. .... Texas.
F. E. Dwight, A.B. .... N. Y. City.
J. D. Emmet, M.D. .... N. Y. City.
D. E. English. .... N. J.
T. L. Fenn, Jr .... Maine.
A. W. Ferris, A.B. .... N. Y. City.
F. M. Fleming. .... N. Y. City.
Alpheus Freeman, Jr. .... N. J.
C. M. Frissell. .... W. Va.
F. C. Fuller. .... N. Y. City.
J. E. Gallagher. .... Mass.
W. D. Garlock. .... N. Y.
J. B. Gibbs, A.B., M.D. .... N. Y. City.
W. J. Gibson, A B. .... N. Y. City.
Richard Giles. .... N. Y.
W. S. Gottheil. .... N. Y. City.
C. H. Goodwin. .... N. Y. City.
W. E. Graham. .... N. Y. City.
J. F. Gray, B.S. .... N. Y. City.
F. E. Greenleaf .... N. H.
W. C. Hands. .... N. Y.
A. J. Harris. .... N. Y.
J. B. Harris. .... N. Y.
T. W. Harris. .... N. Y.
F. H. Harrison, Ph.B. .... Ind.
Thomas Hillis. .... N. Y. City.
W. G. Hoyt. .... Conn.
Charles Hunter, A.B. ...... N. Y. City.

G. Q. Johnson. .... N. Y.
W. P. Kendall. .... Mass.
M. H. Kerwin, M.D. .... Wis.
F. A. Kinch, Jr. .... N. J.
G. H. Kirwan .... Pa.
C. G. Koehler, G.P. .... N. Y.
A. E. Little. .... N. Y. City.
R. M. McAdoo. .... N. J.
S. A. MacBride .... N. Y.
H. F. Mayer. .... N. Y. City.
J. I. Metzger .... N. Y. City.
N. R. Miller .... Mass.
D. W. Montgomery. .... Canada.
R. T. Morris .... Conn.
G. E. Mulford. .... Conn.
A. W. Neufield .... N. Y. City.
M. R. Palmer. .... N. Y. City.
W. E. Palmer .... R. I.
Henry Parke. .... N. J.
C. A. Peters. .... N. Y. City.
J. L. Phillips. .... N. C.
L. F. Root .... N. Y. City.
R. W. Saylor. .... Pa.
Leopold Schiller .... Wis.
H. J. Schirmer .... N. Y. City.
W. B. Scranton, A B. .... N. Y. City.
H. H. Seelye, A.B., M.D. .... Mass.
G. C. Segur. .... N. Y. City.
E. M. Senter .... Mich.
H. De L. Sherwood. .... N. J.
J. L. Shiland. .... N. Y.
J. Y. Simpson. .... N. J.
L. B. Slauter .... Texas.
E. M. Smith. .... N. Y.
J. F. Smith .... N. Y.
N. P. Smith. .... N. Y.
W. C. Sneden. .... N. Y.
Edward Southworth, B.A. .... Mass.
H. W. Stevens, A.M. .... N. Y. City.
D. H. Stewart. .... N. Y. City.
J. P. Sweeney .... R. I.
I. M. Taylor, Ph. B. .... N. C.
J. B. Taylor, A.B. .... Ill.
J. C. Todd, A.B. .... N. Y. City.
W. W. Tompkins. .... W. Va.
I. O. Tracy, Jr .... N. Y.
H. C. Van Dolsen, A.B. .... N. Y. City.
C. G. Wagner, B.S .... N. Y.
W. J. Walsh. .... N. Y. City.
C. N. Willis. .... N. J.
E. H. Wilson. .... N. Y.
Wolrad Winterberg. .... N. Y. City.
Albert Wolven. .... N. Y.
C. T. Wood. .... Maine.
J. H. Woodward, B.S. .... Vt.
G. A. Zabriskie. .... N. J.
P. J. Zeglio .... N. J.

1882년 졸업자 명부 (박형우, p.410)

윌리엄 스크랜톤의 생애와 사상
3. 윌리엄 스크랜톤의 결혼

　의학박사 학위를 취득한 스크랜톤은 1882. 6. 6일 코네티컷 주의 놀위치 (Norwich)에서 루이즈 와이어스 암즈(Louise Wyeth Arms: 1860-1944)와 결혼을 하였다. 이미 살펴본 대로 루이즈의 집안 역시 영국 청교도의 배경을 가진 목회자 가정이었는데, 이 두 사람이 어떻게 만났는지에 대해서는 명확한 기록이 없다. 결혼 직후 스크랜톤은 오하이오 주의 클리블랜드로 이주를 하여 거기에서 병원을 개업하였다. 그가 왜 아무 연고도 없는 그곳에 정착하였는지에 대해서는 알려진 바가 없다.

　클리블랜드에서 사는 2년 여 동안 그는 어머니 메리 스크랜톤 그리고 아내 루이즈와 함께 클리블랜드 제일감리교회에 출석하였다. 1827년에 시작된 이 역사적인 교회는 2010년 3월 엡워스 유클리드 교회와 통합하여, 지금은 유니버시티 서클 연합감리교회가 되었다. 하지만 제일감리교회의 옛 성전은 1995년 미 연방역사문화재로 지정되어 아직도 남아 있다.

　스크랜톤 가족이 제일감리교회를 다니던 1882년 당시 그 교회의 담임목사는 유먼스(J.S. Youmans)였는데, 그는 명설교가였으며 교인들로부터 존경을 받았다. 특히 그는 청년과 선교사역을 강조하였는데 이러한 성향이 스크랜톤 가족과 잘 맞았던 것으로 보인다. 스크랜톤이 클리블랜드로 이주한 그 다음 해인 1883. 6. 14일에는 첫 딸 어거스타가 태어났다.

메리 스크랜톤은 클리블랜드에 가서도 미 감리교 해외여선교회의 일을 활발하게 하였고, 제일감리교회의 청년부를 지도하였다. 클리블랜드 제일감리교회사에는 당시 청년부를 맡았던 그녀에 대해 다음과 같은 기록이 남아 있다:

"우리 교회 청년들은 메리 스크랜톤(Mrs. M.F. Scranton)과 앨렌 리블리(Ellen G. Reveley)의 지도를 받고 있는데 이 두 사람은 최근 2년 사이에 우리 교회 교인이 되었으며 남다른 능력을 소유한 여성들입니다. 이들이 지도하는 청년사역은 지속적인 감동을 줄뿐 아니라 장래가 밝습니다. 청년들은 이들의 자애로운 보살핌 가운데 겨울 방학 중에도 독서 모임을 가졌고, 이들은 1년 내내 청년 모임과 주일 저녁집회를 열었습니다. 현재 주일 저녁집회 참석은 40명이 넘습니다."[1]

스크랜톤 가족이 출석했던(1882~1884) 오하이오 주 클리블랜드에 있는 클리블랜드 제일감리교회

---

1) *First Methodist Episcopal Church of Cleveland, Ohio*, 1827-1884, Cleveland: JB Savage, Printer and Binder, 1884

오하이오 주 클리블랜드는 스크랜톤 가족이 머물렀던 장소일 뿐만 아니라, 후일 한국 의료선교에 지대한 공헌을 하였던 루이스 세브란스(Louis Henry Severance)의 고향이기도 하다. 그는 록펠러와 견줄 정도의 막강한 재력을 가진 인물이었으며, 특별히 뉴욕 카네기 홀에서 한국에 선교사로 나와 의료사역을 하던 에비슨 박사의 감동적인 강연을 듣고 세브란스 병원을 짓는데 거액의 헌금을 기부하였다. 그 후에도 그는 여러 차례 한국을 방문하였을 뿐만 아니라, 대를 이어 한국의 의학발전에 기여하였다. 특히 그는 자신의 주치의였던 러드로우 박사를 한국에 보내 세브란스에서 가르치게 함으로서 한국인 의사들을 길러내는데도 큰 공헌을 하였다. 클리블랜드에는 세브란스 홀을 비롯한 그와 연관된 역사적인 장소들이 많이 남아 있는데, 클리블랜드는 세브란스의 도시라고 불러도 과언이 아니다.[2]

루이스 헨리 세브란스

세브란스 홀 (클리블랜드)

---

[2] 김학은, 『루이스 헨리 세브란스: 그의 생애와 시대』, pp.391-399

세브란스 병원 (1904년 서울)

현재의 세브란스 병원 (서울)

스크랜톤 가족과 세브란스의 직접적인 만남은 없었지만, 1908년 서양의술을 공부하고 최초로 7인의 한국인 의사가 탄생하던 제1회 세브란스 졸업식에서 윌리엄 스크랜톤 박사는 다음과 같은 의미 있는 축사를 남겼다:

"여러분들이 서양의술의 혜택을 받았다고 생각한다면 이제 여러분들은 그 보답으로 노력과 헌신을 바쳐야 합니다. ... 외국인들은 단지 잠시 여기에 머물 뿐입니다. 그리고 머지않아 사라질 것입니다. 그러나 여러분들은 그들이 가르친 것을 제대로 숙지하여 이 나라의 백성들과 조국을 위하여 배운 바를 실천해야 합니다."[3]

세브란스 의과 대학의 제1회 졸업생들

---

3) *The Korea Mission Field,* July 15, 1908, p.101

한국선교를 위한 여호와이레의 하나님

스크랜톤 가족이 이처럼 클리블랜드에서 평온하고 안락한 생활을 하고 있을 때 하나님은 이들을 한국으로 보내시기 위한 준비 작업을 은밀히 진행하고 계셨다. 아브라함은 알지 못하였지만 모리아 산에 이삭 대신 양을 준비하신 하나님, 그 하나님의 놀라운 섭리를 깨닫고 여호와이레(*준비하시는 하나님)를 체험하였던 아브라함의 모습이 떠오르는 장면이다. 하나님은 언제나 우리 앞서 행하시며 길을 예배하시는 분이신데 이 진리는 스크랜톤 가정에도 어김없이 적용되었다. 하나님이 그들을 한국으로 부르시기 이전에 어떠한 일을 행하셨는지 여기에서는 스크랜톤 가족이 클리블랜드에서 살고 있는 동안 (1882-1884) 한국과 미국에서 일어났던 일들을 중심으로 살펴보도록 한다.

1) 1882년: 윌리엄 그리피스와 임오군란

이 당시 한국은 서양 세계에는 거의 알려지지 않은 미지의 나라였다. 그러한 한국을 미국과 유럽에 널리 알리는데 결정적인 기여를 한 인물이 바로 윌리엄 그리피스 (William Elliot Griffis: 1843-1928)였다. 그는 미국 필라델피아 출신으로 뉴저지 주의 러트거스(Rutgers) 대학을 졸업하고, 1870년 일본에 와서 이학, 화학, 지리학, 생물학 등을 가르쳤다. 당시 일본은 1868년 메이지 유신이후 서양의 학문과 기술을 익히기 위해 총력을 기울이던 때였다. 그는 1874년 귀국해 신학을 공부하여 목사가 된 이후에 다시 일본으로 돌아와 많은 제자들을 가르치며 일본 근대화에 큰 공을 세웠다.

그리피스는 1882. 5. 22일 한미수호통상조약이 체결된 직후 "한국, 은자의 나라"(Corea, The Hermit Nation)를 출판하였는데 이 책은 처음 간행된 이후로 1911년까지 무려 아홉 번이나 개정판을 낼 정도로 인기가 높았다. 당시 한국을 소개하는 서적이 미국과 유럽에 전무하다시피 한 상황이었으니 이런 현상은 어찌 보면 당연한 것이었다.

흥미로운 사실은 그가 1927년 죽기 직전에 한국을 한 번 방문했을 뿐 그 이전에는 한국에 와 본적이 없다는 사실이다. 이런 상황에서 저술된 그에 책에 대해 그의 한국에 대한 이해가 잘못되었고, 책의 내용도 부정적이며, 일방적이고 부정확하다는 평가가 많이 있다. 당시 일본은 한국을 침략의 대상으로 삼고 온갖 부정적인 이미지를 확산시키는데 혈안이 되어 있었기 때문에, 일본에 오랫동안 머물렀던 그가 친일본적인 관점을 가지고 한국에 대해 기술한 것은 어찌 보면 당연한 결과라고 할 수 있다. 하지만 이런 단점과 한계에도 불구하고, 오랫동안 이 책은 한국에 관심을 가진 모든 사람들의 필독서가 되었고, 특별히 한국에 파송된 선교사들에게는 반드시 읽어야할 도서였다. 물론 그의 책이 전반적으로 일본 편향적이기는 하지만 한국에 대해 우호적으로 기술한 부분들도 있다. 그는 한국의 자연의 아름다움과 서양 세계가 갖지 못한 한국 사회의 장점들을 칭찬하고 있으며, 특히 서양 사회에 결핍된 공동체의 윤리성에 대해 극찬을 아끼지 않는다.

그는 조선(朝鮮)이라는 명칭을 "Morning Calm"(고요한 아침)으로 번역하였는데, 이것이 후일 퍼시벌 로웰(Percibal L. Lowell)에 의해 "The Land of the Morning Calm"(고요한 아침의 나라)로 발전하였다. 로웰은 민영익 일행이 보빙사절단으로 미국을 방문할 때 통역관으로 따라갔던 사람이었다. 그는 1883년 서울에서 약 3개월간 체류한 적이 있는데 그 당시 자신의 경험을 정리하여 "조선, 고요한 아침의 나라"(Choson, the Land of the Morning Calm)라는 제목으로 출판하였다. 그 후 서양인들에게 한국을 가리키는 이 "고요한 아침의 나라"라는 표현은 일본을 가리키는 "떠오르는 태양의 나라"(The Land of the Rising Sun)에 상응하는 개념으로 사용되었다.

이처럼 서양 세계가 그리피스의 책을 통하여 조선에 대해 눈을 뜨고 있을 무렵, 조선에서는 임오군란이라는 큰 소용돌이가 일고 있었다. 조선은 1876년(고종 13년) 일본과 조일수호조약을 맺게 되는데 이 일로 인해 대원군이 그동안 취해왔던 쇄국정책이 흔들리고 개화파(진보파)와 수구파(보수파)가 날카롭게 대립하게 되었다. 이러한 가운데 고종의 친정(親政)으로 인해 정권을 내놓은 대원군은 호시탐탐 다시 집권할 기회만을 엿보고 있었다.

그러던 차에 한 사건이 발생하였다. 당시 조선의 군대 체제는 일본이 주도한 신식군대인 별기군과 구식군대의 이중 체계로 되어 있었는데, 별기군의 대우가 월등히 좋아 이 두 그룹 사이에는 팽팽한 긴장감이 감돌고 있었다. 그런데 구식군대인 무위영과 장어영 군졸들이 13개월 동안 월급을 받지 못해 불만이 쌓여있던 중에 아주 오랜만에 겨우 한 달 치의 월급이 지급되었다. 하지만 그들에게 배급된 쌀 안에 모래가 반이 넘게 섞여 있었다. 이에 격분한 군졸들이 폭동을 일으켰는데, 1882. 6. 9일의 일이었다. 그들은 당시 운현궁에 거주하던 대원군을 찾아가 도움을 요청하였다. 이에 대원군은 군졸들로 하여금 일본공사관을 포위하고 불을 지르게 하였다. 그리고 그들은 민비를 제거하기 위하여 창덕궁 돈화문 안으로 난입하였다. 다급해진 민비는 궁녀의 옷으로 갈아입고 궁궐을 탈출하여 충주 장호원으로 피신하였는데 이때 이수정 등이 그녀의 탈출을 도왔다.

사태가 심각하다는 것을 인식한 고종은 전권을 대원군에게 맡겨 위기를 수습하게 하였다. 그동안 민비는 청나라에 도움을 요청하였고, 이에 청나라는 재빠르게 군대를 파견하여 이 반란의 주모자로 지목된 대원군을 사로잡아 중국 천진으로 압송하였다. 또한 일본은 조선 정부에 강력한 압박을 가해 주모자를 처벌하고 손해배상을 요구하였다. 이에 따라 일본과 제물포 조약이 체결되기에 이른다.

임오군란은 처음에는 부당한 차별대우에 불만을 가진 군졸들의 반란으로 시작되었으나, 결국에 대외적으로는 청나라와 일본의 조선에 대한 권한을 확대시켜 주는 결과를 가져왔고, 대내적으로는 개화 세력과 보수 세력의 갈등을 심화시켜 1884년 갑신정변이 일어나는 계기가 되었다.

2) 1883년: 이수정의 개종과 선교사 파송요청

이수정(1842-1886)이라는 인물이 한국 선교 역사에 등장하는 계기는 임오군란이었다. 그는 1882년 임오군란 당시 민비의 목숨을 건진 공로로 고종의 신임을 얻고, 그 해 10월 신사유람단의 일원으로 일본에 가게 되었다. 그는 친구 안종수의 소개로 일본의 기독교인 농학자인 츠다센을 만나게 되는데, 그의 도움으로 기독교를 수용하고 1883. 4. 29일 세례를 받았다. 그 후 그는 도쿄외국어대학의 조선어학 교수로 일하면서, 미국 선교사들과 일본교회 지도자들을 만나 교제를 나누게 된다.

세례를 받고 기독교인이 된 그는 1883. 5. 8-13일까지 도쿄의 신사카에 교회에서 있었던 제3회 전 일본기독교인 친목대회에 참석하였다. 여기에는 츠다센을 비롯하여 우치무라 간조, 니지마 조 등 일본기독교계의 기라성 같은 인물들도 있었다. 이 대회에서 이수정은 한국어로 대표 기도를 드리고, 요한복음 14장을 근거로 하여 자신의 신앙을 고백하였다. 이 당시의 모습을 우치무라 간조는 후일 다음과 같이 기록하였다:

"한국 사람이 한 명 있었는데, 그는 이 은둔국의 국민을 대표하는 명문가 집안의 사람으로 일주일 전에 세례를 받고 우리 대회에 참석하였다. 그는 항상 자기 나라 의복을 착용하는 당당한 모습의 사람이었다. 그는 자기 나라 말로 기도를 하였는데, 우리들은 맨 마지막의 '아멘'하는 소리밖에는 알아듣지 못하였다. 그러나 그 기도는 무한한 힘을 가진 기도였다."[4]

이 모임에서 이수정은 니지마 조의 "그리스도께서 제자의 발을 씻어 주신 일"이라는 제목의 설교를 듣고 크게 감명을 받았다. 그리고 그는 니지마 조에게 다음

---

4) 김수진, 『한국기독교선구자 이수정』, p.96

과 같은 글을 적어 주었는데, 이것이 이수정의 휘호와 함께 병풍으로 제작되어 현재 교토에 있는 니지마 조의 고택에 보관되어 있다:

"사람에게 믿음이란 나무에 뿌리가 있음과 같도다. 사랑이 없으면 뿌리는 마르며 나무는 시드는 도다. 사랑의 마음이 있음은 물과 같아서 뿌리를 촉촉하게 하나니, 가을과 겨울에 잎은 떨어지나 뿌리는 마르지 않는 도다. 사랑이 있으면 늘 봄과 같아서 새싹이 돋고 꽃이 만발하며 잎은 무성해지도다. 하늘(天, 하나님)을 섬기고, 도(道, 말씀)를 믿으면 꽃이 피고 가지마다 열매가 풍성히 맺히나니, 그 깊음을 알 수 없고 그 큼을 헤아릴 수 없도다. 줄기와 가지는 송백(松柏, 소나무와 잣나무)과 같아서 서리와 눈이 내려도 결코 시들지 않으리라."

휘호의 마지막 부분에는 도시샤교회를 의미하는 "서경공회(西京公會)의 형제자매들에게"라고 썼고, 마지막에 원심(圓心)이수정이라고 적었다.[5]

그 후 어느 날 이수정은 꿈을 꾸게 되는데, 그의 감동적인 꿈 이야기는 일본에 있던 미국 성서공회의 헨리 루미스(Henry Loomis) 목사에 의해 미 장로교 해외선교부 길만 박사에게 전달되고 미국 선교잡지에도 실리게 된다:

"조선 사절단 가운데 한 명이 최근 도쿄에서 세례를 받았습니다. 전해지는 말로는 그가 한 꿈을 꾸었는데, 그 꿈속에서 어떤 사람이 책 한 보따리를 가지고 그에게 와서, 그 책 속에 번영과 행복의 능력이 가득 차 있다고 하였답니다. 그래서 그가 그 책이 무슨 책이냐고 계속 물어 보았고, 결국 그것이 성경이라는 말을 듣게 되었다고 합니다. 꿈에서 깨어난 그는 그 책을 찾아 읽고, 성경의 가르침을 배우

---

5) 한국기독교역사연구소편, 『믿음의 흔적을 찾아』, pp.322-323

기 시작하였습니다. 그 결과 그는 현재 교인이 되었으며, 우리는 이 사건이 저 '은둔의 나라'에 복음이 들어갈 수 있는 길을 열어주게 될 것임을 확신합니다."[6]

루미스 선교사는 이수정을 만난 이후에 그에게 큰 감명을 받았고, 그의 신실한 믿음과 탁월한 언어능력을 보고 성경을 한글로 번역해 줄 것을 요청하였다. 이에 이수정은 그의 부탁을 받고 성경번역에 착수하게 된다. 루미스는 당시의 상황을 길만 박사에게 다음과 같이 보고하였다:

"그 (이수정)의 최대 소망은 성경을 자기 민족에게 주는 것입니다. 그는 미국 성서공회가 다른 나라를 위해 어떤 일을 해왔는지 알고 있으며, 또 한국을 위해서도 기꺼이 성서반포사업을 하려고 한다는 사실을 전해 듣고는 기쁨을 감추지 못했습니다. 그는 우선 한한(China-Korean) 성서를 제작한 다음, 한글번역에 들어가자는 제 제안을 흔쾌히 받아 들였습니다. 그는 대단한 열심을 품고 이 일에 착수하였으며, 어제 그를 방문해보니 이미 마태복음과 마가복음이 상당량 완성된 상태였습니다."[7]

이처럼 이수정은 성경을 한글로 번역하면서 또 다른 한편으로는 일본 주재 미국 선교사들을 통하여 한국에 선교사를 파송해 줄 것을 강력히 요청하였고, 미국에 편지를 보내 복음 전파를 위한 선교사역이 조속히 이루어져함을 설명하기도 하였다. 이런 연유로 인해 후일 그는 "조선의 마게도니아인"이라고 불리게 되었다. 당시 일본에 있던 미 장로교 선교사 녹스는 이수정의 이러한 적극적인 모습을 선교잡지에 다음과 같이 소개하였다:

---

6) H. Loomis' letter to Dr. Gilman, May 11, 1883
7) H. Loomis' letter to Dr. Gilman, May 30, 1883

미국 선교잡지에 실린 이수정
(1842~1886)의 초상화
그의 이름이 일본식 발음인
리주테이로 표기되어 있다.

이수정의 모습

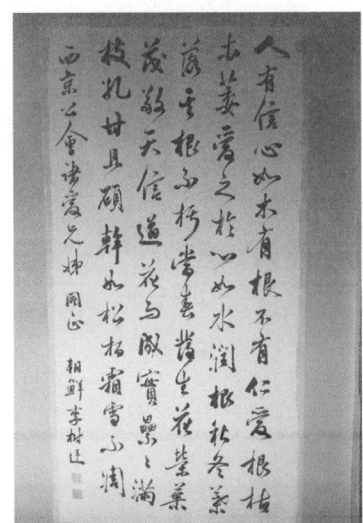

이수정이 한문으로 쓴 족자

교토에 있는 니지마 조의 옛날 집에 있다. 니지마 조는 교토의 도시샤 대학을 창설했을 뿐 아니라, 일본 기독교의 탁월한 지도자이기도 하다

이수정과 일본 기독교계 지도자들

(맨 앞줄 오른쪽에서 네 번째가 이수정, 다섯 번째가 츠다센,
두 번째 오른쪽에서 네 번째가 도시샤 대학을 세운 니지마 조)

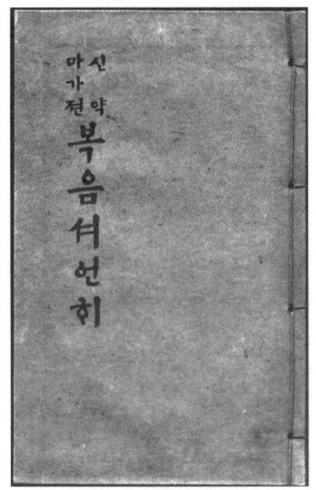 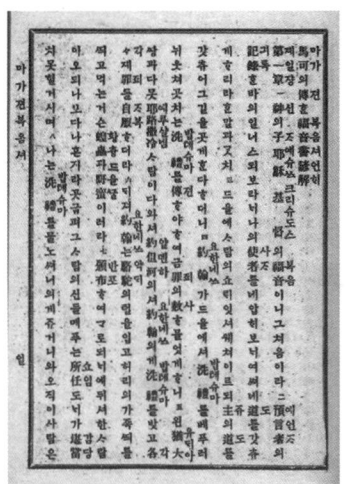

이수정이 일본에서 한글로 번역한 마가복음
(아펜젤러와 언더우드는 1885년 이 번역본을 가지고 한국에 옴)

일본의 농학자이자 탁월한 기독
교 지도자인 츠다센의 모습
그는 이수정에게 깊은 감명을
주었고 그가 기독교인이
되는데 크게 기여하였다.

일본 최초의 개신교회인 카이간 교회
(요코하마시 나카구 니혼도오리 8번지)
미국 선교사였던 헵번, 브라운, 바라
선교사들이 1868년에
요코하마 항구 옆에 세웠다.

요코하마 인터컨티넨탈 호텔의 현재 모습
이곳은 이수정의 한글성서가 인쇄된
미국성서공회가 있던 자리였다.

헨리 루미스 목사
(1839~1920)

일본 최초의 장로 교회인 시로 교회 (요코하마시 나카구 오노에쵸 6-85)
이 교회는 미국성서공회의 총무였던 헨리 루미스 목사가 1874년에 세웠다.
그는 이수정에게 한글 성서 번역을 부탁하였고,
한국에 미국 선교사가 파송되는데 여러모로 기여했다.

"이 신사는 한국에도 기독교 선교가 시작되어야 한다고 간절히 애원하였습니다. 그는 자신이 힘이 닿는 대로 모든 수단을 다하여 선교회를 보호하고 지원해 줄 것을 약속하였습니다."[8]

당시 일본에서는 조선의 선교를 위해 일본인을 선교사로 파송해야 한다는 의견도 있었는데, 이수정은 이에 대해 반대하는 입장을 분명히 하였다. 그는 다른 나라가 아닌 미국의 선교사들이 한국에 파송되기를 간절히 소망하였다. 그리고 만일 미국 교회가 신속한 행동을 취하지 않는다면, 다른 나라가 선교사들을 파송하게 될텐데, 그는 그런 불행한 사태가 일어나는 것을 원치 않는다고 하였다:

"여러분의 나라는 기독교 국가로 우리에게 알려져 있습니다. 그러나 여러분들이 우리에게 복음을 전해주지 않으면, 저는 다른 나라가 그들의 선교사들을 신속히 파송하리라 생각합니다. 그렇게 되면 저는 그들의 가르침이 주님의 뜻과 일치하지 않을까 하여 걱정하는 바입니다. 비록 저는 영향력이 없는 사람이지만 여러분들이 파송하는 선교사들을 돕는 데 최선을 다하겠습니다."[9]

이수정은 1883. 11. 14일 일본 소녀들이 다니는 기독교학교(미션스쿨)을 방문하여 일본 여성들을 위하여 이루어지고 있는 선교 사역을 참관한 후, 우리나라 여성 교육의 필요성을 절감하고, 조선 여성의 지위 향상을 위해서는 먼저 조선 왕후에게 기독교와 서구 문명을 가르쳐야 한다고 확신하였다. 그래서 그는

---

8) G.W. Knox, "Affairs in Corea," *The Foreign Missionary*, June 1883, p.17
9) Rijutei, "Rijutei to the Christian of America, Greeting," *The Missionary Review of the World*, March 1884, pp.145-146

조선 여성의 개화와 복음 전도 그리고 기독교를 통한 여성 지위 향상을 위하여, 미국 교회가 특별히 여성 선교사를 파송해 줄 것을 간청하는 편지를 쓰기도 하였다. 그런데 놀라운 사실은 이수정이 쓴 이 편지를 헨리 루미스 목사가 당시 요코하마에 있던 엠마 벤톤에게 전달하였고, 그녀는 이 편지를 미 감리교 해외여선교회로 보냈다는 점이다.

장로교 선교사인 루미스 목사가 왜 이 편지를 감리교 여선교사인 엠마 벤톤에게 전달했는지 그 이유는 분명하지 않다. 하지만 결국 감리교 해외여선교회에서는 이수정의 청원에 응답하여 메리 스크랜톤을 한국에 파송하게 되는데, 그녀가 바로 엠마 벤톤의 고모이니 이 얼마나 오묘한 하나님의 섭리인가!

엠마 벤톤이 루미스에게 전달받은 이수정의 편지는 "한국에서의 부름"이라는 제목으로 미 감리교 해외여선교회 기관지인 이방 여인의 친구(Heathen Woman's Friend)에 실렸다. 다음은 그 편지의 일부분이다:

> (*며칠 전 미국성서공회의 루미스 목사가 개종한 한국인 이수정이 쓴 청원의 편지를 나 (엠마 벤톤)에게 주었다. 그는 루미스 목사에게 그 편지를 미국으로 보내줄 것을 간청하였다. 이 편지는 벤톤 선교사가 해외여선교회에 보낸 것이다.)
>
> "천주교가 한국에 소개된 이후로 많은 개종자들이 생겼습니다. 그리고 지금 전 세계가 하나님의 복음을 받아들이고 있는데, 우리나라만 제외된 것은 참으로 유감스러운 일입니다. 제 의견으로는 여성선교사가 제일 중요합니다. 한국의 관습은 중국이나 일본과 아주 달라서 남녀의 힘이 거의 동등합니다. ... 사람의 정신을 고양시키고 바꾸며, 아이들을 교육하고, 남편들을 덕행으로 인도하는

것이 여성의 사명입니다. 이런 이유로 인해서 저는 여학교가 아주 중요하다고 생각합니다. 그래서 저는 여성선교사가 우리나라에 파송되기를 원합니다. 그리고 제가 비록 힘이 없는 무지한 사람이지만 그 여성선교사를 소개하고 돕는 일에 최선을 다하겠습니다. 그러면 우리나라의 팔백만의 여성과 구백만의 남성들이 복음의 가르침에 담겨 있는 행복을 얻을 수 있을 것입니다. 그렇게 되면 주님의 원하는 뜻이 이루어지고 하늘 아버지가 더 큰 영광을 받을 것입니다. 1884년 8월 8일 도쿄에서, 이수정 드림"

3) 1883년: 루신다 볼드윈 여사의 기부와 간구

이미 살펴보았듯이 1882년 윌리엄 그리피스는 "한국, 은자의 나라"를 출판하였는데, 이 책은 미국인들의 한국에 대한 큰 관심을 촉발시키는 계기가 되었다. 이 책은 뉴욕에서 출판되어 무려 11만부가 판매되었고, 미 감리교 해외여선교회의 지도자중 한 명이었던 그레이시 (J.T. Gracey)여사는 이 책을 읽고 큰 충격을 받았다. 그녀는 1883년 2월 해외여선교회 기관지에 다음과 같은 글을 "한국의 여성"이라는 제목으로 발표하였는데, 이것은 그리피스가 쓴 책의 일부분을 요약한 것이었다:

"한국인들에 대해 잘 아는 천주교 선교사들에 의하면 한국 여성은 도덕적으로 존재 가치가 없으며, 한국 남성의 동등한 반려자로 인정을 받지 못한다고 합니다. 여성은 이름이 없고 어릴 때 붙여주는 별명이 있는데, 가족이나 친구도 별명으로만 부릅니다. 그리고 대부분 '아무개 누이' 혹은 '아무개 딸'로 불리며, 그나

마 갖고 있던 별명도 결혼을 하면서 사라집니다. 그때부터 한국 여성들은 철저히 이름 없는 존재가 됩니다. 친정 부모는 기껏해야 결혼할 때 그녀가 살던 지역이나 마을 명칭을 이름으로 대신 사용하도록 만들어줄 뿐입니다. 시댁 부모들도 결혼 전에 살았던 마을 명칭을 따서 며느리의 칭호를 붙여 주는데, 한국에서는 남편을 같은 동네에서 구하는 법이 거의 없습니다. 그리고 결혼을 해서 아이를 낳으면 그저 '아무개 어미'로 불릴 뿐입니다. … 이런 한국 여성들이야말로 우리가 동정하고 위해서 기도해야 할 대상이 아닐까요? 그런데도 아직 그곳에는 개신교 선교사가 한 명도 들어가지 않았습니다. 그러나 우리가 믿는 바는 머지않아 우리 감리교 해외여선교회가 이들 격리된 여성들에게 복음의 기쁜 소식을 전하여, 그들로 하여금 구세주이신 주 그리스도를 고백할 수 있도록 인도할 것이라는 사실입니다."[10]

이 기사를 읽은 루신다 볼드윈(Lucinda B. Baldwin)여사는 큰 감동과 도전을 받았다. 그녀는 1883년 9월 오하이오 주의 라벤나에서 열린 미 감리교 해외여선교회 라벤나 지방 여선교회 모임에서 선교비를 기부하며 한국선교를 위해 함께 기도할 것을 요청하였다. 한국에 대해 관심조차 없던 미국 교회가 한 여인의 헌신과 기도에 의해 새로운 역사가 열리는 순간이었다. 그녀의 기부로 인해 한국에 첫 여성 선교사로 오게 된 메리 스크랜톤은 이 일을 훗날 이렇게 회상하였다:

"미 감리교 해외여선교회의 한국선교사역은 1883년 9월, 오하이오 주 라벤나라는 작은 도시에서 출발하였다고 할 수 있습니다. 그곳에서 지방 여선교회 모임이 열렸는데 당시는 인도와 일본의 선교 사역이 주목을 끌고 있었습니다. 그

---

10) Mrs. J.T. Gracey, "The Woman of Corea", *Heathen Woman's Friend*, February 1883

날 강연자의 마음속에는 아직 문호를 개방하지 않은 한국에 대한 생각은 없었습니다. 그런데 그 자리에 참석하였던 한 노부인의 마음과 눈을 주님께서 움직이고 열어주셔서, 다른 모든 사람들이 잊고 있었던 것을 보고 느끼게 하셨습니다. 그 부인은 자신에게 돈이 조금 있는데 그것을 하나님께 바치겠노라고 하였습니다. 그리고 그녀는 이 돈을 모갯돈으로 하고 다른 분들도 참여함으로서 한국의 여성과 소녀들도 속히 예수 그리스도 안에 있는 진리를 깨닫게 되기를 간절히 바란다고 하였습니다. 이때부터 이 암흑의 나라를 위한 기도가 시작되었습니다."[11]

캠벨 선교사에 의하면 볼드윈 여사는 한국을 위한 선교헌금을 해외여선교회에 기부하면서 다음과 같이 말했다고 한다:

"이 작은 헌금이 이름도 없는 여성들이 살고 있는 어둠의 나라에 하나님의 빛이 전해지기를 바라는 마음으로, 또 이 빛이 꺼지지 않고 하나님에 대한 복음이 세상에 알려지는 계기가 되기를 바라는 마음으로 드립니다."[12]

볼드윈 여사의 간구와 후원은 다음 해인 1884년 해외여선교회가 메리 스크랜톤을 한국에 개척선교사로 파송하면서 그 결실을 맺게 된다. 이처럼 한국 선교의 문을 열었던 볼드윈 여사는 1892년 동대문교회의 전신인 볼드윈 채플과 볼드윈 진료소를 건축하는 데에도 경제적인 지원을 아끼지 않았다.

이처럼 한국선교의 시작에 큰 기여를 한 볼드윈 여사는 1814년 로드 아

---

11) M.F. Scranton, "Woman's Work in Korea", *The Korean Repository,* January 1896
12) B.E. Campbell, *To Educate is to Teach to Live,* New York: The United Methodist Church, 2005, p.255

일랜드 주에서 출생하였다. 그녀는 코네티컷 주 출신인 남편 하비 볼드윈을 만나 결혼을 하고 슬하에 1남 2녀의 자녀를 두었다. 일반적으로 그녀는 오하이오 주의 클리블랜드에서 산 것으로 전해지고 있으나, 사실은 클리블랜드가 아닌 스트리츠보로(Streetsboro)에서 살다가 그곳에서 생을 마감하였다. 그녀는 스트리츠보로에서 멀지 않은 라벤나(Ravenna) 제일감리교회에 출석하였으며, 현재 그녀는 남편과 함께 에버그린 묘지(Evergreen Cemetery)에 안장되어 있다.

〈볼드윈 여사의 가계도〉

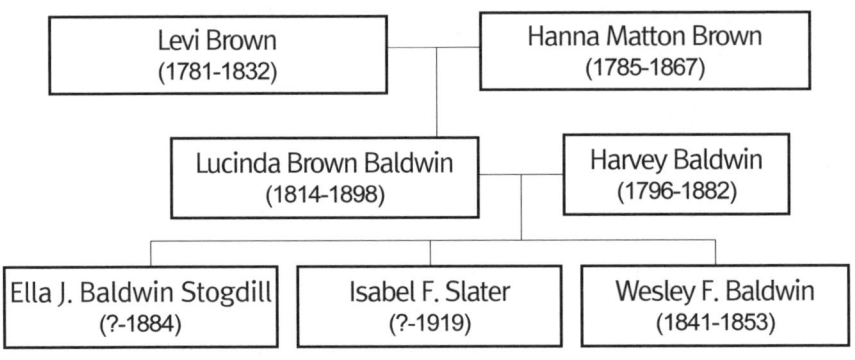

루신다 볼드윈(Lucinda B. Baldwin, 1814~1898) 여사가 출석한
라벤나 제일 연합감리교회(263 S. Prospect St. Ravenna, Ohio)

볼드윈 여사가 남편(Harvey Baldwin, 1796~1882)과 같이 묻혀있는
에버그린 묘원 (8519-8533 Streetsboro, Ohio)

월리엄 스크랜톤의 생애와 사상 65

4) 1883년: 존 가우처 목사의 열정과 권면

한편 하나님은 또 다른 곳에서 한국에 선교사를 파송하는 일에 필요한 준비 작업을 하고 계셨다. 한국은 1882년 4월 미국과 한미수호통상조약을 맺음으로 외국에 문호를 개방하는데, 1883년 5월에는 초대 주한 미국공사로 푸트(Lucius Foote)가 내한하였다. 이에 대해 한국정부는 1883년 7월 민영익을 수반으로 하는 보빙사절단을 미국에 파견하는데 그들은 인천을 출발, 일본

존 가우처 목사
(1845~1922)

을 거쳐 샌프란시스코에 도착하였다. 사절단은 그곳에서 대륙횡단 열차편으로 워싱톤을 거쳐, 뉴욕에서 미국 대통령 체스터 아서(Chester Alan Arthur)를 만날 예정이었다.

이때 시카고에서 워싱톤으로 가는 열차에 미 감리교 해외선교위원회 위원이었던 존 가우처(John Goucher) 목사가 타고 있었는데, 그것은 참으로 놀라운 하나님의 섭리였다. 그는 민영익을 포함한 한국의 사절단과 대화를 나누던 중, 아직 한국에 개신교 선교사가 없다는 소식을 들었다. 기차 안에서 사흘 동안 사절단과 이야기를 나눈 그는 "은둔의 나라" 한국에 대해 많은 것을 알게 되었다.

한국 사절단을 만나고 난 이후에, 존 가우처 목사는 미 감리교 기관지였던 "크리스천 애드보킷"(The Christian Advocate)의 편집자인 버클리 박사에게 한국 선교의 시작에 대한 도움을 요청하였다. 이에 버클리 박사는 한국에 관한 소

1883년 미국에 파견된 한국 보빙 사절단

뒷줄 왼쪽부터 현흥택, 최경석, 유길준, 고영철, 변수
앞줄 왼쪽부터 홍영식, 민영익, 서광범, 퍼시벌 로웰

뒷줄 왼쪽부터 현흥택, 미야오카, 유길준, 최경석, 고영철, 변수
앞줄 왼쪽부터 퍼시벌 로웰, 홍영식, 민영익, 서광범, 우리탕(중국인 통역)

존 가우처 목사가 담임을 했던
러블리 레인 감리교회의 모습
(Lovely Lane United Methodist
Church. Baltimore, Maryland)

미국 볼티모어 인근에 있는
존 가우처 목사의 묘지
(Druid Ridge Cemetery 7900 Park Heights
Ave.Baltimore, Maryland)

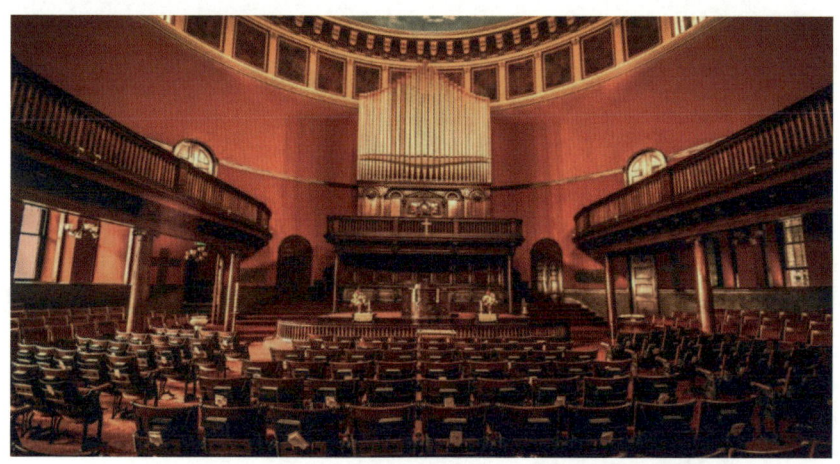

러블리 레인 감리교회의 본당 모습

이 교회는 미국 감리교회의 모(母) 교회로써 미국 감리교회 100주년을
기념하는 1884년에 건축되었다. 존 가우처는 새 성전을 건축하는 중에
한국의 선교를 위하여 거금 5,000달러를 희사하였다.

식을 15번 이상이나 게재하여 한국에 대한 미국 성도들의 여론을 환기시켰고, 감리교인들로 부터 2천 달러에 달하는 선교기금을 거두었다. 그때 캘리포니아에 사는 아홉 살 난 한 어린 소녀가 9달러를 냈는데, 이것은 후에 엡윗 청년회의 젊은이들이 시작한 훌륭한 사업의 바탕이 되었다.[13]

또한 존 가우처 목사는 1883. 11. 6일에 와일리(Wiley)감독에게 편지를 써서 한국에 선교사를 파송해 줄 것을 촉구하며, 선교비의 일환으로 미 감리교 해외 선교부에 먼저 2천불을 기부하였다. 또한 그는 사절단을 볼티모어에 있는 자신의 집으로 초대하여 한국의 상황에 대해서 자세히제임스 듣고, 그들을 대접하는 열정을 보이기도 하였다. 그는 훗날 볼티모어 여자 대학 (*현재는 가우처 대학)을 설립하는데, 스크랜톤 선교사의 두 딸이 이 대학에서 수학을 하게 된다.

볼티모어 여자 대학 전경

이 학교는 존 가우처 목사가 설립하였으며, 윌리엄 스크랜톤 선교사의 두 자녀 메리언과 캐서린이 수학하였다. 학교 건물 왼쪽에 러블리 레인 감리교회가 위치해 있다.

---

13) 윌리엄 그리피스, 『아펜젤러』, p.64

존 가우처는 한국 선교뿐만 아니라 전 세계 여러 나라에서 활발한 선교활동을 하였는데, 일본 도쿄의 아오야마 대학교에는 그를 기리는 가우처 채플이 있다. 특별히 존 가우처가 한국을 방문하여 선교가능성을 타진해 달라고 부탁했던 매클레이 선교사가 아오야마 대학의 설립자였기 때문에, 가우처는 흔쾌히 이 대학을 후원하였던 것으로 보인다.

일본 도쿄에 있는 아오야마 대학교 정문

아오야마 대학교는 로버트 매클레이가 세웠는데 현재 도쿄의 시부야 지역에 있으며, 대표적인 감리교 계통의 명문 사학이다. 존 가우처는 이 대학에 많은 기부를 했다.

학교 안에 있는 가우처 채플

여기에서 우리가 또 한 가지 주목할 사실이 있다. 그것은 미국 측 통역을 맡았던 조지 포크라는 인물이다. 1883. 9. 15일 한국사절단이 워싱톤에 도착하자 미국 정부에서는 조지 포크(George Clayton Foulk: 1856-1893)에게 한국어 통역을 맡겼다. 그는 1876년 미국 해군사관학교를 졸업하고 아시아 함대에 배속되었는데, 자신의 함대가 자주 들리는 일본의 항구에서 일본어를 배웠다. 또한 그는 아시아 함대에서의 복무가 끝나고 귀국하는 길에 1882. 6. 3일-9. 8일까지 동료 두 명과 함께 일본 고베 항에서 미쓰비시 증기선을 타고, 나가사키와 부산, 원산을 거쳐 블라디보스토크까지 가서 시베리아를 횡단하는 여행을 했다. 부산과 원산 방문을 계기로 한국에 대해 관심을 갖게 된 그는 귀국 후 워싱톤 해군성 자료국에서 사서로 일하며 일본어와 함께 한국어를 공부했다. 이런 인연으로 그는 보빙사절단의 미국 측 통역을 맡게 된 것이었다.

이 때 한국사절단의 대표였던 민영익(1860-1914)은 포크에게 깊은 인상을 받았다. 사절단이 모든 미국 방문 일정을 마치고 대통령 체스터 아서(Chester Arthur)에게 고별인사를 드리러 갔을 때, 그는 한국사절단에게 미국 군함 트랜톤 호를 타고 대서양을 건너 유럽과 동남아시아를 거쳐 귀국하면 좋을 것이라는 호의적인 제안을 하였다. 이에 민영익은 그의 배려에 감사하면서 포크를 안내자로 동행하게 해 달라고 부탁하였다. 아서 대통령은 흔쾌히 그 요청을 수락하고, 그를 한국 주재 미국 공사관의 해군 무관에 임명하여 사절단과 동행하도록 하였다. 민영익 일행은 12월 1일 뉴욕을 출발해서 유럽과 수에즈 운하를 거쳐 1884. 5. 31일 제물포에 도착하였다. 이렇게 민영익은 한국인으로서는 최초로 세계 일주를 한 사람이 되었다.

이런 만남을 통하여 조지 포크는 훗날 초대 미국 공사였던 푸트의 뒤를 이어 제2대 미국 공사로 한국에 오게 된다. 그는 1885. 1. 10-1886. 12. 11일까지 미국 공사로 있으면서 갑신정변 이후의 정치적 혼란 속에서 어려움을 겪던 고종의 고문역할을 하였다. 또한 초창기 개신교 선교사들의 내한 과정을 지켜보았고, 한국 최초의 근대식 종합병원인 광혜원(*후에 제중원으로 이름이 바뀜)의 개원에도 힘을 보탰다.[14]

이외에도 미 해군사관학교 출신인 그는 조선에 있는 동안 이순신 장군의 거북선에 관한 보고서를 썼는데, 이것이 1894년과 1897년 시카고 트리뷴지와 선 등 미국 신문에 보도되면서 거북선의 존재가 서양 사람들에게 알려지게 되었다. 그가 쓴 보고서에는 거북선 그림도 실려 있었다. 또한 그는 김정호의 대동여지도를 들고 1884. 11. 1일부터 44일 동안 공주, 전주, 나주, 부산, 충주를 거치는 1,448 킬로미터를 여행하고 조선에 관한 여행기를 남겼는데, 약 380쪽에 달하는 그의 여행기에는 당시 조선의 실상이 생생하게 기록되어 있다.

5) 1884년: 로버트 매클레이 선교사의 방한과 고종의 선교 윤허

대륙 횡단 열차 안에서 보빙사절단을 만났던 존 가우처 목사는 한국을 위한 선교비를 기부하였을 뿐만 아니라, 일본에 주재하고 있던 친구 로버트 매클레이(Robert Maclay) 박사에게 편지를 보내 그가 직접 한국을 방문하여 상황을

---

14) 주영하, 『백년식사』, pp.23-24

파악해줄 것을 요청하였다:

"저는 1883. 11. 6일자로 선교위원회에 편지를 보내 은둔의 나라 한국에 선교를 시작하여 한국선교회를 조직하고, 일본선교회의 지휘를 받도록 하자고 제안하였습니다. ... 그러니 박사님께서 시간을 내서 한국에 들어가 그곳 상황을 알아보고 선교회를 조직해 보시지 않겠습니까? 그렇게만 된다면 우리가 이 이교도의 땅에 들어가는 첫 번째 개신교회가 될 것입니다. 만일 한국에서 사역이 시작된다면 일본선교회로서도 큰 명예이며, 그동안 일본에서 이룩해 놓으신 귀하의 업적에 새로운 것이 추가될 것입니다."[15]

존 가우처의 이러한 요청을 받은 매클레이 선교사는 1884. 6. 24일 한국에 들어와 2주간 머물렀다. 이때 그는 일본에서 만났던 김옥균에게 자신의 선교계획서를 건네주며, 그것을 국왕에게 전달하여 빠른 시일 내에 좋은 소식을 듣기 바란다고 하였다. 드디어 7월 3일 국왕으로부터의 답신이 왔는데, 고종이 교육과 의료분야에 한해서 선교사들의 활동을 허락한다는 내용이었다. 이것은 실로 기적과도 같은 일이었다. 당시의 감격을 매클레이는 다음과 같이 전하고 있다:

"김옥균은 저를 매우 정중하게 맞아 들였으며, 국왕이 지난밤에 저의 편지를 신중하게 검토하고 요청한대로 우리 선교부로 하여금 한국에서 병원과 학교 사업을 시작할 수 있도록 재가하였다고 전해 주었습니다. 그는 아직 구체적인 세부 사항은 확정되지 않았지만, 한국에서의 사역을 시작해도 좋다고 하였습니다.

---

15) R.S. Maclay, "Korea's Permit to Christianity", *The Missionary Review of the World*, April 1896

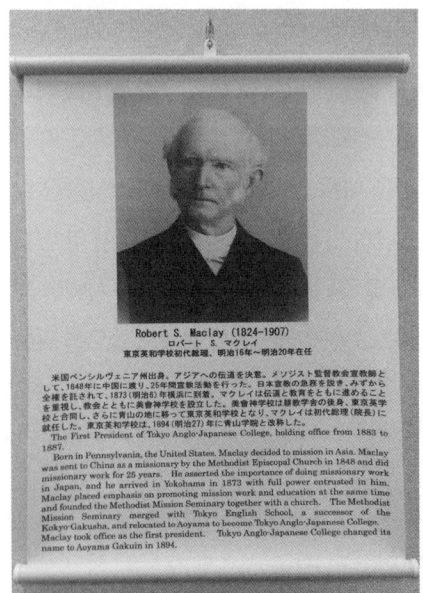

로버트 매클레이 목사
(1824~1907)
(일본 도쿄 아오야마 대학교 역사 자료실)

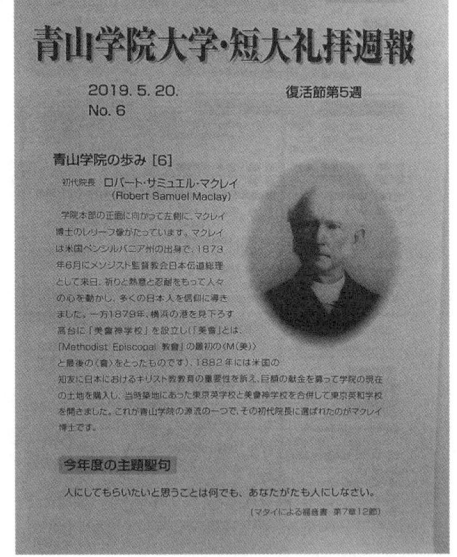

로버트 매클레이가 세운 도쿄의
아오야마 대학 내 가우처 채플 예배 순서지
(창립자 매클레이 선교사를 기리고 있음)

우리의 요청에 대한 국왕의 호의적인 반응이 매우 빠르고 훌륭했으므로 저는 그 허락이 마치 하나님께로부터 온 것 같았습니다. 저는 김옥균에게 저를 위하여 애써준 그의 탁월한 업무수행에 충심으로부터 감사를 표시한 후, 밖으로 나와 복잡한 서울 거리를 거닐면서 스스로에게 '나는 허락을 얻었다'고 몇 번이나 되풀이하였습니다."[16]

여기에서 우리는 미국 선교사들이 한국에 들어오는데 결정적인 역할을 한 김옥균이라는 인물에 대해 살펴볼 필요가 있다. 그는 왜 매클레이를 도와 고종의 선교 윤허를 받아 냈을까? 그들의 인연은 2년 전으로 거슬러 올라간다. 1882년 9월 일본에 온 김옥균은 당시 도쿄에서 공부하던 한국인 유학생 4명에게 영어를 가르쳐 주기로 한 매클레이 선교사의 부인을 만나 감사의 인사를 전한다. 그 후 김옥균과 매클레이 부부는 좋은 관계를 유지하였으며, 그는 일본에서 활동하고 있던 미국 선교사들과의 교류를 시작하게 된다.

김옥균은 일본인 목사 야스가와에게서 기독교에 대해 배우기 시작하였고, 미국 성서공회의 총무인 루미스로 부터 한문 신약성경을 받아 읽기도 하였다. 1884년 초, 그는 루미스(Henry Loomis) 목사에게 다음과 같이 말하며, 장로교 선교사인 녹스(George Knox) 목사와의 면담을 요청하였다:

"나는 기독교인과 기독교를 연구하였는데 기독교가 진실이라고 믿습니다. 기독교를 한국에 도입하는 것이 나의 소원입니다. 그러나 서둘러 이루어질 수는 없습니다."[17]

---

16) R.S. Maclay, "Korea's Permit to Christianity", *The Missionary Review of the World*, April 1896
17) *H. Loomis' letter to Dr. Gilman*, January 29, 1884

그가 녹스 목사를 만나고자 했던 이유는 서울에 기독교 병원을 설립하는 일을 제안하고 자신이 그 일을 위하여 영향력을 행사할 수 있음을 알려주기 위한 것이었다. 후일 그는 루미스, 녹스, 이수정과 만난 자리에서 "2, 3년 내에 복음의 문이 열리도록 하겠다"고 약속하였다. 1884년 3월, 그는 귀국하기 이전에 도쿄에서 녹스, 루미스, 이수정, 야스가와, 츠다센 등을 만찬에 초대하고 귀국 후 여성의 지위 향상과 보통 교육 제도의 확립, 기독교의 도입을 추진하겠다고 다짐하였다.

김옥균

김옥균은 자신이 약속한대로 매클레이 선교사가 1884년 6월 서울을 방문하였을 때 최선을 다해 그를 도와주었고, 한국에 개신교가 들어오는데 중요한 가교역할을 하였다.

그러나 역사는 참으로 아이러니하다. 한 때 고종의 최측근이었던 그가 나중에는 개화파의 수장이 되어 1884. 12. 4일 갑신정변을 일으켰으니 말이다. 그러나 갑신정변은 결국 실패로 끝나고 그는 일본으로 망명을 떠나게 된다. 일본 도쿄 아오야마 공원묘지에는 김옥균의 가묘가 있는데 그 사연은 다음과 같다. 김옥균은 일본으로 망명해 10년 세월을 보내던 중, 1894년 당시 청나라의 최고 실권자인 이홍장을 만나기 위해 중국 상하이로 건너가게 된다. 그러나 그곳에서 고종이 보낸 자객 홍종우에게 암살을 당하고, 그의 시신은 한국 정부의 요청으로 마포 양화진 나루터로 옮겨져 그의 목은 효수를 당하게 된다. 대역죄인인 그에게 제대로 된 묘소가 있을 리 없다. 일본에서 활동하던 미국 선교사들은 갑신정변의 실패와 김옥균의 죽음을 안타까워하였으며, 그를 아끼던 사람들이 김옥균의 머리카락과 의복의 일부를 몰래 가져와 아오야마에 가묘를 만들어 주었다. 참으로 슬프고 가슴 아픈 사연이다.

만일 갑신정변이 1884년 6월 매클레이가 한국에 오기 전에 일어났다면 개신교의 역사는 분명 다르게 전개되었을 것이다. 하나님은 그 시대에 한국 선교의 문을 열기 위하여 개화파 풍운아 김옥균의 삶도 그렇게 오묘하게 사용하신 것 같다.

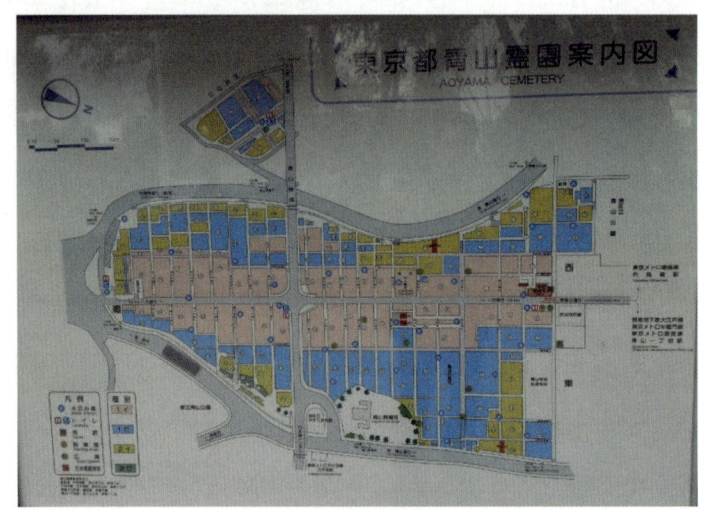

아오야마 묘원

김옥균의 묘지

윌리엄 스크랜톤의 생애와 사상
4. 윌리엄 스크랜톤의 선교사 소명

우리는 지금까지 스크랜톤 가족이 클리블랜드에서 평안한 생활을 하고 있는 동안 하나님께서 그들을 한국에 선교사로 보내시기 위해서 이수정, 루신다 볼드윈, 존 가우처, 로버트 매클레이 목사 등을 통하여 사전 준비 작업을 하신 것을 보았다. 이제 드디어 하나님의 부르심의 때가 되었다. 우리는 스크랜톤이 어떻게 선교사로 소명을 받게 되었는지 그 과정을 그의 아내인 루이즈의 회상을 통하여 확인할 수 있다. 그녀는 오랜 세월이 흘렀지만 1884년 어느 날에 있었던 사건을 다음과 같이 간증하고 있다:

[*루이즈 스크랜톤의 이 회고는 1934년 노블 선교사가 쓴 "한국의 개척자들"(Pioneers of Korea)이라는 글을 통해서 알려지게 되었다. 여기에서 그녀는 자신의 가족을 찾아 클리블랜드에 온 사람이 매클레이 박사였던 것으로 기억하고 있다. 이에 대해서는 다른 의견들도 있다. 혹자는 스크랜톤을 찾아 온 사람이 매클레이 박사가 아니라 일본에서 매클레이 박사를 도와 사역을 하고 있던 해리스 선교사였다고 주장한다. 물론 루이즈의 회상은 반세기 이전의 일이었기 때문에 그녀의 기억이 정확하지 않을 수도 있다. 하지만 해리스 선교사가 찾아왔었다는 뚜렷한 기록도 남아 있지 않기 때문에 여기에서는 그녀의 기억을 따르기로 한다.]

"1884년의 일로 기억이 되는데 누군가 (*매클레이 박사였던 것 같다) 클리블랜드에 있는 스크랜톤 대부인(*시어머니인 메리 스크랜톤)을 찾아 왔습니다. 그는 현관에 있는 저를 보더니 한국에 선교사로 가고 싶으냐고 물었습니다. 저는 깜짝 놀라 그를 쳐다보았습니다. 저는 해외 선교에 대해서는 아는 바가 없었고, 그때까지 해온 것이라곤 국내 전도나 북아메리카 인디언과 관련된 일뿐이었습니다. 그래서 이렇게 대답했습니다: '물론 아닙니다.' 그러자 그가 말했습니다: '그렇다면 당신은 가지 않는 것이 좋겠습니요.' 그래서 제가 이렇게 대답했습니다: '그래요, 저는 (선교사로) 가는 것에 대해 생각해 본 적이 없습니다.' 이 대화 이후에 그는 다른 이야기 없이 떠났고, 저도 더 이상 이 일을 생각하지 않고 지냈습니다.

그러던 어느 초 여름날 남편(스크랜톤 박사)이 심하게 장티푸스를 앓았고, 동시에 아이(딸 어거스타)도 매우 아팠습니다. 남편은 시어머니의 간호를 받았고, 저는 딸 아이를 돌보았습니다. 남편이 건강을 회복한 후 우리는 야외로 드라이브를 나갔습니다. 거기서 그는 놀랄 만한 이야기를 하나 하겠다고 했습니다. 그것은 중앙아프리카를 제외한 어느 곳에라도 선교사로 가서 헌신하겠다는 이야기였습니다. 남편의 이야기를 듣고 제가 말했습니다: '당신이 가는 곳이 어디든 저도 함께 갈 겁니다. 그리고 거기서 죽어 묻힐 겁니다.' 제가 결혼할 때의 결심 중 하나가 남편의 뜻을 거스르지 않는다는 것이었습니다. 이 결정이 우리의 삶에 커다란 변화를 가져 오겠지만, 남편의 그러한 큰 이상을 좇아 그와 함께 한다는 것이 만족스러웠습니다. 저는 기뻤습니다."[1]

스크랜톤이 걸린 병은 장티푸스였다. 장티푸스는 오한과 복통 그리고 40도를 넘나드는 고열에 시달리다가 정신이 혼미한 상태에까지 이르는 질환으로 특효약이 없었던 당시에 이 병에 걸리면 30% 정도가 사망하였다. 이 치명적인

---

1) William A. Noble, "Pioneers of Korea", *Within the Gate*, 1934, p.27

질병에 걸린 의사 스크랜톤을 위하여 그의 가족이 할 수 있는 일은 사실 별로 없었을 것이다. 그러나 감염의 위험을 아랑곳 하지 않고 외아들의 병상을 지키며, 열이 내리도록 물수건을 이마에 얹고 하나님께 간절히 매달렸을 어머니 메리 스크랜톤의 기도가 치유의 역사를 가져왔다. 그리고 스크랜톤 박사는 기적적으로 회복이 되었다.

루이즈의 기억에 의하면 어느 날 매클레이 박사가 자신의 집으로 시어머니 메리 스크랜톤을 찾아왔다고 한다. 그러면 도대체 매클레이는 누구이며, 왜 메리 스크랜톤을 찾아왔던 것일까? 스크랜톤 가족과 그는 도대체 어떤 사이인가? 이 궁금증에 대한 답을 찾기 위해서 이야기는 10여 년 전으로 거슬러 올라간다.

로버트 매클레이 목사는 원래 중국 선교사로서 1848년 미 감리교단의 파송을 받고, 푸저우(복주)지방에서 23년 동안 사역을 하였다. 그는 1871-1873년까지 안식년을 맞아 미국으로 돌아오게 되는데, 1872년 감리교 총회에 참석해서 해외선교부가 일본선교에 착수해 줄 것을 강력하게 요청하였다. 또한 크리스천 애드보킷(The Christian Advocate)에 아시아 선교, 특별히 일본 선교를 촉구하는 글을 발표하기도 하였다. 당시 일본은 1868년 메이지 유신이후에 서양 문물을 빠르게 받아들이고 있었고, 이미 장로교단에서는 일본에 선교사들을 파송한 상태였다. 이에 미 감리교 해외선교부에서는 일본선교회 설립을 매클레이 목사에게 맡기게 된다. 이런 결정은 그에게는 무척 의외였다. 그는 일본 선교를 강조했을 뿐 자신이 일본에 선교사로 갈 생각은 전혀 없었다. 그의 이야기를 들어보자:

"1871년 12월, 미국으로 가기 위해 중국을 떠날 때까지만 해도 푸저우 선교부 일에서 손을 뗄 생각을 전혀 하지 않았습니다. 그 때 제 생각은 오로지 우리 감리교가 중국에 최초로 설립한 선교부에 가족과 함께 가능한 빨리 돌아와 일을 재개하는 것이었습니다. 제 아내도 중국인들을 위해 사역하는 것을 아주 좋아하고 있습니다. 그곳 푸저우 선교부 묘지 언덕에는 우리 사이에 처음 태어난 아이 그리고 우리와 함께 사역했던 동료들이 올리브 나무 아래 묻혀 있었고, 그곳은 주님께서 허락하신다면 우리도 우리 사역을 마치고 주님의 품에 안길 때 육신의 재를 뿌릴 곳이었습니다."[2]

그러나 사람이 어떤 계획을 세울지라도 우리 인생의 발걸음을 인도하시는 분은 하나님이시다. 매클레이는 이처럼 중국 선교에 대한 확고한 생각을 가지고 있었지만, 하나님의 비전은 달랐다. 결국 그는 자신을 일본으로 파송하려는 해외선교부의 결정을 알고 나서 오랜 고민과 갈등 끝에 선교지를 바꾸기로 하였다. 그는 그 당시의 일을 다음과 같이 말한다:

"일본으로 선교지를 옮기게 된 것은 전혀 제가 바라던 것이 아니었습니다. 그렇지만 하나님의 뜻 가운데 제가 거역할 수 없는 교회 지도부의 결정을 전해 듣고 또한 제가 신뢰할 수 있는 친구들로부터 일본 선교의 문이 열렸으니 먼저 들어가서 일본을 복음화 하는 것이 주어진 사명이 아니겠느냐는 조언을 듣고 나서 오랫동안 고심하며 기도한 끝에 선교지를 바꾸기로 결심하였습니다."[3]

---

2) R.S. Maclay, "Commencement of the Japan Mission of the Methodist Episcopal Church", *The Gospel in All Lands*, 1897, p.99
3) R.S. Maclay, "Commencement of the Japan Mission of the Methodist Episcopal Church", *The Gospel in All Lands*, 1897, p.99

매클레이가 이처럼 안식년 기간 중에 일본으로 선교지를 바꾸고, 파송준비를 할 당시 그는 가족과 함께 스크랜톤의 고향인 뉴헤이븐에 머물고 있었다. 또한 그는 스크랜톤 가족이 다니는 뉴헤이븐 제일감리교회에 출석하고 있었기 때문에 분명 스크랜톤 모자(母子)를 잘 알고 있었을 것이다.

1873. 3. 20일, 일본 선교를 위해 떠나는 그의 환송연이 제일감리교회 여선교회 주관으로 루미 음악의 전당(Loomi's Temple of Music)에서 있었다. 매클레이는 송별사에서 중국과 일본 등 동아시아 선교의 중요성을 강조하면서 이 지역의 봉건적 가부장사회에서 억압받는 여성들을 위하여 해외여선교회가 적극 동참해 줄 것을 호소하였다.[4]

이 당시 스크랜톤은 예일대학 진학을 준비하던 시기였고, 어머니 메리는 해외여선교회 뉴헤이븐 지부의 임원으로 있었는데 그들이 매클레이의 고별 강연을 들었을 가능성이 아주 높다. 매클레이와 스크랜톤 가족의 인연은 이렇게 뉴헤이븐에서 맺어진 것이었다.

일본으로 파송되어 선교사역을 하고 있던 매클레이는 친구인 존 가우처 목사로부터 한국을 방문하여 선교 가능성을 타진해 달라는 부탁을 받는다. 그리고 하나님의 인도하심으로 1884년 6월 한국을 방문하여 고종으로부터 교육과 의료분야에서 선교를 해도 좋다는 허락을 받게 된다. 매클레이는 이 사실을 미 감리교 해외선교부에 알렸고 이때부터 선교사 지원자를 물색하게 된다.

이 무렵 매클레이는 10여 년 전 뉴헤이븐에서 만났던 스크랜톤 모자(母子)의 소식을 접하게 되는데, 그들이 클리블랜드에 살고 있다는 사실을 알고 찾아

---

4) 이경숙 외, 『한국을 사랑한 메리 스크랜톤』, p.227

왔던 것으로 추정된다. 그러나 그의 방문은 처음에는 별 성과가 없었던 것처럼 보인다. 하지만 매클레이가 떠나고 난 이후에 하나님이 개입하셨고, 결국 스크랜톤 가족은 윌리엄 스크랜톤과 딸 어거스타의 발병을 통하여 한국에 선교사로 나갈 결심을 하게 된다.

하나님의 역사는 참으로 오묘하다. 해외선교에 대해서는 별 관심도 없던 스크랜톤 가족이 이런 놀라운 과정을 통하여 하나님의 섭리를 깨닫고 순종하게 되었으니 말이다. 하나님은 먼저 스크랜톤으로 하여금 결단하게 하셨고, 그 다음 그를 통하여 아내의 마음을 움직이셨다.

루이즈는 남편에게 절대적으로 순종하는 아름다운 여인의 모습을 보여주고 있다. 그녀는 결혼할 때부터 남편의 뜻을 거스르지 않기로 마음을 먹었고 자신의 삶을 통하여 그것을 보여 주었다. 사실 아내가 선교사로 나가는 것을 반대했다면, 스크랜톤은 자신의 결심을 실행에 옮기기가 아주 힘들었을 것이고, 가정의 평안도 유지되기 어려웠을 것이다.

루이즈는 남편이 죽어 묻히는 곳에 자신도 묻히겠다고 말했다. 문득 룻이 생각나는 대목이다. 룻은 시어머니 나오미를 따라 오면서 어머니가 묻히는 곳에 자신도 묻히겠다고 하였다. 그러나 이것은 사람의 마음과 계획일 뿐 인생사는 자신이 생각하고 바라는 대로 되지 않는 경우가 대부분이다.

후일 스크랜톤 선교사는 1922년 일본 고베에서 죽어 롯꼬산에 있는 외국인 묘지에 안장되었지만, 루이즈는 자녀가 있는 스코틀랜드에서 살다가 1944년 그곳에서 세상을 떠났다. 그녀의 시신은 화장을 해서 그 재를 화장터 앞 공원에 뿌렸기 때문에 현재 묘지나 납골당도 남아 있지 않다.

윌리엄 스크랜톤의 생애와 사상
5. 윌리엄 스크랜톤의 파송과 태평양 횡단

로버트 매클레이 선교사가 클리블랜드를 방문하고 돌아간 후에, 질병을 통하여 하나님의 섭리를 깨달은 스크랜톤은 미 감리교 해외선교부에 선교사 지원서를 제출하였고, 1884년 10월 한국에 파송되는 첫 번째 선교사로 인준을 받았다. 이에 그는 클리블랜드의 병원을 정리하고, 1884. 12. 4일 뉴욕 파크 애비뉴(Park Avenue) 교회에서 파울러 감독(Charles Henry Fowler: 1837-1908)에게 안수를 받았다. 당시에 스크랜톤은 신학을 공부하지 않은 평신도였지만, 선교사로 파송되기 때문에 목사안수를 받을 수가 있었다.

한편 그의 어머니 메리 스크랜톤은 아들의 선교사 파송을 지켜보면서 조용히 아들의 선교사역을 지원할 예정이었다. 하지만 해외여선교회에서는 그녀를 아들과는 별도로 한국에 선교사로 파송하기로 결정하였다. 그것이 1884년 11월의 일이니 같은 해 어머니와 아들이 동시에 한국에 선교사로 파송되는 보기 드문 놀라운 일이 발생한 것이다.

스크랜톤 가족은 한국에 선교사로 파송될 모든 절차를 마치고, 자신들이 오랫동안 몸담았던 뉴헤이븐 제일감리교회에서 열리는 환송예배에 참석하였다.

윌리엄 스크랜톤이 1884년 12월 4일 목사 안수를 받은
뉴욕 맨하탄의 파크 애비뉴 연합감리교회

1885. 1. 5일의 일이었다. 이 환송연은 그 교회 여선교회 회원들이 마련한 자리였다. 이 뜻깊은 자리에서 메리 스크랜톤은 답사를 통하여 자신이 한국 선교를 시작은 하겠으나, 앞으로 보다 더 젊고 능력 있는 사람을 준비시켜 줄 것을 당부하였다. 당시의 환송회 모습이 해외여선교회의 기관지인 "이방 여인의 친구"(Heathen Woman's Friend)에 다음과 같이 실렸다:

> "스크랜톤 부인은 평소처럼 편안한 자세로 답사를 하였습니다. 그녀는 오랫동안 교회를 떠나 있었음에도 여전히 뉴헤이븐 제일감리교회를 '내 교회'라 부르며 소속감을 표시하였고, 과거 이 교회에 다녔던 시절의 행복한 추억, 특히 이곳 교인들에 대한 애정을 표시하였습니다. 그녀는 자신에게 이처럼 분에 넘치는 영예가 주어진 이유를 모르겠다고 하였습니다. 그러나 그것만 생각하면 기쁨이 솟아난다고 하였습니다. 그녀는 자기가 감당해야할 사역을 희생이라 생각하지 않고 특권으로 여긴다면서 그래서 감사하고 기쁘다고 하였습니다. 그러면서 그녀는 자신의 관심과 강조하는 바를 말하였는데, 자기를 희생하면서 친한 친구들과 헤어진다는 것 그리고 익숙했던 사회생활로부터 격리된다는 점을 전혀 의식하지 않는 것 같았습니다. 그녀는 진심을 담아서 간곡하게 말하였습니다. 자신이 (한국 선교를) 시작은 하겠지만 앞으로 사역을 발전시켜 나갈 수 있도록 보다 젊고 능력 있는 사람을 파송할 준비를 해달라고 부탁하였습니다. 우리는 영광송을 부르며 기쁘게 헤어졌습니다."[1]

파송예배를 마친 스크랜톤 가족은 뉴욕으로 이동하여 헨리 아펜젤러(Henry Gerhard Appenzeller: 1858. 2. 6-1902. 6. 11) 선교사 부부를 만났다. 아펜젤

---

1) "New England Branch", *Heathen Woman's Friend*, February 1885

러는 당시 드루 신학교(Drew Theological Seminary)의 졸업반 학생이었는데 교육선교사로 파송을 받았다. 여기에서 후일 스크랜톤과 함께 초기 한국 감리교 선교의 중추적인 역할을 감당하며, 정동교회를 설립하고 배재학당을 시작했던 아펜젤러에 대해 살펴보도록 하자.

헨리 아펜젤러는 펜실베니아 주 수더톤에서 출생하였다. 처음에는 네덜란드 개혁주의 계통의 교회에 출석하다가 후에 감리교로 이적하였다. 1882년 펜실베니아 주 랑카스터에 위치한 프랭클린 & 마샬 대학교를 졸업하고, 뉴저지 주 메디슨에 있는 드루 신학교에 입학하였다. 그는 차가운 이성과 뜨거운 가슴을 소유한 청년으로 신학생 시절 선교사가 되기로 결심하였다. 그는 1883년 10월 코네티컷 주 하트포드 신학교에서 열린 해외 선교를 위한 전국신학교연합대회에 드루 신학교 대표 5인 중 한 사람으로 참석하였다.

헨리 아펜젤러 선교사
(1858~1902)

그는 1884년 8월 해외선교부의 리드 박사(Dr. J.M. Reid)에게 편지를 보내 선교사 지원을 하였고, 선교지로 가기 전 12월 17일 랑카스터 감리교회에서 엘라 닷지(Ella Dodge)와 결혼을 하였다. 그리고 12월 20일 해외선교부로부터 한국 선교사로 임명되었다는 소식을 받았다. 아펜젤러가 한국으로 가기 위해 뉴욕을 출발하기 전, 1885. 1. 15일에 리드 박사는 그에게 편지를 보냈는데 그 내용의 일부는 다음과 같다:

아펜젤러의 모(母) 교회
(미국 펜실베니아 주 수더톤)

아펜젤러의 생가 모습

아펜젤러가 다녔던 프랭클린 & 마샬 대학교의 모습
(미국 펜실베니아 주 랑카스터)

아펜젤러의 모교(母校)인 드루 신학교 앞에 세워진 기념 동상
(미국 뉴저지 주 메디슨)

1. 일본 요코하마에 도착한 후 도쿄로 가서 매클레이 박사에게 도착 보고를 한다. 일본에서는 선교 사역의 방식을 익히고, 가능하다면 한국어 공부를 한다. 아마 한국 기독교인이나 기독교에 우호적인 한국인을 고용해서 한국까지 함께 동행 하면 도움을 받을 수 있을 것이다. 일본에서는 모든 시간을 미래 사역을 위한 준비에 사용해야 한다.
2. 당신과 스크랜톤 박사가 가족들을 일본에 남겨두고 먼저 한국에 가서 그들을 위한 적절한 거처를 마련하는 것이 지혜로울 것이라고 생각한다. 한국으로 출발할 때 그 나라의 정치적인 상황을 계속해서 확인하지 않으면 안 된다.
3. 한국 선교 초기에 최대한 신중해야 한다. 당신은 기독교가 공식적으로 허용되지 않은 나라에 파송된다는 점을 명심해야 한다. 그 나라는 기독교가 법으로 금지되어 있다. 그러나 우리는 의료사업과 교육사업이 한국인들에게 아주 잘 수용될 것이라는 확신을 가지고 있다.
4. 한국에서는 여성의 완전 격리와 한국인들의 아주 독특한 관습 때문에 여자 학교를 개설하는 것이 매우 어려울 것이다. 그러나 메리 스크랜톤 여사의 도움을 받으면 이것도 성취될 수 있다고 믿어 의심치 않는다.
5. 스크랜톤 박사는 그의 의료사역을 개설할 지혜로운 길을 찾을 것이다. 모든 종류의 사업은 진정한 선교 사역이 되어야 한다는 점을 항상 기억해야 한다.
6. 해외선교부에서 최종적인 결정을 할 때까지 한국 선교를 위한 금전출납에 관한 일은 스크랜톤 박사가 담당할 것이며, 그에게 일단 우리 어음으로 2,000달러를 줄 것이다. 이 어음은 언제든지 필요할 때 현금으로 바꿀 수가 있다.[2]

우리는 이 편지를 통해 한국을 향해 떠나는 젊은 선교사들에게 사려 깊은 배려와 조언을 아끼지 않는 리드 박사의 모습을 볼 수 있다. 그는 초기 한국 감리

---

[2] 옥성득, 『다시 쓰는 초대 한국교회사』, pp.116-117

교 선교의 성공여부가 스크랜톤과 아펜젤러에게 달려 있음을 누구보다 잘 알고 있었다.

드디어 스크랜톤 일행은 1885. 1. 20일 샌프란시스코로 가기 위해 대륙횡단 열차에 몸을 실었다. 뉴욕을 출발한 그들은 센트럴 열차를 타고 버펄로로 올라갔으며, 톨레도를 거쳐 세인트 루이스까지 갔다. 그리고 거기에서 다시 미주리 퍼시픽 철도로 갈아타고 샌프란시스코까지 갔는데 그것은 열흘에 걸친 긴 여정이었다.

아펜젤러는 샌프란시스코에 도착한 다음 날인 2월 2일에 파울러 감독으로부터 목사 안수를 받았다. 그리고 마침내 2월 3일, 한국을 향한 첫 선교 팀이 태평양우편회사의 아라빅호(The S. S. Arabic)를 타고 먼 항해를 시작하였다.

당시 샌프란시스코에서 배를 타고 태평양을 횡단하여 일본까지 가는 데는

스크랜톤 가족과 아펜젤러 부부가 샌프란시스코에서
일본 요코하마로 올 때 승선한 아라빅 호 (1885년 2월 3일)

약 3주간의 시간이 소요되었다. 이것은 참으로 길고도 위험한 여정이었다. 그들은 망망대해에서 몇 번의 주일을 보내야했는데, 2월 15일 주일에는 아펜젤러가 배위에서 설교를 하였다. 그 당시의 모습을 스크랜톤은 20여 년의 세월이 지난 후에 다음과 같이 회상하였다:

"그(아펜젤러)는 누구와 함께 있더라도 관심을 끌 수 있는 매우 인상적인 인물입니다. 잘 다듬어진 몸매를 가진 그는 머리를 들어 약간 뒤로 젖히고 다니기 때문에 그의 훌륭한 체격 구석구석이 잘 드러납니다. 그의 몸무게는 80-90킬로그램 정도 됩니다. 그는 얼굴까지도 둥글둥글 부풀어 있으며, 머리칼은 곱슬곱슬하고 숱이 많습니다. 그리고 그의 불그스레한 얼굴빛은 그가 완벽할 정도로 건강한 사람이라는 것을 보여 줍니다. 그의 얼굴에는 항상 미소가 어려 있었으며, 웃을 때는 가슴으로부터 우러나오는 듯이 웃습니다. 그는 항상 진실하고 사람을 끄는 힘이 있습니다.

그는 우리의 감독이요 지도자였습니다. 2월 15일 주일, 태평양 위에서 바다가 몹시 사나울 때 그는 우리들에게 설교를 했는데, 그 내용은 설교를 듣는 모든 사람들을 만족시키는 긍정적인 성격을 띄고 있었습니다. 그는 항상 그런 설교를 했습니다. 아마 모든 목회자들은 긍정적이고 위로가 되는 약속 혹은 반석에 근거한 신앙이 담긴 이러한 설교를 모방하고 싶어 할 것입니다. 이 날 그는 출애굽기 17:6절로 우리를 인도했습니다: '내가 호렙 산에 있는 그 반석 위 거기서 네 앞에 서리니 너는 그 반석을 치라 그것에서 물이 나오리니 백성이 마시리라.' 그는 자신을 부르셔서 한국에 선교사로 보내신 하나님에 대한 확신을 갖고 있었으며, 자신이 가서 일할 곳에서도 하나님께서 자신을 통해 그 분의 일을 이루실 것을 분명히 믿고 있었습니다."[3]

---

3) W.B. Scranton, "Reminiscences of the Reverend H.G. Appenzeller", *The Korea Methodist*, November 1904, p.2

1885. 2. 3일에 샌프란시스코를 출발한 그들은 24일간의 긴 항해 끝에 2. 27일 마침내 요코하마 항에 도착하여, 이미 일본에서 사역을 하고 있던 미 감리교 선교사들의 환대를 받았다. 그 중에는 1882년에 일본 선교사로 온 스크랜톤의 사촌 여동생 엠마 벤톤(Emma Benton)도 있었다. 이들은 요코하마에서 감격적인 만남을 가졌을 것이다.

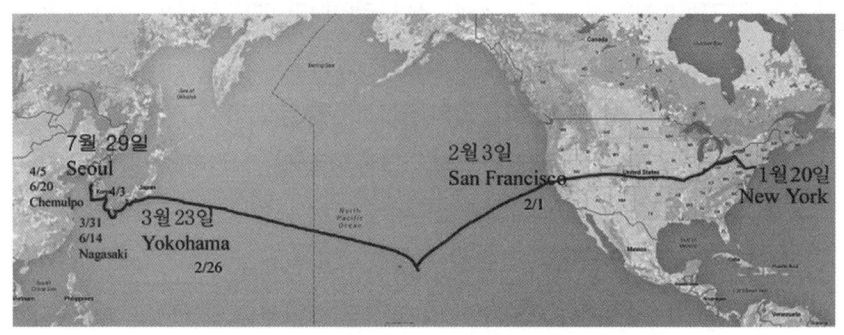

스크랜톤 가족과 아펜젤러 부부의 여행경로와 날짜

(일본 요코하마 도착이 2월 26일로 되어 있으나 이것은 미국 시각을 기준으로 한 것이며, 실제로 요코하마에 도착한 현지 시각은 2월 27일임)

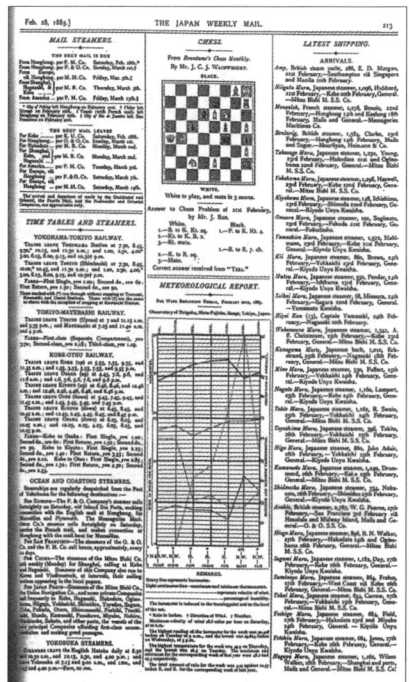

1885년 2월 27일 윌리엄 스크랜톤 가족과 헨리 아펜젤러 가족의
요코하마 입항을 기록한 문서
(요코하마 개항자료관에 이 문서가 있다)

요코하마의 개항 광장

뒤로 일본 최초 개신교회인
카이간 교회의 모습이 보인다

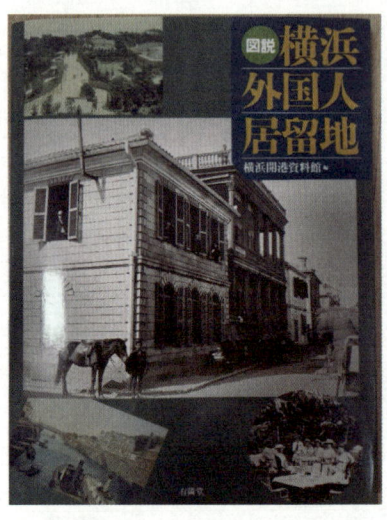

스크랜톤 가족이 일본에 도착했을
당시 요코하마에 거주하는 외국인들에 대
한 사진과 자료가 실린 책으로
요코하마 개항자료관에서 출판함

요코하마 개항 자료관

요코하마 개항 기념관

윌리엄 스크랜톤의 생애와 사상
6. 윌리엄 스크랜톤의 일본 체류

요코하마에 도착한 스크랜톤 가족과 아펜젤러 부부는 한국 선교를 위한 준비 작업에 착수하였다. 먼저 그들은 3월 5일 도쿄 아오야마에 있는 매클레이 박사의 집에서 한국 선교 전략회의를 가졌는데, 이 때 이수정과 박영효 등도 참석하여 모임을 참관하였다. 스크랜톤은 당시 상황을 해외선교부에 다음과 같이 알렸다:

"우리가 이곳에 잘 도착했다는 소식은 들으셨을 줄로 압니다. 저와 저희 가족은 해외여선교회 선교사인 엠마 벤톤과 함께 지내고 있습니다. 우리는 한 주 전에 도쿄 아오야마에 있는 매클레이 박사의 집에서 첫 번째 한국 선교회 모임을 가졌습니다. 우리는 매클레이 박사로부터 사역환경과 조건에 대한 충분한 설명을 듣고 우리 사역을 준비하는데 집중하기로 하였습니다. 우리가 언제 한국으로 출발할 수 있을지는 아직 미정입니다."[1]

그들은 한국에 바로 들어오기를 원했지만 한국의 사정이 여의치 않았다. 당시 일본에는 1884년 갑신정변이 실패로 끝난 후 개화파의 김옥균, 박영효, 서

---

1) *The Christian Advocate*, New York, April 9, 1885

Vol. XVI.   MARCH, 1885.   No. 9.

MEMORIAL HOME IN YOKOHAMA.

일본에 파송된 미 감리교 여선교사들의 사택

메리 스크랜톤은 조카 엠마 벤톤 선교사가 있었던 이 곳에 머물렀다.

광범, 서재필 등이 망명을 와 있었고, 국내의 정치 사회적인 혼란으로 인하여 선교사들이 바로 한국에 들어갈 상황이 아니었다.

자신들의 선교 사역지를 눈앞에 두고 무작정 기다릴 수밖에 없는 현실이 무척 답답하였지만 그들에게 다른 방법은 없었다. 기다림에 지친 아펜젤러는 깊은 좌절감에 빠져 다음과 같이 말하기도 하였다:

"우리는 육지로 또 바다를 건너 16,000 킬로미터를 여행한 후에 일본에 도착을 했는데 (이곳에서 한국의) 상황이 나아지기를 무작정 기다려야만 했습니다!"[2]

이런 실망감은 비단 아펜젤러 뿐 만이 아니었다. 자나 깨나 한국으로 갈 날만을 기다리던 메리 스크랜톤 역시 마찬가지였다:

"(우리는 무작정 기다려야 했습니다. 언제 한국에 가게 될지 저로서는 알 도리가 없었습니다. 제가 아는 건 한국 상황이 풀리는 대로 곧 들어간다는 것뿐이었습니다.) 이것은 여성선교사들에게는 조금 실망스러운 일입니다. 왜 그렇지 않겠습니까! 하지만 곧 상황이 나아질 것입니다. 그리고 우리는 뒷걸음질 치지 않고 전진하게 될 것입니다."[3]

그러나 일본에서의 기다림의 시간이 결코 무익한 것만은 아니었다. 그 기간 역시 하나님이 준비하신 시간이었다. 왜냐하면 그들은 기다리는 동안 일본에

---

2) D.M. Davies, *The Life and Thought of H. G. Appenzeller (1858-1902): Missionary to Korea*, p.146
3) M.F. Scranton, "A letter from Yokohama, Japan" *Heathen Woman's Friend*, July 1885, p.10

갑신정변의 주역들
(왼쪽부터 박영효, 서광범, 서재필, 김옥균)

박영효   서광범   서재필

서 사역하는 미 감리교 선교사들의 사역을 돌아볼 수 있었기 때문이었다. 특히 해외여선교회에 속한 여선교사들의 사역을 보고 배운 것은 후일 그들의 한국 선교사역에 큰 도움이 되었다. 그들은 이들 선배 선교사들의 사역에 찬사를 아끼지 않았다. 아펜젤러 선교사는 일본에서 활동하는 여선교사들의 모습에 깊은 감동을 받고, 후일 한국에서 사역하게 될 여선교사들도 메리 스크랜톤의 지도하에 이처럼 위대하고 영광스러운 사역을 할 수 있기를 소망하였다. 그의 말을 들어보자:

"일본에 몇 개월 있으면서 저는 이 여선교사들과 그들의 사역을 보고 허스트 감독님이 인도에서 사역하는 여선교사들에 대해서 한 말에 공감하게 되었습니다. 허스트 감독님은 이렇게 말한 적이 있습니다: '인도에서 사역하는 여선교사들의 모습을 보고 그들의 선교사역에 만족하지 않을 수 없다고 말하는 것은 충분하지 않습니다. 그들의 탁월한 능력, 활력이 넘치는 모습, 낙천적인 마음, 가난한 원주민들을 향한 친절함과 온유함, 그리고 선교사역에 대한 광대한 계획을 보면서 그 이전에는 반신반의했던 것에 대해서 지금은 확신을 갖게 되었습니다. 지금 인도에서 우리가 사랑하는 감리교를 대표하고 있는 이 여인들은 이미 감리교의 역사를 아름답게 수놓고 천국에 올라가 자신들의 면류관과 처소를 부여받은 우리 믿음의 선조들과 동급의 사람들입니다.' 부디 우리의 자매들도 어머니 메리 스크랜톤 부인의 지도하에 이제 우리가 막 입성하려고 하는 한국에서 그들처럼 위대하고 영광스러운 사역을 할 수 있기를 축원드립니다!"[4]

스크랜톤 가족 역시 일본에서의 사역을 관찰하고 연구하는 한편 한국어를 습득하기 위해 한국인 교사를 채용하고 일본에 거주하는 한국인들과 교류했

---

4) *Heathen Woman's Friend*, August 1885, p.30

다. 스크랜톤 모자(母子)에게 한글을 가르친 인물은 박영효였는데, 그들에게 그를 소개해 준 사람은 미국성서공회의 헨리 루미스 목사였다. 그는 이수정을 권면하여 한글로 성경을 번역하게 하였을 뿐만 아니라, 이처럼 박영효를 소개하는 등 초기 한국선교에 있어 지대한 공헌을 한 인물이었다. 또한 그는 일본 최초의 장로교회를 설립한 목회자이기도 하였다.

스크랜톤 모자는 박영효에게 한글을 배우는 대신 그에게 영어를 가르쳐 주었고, 서로 교제하면서 그에 대한 좋은 인상을 갖게 되었다. 그들은 박영효를 높게 평가하였으며, 그를 포함한 개화파 인사들이 장차 한국의 밝은 미래를 위하여 큰 역할을 할 것이라고 믿었다. 메리 스크랜톤은 박영효에 대해 다음과 같이 말하였다:

"저는 한국에서 사역을 시작할 준비에 최선을 다하고 있습니다. 제 어학교사인 박영효가 어떤 인물인지 알게 되면 여러분은 놀라실 것입니다. 그는 망명객 중의 한 사람인데, 지체가 높은 최고위층 인사입니다. 그는 훌륭한 어학교사이며, 예절과 인내심이 남다른 인물입니다. 우리는 그뿐 아니라 다른 망명객들과도 친하게 지내고 있습니다. 우리는 그들을 모두 만나 보았는데 하나같이 총명하며 지적입니다. 저는 이들이 다시 권력을 잡게 되기를 바랍니다. 언젠가는 그렇게 될 것으로 확신하며 그날이 한국에는 복된 날이 될 것입니다."[5]

이런 인연으로 인해 메리 스크랜톤은 후일 박영효가 미국에 갈 때 그를 위하여 추천서를 써 주기도 하였다. 그리고 이 사실을 해외선교부 총무인 리드 박사

---

5) *Heathen Woman's Friend*, July 1885, pp.10-11

에게도 알려주었다. 다음은 그녀가 도쿄에서 쓴 편지이다:

"어제 제 어학선생인 박영효가 저를 찾아와 다음 배로 미국에 가겠다고 하였습니다. 현재는 박영효만 가겠다고 하였지만 그의 두 친구들도 그를 따라갈 것입니다. 저는 그에게 당신에게 보여줄 추천서를 써주었습니다. 그는 영어를 조금 구사할 줄 아는데, 이런 영어실력의 부족이 자신에게 어떤 불편함을 가져다줄지 아직 잘 알지 못합니다. 이곳에 있는 모든 미국인들은 그를 아주 친절하게 대하고, 그를 크게 존경합니다. 저는 그가 분명히 모든 미국인들이 이들 (일본에 있는 미국인들)과 똑같이 사려가 깊은 사람들이라고 생각할거라 믿습니다. (그가 후일 미국에 도착한 이후에) 만일 누군가가 그를 정답게 대해 주지 않는다면 마음에 큰 상처를 입지나 않을까 염려됩니다. 그가 기독교국가인 미국에서 오히려 비기독교국가에서 만난 사람들 보다 더 불친절한 사람들을 만나지 않을까 신경이 쓰이기도 합니다. 저는 그에게 샌프란시스코에 있는 파울러 감독님과 메이야마 씨에게 보내는 소개서를 써 주었습니다. 우리는 그에게 큰 관심을 가지고 있습니다. 그에게 진정한 친구가 되어 주는 사람이 있다면 저는 주님의 뜻이 그를 통하여 이루어질 것이라고 믿습니다."[6]

윌리엄 스크랜톤 역시 해외선교부에 자신의 일본 생활과 박영효에 대하여 다음과 같이 보고하였다:

"요코하마에 체류하는 2개월 동안 저는 줄곧 한국어를 배우는데 최선을 다했습니다. 미국성서공회의 헨리 루미스 목사님의 도움으로 저는 한국에서 온 망명

---

6) *M.F. Scranton's letter to Dr. J.M. Reid,* May 25, 1885

객중의 한 사람으로부터 한국어를 배웠습니다. 그를 박사님께 소개하기 위해서 루미스 목사님이 박영효에 대해 말씀하신 부분을 인용하겠습니다: '박영효, 나이 25세, 한국에서 가장 높은 직위를 가진 귀족, 전 국왕의 딸이자 현 국왕의 조카딸과 결혼, 1881년 이후 일본 주재 대사였으며, 새로운 내각에서 병조판서 및 남북군 총사령관.' 그는 자신의 조국에 대해 좋은 것을 나에게 가르쳐 주려고 하였으며, 당연히 아무런 보수도 받지 않았습니다. 하지만 저는 어머니와 함께 오전에 우리에게 한국어를 가르쳐준 것에 대한 답례로 오후에 그에게 영어를 가르쳤습니다."[7]

일본에 머무르며 한국에 들어 갈 기회를 기다리고 있던 그들에게 드디어 때가 왔다. 한국의 사정이 어느 정도 안정되자, 그들은 3월 21일에 매클레이 박사의 집에 모여 미 감리교 한국 선교회를 조직하고, 파울러 감독의 지시대로 한국 선교 관리자로 매클레이, 부관리자로 아펜젤러, 회계로 스크랜톤을 임명하였다. 그리고 아직 자녀가 없는 아펜젤러 부부가 먼저 한국에 들어가기로 결정하였다.

아펜젤러 부부는 3월 23일 배편으로 요코하마를 출발하였고, 고베를 거쳐 3월 28일 나가사키에 도착하였다. 그들은 거기에서 배를 갈아타고 3월 31일 부산을 향해 출발하였으며, 부산에 상륙하여 하루를 머물렀다. 그리고 4월 5일 부활절 날 마침내 제물포에 도착하였다. 아펜젤러는 감격에 겨워 해외선교부에 다음과 같이 보고하였다:

"우리가 탄 배는 드디어 부활주일 오후 3시에 안전하게 도착하였습니다. 우리

---

7) *W.B. Scranton's letter to Dr. J.M. Reid*, April 23, 1885

는 작은 배로 옮겨 타고 한 시간 정도 노를 저어 해안에 상륙하였는데, 곧 바로 서울로 올라가지 않는 것이 좋겠다는 말을 들었습니다. 물론 우리의 목적이 이곳 제물포에 머무는 것은 아닙니다. 이곳에 우리나라 군함이 있어서 우리를 안전하게 지켜주고 있습니다만 우리의 현재 계획은 여기에 계속 머물 생각은 아닙니다. 일단 거처를 마련하고 한국어 공부를 하면서 길이 열리면 주님께서 인도하시는 대로 행할 것입니다."[8]

하지만 도착의 기쁨도 잠시 뿐 이었고 아펜젤러 부부는 미국 공사 포크(George C. Foulk)로 부터 서울의 정치적 상황이 좋지 않으니, 서울로 들어오지 말고 제물포 항구를 벗어나지 않는 것이 좋겠다는 연락을 받았다. 특별히 아펜젤러 선교사 부인의 신변 안전 문제로 인해 그들은 서울로 가지 못하고, 제물포에 5일간 머물다가 4월 10일 결국 인천을 떠나 나가사키로 철수하였다. 그리고 그들은 그곳에서 두 달여를 머무르며 때를 기다려야만 했다.

---

8) *The Christian Advocate*, New York, May 28, 1885

월리엄 스크랜톤의 생애와 사상
7. 윌리엄 스크랜톤의 한국행과 정동 정착

아펜젤러 부부의 서울 입성 실패를 경험한 매클레이 박사는 이번에는 스크랜톤을 혼자 보내기로 결정을 하였다. 그 이유는 여성을 대동하지 않으면 서울 입성이 가능하다는 말을 들었기 때문이었다. 실은 아펜젤러 부부가 나가사키에 도착하여 제물포로 가기 위해 준비하고 있을 때, 스크랜톤은 한국에 있다가 일본으로 돌아온 미국무역회사의 제물포 대리인인 타운센드(Walter D. Townsend)로 부터 한국 상황에 대해 자세한 이야기를 듣고 아펜젤러에게 다음과 같은 소식을 전해 주었다:

"아펜젤러가 (한국으로) 출발한지 하루 이틀 뒤에 저는 타운센드 씨가 서울에서 방금 돌아왔음을 알게 되었습니다. 그래서 제가 앞으로 무엇을 할 수 있는지 알기 위하여 그를 방문하였습니다. 그는 미국 제품들을 수입하는 무역상사의 대리인이었으며, 지난 12월 갑신정변이 일어났을 때에도 서울에 있었습니다. 그는 여성들을 한국으로 데리고 가는 것은 아주 위험하다고 하였습니다. 그래서 저는 타운센드 씨를 만난 이후에 나가사키에 있는 아펜젤러에게 다음과 같은 전보를 보내 주었습니다: '타운센드 씨가 이제 방금 한국에서 (일본으로) 돌아 왔습니다. 그곳은 특별히 여성들이 안전하지 않다고 합니다. 나의 가족은 가을 이전에는 (한국에) 가지 않을 것입니다.' 아펜젤러는 이러한 저의 전보를 받았습니다."[1)]

스크랜톤에게 한국 상황에 대한 유용한 정보를 제공한 타운센드는 미국무역회사(American Trading Company)의 제물포 지사 운영을 맡고 있었다. 이 회사는 뉴욕의 사업가인 제임스 모르스(James R. Morse)가 설립한 것으로 그는 일본 고베에 이어 제물포에도 지사를 개설하였다. 모르스는 후일 알렌 선교사의 도움으로 운산금광 채굴권과 경인철도 부설권을 따내기도 한다. 이러한 인연으로 인해 스크랜톤은 타운센드의 딸이 제물포에서 결혼을 할 때 주례를 맡기도 하였다. 이 소식은 선교 잡지 코리아 리뷰에 다음과 같이 실렸다:

> "지난 3월 18일 토요일, 제물포에 있는 감리교회에서 스크랜톤 박사님의 주례로 마게리트 타운센드 양과 제임스 애트킨슨 군의 결혼식이 있었습니다. 서울과 제물포에서 많은 하객들이 참석하였으며, 아주 성대한 예식이었습니다. 신부는 제물포에 거주하는 타운센드 부부의 딸이며, 신랑은 일본에 거주하는 미국 선교사의 자녀입니다. 신랑은 미국에서 학업을 마친 후 한국에 들어와 지난 2년 동안 타운센드 씨가 운영하는 미국무역회사에서 근무를 하였습니다. 결혼식 후에는 타운센드 씨의 집에서 리셉션이 열렸는데 음료와 다과가 제공되었고, 많은 손님들은 아주 아름답고 값비싼 선물을 신랑신부에게 주며 그들을 축복하였습니다. 신혼부부는 미국으로 신혼여행을 떠났으며, 몇 개월 후에 돌아올 예정입니다."[2)]

만일 아펜젤러가 스크랜톤의 말을 듣고 제물포로 가지 않았었다면, 다시 나

---

1) *W.B. Scranton's letter to Dr. J.M. Reid*, April 23, 1885
2) "News Calendar", *The Korea Review*, 1905, p.117

가사키로 철수하는 일은 없었을 테지만 당시에는 모든 것을 정확히 예측하기 어려운 상황이었다. 스크랜튼은 타운센드의 이야기를 듣고 개인적으로는 한국 상황이 안정될 때까지 한국에 가지 않으려고 생각하였지만, 아펜젤러 부부가 철수하고 난 이후에 선교회의 결정에 따라 한국으로 향하였다. 그는 4월 20일 혼자 요코하마를 출발하여 나가사키와 부산을 거쳐 5월 3일 제물포에 도착하였다. 다행히 그간 한 달 정도의 시간밖에 지나지 않았지만 서울의 정치적인 상황이 많이 안정되어 아펜젤러 부부의 서울 입성을 만류했던 미국 공사 포크도 스크랜튼이 서울로 올라오는 것에 대해서는 반대하지 않았다.

개항 초기의 제물포 모습

제물포에 도착한 스크랜튼은 다음 날, 왕진 차 인천에 와 있던 장로교 의료 선교사 알렌 박사를 만나게 된다. 알렌은 스크랜튼에게 서울에 올라와 자신과

스크랜톤 가족이 도착했을 당시 제물포 모습
(가운데 있는 서양식 건물이 대불호텔)

함께 일할 것을 요청하였다. 이에 스크랜톤은 임시로 알렌의 집에 머물면서 그가 책임을 맡고 있던 한국 정부병원인 제중원의 일을 도와주기로 하였다. 알렌은 자신의 일기에 당시의 일을 다음과 같이 기록하였다:

"1885. 5. 12일 화요일. 미 감리교 의료선교사인 스크랜톤 박사가 서울에 왔다. 나는 일주일 전 제물포로 왕진 갔을 때 거기서 스크랜톤 목사를 만난 일이 있었다. 그때 나는 그에게 서울로 올라와서 우리 병원에서 같이 일하자고 했더니 오늘 그가 우리 병원으로 찾아온 것이다. 나는 스크랜톤 목사에게 병원 일을 맡기겠다고 제안하면서 그가 병원 운영 책임자가 되었다는 취지의 청원서를 한국 정부에 통고하는 동시에 이를 승인해 줄 것을 요청하였다. ... 스크랜톤은 분별 있는 사람으로 처신을 잘한다."[3]

---

[3] 김원모 역, 『알렌의 일기』, p.82

스크랜톤은 한국에 처음 도착한 이후의 상황을 해외선교부에 다음과 같이 보고하였다:

"저는 4월 28일 화요일 아침 일찍 나가사키를 떠났으며 부산에서 하루 반나절을 머문 후에 5월 3일 주일에 '고요한 아침의 나라'의 해변에 안전하게 상륙하였습니다. 하지만 이곳에서 주일은 쉬는 날이 아닙니다. 이 날에 일을 하지 못하게 하는 것은 대단히 힘듭니다. 반면에 놀랍고 역설적인 사실은 한국인들은 피할 수만 있다면 전혀 일을 하려고 하지 않습니다. 다음 날 (5월 4일) 저는 알렌 박사를 만났는데, 그는 서울에 있는 자신의 집으로 저를 초대하였습니다."[4]

그러나 스크랜톤과 알렌의 이러한 호의적인 만남은 시간이 흐르면서 악화되기 시작하였다. 알렌은 스크랜톤에 대해 점점 더 적대적으로 변해갔고, 스크랜톤도 알렌에 대해 실망을 금치 못하였다. 우리는 알렌의 일기를 통하여 그가 스크랜톤에 대해 어떤 감정과 태도를 가지고 있었는지 살펴볼 수 있다:

"1885. 6. 17일 수요일. 국왕은 오늘 나에게 말 두 마리를 하사하였다. 이 말들은 제중원에서 쓰일 말들인데 나에게 보내진 것이었다. 그런데 지금 이 병원 일을 도와주면서 매사에 추악한 방법으로 질투심을 보이고 있는 스크랜톤 박사가 국왕이 내린 말 두 마리 중 한 마리를 자기가 가지겠다고 나섰다.

1885. 6. 19일 금요일. 스크랜톤 박사는 이런저런 일들을 처리함에 있어서 아주 서투르게 처신하고 있다. 포크 대리공사는 이런 스크랜톤 박사를 정착시키려고 애쓰고 있다.

---

4) *W.B. Scranton's letter to Dr. J.M. Reid,* June 1, 1885

1885. 6. 29일 주일. 스크랜톤은 심술궂은 인간이고 병원 일을 너무 소홀히 했기 때문에 나는 그가 병원 사업에 적임자가 아니라고 판단해서 그 대신 다른 사람을 제중원에 임명해 줄 것을 한국 정부에 요청하였다."[5]

스크랜톤은 이런 상황에서 더 이상 제중원에서의 사역을 감당할 수 없어 한 달 남짓 후에 사임하였다. 그러나 그가 제중원을 그만둔 이유는 단지 알렌과의 사적인 감정대립이나 또 다른 장로교 의료선교사인 존 헤론 박사가 서울에 도착하여 제중원의 일을 시작하였기 때문만이 아니었다. 그의 사임 배경에는 다음과 같은 보다 더 중요한 근본적인 문제가 있었다:

첫째, 제중원의 진료가 공고한 내용과 달랐기 때문이다. 스크랜톤은 서울에 도착하자마자 알렌의 집에 여장을 풀고 즉시 알렌이 일하는 제중원을 둘러보았다. 거기에는 "왕립병원인 제중원에서는 아픈 사람들을 다 고쳐 줍니다."라는 공고(公告)가 붙어 있었다. 그러나 스크랜톤이 보기에 제중원은 신분의 구별 없이 공평하게 치료하는 병원이 아니었다. 당시 제중원은 알렌의 정책에 따라 조선 정부의 권력자들이나 영향력을 가진 인물들을 우선 배려하였다. 이것은 스크랜톤에게는 받아들이기 어려운 일이었다. 그가 가지고 있었던 의료선교의 핵심은 가난한 민중을 향한 것이었기에 때문에 더욱 그러하였다.

둘째, 스크랜톤은 알렌이 선교를 위해 의료행위를 하는 것이 아니라 돈벌이를 위해 조선에 온 것이라고 생각하였다. 실제로 1885. 4. 10일 알렌은 일본공사관과 500달러의 연봉계약을 체결한 바가 있었다. 또한 묄렌도르프(*구한말

---

5) 김원모 역, 『알렌의 일기』, pp.82-90

조선 정부의 세무사와 외교고문을 지낸 독일인으로 청나라 이홍장의 추천으로 조선에 오게 되었다)는 제중원을 자신의 휘하에 두고 알렌이 총세무사 소속 의사로 근무하면 외근수당으로 연 5,000달러와 주택 그리고 매 년 특별 보너스를 지불하겠다며 그를 회유하였다. 이외에도 알렌은 영국과 청나라 공사관의 의사로 일하며 많은 돈을 벌고 있었다.[6]

한편 스크랜톤은 제중원에서 일하는 동안 일본에 있는 가족들이 서울에 와서 살 수 있는 주택과 선교 부지를 확보하기 위하여 애를 썼다. 서울에서 선교 거점을 확보하는 것은 대단히 중요한 일이었다. 더군다나 아직 아펜젤러 등 감리교 선교사들이 들어오지 않았던 상황이었기 때문에 스크랜톤은 선교기지(mission station)를 확보하는 일에 더욱 신중을 기하였다. 그가 고려한 선교기지의 입지조건은 다음과 같았다:

1. 안전이 보장되어야 하기 때문에 미국공사관에서 멀리 떨어지지 않은 곳
2. 안전의 문제에 공동 대처를 해야 하고 효율적인 선교사업과 여러 정보를 공유할 필요성이 있음으로 장로교 선교부에서 멀지 않은 곳
3. 한국인들과의 소통이 원활한 곳
4. 청결한 위생을 보장 받을 수 있는 곳
5. 의료사역이나 교육사역을 하기에 충분할 정도로 공간이 넓은 곳
6. 선교비의 제한이 있음으로 가격이 비싸지 않은 곳

그는 이러한 조건을 갖춘 선교 부지를 알아보다가 미국 공사관의 주선으로

---

6) 김명구, 『복음, 성령, 교회: 재한 선교사들 연구』, pp.164-165

자신의 마음에 드는 장소를 찾은 후에 해외선교부에 다음과 같이 보고하였다:

"서울에서 선교 부지를 구입하는 일에 있어서는 여러 가지 상황을 고려할 때 미국 공사관과 장로교회 선교부가 있는 근처의 땅이 바람직할 것 같습니다. 왜냐하면 1) 이 부지는 다른 외국인들과 한국인들의 거주지와 인접해 있고, 2)도시가 내려다보이는 언덕위에 자리를 잡고 있는데, 이러한 지리적인 위치는 서울과 같이 더럽고 지저분한 도시에서는 배수와 신선한 공기를 위해서 아주 중요하며, 3)일반적으로 도시 안에서 구할 수 있는 최적의 주거장소는 지금 말씀드리는 곳과 같이 가장 높은 언덕 위의 장소이기 때문입니다. 이 부지는 상당히 넓고, 장차 우리가 더 많은 방과 건물을 필요로 한다면 언제든 충분히 확장이 가능합니다. 또한 약간의 수리만 한다면 이 건물이 현재 우리의 필요를 충족시킬 수 있습니다. 이 부지의 가격은 800-1,000 달러 사이가 될 전망인데, 환율의 변동에 따라 달라질 수 있습니다. … 만일 우리가 선교를 위해 이 부지를 확보하지 않는다면 아마도 장로교회 선교부가 차지하게 될 것입니다."[7]

스크랜톤의 이러한 보고를 받은 해외선교부는 그 부지를 구입하는 것을 허락하였다. 드디어 그는 1885년 6월 중순 정동 일대(*현재 정동 34-1번지)에 독립 가옥 두 채가 딸린 약 1,800평의 선교 부지를 구입하였다. 이 부지는 알렌의 집 건너편에 있었고, 미국 공사관 근처였다. 원래 이 땅은 영국 영사 칼스(W.R. Carles)가 사들인 것을 재차 매입한 것이었다.[8]

선교 부지를 확보한 스크랜톤은 아직 자신의 가족들이 살 집은 마련하지 못

---

7) *W.B. Scranton's letter to Dr. J.M. Reid*, June 1, 1885
8) 김명구, 『복음, 성령, 교회: 재한 선교사들 연구』, pp.166-167

하였지만 일단 일본에 있는 가족들을 한국으로 데려오기로 결정하였다. 그리고 그는 해외선교부의 리드 총무에게 다음과 같은 전갈을 보냈다:

"지금 이 나라는 대단히 조용하고, 점차 안정을 찾아가고 있는 것 같습니다. 저는 일본에 있는 가족들에게 서울로 와서 저와 합류하라는 전언을 보냈습니다. 일단 저희들이 살 집이 구해질 때까지는 장로교 선교부 언더우드 목사의 집에 머물 예정입니다. 그가 그렇게 배려를 해 주었고, 그의 집은 현재 수리 중에 있습니다."[9]

서울로부터 스크랜톤의 연락을 받은 그의 가족들은 6월 11일 요코하마를 떠나 고베, 나가사키, 부산을 거쳐 6월 20일 제물포에 도착하였다. 그리고 그들은 그 날 바로 서울로 올라갔다. 일본을 떠날 때의 감격을 메리 스크랜톤은 다음과 같이 해외여선교회에 전달하였다:

"배가 고베에 도착하였습니다. 우리는 6월 11일 요코하마에서 출항하였는데 마침내 (한국으로 향하는) 마지막 여정을 시작할 수 있게 되어 얼마나 감사한지 모르겠습니다."[10]

스크랜톤은 선교부지와 자기 가족의 집 문제뿐만이 아니라 나가사키에서 다시 한국에 들어와 제물포에 머물고 있던 아펜젤러 부부를 위한 주택도 마련

---

9) *W.B. Scranton's letter to Dr. J.M. Reid,* June 8, 1885
10) *Heathen Woman's Friend,* September 1885, p.59

해야 했다. 그가 동분서주한 덕에 아펜젤러 부부는 마침내 7월 29일 스크랜톤의 도움으로 구입한 집에 들어올 수가 있었다.

스크랜톤은 아펜젤러에게 단지 집만 구입해 준 것이 아니었다. 그가 제중원을 사임하자 그와 함께 일했던 두 사람(고영필과 이겸나)이 그를 찾아와 의사가 되고 싶다고 하였다. 이에 스크랜톤은 의사가 되기 위해서는 먼저 영어공부를 해야 한다며 그들을 아펜젤러에게 보냈다. 이것이 아펜젤러가 교육사역을 시작하는 계기가 되었다. 결국 아펜젤러의 첫 학생들을 스크랜톤이 구해준 셈이 되었다.

정동 선교부의 모습

스크랜톤 가족의 사택과 병원의 모습
(1번: 메리 스크랜톤과 윌리엄 스크랜톤의 사택
2번: 시병원)

월리엄 스크랜톤의 생애와 사상

8. 월리엄 스크랜톤의 의료선교 사역

1) 제중원 (The Royal Hospital)

서울에 올라온 스크랜톤은 자신의 독자적인 의료사역을 시작하기 이전에 먼저 제물포에서 만났던 알렌의 제안을 받아들여 당분간 제중원에서 일을 하기로 결정하였다. 제중원의 원래 이름은 광혜원이었는데, 한국 최초의 근대식 병원인 광혜원이 세워지게 된 배경에는 갑신정변이 있었다. 1884. 12. 4일 김옥균을 중심으로 한 개화파 인사들은 3일 천하로 끝나 버린 갑신정변을 일으키게 되는데, 이 과정에서 민비의 조카인 민영익이 생사를 가늠할 수 없을 정도의 큰 부상을 당하게 되었다. 이때 알렌이 서양 의술을 사용하여 기적적으로 그의 목숨을 구하였다. 당연히 알렌에 대한 고종과 민비의 신임은 말로 다 할 수 없을 정도로 깊어졌고, 민영익은 알렌에게 형제의 의를 맺자고 할 정도였다.

평신도 의료선교사로 한국에 왔던 알렌은 이 기회를 놓치지 않고, 한국 정부에 근대식 병원 설립을 제안하였고 이에 대해 허락을 받게 된다. 정부에서는 병원자리로 개화파 홍영식의 집을 사용하도록 하였는데, 그의 집은 갑신정변 이

후에 몰수되었으며 역적의 집이라 하여 폐가처럼 방치된 상태에 있었다. 알렌은 이 집을 수리하여 1885. 4. 14일에 광혜원이라는 이름으로 문을 열었다. 왕립병원이었던 광혜원은 불과 13일 만인 4월 26일에 그 이름을 제중원으로 바꾸었고, 처음에는 현 헌법재판소 자리인 종로구 재동에 있었으나 후에 구리개(*현 을지로 2가)로 이전하였다.[1]

광혜원(1885년 설립. 현 종로구 재동)(민경배, p.1)

제중원(1885년 설립. 현 중구 을지로 2가)

---

1) 민경배, 『알렌의 선교와 근대한미외교』, p.149

스크랜톤이 알렌 박사가 시작한 제중원에서의 사역을 결정하기 까지는 우여곡절이 많았다. 5월 3일 주일에 제물포에 도착한 스크랜톤은 다음 날 알렌을 만났고, 알렌이 자신의 집으로 초대하였기 때문에 5월 5일 서울로 출발하였다. 당시의 상황을 스크랜톤은 다음과 같이 보고하였다:

"(5월 3일 제물포에 도착한 후) 다음 날 저는 알렌 박사를 만났는데 그는 저를 서울에 있는 자신의 집으로 초대하였습니다. 우리는 서울로 갔는데 아침 7시부터 오후 두 세 시까지 오랜 시간을 가마꾼들이 매는 가마에 앉아서 폭풍우를 뚫고 알렌 박사의 집으로 갔습니다. 서울은 매력적인 곳이 아닙니다. 더러움, 외부 세계에 대한 무지, 그리고 게으름 같은 것들이 우리 서양인의 눈에는 매우 못마땅합니다. 왕자부터 거지까지 한국인들의 집은 모두 대단히 더럽습니다. 이곳에 도착한 이래 저는 어떤 행로를 취하는 것이 최선인지 파악하는데 상당히 혼란스러웠습니다."[2]

알렌은 갑신정변 이후에 본인이 책임을 맡고 있는 제중원의 상황을 설명하며 스크랜톤의 도움을 요청하였다. 서울에 올라와 제중원을 돌아본 스크랜톤은 알렌의 부탁을 수락하였고, 알렌은 한국 정부에 스크랜톤이 제중원에서 일할 수 있도록 허락해 달라는 편지를 보냈다. 스크랜톤은 자신이 제중원에서 일하기로 결심한 이유를 해외선교부에 다음과 같이 설명하였다:

"제가 제중원에서 일하기로 마음먹은 이유는 다음과 같습니다. 첫째, 제중원은

---

2) *W.B. Scranton's letter to Dr. J.M. Reid*, June 1, 1885

현재 도움을 절실히 필요로 하고 있습니다. 둘째, 비록 이 병원이 정부병원이긴 하지만, 우리 두 사람은 모두 선교사들이고, 이 병원은 미래의 선교사역과 아주 밀접하게 연관이 되어 있습니다. 셋째, 알렌 박사는 병원 업무뿐만 아니라 선교사로서의 자신의 역할을 위한 도움과 지원이 절실히 필요한 상태입니다. 넷째, 병원에서 일하는 것은 적어도 한국 사람들에게 제 자신이 필요한 사람이라는 것을 알릴 수 있는 가장 좋은 기회가 될 것입니다. 저도 어떻게 할 것인지에 대해 고민을 많이 하였습니다. 저에게 이 일은 어쩌면 최소한 일시적이라도 하나님이 주신 기회인 것 같습니다."[3]

스크랜톤은 이처럼 마음을 정하고 자신이 서울로 다 가져오지 못한 짐을 챙기기 위해 다시 제물포로 내려갔다. 그러나 그는 그곳에서 홀웨이(Holway) 목사를 만나 자신의 결정을 번복하게 된다:

"이렇게 (제중원에서 일하기로) 결정을 하고 지난 번 가지고 오지 못한 짐을 찾으러 제물포에 다시 내려갔습니다. 저는 저의 계획이 완전히 세워지고, 정착할 집이 생기기 전까지 사용할 물건들을 몇 가지만 가지고 (서울로) 돌아올 생각이었습니다. 하지만 그곳 제물포에서 미국 군함 트렌튼 호에 승선하고 있던 홀웨이 목사를 만난 후 저의 결정을 번복하였습니다. 그 이유는 다음과 같습니다: 첫째, 감리교 해외선교부는 이곳에서 의료선교를 시작하라고 저를 파송한 것이지, (제중원과 같은) 정부 병원의 의사로 일하라고 보낸 것은 아닙니다. 둘째, 저는 해외선교부를 위해 파송 받았기 때문에 개인의 일보다는 선교부의 일을 해야 합니다. 저는 해외선교부의 대리자이며 독립사역자가 아닙니다. 결국 제가

---

3) *W.B. Scranton's letter to Dr. J.M. Reid*, June 1, 1885

하는 일이 성공하든 아니면 실패하든 해외선교부에 지대한 영향을 미치게 될 것입니다. 그래서 저는 제가 할 수 있는 최대한 해외선교부의 정신과 그들의 지시에 따르려고 합니다."[4]

하지만 트랜튼 호(U.S.S. Trenton)의 군목인 홀웨이 목사와의 면담을 통하여 위와 같이 자신의 결정을 번복하려고 했던 스크랜톤에게 또 하나의 변수가 생겼다. 그것은 그가 제물포에 내려간 사이에 알렌이 한국 정부에 보낸 편지에 대한 회신이 도착한 것이었다. 알렌은 한국 정부에 스크랜톤이 자신과 함께 제중원에서 당분간 일을 할 수 있도록 허락해 달라고 했는데, 외아문(*오늘날의 외교통상부)에서는 미국 공사를 통하여 대단히 정중하게 그 요청을 수락하였다.

한국 정부의 허락을 받은 미국 공사 포크는 스크랜톤에게 보내는 편지에서 만일 그가 한국 정부의 초청을 받아들이지 않는다면 미국 공사관뿐만 아니라 알렌 박사도 곤경에 처할 것이며, 스크랜톤 자신도 약속을 위반한 것이 되어 한국 정부에 큰 결례를 범하는 것이 될 수 있다고 하였다. 스크랜톤은 고민 끝에 홀웨이 목사의 말을 듣고 제중원에서 일하는 것을 포기하려 했던 계획을 수정하여, 결국 포크 공사의 조언대로 5월 22일부터 제중원에서 일을 시작하였다.

스크랜톤이 제중원에서 일을 시작하기까지의 과정은 이와 같이 여러 우여곡절이 많았으나, 그가 제중원에서 알렌과 함께 일한 기간은 한 달 정도에 불과하였다. 그 이유 중에 하나는 장로교 의료선교사인 헤론이 서울에 도착하여 제중원에서 일을 시작함으로서 스크랜톤이 더 이상 병원 일을 도와주지 않아도

---

4) *W.B. Scranton's letter to Dr. J.M. Reid*, June 1, 1885

되었기 때문이었다. 스크랜튼은 제중원에서의 일을 6월 24일에 마감하였다. 그는 제중원에서 사역하는 동안 매일 40-70명 정도의 환자들을 치료하였다.

2) 미국인 의사 진료소 (American Doctor's Dispensary)

스크랜튼은 제중원에서 일하는 동안 정동에 집과 선교 부지를 마련하고 이사를 하였다. 그리고 제중원을 그만 둔 후에는 1885. 9. 10일부터 자신의 정동 주택의 방 한 칸을 진료실로 개조하여 환자들을 치료하였다. 이것은 정식 병원도 아니었고 여러 가지로 부족한 점이 많았지만 환자들은 몰려들었다. 그는 한국에 온 이후 처음으로 이렇게 독자적인 의료사역을 시작하였다:

"제가 치료하는 환자들은 대부분 극빈층에 속하는 사람들이고 때로 버려진 사람들도 찾아옵니다. 버려진 사람들의 경우에는 치료를 받는 동안 먹는 것도 우리가 책임을 져야 하는데, 이들은 일을 도저히 할 수 없을 정도로 형편이 어려운 사람들입니다. 조금 형편이 나은 사람들도 상당수 치료를 받았는데 그런 사람들은 집으로 찾아가서 치료하였습니다. 저는 조만간 진료비를 정하려고 합니다. 좀 여유 있는 사람들이 진료비를 부담한다면, 가난한 사람들은 치료비를 조금 내거나 아예 무료로 치료를 받을 수 있게 될 것입니다."[5]

이처럼 자신의 집에서 환자들을 돌보던 스크랜튼은 그 다음 해에는 자기 집 옆에 있는 부지를 구입하였고, 1886. 6. 15일 정식으로 병원 문을 열었다:

---

5) *Annual Report of the Board of Foreign Missions*, 1886, pp.268-269

"우리는 지금 병원 사역을 위해 제가 사는 집 옆에 붙은 부지를 구입하는 일에 매달리고 있습니다. 곧 우리 소유가 될 것으로 기대하고 있는데 (다른 사람이 그것을 매입하지 않는 한) 지금 (그 부지를) 확보해 두어야, 한두 달 지나고 날씨가 풀리면 수리를 할 수 있을 것입니다. 지금까지 제 집 모퉁이 방에 있는 진료소에서 환자들을 치료하고 있는데 아주 좁고 불편하기 짝이 없습니다. 이곳에는 수술할 공간조차 없습니다. (1885년 9월 10일부터) 지난 (1886년) 1월 1일까지 여기서 250명 가량을 진료하였습니다. 금년 1월에만 67명을 치료하였습니다. 속도가 느리기는 하지만 환자가 꾸준히 늘고 있는데 날씨가 풀리고 좀 더 넓은 공간만 확보된다면 일손이 모자랄 정도가 될 것입니다. 지금처럼 온갖 종류의 병을 앓고 있는 환자들이 제가 사는 집 안까지 들어오는 것은 바람직하지 않을 뿐 아니라 위험하기까지 합니다. 지금 서울 시내엔 천연두가 돌고 있습니다."

아직 병원 간판도 제대로 없는 상황이었지만, 환자들은 소문을 듣고 치료를 받기 위해 스크랜톤을 찾아왔다. 그는 당시의 상황과 병원 이름이 생기게 된 과정에 대해 다음과 같이 말한다:

"지금은 제가 있는 곳 어디에도 제가 의사라는 것을 알리는 표지는 없습니다. 환자들은 다른 사람들의 말을 듣고 저를 찾아오고 있는데 서양 의술에 대한 소문이 좋아지고 있습니다. 병원 시설이 어느 정도 자리를 잡게 되자 저는 병원 출입문에 간판을 붙이려고 생각했는데 어떻게 써야할지 알 수가 없었습니다. 그런데 제가 이 문제로 고민하고 있을 때 하루는 제 한국어 선생이 자기에게 이 문제를 맡겨달라면서 저와 상의도 없이 이렇게 적어왔습니다. 그는 한문과 한글로 '미국인 의사 진료소' (American Doctor's Dispensary)라고 적은 간판을 한 쪽 기둥에 걸고, 다른 기둥에는 '남녀노소 누구든지 어떤 병에 걸렸든지 아무 날이나 열 시에 빈 병을 가지고 와서 미국인 의사를 만나시오.'라고 써 붙였습니다."[6]

이처럼 무슨 병이든 고칠 수 있는 의사라고 스크랜톤을 높이 평가하면서, 한문과 한글로 미국인 의사 진료소라고 써 붙여 놓은 그의 어학 선생은 누구인가? 일본에 있을 때 박영효에게서 한글을 배웠던 스크랜톤 모자(母子)는 서울에 와서도 한국인 어학 선생이 필요하였다.

우리는 스크랜톤 모자의 어학 선생의 이름을 흥미롭게도 아펜젤러의 일기에서 확인할 수가 있는데, 그는 1888. 1. 13일 자신의 일기에 스크랜톤의 개인교사인 박승면과 배재학당 문세익에게 세례를 베풀었다고 기록해 놓았다. 박승면은 단지 한글을 가르친 것 뿐만이 아니라, 이후에도 스크랜톤 모자가 신앙서적을 한글로 번역할 때 큰 도움을 주었다. 메리 스크랜톤은 중국 상하이에서 간행되었던 아동용 교리문답서인 훈아진언을 자신의 어학 선생의 도움을 받아 한글로 번역하였다고 밝히고 있는데, 그가 바로 박승면이다.[7]

또한 박승면은 자기 아내의 친구였던 이경숙을 메리 스크랜톤에게 소개하기도 하였는데, 그녀는 기구한 인생의 소유자로 한 때 비구니가 되려고 생각한 적도 있었다. 그러나 박승면의 소개로 메리 스크랜톤의 수양딸이 되었고, 그녀의 동역자였을 뿐만 아니라 후일 이화학당의 첫 한국어교사로서 많은 일을 하였다.

스크랜톤은 단지 정동의 진료소로 찾아오는 환자들만을 치료한 것은 아니

---

6) *Annual Report of the Board of Foreign Missions*, 1886, pp.272
7) 이숙, 『초기 개신교 선교사들의 한국어교사』, pp.147-148

었다. 그는 어느 날 오후, 서대문 밖 성벽을 걷다가 길거리에 버려진 모녀를 발견하였다. 그녀는 딸과 함께 남편에게 버림을 받았는데, 이 불쌍한 모녀는 동냥한 것으로 겨우 목숨을 부지하고 있었다. 날씨가 점점 추워지자 스크랜톤은 이 모녀가 걱정이 되어 다시 성 밖으로 나가 보니 그녀는 병이 들어 신음하고 있었다. 그는 당시의 일에 대해 다음과 같이 말하고 있다:

"밤이 되어 기온이 내려가자 날씨가 상당히 추워졌습니다. 저는 일꾼들을 데리고 다시 가서 그녀를 병원으로 데리고 왔습니다. 일꾼들도 그녀를 이전에 본 적이 없었는데, 이처럼 곤경에 처한 사람을 도와주는 제게 감사를 표하면서 환자의 운반비도 받지 않으려고 하였습니다. 그로부터 3주가 지났는데 그 여인은 하루가 다르게 나아지고 있습니다. 지금 그 여인은 밝고 행복하게 지내고 있는데, 이처럼 불행했던 사람이 회복되는 것을 지켜보는 것은 참으로 가치가 있는 일입니다."[8]

스크랜톤은 이 여인의 어린 딸은 어머니가 운영하는 이화학당으로 보내 교육을 받게 하였다. 이처럼 성 밖 길가에서 죽어가는 사람을 데려다가 살려주었다는 소문이 퍼지면서 더 많은 사람들이 스크랜톤의 진료소를 찾아오기 시작하였다. 스크랜톤은 여러 종류의 환자들을 치료하면서 한국 사회의 관습이 서구 사회와 너무나 다르다는 것을 체험하였다:

"하루는 어떤 환자가 저를 찾아 왔는데 그는 저의 관심과 주목을 끌었습니다.

---

[8] *Annual Report of the Board of Foreign Missions*, 1886, pp.275-276

그 환자가 입고 있던 옷 안쪽에는 붉은 잉크로 쓴 6~8인치 크기의 종이쪽지가 꿰매어 있었습니다. 제 한글 선생에게 그것이 무엇이냐고 물었더니 그는 우리가 서로 영어로 대화를 하고 있었는데도 환자가 있는 자리라서 그런지 대답하기를 주저하였습니다. 저는 나중에서야 그 환자도 그것이 왜 자기 옷 안쪽에 있었는지 몰랐다는 사실을 알게 되었습니다. 실은 환자 가족들이 그를 치료하기 위해 그것을 옷 속에 몰래 붙여두었던 것입니다. 한 불교 승려가 그렇게 하라면서 써 준 것이라고 합니다. 저는 이 환자를 보면서 한 동안은 다른 환자들을 치료할 때도 전통 민간요법과 서양 의술을 동시에 사용해야겠다는 생각이 들었습니다."[9]

스크랜톤의 진료소가 문을 열고 한 달 정도 지난 후, 1886년 7월 서울 시내에는 콜레라가 창궐하기 시작하였다. 수 천 명의 사람들이 목숨을 잃었고 도시 전체가 시체로 넘쳐났다. 한국 정부는 외국인 의사들에게 병자들을 진료해 줄 것을 긴급히 요청하였다. 스크랜톤 박사도 한국에 와서 처음으로 접하는 이 대규모의 재앙에 충격을 받았고 환자들을 돌보는데 혼신의 힘을 다하였다. 헐버트 선교사는 당시의 모습을 다음과 같이 상세히 기록하였다:

"한국의 콜레라는 한반도 남쪽 끝이자 일본 건너편에 있는 부산을 통해 들어왔다. 콜레라가 일본 선원들에 의해 부산에 전파되었음을 의심하는 사람은 하나도 없다. 콜레라는 부산의 선창가에서 민가로 침투하여 부산 전체를 휩쓸어 버렸다. 수 천 명의 사람이 죽었고 그 후 콜레라는 무서운 기세로 서울로 진격하였

---

9) *Annual Report of the Board of Foreign Missions*, 1886, pp.273

다. 7월 15일부터 25일까지 서울 도성 안에서만 3,140명이 죽었다. 콜레라로 희생된 사람의 시체는 죽는 당일에 모두 도성 밖으로 치워졌다. 이때 한국 정부가 내린 유일한 조치는 시체를 내다 버릴 수 있는 두 개의 문에 관리를 파견하여 시체의 숫자를 세는 일이었다. 그런데 이 3,140명은 도성 안의 숫자이며 도시 전체의 절반에 해당한다. 도성 밖 사망자 수도, 도성 안 숫자와 비슷하다. 그렇다면 열흘 동안에 서울에서 콜레라로 6,280명이 죽은 것이다.

콜레라 자체는 그렇게 치명적인 질병이 아니다. 잘 보살피고 치료를 서두르면 치사율을 줄일 수 있다. 그러나 한국인들의 관습이 희생을 반으로 줄일 수 있는 희망을 앗아가 버렸다. 그들은 사람이 집안에서 죽는 것을 불길한 징조로 여기는 미신을 굳게 믿고 있다. 따라서 사람이 아프면 아픈 사람을 날씨와 상관없이 문밖으로 내친다. 병자가 뜨거운 햇볕이나 대기에 노출되면 콜레라는 더 악화되기 마련이다. 결국 한국의 이러한 관습은 약을 주거나 정성어린 치료로 병자를 돌보아야할 시점에 오히려 그들을 죽음의 턱밑으로 내모는 결과를 낳는다.

걷거나 말을 타고 서울 거리를 지나다 보면 수많은 병자들의 모습을 볼 수 있다. 그들의 얼굴에는 절망감뿐이다. 이러한 한국의 현실을 안다면 누구든 아무런 도움도 받지 못하고 죽어가는 병자들에게 연민을 품지 않을 수 없을 것이다. 조금만 더 노력하고 현대적인 위생조치를 취했더라면 콜레라를 사전에 예방할 수 있었을 텐데 그렇지 못하여 많은 사람들이 죽어간다는 것은 참으로 슬픈 일이다.

이곳에는 콜레라 공포 말고도 기근의 공포도 도사리고 있다. 대부분의 한국인들은 곧 기근을 만나 굶주림에 시달릴 것으로 생각하고 있다. 한국인의 주식인 쌀이 바닥나고 있으며, 깨끗이 씻어 먹지 않으면 대단히 위험한 오이나 참외밖에 먹을 것이 없다."[10]

---

10) 호머 헐버트 선교사가 1886년 7월 29일 리퍼블리컨(The Republican)지에 기고한 "Something about Asiatic Cholera in Its Native Home: 조선의 콜레라 재앙"

흥미로운 사실은 그 당시 서울에는 70여 명의 외국인들이 있었고, 대부분이 미국인이었는데 그들 중에 콜레라를 피하여 서울을 떠난 사람이 아무도 없었다는 점이다. 이런 사실에 대해서 헐버트는 자신의 기고문에서 그 이유를 다음과 같이 설명하고 있다. 첫째, 외국인들은 한국 사람들보다 체격이 튼튼하며 청결한 집에서 살았기 때문이다. 그들의 집은 마당이 넓어 밖으로 나가지 않고도 집에서 운동을 할 수 있었다. 둘째, 외국인들은 물을 끓이거나 정화시켜 마시며 대개 증류수를 마신다. 그들은 또 식료품을 샌프란시스코나 런던에서 가져온다. 따라서 음식물을 통해 전염되는 일이 없었다. 외국인들은 이처럼 사전에 예방조치를 취하기 때문에 콜레라에 대한 두려움이 적어 서울을 떠나지 않은 것이다.

질병과 기근, 그것은 당시 한국인들에게는 일상적인 위협이었다. 그런 상황에서 스크랜톤 박사는 감염 위험이 높은 전염병을 치료하였고, 메리 스크랜톤은 아들이 데려온 도성밖에 버려진 아이를 이화학당의 학생으로 받아 교육을 시켰다.[11]

스크랜톤은 당시 제중원에서 일하던 헤론과 함께 밀려드는 환자들을 치료했는데, 그들에게 전염병보다 더 싸우기 힘든 것은 한국 사람들의 미신과 무지, 뿌리 깊은 잘못된 관습이었다. 당시의 상황을 스크랜톤은 다음과 같이 말한다:

"이 보고서를 쓰고 있는 오늘(1886년 7월 16일), 저는 콜레라와 관련하여 아주 곤란한 입장에 처하게 되었습니다. 이웃 주민들이 저를 찾아와서 이 역병이 물러가도록 하늘에 제사를 지내야 한다면서 저에게도 제사 비용을 낼 것을 요구하

---

11) 서기종, 『이방 여인의 친구』, pp.139-142

였습니다. 그들은 돼지 한 마리를 잡고 쌀과 음식을 준비해서 거리에 나가 마치 번제를 드리듯 제사를 지낸다고 합니다. 그들이 이렇게 마련한 음식을 서로 나누어 먹을 것인지에 대해서는 알 수 없지만 그럴 가능성은 없다고 봅니다. 다만 분명한 것은 이것이 그들의 관습이라는 점입니다. 제가 그들의 언어에 익숙하기만 하다면, 아니 제대로 된 통역만 있었더라도 그들에게 잘 알아들을 수 있도록 설명해 줄 수 있었을 텐데 그렇게 하지 못하였습니다. 저는 그들에게 제사를 지내도 아무 효과가 없을 것이기 때문에 그런 돈은 줄 수 없다고 하였습니다. 그러면서 저도 그들처럼 이 역병이 지나가도록 하늘에 매일 기도하겠노라고 하였습니다. 저는 그들에게 그런 돈은 줄 수 없지만, 그들이 집과 하수구와 거리를 깨끗이 청소하고 더러운 물이 침투하지 않도록 우물을 보수하는 일이라면 기꺼이 기부할 것이라 하였습니다. 그러나 되돌아온 답변은 자기들이 제사지내는 데 돈을 내라는 것이고, 청소하는 일은 중요하지 않다는 것이었습니다. 저는 그들에게 집을 먼저 깨끗이 한 후, 하늘에는 말로만 기도를 하라고 충고했더니 그들은 그냥 가버렸습니다."[12]

3) 정동 시병원 (Jeong Dong Si Pyung Won)

스크랜톤이 "미국인 의사 진료소"라는 간판을 걸고 독자적인 의료 사역을 시작했던 이듬 해, 즉 1887년에 새로운 변화가 일어났다. 한국 정부에서 그동안 선교사들의 선교활동의 공로를 인정하여 고종과 민비는 메리 스크랜톤이 세운 여학교에 "이화학당(梨花學堂)", 아펜젤러가 세운 남자 학교에 "배재학당

---

12) *Annual Report of the Board of Foreign Missions*, 1886, pp.276

(培材學堂)"이라는 이름을 하사하였고, 스크랜톤의 진료소에는 "시병원(施病院)"이라는 이름을 지어 주었다. 이 소식을 스크랜톤은 해외선교부에 다음과 같이 전달하였다:

> "우리 여선교부에 한자로 이화학당이라고 쓴 현판이 도착하였는데, 그것은 한지를 판자에 붙여 만든 것이었습니다. 한지의 크기는 약 2x4피트이며, 한자는 가로세로가 약 10인치입니다. 그로부터 며칠 뒤 아펜젤러가 관리하고 있는 학교에도 기수가 배치되었고, 몇 주일 후에는 병원에도 같은 조치가 취해졌습니다. 병원 이름이 한자로 되어 있어 그 의미를 정확하게 번역하기는 쉽지 않지만, 우리는 그것을 영어로 'Universal Hospital'이라고 번역하였습니다. 그 뜻은 '온갖 은덕을 널리 베풀라, 모든 환자를 치료하라, 가난하고 병든 자들을 먹이고 입히라'는 의미입니다. 이처럼 단 시간 안에 우리 사업이 한국 정부의 인정을 받은 것은 그 결과가 좋았기 때문이라고 생각합니다. 우리는 한국인들로부터 더 많은 관심을 받고 있으며, 그들이 우리를 신뢰하는 만큼 선한 일을 할 큰 기회를 기다리고 있습니다."[13]

이화학당 수업 모습(좌)과
고종이 하사한 이화학당 현판(우)
(*The Story of Ehwa*, p.21)

---

13) W.B. Scranton's letter to Dr. J.M. Reid, April 21, 1887

윌리엄 스크랜톤 박사와 시병원

배재학당(상)과 배재학당 현판(하)

고종이 지어준 시병원이라는 이름에는 결국 백성들에게 은혜를 베풀어 많은 병자들을 치료해 주기 바란다는 뜻이 담겨 있었다. 스크랜톤은 자신의 병원이 한국 정부의 인정을 받은 것이 무척 기뻤지만 단지 그것으로 만족하지는 않았다. 그는 왕의 인정보다는 오히려 한국 백성들의 마음을 얻기 원하였다:

"우리 사역이 한국 정부로부터 승인받는 것 외에 한국인들의 호의가 증대되고 있습니다. 이 나라는 완전한 왕조 국가이지만 지금 변혁기에 접어들고 있는데, 저는 왕보다도 백성들의 환심을 사기를 더 원하고 있습니다."[14]

스크랜톤의 시병원 사역은 시간이 흐를수록 한국 정부뿐 만이 아니라 더 많은 사람들에게 인정을 받았는데, 1901년 신학월보에는 아래와 같은 기사가 실리기도 하였다:

"스크랜톤 선교사님께서 한국에 나오시던 해에 정동에 병원을 시작하여 병들고 불쌍한 사람들을 돌보셨다. 이에 우리나라 황제 폐하께서 이를 아시고 기뻐하시며 선교사님의 대한 백성 사랑하심을 치하하신 후에 그 병원 이름을 시병원이라 지어 주셨다. 그리고 시병원이라 쓴 현판을 내려주셔서 병원 문 앞에 걸게 하시니, 선교사님께서 이 일을 대단히 감사하게 여기시며, 자신의 괴로움을 생각지 아니하시고 밤낮으로 여러 병자들을 고치셨으며 죽을 처지에 있는 사람들도 많이 구원하셨다. 그 병원에 서 병을 고친 사람의 수효는 도합 5만 명 정도가 되는 것 같다."[15]

---

14) *W.B. Scranton's letter to Dr. J.M. Reid*, April 21, 1887
15) "시란돈 장로사와 그 대부인 귀국하심", 『신학월보』, 1901년 8월

또한 장로교 선교사인 게일(J.S. Gale)은 자신이 서울 시내의 한 청년 집회에 참석했다가 스크랜톤에게 치료를 받고 믿음 생활을 시작한 관료출신 양반 교인의 간증을 선교잡지에 다음과 같이 소개하였다:

"저는 약 한 달 전에 한 대중 집회에 갔다가 아주 지적인 전직 관료로부터 (스크랜톤 박사에 관한) 다음과 같은 말을 들었습니다: 제 영혼에 어떻게 처음 빛이 비취게 되었는지 여러분들에게 말씀드릴까요? 저는 한 때 병으로 인해 죽어가고 있었습니다. 한방의 모든 약들을 먹어 보았지만 아무런 소용이 없었습니다. 저는 마지막으로 스크랜톤 박사님을 찾아 가기로 마음먹었습니다. 그리고 제 눈에는 죽음과도 같이 무시무시해 보이는 의료 장비들을 스크랜톤 박사님이 사용하시도록 제 몸을 맡겼습니다. 어차피 저는 죽어가고 있다는 것을 알았으니 다른 방도도 없었습니다. 박사님은 저를 마취시킨 후에 수술을 하셨습니다. 그리고 모든 불행은 사라졌습니다. 저는 다시 살아났고 그 후에는 박사님이 말씀하신 대로 성경을 읽기 시작하였습니다. (그리고 주님을 영접하였습니다.) 저는 지금 보잘 것 없는 성도입니다만, 여기 계신 젊은 분들은 저보다 더 훌륭한 기독교인이 되시기를 바랍니다."[16]

*선한 사마리아인 병원 (Good Samaritan Hospital) 마스터 플랜

스크랜톤은 서울에 도착한 이후 제중원을 거쳐 정동 시병원에서 많은 환자들을 돌보았다. 그러나 정동에 있던 시병원은 사람들이 찾아오기 쉬운 장소가

---

16) J.S Gale, "Rev. W.B. Scranton, M.D.", *The Korea Methodist*, February 1905, pp.33-34

아니었다. 당시 정동은 조선의 양반들, 각 나라의 외교공관과 선교사들의 주거지가 몰려 있는 지역으로서 평범한 사람들이 접근하기에는 어려운 곳이었다. 스크랜톤은 시간이 흐르고 서울 생활에 익숙해지면서 이런 사실을 깨닫게 되었다. 그는 정동에서의 안락하고 안전한 삶보다는 불쌍한 백성들과 함께하기를 원하였다.

그래서 그는 시병원에서 환자들을 치료하면서, 전염병으로 인하여 도성 밖으로 버려지는 사람들과 사회적 소외 계층을 돌보기 위하여 사대문 밖에 진료소를 개설하는 이른바 "선한 사마리아인 병원" 계획을 세우고 이를 미 감리교 해외선교부에 보고하였다:

"저의 사역의 또 다른 방향은 버려진 환자들을 위한 의료 시설을 여는 것입니다. 제가 오랫동안 그랬던 것처럼 리드 박사님께서도 이 문제에 진정으로 관심을 가지게 될 것이라고 확실히 믿습니다. 비교적 적은 비용으로 헤아릴 수 없이 많은 선한 일들이 이루어질 수 있습니다. 여기에서는 사람이 집에서 죽는 것을 대단히 불행한 일로 여깁니다. 그래서 치명적인 질병이나 전염병에 걸린 사람들은 도시의 외곽으로 보내져 홀로 천막에 살게 하고 그곳에 버려집니다. 이렇게 방치되는 것만으로도 많은 사망자가 속출할 것이라는 점은 의심의 여지가 없습니다. 한국과 같은 가난한 나라에서는 환자들에게 필요한 간호가 제대로 제공되지 않고, 환자들은 이런 도움을 구걸해야 하는 형편입니다. 서울의 성 밖에 나가보면 언제나 수백 명의 방치되고 버려진 사람들을 볼 수 있습니다.

그래서 우리는 가능하다면 이렇게 황폐화된 지역들 가운데서 적어도 추울 때 난방을 하고, 음식과 의학적 치료를 제공할 수 있는 의료 시설을 한 군데 정도 마련했으면 합니다. 이 일을 위해서 집을 새롭게 건축하거나 아니면 집을 한 채 구입하기를 원하고 있습니다. 이런 질병들의 특성상 환자들을 우리 병원 (정동 시병원)으로 데리고 오는 것은 현명한 방법이 아닙니다. 그리고 환자들이 개별적으로 병원에 찾아오는 것보다 의사가 그들을 방문하는 것이 비용적인 측면에서도 더 저렴할 것입니다. 처음 일 년 동안 이러한 사역을 시작하고 수행하기 위해서는 적어도 1,620 달러가 소요될 것으로 추정합니다. 환자들 중에는 처음부터 가망이 없는 사람들도 있습니다. 그런데 그들이 죽을 경우, 그들 모두가 아주 가난하기 때문에 우리가 매장 비용도 지불해야 합니다. 이것도 상당한 액수입니다.

저는 박사님께서 이 문제를 진지하게 고려해 주실 것이라 확신합니다. 저는 이런 사역이야말로 진정한 의료 선교 사역의 진수라고 믿습니다. 우리는 고통 받는 환자들을 치료하고, 그들에게 친절한 봉사를 베푸는 것이 우리에게 주어진 사명이며, 그것을 실천하는 것이 마땅하다고 생각합니다. 우리는 어떻게 하든지 많은 생명을 구원해야 하는데, 이런 사역이 없었더라면 잃어버렸을 영혼을 얼마나 많이 구원하게 될른지 그 누가 알 수 있겠습니까? 저는 우리가 이런 '선한 사마리아인 병원'을 시작할 수 있는 허락을 곧 받을 것이라고 확신합니다."[17]

해외선교부에서는 불쌍한 백성을 향한 스크랜톤의 이러한 비전을 인정하고 "선한 사마리아인 병원" 계획을 허락하였다. 그러나 1888년 전혀 예기치 않았던 이른바 "영아소동"(Baby Riot) 사건이 발생함으로 인해서 바로 이 사역을 추진할 수는 없었고, 그는 자신의 꿈을 이루기 위해서 훗날을 기약해야만 했다.

---

17) *W.B. Scranton's letter to J.M. Reid*, August 13, 1887

4) 보구여관 (Salvation For All Women Institution)

미국 선교사들이 한국에 왔을 당시 이 땅의 여성들은 교육뿐 만이 아니라 모든 면에서 제대로 사람대접을 받지 못하고 있었다. 그것은 병든 육체를 치료받는 일에 있어서도 예외가 아니었다. 여성들은 병이 들어도 의사 한 번 만나보지 못하고 죽어가는 경우가 허다하였다. 그러나 그들은 아무리 아파도 자신의 몸을 남자 의사, 특히 서양 선교사에게 보이는 것을 주저하였다. 그로 인해 스크랜톤은 미국인 의사 시약소와 정동 시병원에서 한국의 여성 환자들을 제대로 치료할 수가 없었다.

이런 기가 막힌 상황을 목격한 메리 스크랜톤은 여성 의료선교사의 필요성을 절감하였다. 당시의 관습 때문에 외국인 남성은 비록 의사라고 하더라도 한국 여성들의 얼굴을 보면서 진료하는 것이 불가능하였기 때문에 이런 문제를 해결하기 위해서는 반드시 여성 의사가 있어야 했다. 이에 메리 스크랜톤은 해외여선교회에 여성 의료선교사를 가급적 빠른 시일 내에 파송해 줄 것을 지속적으로 요청하였다. 그녀의 말을 들어보자:

"스크랜톤 박사는 계속 여자 환자들을 위해 왕진을 나가는데 그 환자들을 보지도 못한 채 진료를 합니다. 그래서 그는 이런 여성 환자들을 직접 만질 수 있는 여의사에게 이런 일을 맡기기를 원합니다. 여러분이 여성 의사 한 명만 보내 주신다면 그는 능력 이상의 역할을 감당할 수 있을 것이라고 확신합니다."[18]

---

18) *Heathen Woman's Friend*, April 1886, p.249

메리 스크랜톤은 이미 1886년부터 여성 의사와 이화학당 사역에 필요한 교육 선교사를 추가 파송해 줄 것을 요청하였는데, 해외여선교회에서는 즉각적인 반응을 보이지 않고 있었다. 그러다가 1887년 10월 우여곡절 끝에 의료선교사로 메타 하워드(Meta Howard), 교육선교사로 루이자 로드와일러(Louisa Rothweiler)를 파송하였다. 메리 스크랜톤은 해외여선교회의 이런 늦장 반응에 대해서 유감을 표시하면서도, 두 선교사가 한국에 파송되어 온 사실에 대해서는 기쁨을 감추지 못하였다:

"마침내 두 여성 선교사들이 이곳에 도착하였습니다. 이들은 10월 28일에 도착했는데 우리 모두 대단히 기뻐하였습니다. 로드와일러 선교사는 벌써 하루 두 시간씩 가르치고 있으며, 메타 하워드 박사도 진료활동을 시작했습니다. 제가 알기로는 지금까지 적어도 40회 이상 진료활동을 하였습니다. 이들은 이곳에 참으로 할 일이 많다는 것을 깨달았을 것으로 확신합니다. 그리고 얼마 후 여러분들은 이들의 입을 통하여 '건너와서 우리를 도와주십시오.'라는 호소를 듣게 될 것입니다. 그러면 이번 경우처럼 저희가 부탁을 한지 2년이 지나서야 그 요청을 들어주는 사태가 재현되지 않기를 기대합니다."[19]

메타 하워드는 1887년 10월 한국에 도착하자마자, 스크랜톤이 운영하는 시병원에서 여성 환자들을 돌보았다. 그러다가 1888년 10월부터는 이화학당 근처에 별도로 한옥 건물을 구입하여 독자적으로 병원을 시작하였다. 고종은 이 병원이 고통 받는 한국 여성들을 위해 시작되었다는 말을 듣고, 보구여관(保救

---

19) *Heathen Woman's Friend*, April 1886, p.245

메타 하워드   루이자 로드와일러

女館)이라는 명칭을 현판에 써서 하사하였으니 이것이 한국 최초의 여성전용 병원이었다. 메타 하워드가 1887년부터 시병원에서 여성 환자들을 돌보기 시작하였으나, 공식적으로 보구여관이라는 이름이 주어진 것은 병원이 자체적으로 독립한 1888년의 일이었다. 메타 하워드의 보고서 내용이다:

"한국의 국왕께서 우리가 당신 나라의 고통당하고 있는 여성 환자들을 위한 진료소를 시작했다는 소식을 들으시고, 감사의 뜻을 표하는 의미에서 외무아문을 통해 네 글자로 된 병원의 이름을 지어 나무에 새긴 후, 궁궐에서 사용하는 액자에 넣어 보내셨는데 우리는 그것을 대문위에 걸어 두었습니다. 그리하여 지나가는 모든 사람들이 우리 병원이 국왕의 인가를 받은 기관임을 알게 되었습니다. 병원이름은 보구여관 인데 '모든 여인들을 구하는 기관'(Salvation For All Women Institution)이라는 의미입니다."[20]

---

20) Meta Howard, "The Woman's Foreign Missionary Hospital in Seoul, Korea", *Heathen Woman's Friend*, January 1890, pp.173-174

1888년 메타 하워드 선교사
당시 한국 최초의 여성 병원인
보구여관의 모습(가운데 메타 하워드,
그 왼쪽에 여자 조수와 환자가 있고
오른쪽 마당에 기수(호위병)가 서 있음

1890년 로제타 홀 선교사가
촬영한 보구여관의 모습

정동제일교회를 배경으로
한 보구여관 전경, 1904
(옥성득, 『첫 사건으로
본 초대 한국교회사』, p.179)

불행하게도 메타 하워드는 무리한 사역으로 인하여 2년간 일하다가 건강이 악화되어 1889년 9월 미국으로 돌아가고 말았다. 이에 보구여관은 후임선교사가 오기까지 스크랜톤이 담당하였다. 스크랜톤은 메타 하워드가 의술과 언어에 탁월하고, 모든 일을 할 때 열정을 가지고 성의를 다했으며, 이 땅의 어둠의 세력을 물리치기 위해 꼭 필요한 사람이라고 하면서 그녀의 귀국을 아쉬워하였다. 메타 하워드가 떠난 후 하나님의 은혜로 로제타 홀(Dr. Rosetta Hall)이 1890년 10월 내한하여 보구여관을 돌보게 되었다. 그녀는 보구여관에 대한 첫 인상을 다음과 같이 남겼다:

"(서울에) 도착한 첫 날 가 본 병원은 집에서 가까웠다. 다음 날부터 바로 병원 일을 시작하였다. 병원과 진료소를 돌아본 나는 기쁨을 감출 수 없었다. 상상했던 것보다 훨씬 훌륭했기 때문이다. 병원은 한국식 가옥을 약간 고친 것이었지만, 보기에도 훌륭하고 병원으로도 손색이 없었다. 크고 좋은 약국, 창고, 병 같은 것을 씻는 세척장도 있다. 또 환자 대기실도 넓고 충분했으며, 대기실과 약국 사이에 진찰실이 있다. 맨 앞에 있는 방은 넓고 밝기 때문에 수술실로 쓸 수도 있다. 입원 환자들을 위한 방은 5개가 있는데, 이 방들을 병동이라고 부르지만 실은 그렇게 부르기에는 너무 작다. 하지만 각 방은 환자들 여러 명이 편히 기거할 수 있는 크기다. 방들은 온돌이며, 환자들은 따뜻한 방바닥 위에서 쉬고 있다. 바닥에 까는 한국식 요는 낮에는 접어놓기 때문에 덮는 담요를 추가로 제공한다. 의사가 환자를 진찰할 때에는 바닥에 앉아야 하므로, 습관이 될 때까지는 이 자세가 매우 힘이 들 것 같다.

그러나 전반적으로 볼 때 이 방법이 좋은 것 같다. 그 이유는 첫째, 환자들이 한국 사람들이기 때문이다. 그들은 서양식 침대는 좁다고 생각한다. 해롭지 않은 풍속은 구태여 고쳐야 할 이유가 없다고 본다. 방바닥이 따뜻해서 잠자기에는 참으로 편안하다. 둘째, 환자가 침대 밖으로 나올 염려가 없다. 방 전체가 하나의 침대나 마찬가지이다. 셋째, 온돌방은 청결하여 소독하기가 매우 쉽고 경제적이다.

　병원에는 약품이 꽤 많이 준비되어 있었다. 스크랜톤 박사님은 메타 하워드가 귀국한 뒤 여성 전용 병원을 위해 최선을 다해 주었다. 그래서 일할 수 있는 환경은 예상했던 것보다 훨씬 더 좋다. 나는 서울에 도착하자마자 가지고 있던 돈을 다 털어 의약품을 주문했다. 의료 기구를 살 돈이 (미국으로부터) 더 오리라는 것을 의심하지 않는다. 우리가 필요할 때 항상 나를 도와주는 은행과 같은 리버티의 내 친구들에게 감사한다."[21]

　로제타 홀은 선교 사업에 있어 의료사역이 큰 도움이 된다고 생각하였다. 그리고 부족하지만 자신의 의술을 가지고 하나님을 위해 봉사할 수 있게 된 것에 감사하며 큰 희망을 가지고 보구여관에서의 사역을 시작하였다.

　1887년 10월 정동 시병원에서 여성 환자들을 돌보며 시작한 보구여관은 후일 다음과 같은 변천의 길을 걷게 된다:

1) 보구여관(1887-1912: 정동)
2) 볼드윈진료소(1892-1912: 동대문)
3) 릴리언 해리스 기념병원(1912-1930: 동대문지역에 위치하였으며 이 병원이 세워지면서 보구여관과 볼드윈진료소는 하나로 통합되었다)
4) 동대문부인병원(1930-1945: 동대문)

---

21) 셔우드 홀, 『닥터 홀의 조선 회상』, pp.79-80

5) 이화여자대학교 동대문병원(1945-2008: 동대문, 2008년 서울시의 동대문지역 공원화 사업에 따라 이 병원은 서울시에 매각되고 목동에 있는 병원에 흡수 통합되었다)
6) 이화여자대학교 목동병원(1993)과 이화여자대학교 서울의료원 (2019)

정동에 있던 보구여관 건물은 1912년 이후 이화학당 건물로 사용되다가 1921년 이를 헐고 그 자리에 에드가 후퍼 기념 유치원(이화유치원)이 건립되었다. 1958년에 이화유치원이 신촌으로 이전하면서 이 건물을 젠슨 부인(M.K. Jensen, 1904~1998)이 매입하여 정동교회에 기부하였으며, 정동교회에서는 1960년에 이 건물을 헐고 젠슨 기념관을 새로 세워 정동교회의 부속 건물로 사용하였다. 1979년에는 정동제일교회의 '100주년 기념 예배당' 건립과 함께 이 건물도 철거되었다.

보구여관을 담당하였던 역대 의사들의 명단은 다음과 같다:

1) 메타 하워드(Meta Howard) 1887.10.31 – 1889.9
2) 스크랜톤과 맥길(Scranton, McGill) 1889.9 – 1890.10.14.
  *두 사람은 메타 하워드가 미국으로 돌아가고 1890년 로제타 셔우드 홀이 내한 할 때 까지 11개월 동안 1,618명의 환자를 치료하였다.
3) 로제타 셔우드 홀(Rosetta Sherwood Hall)
  1890.10.15. – 1894.4/1897.11.16.–1898.4
4) 메리 커틀러(Mary M. Cutler) 1893.3.31 – 1900.6
5) 릴리안 해리스(Lillian A. Harris) 1897.1.16 – 1898.5
6) 엠마 언스버거(Emma Ernsberger) 1899.9 – 1901.4

7) 박에스더(Esther Park) 1901.5.-1903.3.20.
  8) 메리 커틀러(Mary M. Cutler) 1903.3.21 – 1912.3.
  9) 아만다 힐만(Amanda F. Hillman) 1912.3. – 1913

보구여관의 역사를 보면, 그것이 스크랜톤 박사에 의해 시작된 것은 아니었지만 그와 보구여관을 분리해서 생각할 수는 없다. 그와 메리 스크랜톤이 없었다면 보구여관의 시작은 불가능했을 것이며, 이 모자(母子)가 보구여관의 탄생에 중요한 산파역할을 한 것은 분명하다. 스크랜톤은 초창기 보구여관이 정동에서 시작될 때부터 그리고 그 이후에 필요가 생길 때 마다 보구여관과 해외여선교회의 의료사역을 도왔다.

*영아소동 (Baby Riot)

정동 시병원을 중심으로 의료사역을 하면서 "선한 사마리아인 병원" 계획을 세우고, 해외선교부의 허락까지 받은 스크랜톤은 뜻하지 않은 복병을 만났으니, 그것은 바로 1888년 6월에 일어난 영아소동이었다.

이 소동이 일어나기 얼마 전인 1887년 12월, 천주교인들은 경복궁이 내려다 보이는 남산 언덕에 명동성당의 건축을 시작하였다. 한국 정부에서는 이를 못마땅하게 여겨 여러 차례 건축을 포기할 것을 종용하였지만, 프랑스의 지지를 등에 업은 천주교회에서는 종교의 자유를 내세워 성당 건축 공사를 강행하였다. 결국 1888. 4. 22일 한국 정부는 서울 주재 외국 공사관에 외국인들의 모든

보구여관의 사진이 미 해외여선교회의 기관지인
"이방 여인의 친구"에 실림

동대문에 있었던 릴리언 해리스 기념병원

이화여자대학교 동대문병원과 동대문교회

이화여자대학교 동대문병원 자리에 들어선
서울 디자인 지원 센터(한양 도성 박물관)

종교 활동을 금지한다는 칙령을 통보하였다. 이에 미국 공사 딘스모어(Hugh A. Dinsmore)는 서울에 있는 각 교파의 선교부에 5월 8일 다음과 같은 공문을 보내 협조를 부탁하였다:

"최근 한국 정부로부터 공식 문서를 전달받았는데 그 내용은 한국에 거주하는 미국 선교사들이 학교 안과 밖에서 한국인들에게 기독교를 가르치고 있는 것에 대해서 정식으로 엄중히 항의하면서 이를 금하도록 공사관에서 조치를 취해 달라는 것입니다. 따라서 나로서는 여러분들이 한국 사람들에게 우리 종교를 가르치는 것은 조약에 명시된 내용이 아님을 알려드리며, 정부 관계자들의 허락을 받지 않은 상태에서 이런 일을 하지 말아 주실 것을 당부하는 바입니다. 이런 금령을 지키는 것이 미국의 이해와 미국 시민의 안전을 위해 중요한 사항인 것을 알아주시기 바랍니다."[22]

이런 와중에 1888년 6월부터 지방 여러 곳에서 어린아이들이 실종되는 일들이 발생하였다. 처음에는 일본인 상인들의 소행으로 의심하였으나, 곧 외국인들이 어린아이들을 잡아다가 삶아 먹고 쪄먹는다는 헛소문으로 발전하였다. 언더우드가 운영하는 고아원에서는 "소년들을 살찌게 먹인 후에 나중에는 미국에 노예로 판다"는 등 각종 유언비어가 나돌기 시작하였다. 급기야 흥분한 군중들에 의한 폭동이 일어났고, 자기 아이를 선교사에게 팔았다고 말한 정신이상자가 돌에 맞아 죽었으며, 이틀 만에 10여명의 한국인이 살해되었다. 또한 외국인들의 집에서 일하던 한국인들은 겁에 질려 달아나고 말았다.

---

22) *Heathen Woman's Friend*, August 1888, p.41

초대 미국 공사 푸트
Lucius H. Foote
1883~1885

미국 공사 포크
George C. Foulk
1885~1886

미국 공사 딘스모어
Hugh A. Dinsmore
1887~1890

미국 공사 알렌
Horace N. Allen
1901~1905

군중들은 처음에는 진고개 주변의 일본 상인들이 아이들의 매매에 관여했다고 믿고 일본공사관을 공격하려 하였으나 경비가 강화되자, 정동으로 몰려가서 서양의 공사관과 선교사들의 주택을 습격하려 하였다. 이에 각국 공사들은 즉시 한국 정부에 엄중 항의하고, 제물포에 주둔중인 자국 군인들을 신속히 서울로 불러와 공사관과 자국민에 대한 경비를 강화하였다.

프랑스 공사 플랑시는 당시 서울의 상황이 1870년 6월 중국 천진에서 발생한 대학살과 유사하다고 믿었다. 그 때 천진에서는 프랑스 수녀들이 운영하는 고아원에서 아이들이 병에 걸려 많이 죽자 선교사들이 아이들을 잡아먹는다는 소문이 퍼졌고, 폭동이 발생해 성당과 영사관이 불타고 40여 명의 중국인 신자와 20여 명의 선교사 그리고 프랑스 영사가 살해되는 일이 있었다.

당시 중국에서는 한 중국인이 쓴 "벽사기실(辟邪紀實)"(1862)이 널리 유포되었는데, 이 소책자는 중국에서 반외국인운동을 선동한 대표적인 반기독교서적이었다. 그 내용은 "서양귀신을 구타하고 기독교서적을 불태우라"는 것이었다. 장로교 선교사인 헤론은 이미 오래전에 중국에서는 금서가 되어 유통이 금지된 이 서적이 서울에 반입되어 한국인들을 선동하는데 사용되고 있다고 선교본부에 보고하였다:

"믿을 만한 소식통에 의하면 지금 한국에서 유통되고 있는 중국인이 쓴 책 벽사기실(A Death Blow to Corrupted Doctrine)은 중국에서는 금서라고 합니다. 저는 이 책을 본 적도 없고 소유한 적도 없지만 그것은 사실인 듯합니다. 박사님께서도 이 책에 대해 들으셨겠지만, 이 책이 17-18년 전 천진대학살을 야기했다고 합니다. 의심할 여지없이 이 책이 한국인들을 자극했으며, 한국 정부가 취한 첫 조치에 이 책 금지가 추가되었습니다."[23)]

영아소동이 발생할 무렵 메리 스크랜톤은 요양 차 일본에 가 있었는데, 미국 공사 딘스모어의 통고문이 발송되자 서둘러 한국으로 돌아왔다. 그리고 사태의 추이를 지켜보면서 미국에 있는 해외여선교회에 다음과 같이 한국의 상황을 알렸다:

"우리의 거주지와 학교는 언덕위에 위치하고 있으며, 많은 관리들은 이미 오래 전부터 우리가 하고 있는 일을 잘 알고 있습니다. 천주교인들의 무리한 행위에서 비롯된 소요가 발생하자, 미국 공사는 우리에게 '어떤 형태이든 모든 종교적 가르침은 중단되어야 한다.'는 전갈을 보내왔습니다. 한국 아이들이 외국인들에게 유괴되거나, 팔려가서 죽거나, 잡아먹히고 때로는 약을 제조하는데 사용된다는 소문이 떠돌았습니다. 또 한국인 몇 사람이 아이들을 훔치는 도둑으로 몰려 맞아 죽었다는 소문도 들립니다. 날이 갈수록 흥분은 고조되고 있습니다. 처음에는 우리도 공격을 받으리라는 두려움을 조금도 갖지 않았으나, 하인들이 겁에 질려 우리를 떠나겠다고 했을 때에야 비로소 사태가 심상치 않다는 것을 알았습니다.

어느 날 한 무리의 군중이 우리 집 대문 밖에 몰려와서 하인들에게 어린아이들을 훔쳐다가 (외국인에게) 팔아먹었다고 욕을 하면서 죽이겠다고 협박하였습니다. 그리고 그 다음날 우리를 습격하려는 계획이 있다는 전갈이 왔습니다. 비록 이 계획은 실패하였지만 우리는 즉시 서울을 떠날 준비를 하였습니다. 그러나

---

23) *J.W. Heron's letter to Dr. F.F. Ellinwood*, October 5, 1888

1888년 영아 소동 당시에 서울에 유포되어 읽혔던 반 기독교 서적
벽사기실(辟邪紀實: A Death Blow to Corrupted Doctrine)의 삽화들

"예수를 활로 쏴서 처형하고 서양 선교사를 칼로 살해하라"
"서양 귀신을 구타하고 기독교 서적을 불태워라"

며칠 후 제물포로부터 75명의 미국 군인들이 서울에 도착하였고, 이들을 보면서 우리는 비로소 크게 안심할 수 있었습니다. 한국 정부도 유혈사태와 폭동을 막으려고 애를 썼습니다. 국왕은 외국인들이 나쁜 일을 하지 않았다는 사실을 밝히고, 백성들에게도 소요를 일으키지 말고 자중하라고 하였습니다. 국왕은 또 군인들에게 밤낮으로 거리를 지키면서 선동적인 말을 하는 사람들을 체포하도록 명령하였습니다."[24]

이 보고서에서 메리 스크랜톤은 영아소동의 원인을 제공한 것이 천주교인들이며, 고종이 사태를 해결하기 위하여 최선의 노력을 다하고 있다고 밝히고 있다. 다행히 소요는 몇 주 만에 진정되었고, 한국에 있는 선교사들의 안위를 걱정하고 있을 본국 교인들에게 메리 스크랜톤은 다음과 같은 소식을 전하였다:

"여기 있는 우리는 조금도 낙담하지 않습니다. 우리 모두는 하나님께서 이 백성들로 하여금 복음을 받아들이도록 만드실 것을 믿고 있습니다. 그리고 1888년 현재도 일은 진척되고 있습니다. 우리 사역이 얼마 동안이나 지연될지는 잘 모릅니다. 지금은 대단히 힘든 시기이지만, 이 기다리는 시간마저도 우리 사역에 큰 방해가 되리라고는 생각하지 않고 있습니다. 사람들이 아무리 소동을 벌여도, 예수회나 혹은 악마 자신이 방해를 한다 해도, 우리의 사역은 계속 추진되어 나갈 것입니다. 아직 금령이 해제된 것은 아니지만 우리는 모든 분야에서 전과 같이 사역을 재개하였습니다. 우리는 그동안 꽤 오랜 시간 잠잠하게 상황이 나아지기를 기다려왔습니다. 그리고 이제 일을 재개하였는데 그 결과와 성과는 하나님께 맡깁니다. 사태가 가장 심각하다고 생각했던 날, 저는 학생들의 부모

---

24) *19th Annual Report of the Woman's Foreign Missionary Society of Methodist Episcopal Church*, 1888, pp.45-47

와 친척들을 불러 학생들을 데려가도록 하였습니다. 그것이 최선의 방법이라고 생각하였습니다. 그러나 이제 모든 것은 예전처럼 평화를 되찾게 되었습니다. 하나님이 우리를 그의 날개 아래 숨기시고 천사들로 하여금 보호하게 하셔서 우리들은 조금도 피해를 받지 않았을 뿐 아니라 건물의 돌 한 개도 파손되지 않았습니다."[25]

영아소동은 스크랜톤 가족뿐만이 아니라 한국의 모든 선교사들에게도 큰 위기였으나 스크랜톤은 그것을 자신들이 겪어야할 선교지에서의 시험으로 생각하고 담담하게 받아들였다. 영아소동 이후에 스크랜톤은 해외선교부에 다음과 같은 보고서를 보냈다:

"우리는 가까스로 민중 시험기를 지났습니다. 이들은 처음에 우리가 정중하게 도움을 요청해도 비웃기만 할 뿐이었는데, 이제는 점점 우리를 신뢰하기 시작하였습니다. 이들은 때로 눈물을 흘리면서 그동안 우리가 그들을 대했던 일관된 태도와 애정에 깊은 감사를 표하고 있습니다. 우리는 확실히 한국을 그리스도에게로 이끌고 있음을 느낍니다."[26]

5) 서대문(애오개)진료소와 아현교회

---

25) *19th Annual Report of the Woman's Foreign Missionary Society of Methodist Episcopal Church*, 1888, pp.45-47
26) *Annual Report of the Board of Foreign Missions*, 1889, pp.293-294

1888년 6월에 발생한 영아소동의 광풍이 어느 정도 가라앉자, 스크랜톤은 정동 시병원을 중심으로 다시 의료사역에 매진하였다. 그는 시병원 이외에도 메타 하워드가 떠나고 난 이후 윌리엄 맥길 박사와 함께 보구여관도 돌보았으며, 장로교 선교사 헤론의 제중원에도 가끔씩 나가 진료활동을 도왔다. 또한 영아소동으로 인하여 중단되었던 "선한 사마리아인 병원" 프로젝트를 본격적으로 추진하였다.

그는 첫 번째로 1888년 12월에 서대문 진료소(일명 애오개 진료소)의 문을 열었다. 애오개라는 이름의 유래에는 다음과 같은 이야기가 전해진다. 아직 교통이 발달하기 전, 한양 도성에서 마포나루나 인천 강화를 오가기 위해서는 남쪽의 만리재나 서북쪽의 고개를 걸어 넘어야 했다. 그런데 남쪽의 만리재는 그 길이 높고 길어서 고개를 넘는데 반나절 이상이 걸렸지만, 서북쪽의 고개는 훨씬 작아 넘기 수월하였다. 그래서 서북쪽에 있는 고개는 "아이처럼 작다"는 의미에서 아이고개, 애고개라고 불리게 되었다. 조선시대에는 그곳에 활인서가 있었는데, 활인서는 서민을 위한 병원으로 연고가 없는 가난한 환자들, 전염병에 걸린 사람들, 악질에 걸려 고통 받는 사람들이 치료받던 곳이었다. 현재 서울 서대문 사거리에서 충정로를 지나 마포 방향으로 가려면 아현동을 지나는 작은 고개를 넘어야 하는데 이곳이 바로 애오개였다.[27]

또 다른 이야기는 조선시대에는 성 안에서 사람이 죽으면 무덤을 성 안에 쓸 수가 없어, 성 밖으로 나가야만 했다. 일반적으로 어른들의 시신은 광희문으로

---

27) 아현교회, 『애오개 믿음 이야기』, pp.19-20

나갔고, 어린아이들의 시체는 주로 서소문으로 나가 금화산 자락에 묻혔다. 그래서 이곳에 아이들의 무덤이 많아 "아이 시체가 넘는 고개"라는 뜻에서 애고개로 불렸는데 이것이 후일 애오개가 되었다고 한다. 애오개는 원래 한자로 아현(兒峴)이라 적었는데 시간이 지나면서 '兒'의 표기가 아(阿)로 바뀌면서 지금은 서울시 마포구 아현동(阿峴洞)이 되었다.

스크랜톤이 시작한 이 애오개 진료소는 서울과 인천을 잇는 교차로에 위치하고 있었으며, 당시 주소로는 고양군 용강면 아현리 60번지였다. 스크랜톤은 이곳에 땅 287평을 구입하고 거기에 있던 한옥을 개조하여 진료소 문을 열었다.[28] 그리고 이 애오개 진료소가 훗날 아현교회의 모체가 된다. 스크랜톤은 애오개 진료소의 시작을 해외선교부에 다음과 같이 보고하였다:

"2년 전에 다른 의료선교사 한 명의 파송이 해외선교부에 의해 결정되었기 때문에 저희는 그가 조속한 시일 내에 서울에 올 것이라는 희망을 가지고 있었습니다. 그리고 아픈 병자들을 내다 버리는 서울 사대문 바깥의 지역에 한 두 개의 진료소를 시작하기 위하여 기금을 요청하였습니다. 이 기금은 승인이 되었으나, 여기에서 일을 진행하던 중에 부지와 관련된 예기치 않았던 어려움이 있어 최근까지 아무 사역도 하지 못했습니다. 그러다가 이 장소 중 한 곳 (*애오개)에서 지난 12월 진료소의 문을 열었으며, 현재 의료사역을 진행하고 있는 중입니다."[29]

---

28) 아현교회, 『애오개 믿음 이야기』, pp.191
29) W.B. Scranton's letter to Dr. A.B. Leonard, June 24, 1889

"작년 12월, 우리는 서울과 인천을 연결하는 도로에서 서대문 바깥쪽에 위치한 사람들이 몰려 사는 교차로에 진료소를 개설하였습니다. 그곳에서의 사역은 다소 느리게 진척되고 있습니다. 금년(1889년) 7월 1일까지 7개월 동안 모두 721명의 환자를 진료하였으니, 한 달에 백 명씩을 치료한 셈입니다."[30]

스크랜톤은 해외선교부 뿐만 아니라 1888년 9월, 한국에 와서 자신의 안내로 선교 부지를 둘러보고 구입을 허락해 주었던 파울러 감독에게도 애오개 진료소의 상황을 보고하였다:

"감독님께서 시내를 지나 한강으로 가시던 중에 들러보셨던 서대문(애오개) 진료소는 현재 정동선교부 안에 있는 시병원이 하는 일의 절반 정도의 사역을 담당하고 있습니다. 인구는 많지 않지만 인근 주민들의 반대는 별로 심하지 않습니다."[31]

애오개 진료소는 스크랜톤이 시작한 이후로 처음에는 큰 성과를 거두었으나 무더위로 인하여 한시적으로 문을 닫았다가, 1889. 8. 27일 윌리엄 맥길(William McGill) 선교사가 내한하여 재개하였다. 그는 미 감리교 해외선교부에서 파송한 두 번째 의료선교사였다. 그러나 7개월 후인 1890. 6. 13일에 맥길 선교사는 사역의 부진으로 애오개 진료소를 그만 두었다. 결국 애오개 진료소는 시작한지 불과 1년 반 만에 폐쇄의 기로에 놓이게 되었다. 이 과정에서 스크랜톤과 맥

---

30) *Annual Report of the Board of Foreign Missions*, 1889, p.293
31) *W.B. Scranton's letter to Bishop C.H. Fowler*, September 3, 1889

애오개 진료소 모사도 (아현교회, p.190)

길은 뜻하지 않았던 갈등을 겪게 되는데 당시 상황을 스크랜톤은 해외선교부에 다음과 같이 보고하였다:

"저는 언제든지 친구와 동료의 입장에서 일을 처리하려 하였을 뿐 강요한 적은 없습니다. 금년 봄에 선교부 허락을 받고 아픈 어머니를 모시고 일본에 갔을 때를 제외하고는 맥길 박사에게 (사역에 관한) 그 어떤 부담도 지우지 않았습니다. 그는 하루에 두 시간 정도 밖에 진료활동을 하지 않습니다. 애오개 진료소가 폐쇄된 후에는 서울 정동 시병원외에 그가 사역하는 곳은 없습니다. 며칠 동안 서울 시병원 일을 그에게 전적으로 맡겼던 적이 있었는데 그는 별로 좋아하지 않았습니다. 제가 그렇게 한 이유는 신약성경을 번역하는데 좀 더 시간을 내기 위해서였습니다. 저는 지금 장로교의 언더우드 선교사와 함께 한글성경번역을 하고 있는데, 이것은 상임성서번역위원회에서 부탁한 일입니다. 이 일을 하면서 저는 작년(1889년) 9월부터 여성병원(보구여관) 일까지 맡아 보고 있습니다. 작년 연회에서 우리는 사역을 분담하여 애오개 진료소를 맥길에게 맡겼던 것인데, 그는 금년 6월 13일 진료소 문을 닫았습니다. 현재 여성병원은 제가 맡고 있으며, 남성병원(시병원)과 아무런 마찰 없이 잘 운영되고 있습니다."[32]

이처럼 맥길 선교사가 애오개 진료소를 떠난 후, 애오개는 의료사역이 아닌 복음전도사역 위주로 바뀌게 되었다. 이 일은 처음에는 메리 스크랜톤과 해외여선교회에서 맡았는데, 스크랜톤 가족이 1891년 안식년으로 한국을 떠나게 되자 올링거(Franklin Ohlinger) 선교사 부부가 뒤를 이었다. 그러나 올링거 선교사는 자녀들이 연이어 사망하는 슬픔을 겪게 되면서 애오개 선교 2년 만에 사임하고 한국을 떠나게 되었다. 그러자 1892년 한국에 온 이후로 배재학당에서 사역을 하고 있던 노블(William A. Noble) 선교사 부부가 이 일을 맡게 되었다. 그들은 1893년 9월부터는 배재학당에서 학생들을 가르치면서 애오개 지역도 돌보았다. 당시 애오개에서의 첫 집회를 매티 노블은 다음과 같이 상세히 기록하고 있다:

"아서(*매티의 남편)와 나는 성문 밖 애오개에서 사역하도록 임명받은 후 그곳에서 첫 모임을 가졌다. 버스티드(J.B. Busteed) 선교사도 함께 갔다. 100명 가량의 남성과 소년들이 모여 들었고, 그중 50여명은 끝까지 자리를 지켰다. 우리는 여선이(*홀 박사 부부를 돕던 박유산을 말함. 훗날 한국 최초의 여의사가 되는 박 에스더의 남편)를 시켜 홀 부인의 풍금을 가져갔다. 버스티드가 반주를 하고 우리 모두 한국어로 찬송을 불렀다. 아서는 성경 한 장을 읽고 말씀을 전하였다. 이어 우리 한글 선생이 이야기를 한 후 기도를 드렸다. 그가 이야기를 하

---

32) *W.B. Scranton's letter to Dr. A.B. Leonard*, August 21, 1890

는 동안 나는 뒷문을 통해서 건물 밖으로 나왔다. 그 건물은 소박한 초가집이었다. 나는 땅바닥에 지붕만 얹어놓은 부엌으로 가보았다. 한 노파와 아이들 몇 명이 그곳에 있었다. 나는 그들에게 말을 걸었고, 곧 여성 4명과 여러 명의 아이들이 몰려왔다. 이 노파는 자신은 너무 오래 살았고, 일자무식쟁이라고 했다. 나머지 여성들도 무지하기는 마찬가지였다. 그들은 읽을 줄도 모르고 배울 수도 없었다. 내가 하늘 아버지와 그의 아들에 대해 이야기해 주려고 최선의 노력을 기울이자 그들은 흥미를 느끼는 것 같았고 좀 더 나은 방으로 나를 안내했다. 나는 매주일 그곳을 찾아갈 예정이다."[33]

이처럼 애오개에서 아서가 남성과 소년들을 가르치는 동안, 매티는 여성과 어린아이들을 맡았다. 여성과 아이들 선교는 매티가 전담한 셈이다. 그녀는 매주일 이화학당 학생인 노 수산나의 통역으로 그들을 가르치기 시작하였다. 매티 자신도 하나씩 습득해 나가는 한국어 단어들을 사용하면서 서로 간의 이질감을 최소화하려고 노력하였다. 아이들에게는 그림엽서를 나누어 주면서 호기심을 유도했다. 이렇게 애오개 선교는 노블 부부를 통하여 활발해지기 시작하였다.

그러나 호사다마라고 했던가! 한국어를 배우면서 배재학당과 애오개에서 전심을 다하여 사역하던 매티는 중병에 걸리고 말았다. 동료인 홀 박사가 청일전쟁의 와중에서 전염병에 걸려 순직하고, 그의 부인 로제타 홀이 미국으로 돌아간 후 매티의 상실감과 절망감은 더욱 깊어졌다. 결국 그녀는 1895년 4월 병가를 얻어 한국을 떠나며 다음과 같은 애절한 기도를 남겼다:

---

[33] *The Journals of Mattie Wilcox Noble*, 1892-1934, 1893년 5월 17일

"이렇게 빨리 한국을 떠날 수밖에 없어 한이 맺힐 만큼 원통하지만 우리 주님을 따르리라. 그 분은 우리를 안전하게 인도하시며, 원하신다면 우리를 다시 이곳으로 돌아오게 해주시리라."[34]

이처럼 노블 부부가 미국으로 돌아가고 난 이후에 애오개 사역은 지지부진하였는데, 1897년에 새로운 기회가 열렸다. 애오개 지역 성도들이 메리 스크랜톤에게 긴급하게 도움을 요청한 것이다. 그녀의 말을 들어보자:

"저에게 지방 사역을 해달라는 요청이 늘어나고 있습니다. 심지어 수년간 우리를 실망시켰던 애오개에서도 우리에게 교육을 재개해 달라는 부탁이 오고 있습니다. 그곳에서 하나님의 계명을 따라 살기로 결심한 신실한 성도 다섯 명의 명단을 확보하게 된 것만도 참으로 기쁜 일입니다."[35]

이와 같은 애오개의 도움 요청에 스크랜톤과 해외여선교회에서는 노블 부인이 그곳에서 시작한 여학교를 집중적으로 육성하기로 하였다. 그렇게 해서 1897년 여름 애오개에 이화학당 부속으로 여자매일학교가 세워지게 되었고, 이것이 후에 아현 여학교로 발전하였다.[36]

6) 남대문(상동)진료소와 상동교회

---

34) 조선혜, 『매티 노블의 선교생활』, 1892-1934, pp.60-63
35) *Annual Report of Woman's Foreign Missionary Society*, 1897, p.90
36) 이덕주, 『선한 사마리아인의 애오개 사랑』, pp.101-104

스크랜톤이 생각한 두 번째 선한 사마리아인 병원은 남대문 지역이었다. 그는 파울러 감독의 승인이 있은 후 남대문 안에 부지를 확보하기 위해서 노력하였고, 1889년 6월에는 남대문 부지 구입에 대하여 해외선교부의 레너드 총무에게 다음과 같이 보고 하였다. 여기에서 우리의 주목을 끄는 것은 스크랜톤은 남대문 지역에 대해 큰 호감을 가지고 있었고, 장차 정동에 있는 시병원을 남대문으로 옮기고 그곳에 종합병원 및 의학교까지 개설할 비전을 가지고 있었다는 사실이다:

"이곳은 도시(서울)에서 통행인들이 많은 중요한 두 개의 도로중 하나입니다. (제가 구입하려고 하는) 부지의 상당 부분은 주위보다 15-20 피트 정도 높은 야산이며, 전체 도시를 거의 조망할 수 있습니다. 이 부지는 파울러 감독님께서도 둘러보시고 추천하였던 곳입니다. 이 장소는 (정동에 위치한) 우리 선교부 본부에서 걸어서 약 8분 정도 걸리며, 아직 정확하게 재보지는 않았지만 면적이 200x400 피트 정도입니다. 그리고 부지의 대부분은 이 언덕의 맨 윗부분에 있습니다. 이 부지 안에는 집 두 채가 있습니다. 한 채는 상태가 나쁘지만, 다른 한 채는 좋습니다. 제가 이 부지의 모습을 그림으로 대충 그려 보았는데, 이것을 보시면 좀 더 이해하기가 쉬우실 겁니다. ... 제가 이 편지를 쓰는 목적은 남대문로의 이 장소를 장차 우리의 종합병원 및 의학교 부지로 선정해 주시기를 촉구하기 위해서입니다. 정동 시병원은 단순히 한옥을 개조한 것이어서 최상의 위생적 상태를 유지하기 어려우며, 또한 외과 진료에 필수적인 환기와 채광이 제대로 되지 않습니다."[37]

---

37) *W.B. Scranton's letter to Dr. A.B. Leonard*, June 24, 1889

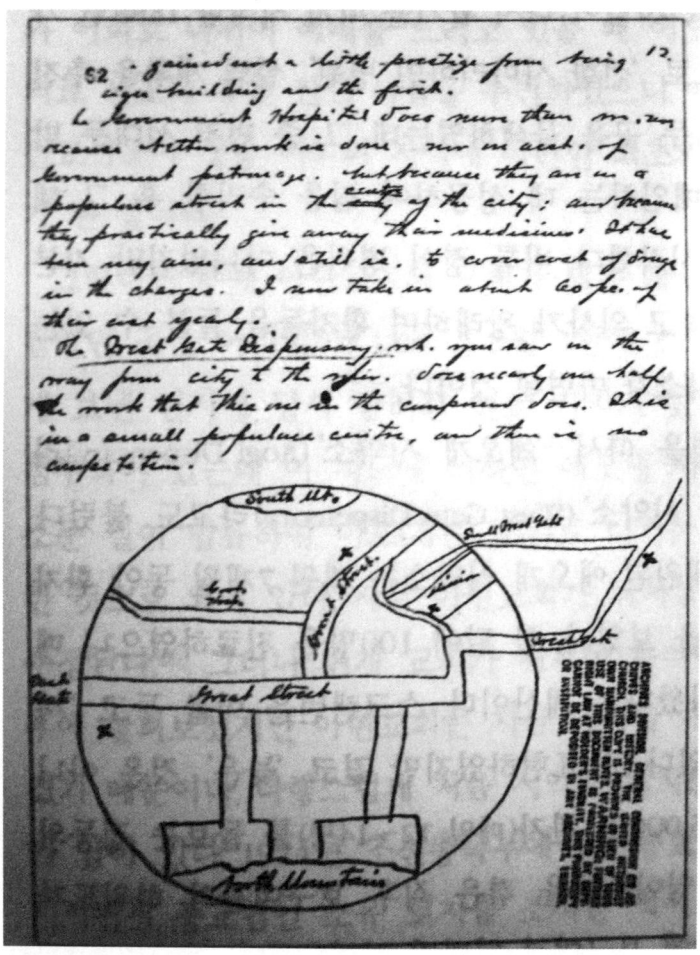

스크랜튼 서한(1889.9.3)에 표시된 서울 감리교 병원들(X표)

대조선한성부소윤이
(大朝鮮漢城府少尹李)

1890년 4월에 작성된 스크랜톤이
조선 가옥 3채를 전매한다는
내용의 문서

(서울대학교 규장각)

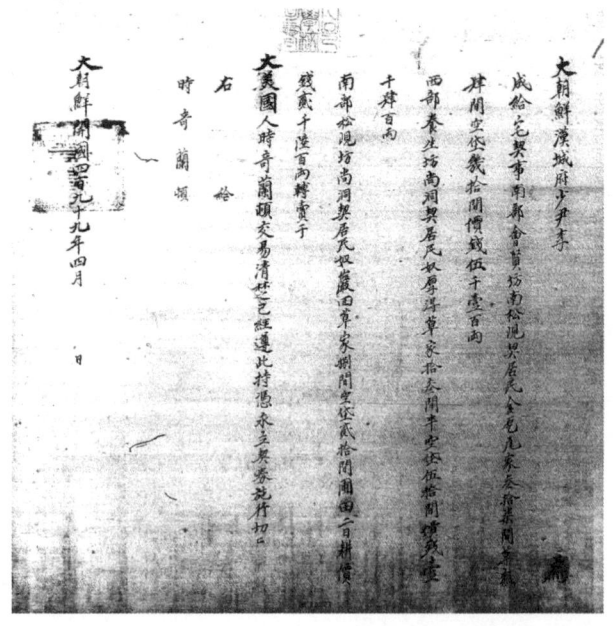

스크랜톤은 정동 시병원이 이미 널리 알려져 있고, 여러 가지 장점이 있음에도 불구하고 의료사역의 미래를 생각한다면 최상의 장소가 아니며, 남대문 지역(상동)이 훨씬 더 장래성이 밝다고 말하고 있다. 또한 스크랜톤은 장차 남대문에 세워지는 병원은 제중원 못지않게 번창할 것이라고 확신하고 있었다:

> "이곳(정동)에도 통행인은 많이 있지만, 남대문로와 비교하면 그리 많지 않은 3급 정도의 골목길입니다. 물론 현재 정동 시병원의 위치는 도시 안팎에 상당히 잘 알려져 있고 훌륭한 진료를 하고 있지만, 제가 제안 드리는 남대문 지역의 새로운 부지는 우리의 기회를 훨씬 더 증대시킬 것이며, 또한 차후 이곳은 우리의 비전을 이룰 수 있는 훌륭한 장소가 될 것입니다.
> 지금 남대문로의 이 부지는 여러 면에서 우리의 필요에 감탄할 정도로 적합합니다. ... 지금이 우리의 계획을 행동으로 옮길 적기(適期)입니다. 이 장소는 정동에 있는 우리 외국인 공동체 및 선교부 본부에서 약 8분 걸리는 거리이며, 장로교회가 운영하고 있는 제중원에서도 상당히 떨어져 있습니다. 제중원 역시 우리와 마찬가지로 한옥을 개조한 병원인데, 우리 병원과는 달리 대로변에 위치해 있기 때문에 그 점이 우리보다 유리합니다. 장로교회 선교부도 언젠가는 자신들의 건물을 건축하겠지만, 우리는 현재 모든 면에서 앞서 나가고 있습니다."[38]

스크랜톤은 해외선교부에 이러한 상황을 보고하면서 1889년 예산 가운데 500불을 들여 남대문에 있는 한옥 한 채를 수리하여 진료소로 쓸 수 있도록 요청하였다. 또한 새로운 의료선교사를 파송해 달라고 하였다:

---

38) *W.B. Scranton's letter to Dr. A.B. Leonard*, June 24, 1889

"금년 중반까지의 병원 재정 상태를 살펴보니, 후반기 중에 사업이 현저하게 증가하지 않는 한 운영비에서 수 백 달러가 남을 것 같습니다. 그래서 우리는 그 돈을 즉시 남대문로에 있는 집의 수리에 사용할 수 있도록 허락해주시기를 요청 드립니다. … 그곳에서 바로 사역을 시작하는 것이 우리에게 대단히 유익할 것입니다. 그 부지에 있는 두 건물 중 상태가 좋은 것은 대략 500 달러로 아주 유용하게 수리할 수 있을 것이며, 우리가 고지대에 병원을 건축할 때까지 진료소로 요긴하게 사용할 수 있습니다. 그리고 새 병원 건물이 완성된 이후에도 계속 사용할 수 있을 것입니다. … 훌륭하고 성실한 의사를 즉시 파송해 주시기 바랍니다."[39]

해외선교부는 스크랜톤의 이러한 요청을 허락하였고, 그는 남대문 부지 안에 있던 한옥 한 채를 수리하여 1890년 10월에 남대문 진료소의 문을 열었다. 그리고 스크랜톤은 당시 애오개 진료소를 폐쇄한 후 정동 시병원에서 환자들을 돌보고 있던 맥길 선교사에게 남대문 진료소의 사역을 맡겼다:

"1890년 가을에 남대문 진료소가 개설되었으며, 맥길 박사가 거기에서 사역을 하고 있습니다. 이 진료소는 지금 잘 운영이 되고 있으며 장래성도 밝습니다. 계획 중인 새 병원도 이 장소에 지을 예정입니다. 이 남대문 지역은 서울에서도 가장 번화한 거리 중의 하나이며, 우리 진료소가 위치한 곳은 다른 주변의 땅보다 20피트 정도 더 높이 솟아 있습니다."[40]

그러나 1892년 연회에서 맥길이 원산의 개척선교사로 파송되어 떠나게 되

---

39) *W.B. Scranton's letter to Dr. A.B. Leonard*, June 24, 1889
40) *Annual Report of the Board of Foreign Missions* 1891, p.273

상동진료소

자, 스크랜톤은 어쩔 수 없이 남대문 진료소도 맡게 되었다. 그는 당시 정동의 시병원과 남대문 진료소를 오가며 진료를 하였는데, 궁극적으로 이 두 병원을 합치는 것이 더 합리적이라 생각하여 정동 시병원을 남대문으로 옮기는 계획을 추진하였다. 그 이유에 대해 그는 다음과 같이 설명하였다:

> "병원이 성공하려면 가장 중요한 조건이 위치인데, 사람들의 필요에 맞도록 통행이 많은 곳에 있어야 합니다. 제 판단으로는 남대문(상동)에 있는 진료소가 여러 가지 면에서 이러한 조건을 충족시키는 유리한 면을 가지고 있습니다. 그 위치라든가 교통량, 사람들이 밀집해 사는 주거환경 등이 그러합니다. 그곳에는 일반 백성들이 사는 반면에, 우리가 있는 정동은 외국인 거주 지역입니다. 지난 수년간 제가 강조해온 바와 같이 서울에서 병원은 반드시 적합한 위치에 있어야 합니다."[41]

---
41) *Annual Report of the Board of Foreign Missions*, 1893, p.255

이러한 그의 계획을 해외선교부에서도 승인하여 스크랜톤은 1893년 봄부터 상동진료소 안에 있는 한옥 건물을 병원 시설로 리모델링하고, 정동에 있는 장비들을 옮기기 시작하였다. 그러나 정동 시병원이 남대문으로 이사하고 상동 시병원으로 바뀐 것은 1895년의 일이었다. 병원의 완전한 이전에 2년 정도의 시간이 필요했던 것이다. 이처럼 스크랜톤이 의료사역의 중심을 정동에서 상동으로 옮기면서, 정동 시병원은 당분간 1893년 6월 내한한 버스티드 선교사가 맡게 되었다. 그는 하버드 대학을 거쳐 스크랜톤이 공부했던 뉴욕의과대학을 졸업한 인재로서 스크랜톤의 권유로 한국 선교사로 오게 되었다.

스크랜톤은 남대문으로 정동 시병원을 옮기는 모든 절차를 마치고, 1895. 9. 5일 개관예배를 드렸다. 드디어 상동 시병원 시대가 열린 것이다. 그는 이 사실을 해외선교부에 다음과 같이 보고하였다:

"지난 9월 5일 목요일에 정동에 있던 시병원을 상동으로 옮겨 공식 개관하였습니다. 이것은 우리가 원하던 일이었습니다. 우리가 병원을 옮긴 것은 어느 모로 보나 현명한 일이었습니다. 개원식은 모두 한국어로 진행되었으며, 창문을 활짝 열어 놓은 상태에서 예배를 드렸습니다. 이 병원은 환자들을 진료할 뿐만이 아니라 복음을 전하기 위하여 설립된 것입니다. 우리는 기도와 찬송 그리고 설교 순으로 개관 예배를 진행하였습니다."[42]

---

42) *W.B. Scranton's letter to Dr. A.B. Leonard*, September 13, 1895

정동의 시병원이 상동으로 이전한 후, 그 자리에는 정동제일교회 새 예배당이 건축되었다. 스크랜톤은 장로사로서 새 예배당의 정초식을 거행하였고, 1897년 12월에는 봉헌 예배를 드렸다. 이것은 한국 개신교 역사상 첫 서양식 교회 건물이었다.

우리는 이미 애오개 진료소가 맥길에 의해 폐쇄되자, 메리 스크랜톤과 해외여선교회가 애오개에서 복음 전도 사역을 시작하였다는 사실을 살펴보았다. 윌리엄 스크랜톤의 선교사역을 보면 그의 어머니 메리 스크랜톤의 사역과 불가분의 관계에 있었던 경우가 많음을 알 수 있다. 그것은 남대문에서도 마찬가지였다. 선한 사마리아인 병원 계획을 가지고 상동 진료소를 개설하여 환자들을 돌보며 그들에게 복음을 전하는 일을 시작한 것은 분명 아들 스크랜톤이었다. 그러나 우리는 후일 메리 스크랜톤이 상동 진료소가 상동교회로 발전하는 과정에서 지대한 역할을 하였다는 사실을 확인할 수 있다. 사실 메리 스크랜톤이 없었다면 상동교회의 성장은 상상하기 어려운 일이다. 이제 그녀가 상동교회의 발전과정에서 어떤 역할을 했는지 살펴보기로 하자.

1893년 봄부터 정동 시병원보다 상동 진료소에 전념하기로 한 스크랜톤은 진료소 부지 안에 있던 한옥 한 채를 예배실로 꾸미고 주일 집회도 시작하였다. 그러나 결과는 기대에 미치지 못하였다. 교회에 출석하는 사람들은 남자들뿐으로 여성들은 예배에 참석하지 않았다. 그래서 그는 어머니 메리 스크랜톤에게 도움을 요청하였다. 이에 정동에 거주하며 남대문을 오고 가던 그녀는 아들의 사역을 돕기 위하여 1894년 봄에 남대문 지역에 집을 마련하고 이사를 하였

Woman's Missionary Friend.

VOL. XXIX. MAY, 1898. NO. 11.

THE FIRST METHODIST EPISCOPAL CHURCH IN KOREA.

EVENTS OF 1897 IN KOREA.
ROSETTA SHERWOOD HALL, M.D.

HE latest, and, to us missionaries, the most interesting event during the closing days of 1897 was the dedication of The First Methodist Episcopal Church, Söul, Korea, which took place Sunday, December 26th.

The very interesting program prepared by the pastor, Rev. H. G. Appenzeller, was successfully carried out, and in behalf of the trustees, Rev. D. Bunker, Miss Josephine O. Paine, Mr. No, Mr. Sing, and Mr. Han, the pastor presented the new church to the superintendent of the Mission, Rev. W. B. Scranton, M. D.

"Except the Lord build the house they labor in vain that build it." The pastor stated that from the first this church project had been the work of love and faith — not one cent having been appropriated for it by the Missionary Board, but, he added, this was not from lack of asking.

The need was great, and the pastor

다. 그녀가 상동에 온 이후로 교회는 활기를 띄기 시작하였는데, 메리 힐만 선교사는 후일 이 일에 대해 다음과 같이 회고하였다:

"그녀(메리 스크랜톤)는 서울의 세 군데(정동, 동대문, 상동) 큰 교회에서 여성 사역을 시작하였는데 그중 마지막이 상동이었습니다. 이 교회는 남자 다섯 명이 전부였고 여성들은 참석하지 않았습니다. 이 남성들은 스크랜톤 부인을 찾아와 자기 집안 여인들이 교회에 관심을 갖고 나오게 해줄 수 없느냐고 물었습니다. 스크랜톤 부인은 자신의 불편함을 아랑곳 하지 않고 (정동) 선교부에서 나와 지금 교회가 있는 부지 (상동)의 작은 집으로 옮겨 한 주간 혹은 열흘씩 머물렀습니다. 이미 한국 사람들의 호기심의 대상이 되어 본 경험이 있던 그녀는 한국 여성들이 낯선 외국인을 보기 위해 교회로 찾아올 것을 알고 있었습니다. 이렇게 해서 부인들이 교회에 나와 주님을 믿게 되었습니다. 그 날로부터 지금까지 상동교회는 여성 교인들로 차고 넘칩니다."[43]

스크랜톤도 해외선교부에 자신의 어머니가 상동지역에서 사역을 개시한 이후에 여성 교인들이 출석하기 시작하였고, 그것을 계기로 교회가 크게 부흥하고 있다고 보고하였다:

"처음 6개월 동안 상동에서의 사역은 전혀 기대에 미치지 못하였습니다. 남편들은 나오는데 부인과 자녀들이 나오지 않아 교회는 아주 허약했습니다. 그래서 어머니(스크랜톤 부인)께서 지난 봄 이곳으로 거처를 옮기시고, 우리 교인

---

43) M.R. Hillman, 'Mrs. M.F. Scranton', *The Korea Mission Field*, January 1910, p.13

두 사람의 부인들이 교회에 나올 때까지 상동에서 살기로 결정하였습니다. 그러나 그 부인들은 골치 아픈 자식들 이야기만 하고 교회에 출석하려고 하지 않았습니다. 하지만 이들도 서서히 변화되기 시작하였고, 지난 8월 마침내 세례를 받았습니다. 이것을 계기로 여성 사역이 활기를 띠게 되어 교회의 다른 사역들을 앞지르게 되었습니다."[44]

해가 바뀌면서 상동교회는 더욱 부흥하였다. 스크랜톤 본인도 놀라움을 금치 못할 정도였다. 그는 아주 흥분된 어조로 기쁨에 들떠 이 엄청난 성장에 대해 해외선교부에 다음과 같이 보고하였다:

"지금 남대문에서의 사역은 놀라운 축복을 받고 있습니다. 얼마 전 어른과 아이를 합해서 교인 총수를 25명으로 보고한 적이 있는데 지금은 60명 이상이 모입니다. 입교인 16명(외국인 2명)에 학습인 46명입니다. 이들 중 45명이 세례를 받았습니다. 제 아내가 담당하는 주일학교에는 지난주일 어린이 24명이 출석하였습니다. 그리고 2주 전에 부인 7명과 남자 어른 4명, 어린이 3명에게 세례를 베풀었는데, 그 직후 부인 7명이 학습인으로 자신들의 이름을 올려 달라고 요청하였습니다. 제가 보기에 교회는 착실하게 성장하고 있습니다. 저만 그렇게 생각하는 것이 아니라 존스 선교사도 이곳 사역에 대해 긍정적인 평가를 내리고 있습니다. 현재 한국에서 가장 성공적인 사역이 이곳에서 이루어지고 있습니다. 주님께서 그의 이름을 위하여 수고하는 모든 이들에게 축복을 내리시기를 기원합니다."[45]

---

44) *Annual Report of the Board of Foreign Missions of the Methodist Episcopal Church*, 1894, p.245
45) *W.B. Scranton's letter to Dr. A.B. Leonard*, January 2, 1895

메리 스크랜톤은 상동으로 이사를 한 후에 3개월 동안 1,200여 명의 여성들을 만나는 강행군을 하였다. 그러다 보니 병이 나는 것은 어쩌면 당연한 일이었을 것이다. 스크랜톤이 말하듯 상동에서의 사역은 그녀로 인하여 크게 부흥하고 성장할 수 있었다. 그의 말을 들어보자:

"작년 1년 동안 상동지역 사역에 있어서 어머니로부터 큰 도움을 받았습니다. 어머니가 돕지 않았더라면 여성 사역에서 이만한 결과를 얻지 못했을 것입니다. 이제 여성 사역은 아주 탄탄합니다. 현재 부인 25명이 출석하고 있습니다. 지난주일 존스 선교사가 저를 대신해서 예배를 인도했는데 여성 60명과 남자 어른 그리고 아이들 40명이 출석했습니다. 어머니의 여성 사역은 그 성과가 결코 작지 않습니다. 지난 해(1894년) 9월부터 11월까지 부인 1,200여 명이 어머니를 찾아왔습니다. 매일 평균 15명에서 20명이 어머니를 방문했는데 그 때문에 어머니는 병이 나셨습니다." [46]

메리 스크랜톤은 상동교회의 부흥을 위해서 여러 가지 다양한 사역을 준비하였다. 그 중의 하나가 현지인 여성사역자를 양성하는 일이었는데, 그녀는 교회가 부흥함에 따라 자신과 소수의 선교사들만으로는 이 큰 사역을 감당할 수 없다고 판단한 것이다. 한국 교회의 장래를 위하여 현지인 지도력 양성이 바람직할 뿐만 아니라 반드시 필요하다고 생각하였다. 또한 그녀는 상동교회 안에 매일학교를 시작함으로서 교인들의 자녀를 교육시키고, 교회의 미래를 준비하는 일도 병행하였다.

---

46) *W.B. Scranton's letter to Dr. A.B. Leonard*, January 2, 1895

(1) 전도부인양성학원

메리 스크랜톤은 이미 1893년에 신앙심이 있는 기혼 여성 5명을 선발하여 자신의 집에서 교리교육을 시작한 바가 있었다. 이들을 가르치며 얻은 어느 정도의 자신감을 가지고, 그녀는 이들을 본격적으로 전도부인으로 양성할 계획을 세우게 되었다. 그리고 마침내 1894년 전도부인양성학원을 시작하였는데, 이것은 후일 로드와일러와 피어스 선교사가 담당하게 된다. 그리고 1908년에는 여성신학교육을 전담하기 위해 한국에 온 앨벗슨 선교사에 의해 감리교부인성서학원으로 발전하게 된다. 초기 한국 감리교의 많은 여성사역자들은 이곳을 통하여 배출되었다.

전도부인

(2) 부인사경회

메리 스크랜톤은 상동에 있는 자신의 집에서 기혼 여성들을 위한 교리공부반을 시작했을 뿐만 아니라, 동시에 자신의 집을 개방하고 누구든지 기독교에 대해 배우기를 원하는 사람들은 가르쳐 주겠다고 하였다. 이 소식을 들은 여성들이 구름 떼와 같이 그녀의 집으로 몰려들었다. 물론 그들에게 기독교를 배우고자 하는 마음도 있었겠지만 서양 선교사의 집에 대한 호기심도 큰 역할을 했을 것이다. 얼마나 많은 사람들이 몰려들었든지 그녀는 이경숙으로 하여금 그들을 순서대로 안내하도록 하였다. 이것이 이른바 부인사경회의 시초라고 할 수 있는데, 그녀는 어떤 방법을 사용해서라도 한국 여성들을 가르치고 복음을 전하려고 노력하였다. 메리 스크랜톤의 열정과 지혜가 돋보이는 장면이다:

"저는 작년(1894년) 9월 우리 주님 예수 그리스도에 대해 배우기를 원하는 사람들을 제 집에서 가르치겠다고 공고하였습니다. 저는 외국인의 집을 보기 원하는 소수의 사람들만 올 것이라고 생각했습니다. 그러나 제가 예상했던 것보다 훨씬 더 많은 사람들이 왔고 모임은 성공적이었습니다. 물론 단순한 호기심 때문에 온 사람들도 있었지만, 대부분의 사람들이 진리의 복음을 기쁘게 들었습니다. 약 3,000명이 제 집을 방문하였습니다. 우리는 하루에 몇 시간씩 앉아서 공부를 했고, 우리가 돌려보낼 때까지 그들은 가지 않았습니다. 그들 중에는 성 밖 멀리에서 온 사람들도 있었고, 서울의 여러 지역에서 온 사람들도 있었습니다. 물론 그들이 교회에 등록을 하지는 않았지만, 이런 가르침을 통해 유익함을 얻었을 것이라고 확신합니다. 아주 흥미로운 회심사건들도 있었습니다. 방문자들 중에 두 세 명은 천주교에서 온 사람들이었는데, 그중 한 명은 개종을 해서 지금 우리 교회사역에 아주 큰 도움이 되고 있습니다."[47]

(3) 상동매일학교

메리 스크랜튼은 남대문지역의 상황을 파악하고 난 후에 상동교회 안에 매일학교를 설립하기로 하였다. 그녀가 매일학교를 시작하고자 했던 목적은 상동교회와 진료소 근처가 남대문시장 상인들을 중심으로 한 빈민들이 몰려 사는 지역이라 이들의 자녀들이 제대로 교육을 받을 기회가 없었기 때문이었다. 이화학당은 기숙학교이기 때문에 유지하는 비용도 많이 들지만, 매일학교의 경우에는 학생들이 집에서 통학을 하는 것이기 때문에 경제적인 부담도 덜했다.

가난하고 소외된 이들을 향한 사랑과 동정의 마음은 스크랜튼 모자(母子)에게 있어서는 타고난 DNA (유전인자)와도 같은 것이었다. 그들이 양반과 외교관들이 주로 모여 사는 정동을 떠나 상동으로 이주한 것도, 동대문과 애오개(서대문) 지역에 교회와 진료소를 개설한 것도 모두 같은 이유에서였다. 그들의 마음과 발걸음은 끝없이 낮은 자들을 향해 있었다:

"우리는 인구가 아주 많은 곳에 거주하고 있습니다. 한 때 무지함 가운데 있던 많은 어린 소녀들이 잘 자라는 것을 보면 제 마음에 감동이 밀려옵니다. 저는 우리 기독교인 가정의 아이들과 기독교의 가르침을 받기 원하는 사람들의 자녀들

---

47) *26th Annual Report of the Woman's Foreign Missionary Society*, 1895, p.74

을 위한 매일학교를 설립하고 싶은 간절한 소망을 가지고 있습니다. 그 학교에서 사용할 교재는 성경과 교리문답서입니다. 만일 자신의 자녀들이 영어와 중국어를 배우기 원하는 부모들이 있다면 그들은 자녀들을 이화학당으로 보내면 됩니다."[48]

그녀는 매일학교 설립에 대한 선교보고를 하면서 비록 한국 아이들이 가난하게 살고는 있지만, 그들의 신앙과 성경에 대한 지식은 미국에 있는 학생들을 능가할 것이라고 말하고 있다:

"지난 10월 우리 교인들의 자녀(*여자)들을 위해 매일학교를 시작하였습니다. 적절한 선생님을 찾기가 무척 어려웠는데 마침 이화학당에서 가르치던 선생님 한 분을 구했습니다. 루시 알더만은 이 사역을 좋아하는 것 같고, 그녀의 교육 이념은 전임자들에 비해 우리와 더 맞는 것 같습니다. 학생 수는 아직 많지 않은데, 12명을 넘어본 적이 없습니다. 그리고 시설을 확장하기 전까지는 더 많은 학생들을 받을 수도 없습니다. 학생 중의 한 명은 아기를 등에 업은 엄마입니다. 그녀는 청소를 하거나 학교의 규율을 지키는데 있어서 큰 도움이 되지는 못합니다. 그래도 우리는 모국어(한글)를 배우고자 하는 열망을 가진 그 어떤 여인도 실망시키고 싶지 않습니다. 그래서 아기가 울거나 크게 웃을 때는 상황을 잘 조절하도록 애를 씁니다. 학생들은 성장하고 있고, 만일 그들이 교리문답을 외우거나 성경이야기 하는 것을 들으면 본국에 있는 많은 주일학교 교사들은 크게 놀라며 자신들의 모습을 부끄러워 할 것입니다."[49]

---

48) *26th Annual Report of the Woman's Foreign Missionary Society*, 1895, p.74
49) *27th Annual Report of the Woman's Foreign Missionary Society*, 1896, p.78

메리 스크랜톤의 이러한 다양한 사역으로 인해서 교회의 이미지는 더욱 좋아졌고, 복음전파는 활기를 띠게 되었다. 그녀가 상동으로 이사한 지 1년 여 만에 성전 안에 앉을 자리가 없어 서서 예배를 드리는 교인들이 생길 정도로 교회가 부흥하였다. 이에 새로운 성전 마련이 시급하였다. 그녀는 이런 상황에 대해 해외여선교회에 다음과 같이 보고하였다:

"제가 일 년 전에 남대문 근처에서 사역을 시작했다고 보고 드린바 있습니다. 지난 일 년 동안 우리 사역에 대한 주변 사람들의 관심이 급증하여 교인 수는 네 배 이상 늘어났습니다. 이제 그 많은 사람들을 다 수용하기에는 예배처소가 턱없이 작습니다. 처음에는 제가 여성들만 따로 모아 예배를 드리다가, 일 년 전부터는 주일에 남성들이 모이는 장소 옆방에 여성들을 앉히고, 남자와 여자가 서로 볼 수 없게 한 후 같은 설교자의 말씀을 듣도록 하였습니다. 그리고 그 후에 여성들끼리 모여 아주 자유롭게 두 번째 집회를 가졌습니다. 지난 봄에는 폭발적으로 늘어난 교인들로 인하여 서서 예배를 드릴 수조차 없는 상황이 되었습니다. 우리로서는 오려고 하는 모든 사람들을 어떻게 받아들여야 할지 고민이 되었습니다."[50]

상동교회의 부흥은 스크랜톤 모자(母子)에게 하나님의 은혜를 체험하는 감사의 사건이자 고민의 시간이기도 하였다. 상동교회의 성도들은 늘어나는 교인들을 수용할 수 있는 성전 건축을 위하여 기도를 시작했고, 메리 스크랜톤은 사비를 들여 교회를 건축할 부지를 구입하였다. 그러나 문제는 교회 건축 비용이었다.

---

50) *26th Annual Report of the Woman's Foreign Missionary Society*, 1895, p.73

스크랜톤 박사는 이런 상황을 해외선교부에 보고하면서 건축 비용을 전액 지원해 주거나 아니면 1년 동안만 건축비 500불을 빌려 달라는 요청을 하였다. 상동교회의 급박한 현실과 그의 간절한 심정을 읽을 수 있는 대목이다:

"저는 상동 사역에 모든 시간을 할애해야 할 정도로 바쁘게 지내고 있습니다. 지난 주일에는 말 그대로 저희 집은 포화상태였습니다. 방 안에 120명이 가득 들어찼습니다. 즉시 예배당 마련을 위한 조치를 취하지 않으면 안 될 형편입니다. 박사님도 아시다시피 저는 1년 6개월 전에 이곳 구역을 담임하면서 전입교인 17명으로 시작하였습니다. 그런데 지금은 거기에 100명이 추가되었고 현재도 계속 증가하고 있습니다. 여기 교인들은 1천 명이 예배를 드릴 수 있는 교회를 달라고 기도하고 있습니다. 하지만 제 생각에는 5백 명 정도 수용할 수 있는 예배당이면 적당할 것 같습니다. 어머니는 가지고 있던 얼마 안 되는 돈으로 서울이 한 눈에 내려다보이는 언덕에 교회 부지를 구입하였습니다. 바로 상동에서 길 건너편에 있는 언덕입니다. 해외선교부에서 1년 동안 5백 달러만 빌려주신다면 우리는 건축을 할 수 있을 것입니다. 선교부에서 빌려줄 수 있는지요? 빌려만 준다면 건축은 곧 바로 시작할 수 있을 것입니다."[51]

안타깝게도 스크랜톤이 해외선교부에 요청했던 도움은 오지 않았다. 이에 메리 스크랜톤은 다시 사비를 드려 자신이 구입한 부지 안에 있는 기와집을 수리하여 350명 정도가 예배를 드릴 수 있는 공간으로 만들었다. 스크랜톤에 의하면 전체 공사비가 800불정도 들었는데 메리 스크랜톤은 자신의 사비로 구입한 이 모든 부동산을 자신의 소유로 하지 않고, 한국 선교회에 맡겨 후일 상동

---

51) *W.B. Scranton's letter to Dr. A.B. Leonard*, April 10, 1895

교회와 선교회에서 유용하게 쓰기를 원했다. 그녀의 한국 선교를 위한 사심 없는 헌신과 희생 그리고 사랑을 느낄 수 있는 장면이다:

"지난 6월까지 병원이 있는 벽돌건물에서 예배를 드렸습니다. 그러나 교인 수가 늘어나고 의료사역에도 공간이 필요해서 즉시 무언가 조치를 취해야만 했습니다. 그러자 어머니께서 사비로 길 건너편 달성궁에 있는 한옥 집을 개조하여 임시 예배 처소로 꾸몄는데 어머니는 이 집을 선교회에 맡겨 앞으로 선교회나 상동교회에서 좀 더 유용하게 활용할 수 있기를 바라고 있습니다. 이 집과 같은 부지 안에 있는 작은 남자 학당 건물 수리비까지 포함해서 대략 800달러가 들었습니다."[52]

그녀의 이러한 헌신은 해외여선교회의 선교보고서에도 나와 있는데, 그들은 메리 스크랜톤의 이름을 언급하는 대신에 그녀를 "한국의 친구"라고 말하고 있다. 이 표현은 조금도 과장된 것이 아니었다. 그녀는 한국 사람을 "내 백성"이라 부르며 자신의 모든 것을 아낌없이 내어 준 진정한 한국의 친구였다:

"그러나 다행스럽게도 어느 '한국의 친구'의 주선으로 350명 정도 수용할 수 있는 예배당을 마련하게 되었습니다. 처음 그 집을 마련했을 때는 적어도 2, 3년은 사용할 수 있을 것으로 예상했는데, 그 후 상황이 변하여 현재 더 큰 예배당을 마련하지 않으면 안 되게 되었습니다. 활기에 넘친 우리 교인 중 한 명이 얼마 전 제게 와서 이런 예언을 하였습니다. 오래지 않아 교회 주변 사람들 모두가 우리 교회에 나오게 될 것이라는 것입니다."[53]

---

52) *Annual Report of the Board of Foreign Missions of the Methodist Episcopal Church*, 1895, p.244
53) *26th Annual Report of the Woman's Foreign Missionary Society*, 1895, p.73

메리 스크랜톤의 도움으로 새로운 성전을 건축한 후에도 상동교회의 부흥은 계속되었다. 1896년 스크랜톤 박사는 교회의 상황에 대해 다음과 같이 보고하였다:

"스크랜톤 부인의 거주지 안에 있는 상동교회는 처음 시작한 장소에서 지금도 모이고 있습니다. 이 교회는 처음 시작할 때부터 지금까지 교인 수가 꾸준히 늘어나고 있습니다. 작년에만 97명이 증가하였는데 이는 지난 1년간 우리 선교회 소속 교회들이 이룩한 전체 교인 증가의 반에 해당합니다. 금년 들어 24명이 이명 해갔고, 둘은 사망했으며, 몇 명이 학습인 명부에서 삭제되었는데도 77명의 새로운 신자가 증가하였습니다. 이명해간 교인들도 실질적으로는 우리 교인이라 할 수 있는데, 그렇다면 금년도 작년과 비슷한 교인 증가를 이루었다는 말이 됩니다. 즉 작년에 얻은 교인이 97명이고, 올해 얻은 교인이 101명입니다. 그리고 무엇보다 주일예배 평균 참석자 수가 150명에서 300명으로 증가했다는 점을 주목해야 합니다. 그래서 주일이면 각 방마다 사람들이 가득 차게 되었습니다. 특히 늘어난 여성 신도들을 다 수용할 수 없어 주일마다 마당에 천막을 쳐야만 합니다."[54]

상동교회는 해를 거듭할수록 크게 부흥하였는데 이것은 물론 스크랜톤 모자(母子)의 탁월한 지도력이 원인이기도 했지만, 그것과 아울러 상동교회 여성 교인들의 열정과 헌신이 큰 역할을 하였다. 메리 스크랜톤은 다음과 같이 말한다:

"우리가 달성교회(*메리 스크랜톤이 남대문 지역에 구입한 장소는 당시 달성궁 또는 달성위궁이라고 불렸다. 달성교회라는 이름은 여기에서 유래된 것인데, 후일 상동교회로 그 이름이 바뀌게 된다.)에 있는 여인들이 진정한 기독교인이

---

54) W.B. Scranton, "Report of Superintendent", Official Minutes of *Annual Meeting of the Korea Mission*, 1896, p.28

라고 믿는 이유가 있습니다. 물론 모든 사람이 다 그렇다는 것은 아닙니다. 그러나 대다수의 여인들은 한결같은 삶을 살고 있습니다. 그들은 해가 비치는 날이든 구름이 낀 날이든 우리의 예배에 충실하게 참석을 하고 있고, 작은 채플을 가득 메웁니다. 몇 주 전에 이런 일이 있었습니다. 당시 엄청난 폭우로 인해 목사님이 '오늘은 예배가 없습니다.'라고 광고를 하셨습니다. 그럼에도 불구하고 그날 아침 50명의 여인들이 성찬을 받기 위해 제단 앞에 나와 무릎을 꿇었습니다. 회중석에도 상당히 많은 사람들이 있었습니다. 또한 그들은 교회 재정을 충당하기 위하여 헌금도 열심히 합니다.

작년에는 쌀이 귀하고, 높은 쌀값으로 인하여 많은 사람들이 굉장한 고통을 받았습니다. 이런 상황이었지만 가장 가난한 사람들까지도 헌금을 하였습니다. 아마 그들이 드린 물질은 지극히 적었을 것입니다. 그러나 저는 주님께서 '그들은 자신들이 할 수 있는 최대한으로 드렸다.'고 말씀하실 것이라 확신합니다. 한 노파의 아들은 자신의 어머니가 등불도 없이 어둡고 잘 알지 못하는 길로 교회에 가는 것을 보고 몹시 투덜거렸습니다. 그러자 그 노파는 '초를 살 돈이 있으면 헌금을 해야 한다.'고 말했답니다."[55]

*미드기념예배당 건축

얼마 전 메리 스크랜톤이 사비까지 들여 350여명이 들어갈 수 있는 예배당을 마련하였지만 상동교회의 본당은 계속적으로 늘어나는 교인들을 수용하기에는 역부족이었다. 그래서 성도들은 더 큰 예배당 건축을 위하여 기도하며 헌금을 하였다. 물론 이들이 드린 헌금의 액수는 새 성전을 건축하기에는 턱없이

---

55) M.F. Scranton, "Missionary Work among Women", *The Korean Repository*, September 1898, pp.314-315

부족하였다. 하지만 그것은 정성을 다해 드린 과부의 두 렙돈과 같았으며, 하나님은 또 다른 방법으로 그들의 마음의 소원을 들어주셨다.

스크랜톤 가족은 1898년 11월에 2차 안식년을 맞아 한국을 떠났다가 1900년 2월에 돌아오게 되는데, 그들이 상동교회를 비운 사이에도 교회는 중단 없는 성장을 계속하였다. 스크랜톤 박사는 안식년 후의 교회 상황을 다음과 같이 보고하였다:

"많은 사람들이 제가 떠나 있는 동안 달성교회가 어려움을 당하거나 교인들이 줄어들지 않았느냐고 궁금해 합니다. 감사하게도 달성교회는 오히려 정반대로 눈에 띄는 성장을 이룩했다는 점을 분명히 말씀드리고 싶습니다. 몇 몇 교인들이 교회 출석을 하지 않아 교인 명부에서 지워진 것이 안타까운 일이기는 하지만, 그들은 우리가 휴가를 떠나기 전 부터도 냉담한 상태에 빠져 마음으로부터 우리를 멀리하고 있었습니다. 그들과 달리 우리와 친숙하고 사랑했던 성도 중 몇 명이 하나님의 부르심을 받고 신비로운 영광의 자리로 옮겨 가서 얼굴을 볼 수 없게 된 것이 안타깝습니다. 이 자리를 빌려 여러분 모두에게 감사를 표하고 싶은 것은 우리가 자리를 비운 사이에도 여러분 모두가 이 교회를 위해 도움을 아끼지 않으신 것입니다. 여러분 각자가 기울여 주신 수고의 결과는 분명합니다. 곧 열매가 맺힐 것입니다."[56]

스크랜톤 가족이 안식년을 끝내고 한국으로 돌아온 이후에 상동교회에 큰 경사가 생겼다. 그것은 메리 스크랜톤이 안식년 기간 중 미국에서 받아온 선교 후원금으로 꿈에도 그리던 새 예배당을 건축할 수 있게 되었기 때문이었다:

---

56) W.B. Scranton, *Official Minutes of Annual Meeting of the Korea Mission*, 1900, p.27

"주일 아침마다 모이는 주일 학교가 아주 고무적입니다. 평균 출석 인원이 210명이나 됩니다. 바로 이어서 드리는 주일 예배에는 참석자의 수가 훨씬 많아 어떤 때는 325명이 모여 예배당이 가득 찬 경우도 있었습니다. 이 교회 성도들 대부분은 가난한 사람들이기 때문에 우리는 그들이 굶어 죽지 않도록 최선을 다해야 합니다. 지난겨울에 구제 목적으로 모금한 돈이 30원입니다. 또한 교인들 중 극빈자가 죽은 경우에는 그 장례비까지 대주어야 합니다. 이런 목적으로 사용할 돈도 준비되어 있습니다. 우리가 지금 예배를 드리고 있는 예배당은 회중들을 모두 수용하기에는 너무 비좁습니다. 그런데 참으로 기쁘고 감사하게도 스크랜톤 부인께서 미국의 후원자로부터 미화 4천 달러를 받아 오셔서 새 예배당 건축비로 사용할 수 있게 되었습니다."[57]

상동교회의 새 예배당은 상동 시병원이 있던 부지에 짓기로 하였다. 당시 상동 시병원은 스크랜톤 박사의 후임으로 셔먼 선교사가 맡고 있었는데, 1900년 2월 그가 갑작스러운 질병으로 귀국하게 되면서 사실 문을 닫은 상태였다. 스크랜톤도 시대가 바뀌어 가고 있음을 느꼈다. 그는 이제 남대문 지역에서는 병원 사역보다는 교회를 중심으로 한 복음전도가 더 중요하다고 판단하였다. 그래서 상동 시병원은 계속 유지되지 않았고, 결국 스크랜톤의 시병원 사역은 1885년 9월 정동에서 문을 연 뒤 1900년 2월 상동에서 대단원의 막을 내리게 된다.

메리 스크랜톤은 2차 안식년을 미국에서 보내고 있을 때, 자기 어머니를 기념하기 위하여 상동교회 건축을 돕고 싶다는 한 여성을 만나게 된다. 그 여성은 코네티컷 주 하트포드에 사는 미드(Mead) 양이었는데, 그녀는 메리 스크랜톤

---

57) W.C. Swearer, "Talsung Church, Seoul", *Official Minutes of Annual Meeting of the Korea Mission*, 1900, pp.52-53

상동교회 미드 기념예배당(1901년 5월 12일 봉헌)
(옥성득, 『다시 쓰는 한국교회사』, p.179)

에게 건축비 4천불을 전달하였다. 이에 서울로 돌아온 메리 스크랜톤은 1년 만에 새로운 성전을 건축하였고, 교회의 명칭을 기부자의 이름을 따서 "미드기념예배당"이라고 하였다.

미드기념예배당은 1900. 5. 23일 기공식 예배를 드리고, 1901. 5. 12일에 봉헌하였다. 일 년 만에 성전 건축이 완성된 것이다. 1,200여명을 수용할 수 있는 이 아름다운 성전의 봉헌식은 무어 감독의 집례로 진행되었으며, 모든 연회원들은 건축비를 후원한 미드 양과 공사를 끝내기까지 불철주야로 수고한 스크랜톤 모자(母子)에게 감사와 치하를 보냈다:

"아주 크고 아름다운 벽돌 예배당을 봉헌하는 아주 색다른 장면이 연회기간 중 주일에 수도 서울 한복판에서 거행되었습니다. 그 예배당은 코네티컷 주 하트포드의 미드 양이 자기 어머니를 기념하여 지은 것입니다. 이 성전은 1,200명 정도는 족히 수용할 수 있습니다. 건축비는 미국 해외여선교회의 한국선교회를 대표하는 스크랜톤 부인을 통해 전달되었고, 그 아들 스크랜톤 박사는 한국선교회 관리자로서 신실하고 능력이 많은 분으로 이 성전 건축의 기획 단계부터 공사의 전 과정을 감독하였습니다."[58]

호사다마라고 했던가! 상동교회가 이처럼 지속적으로 성장하고 새 성전을 봉헌하는 동안 메리 스크랜톤의 건강은 날로 악화되고 있었다. 급기야는 미드기념예배당의 봉헌식을 마친 후 1901년 7월, 그녀는 모든 사역을 중단하고 미국으로 돌아가 치료를 받을 수밖에 없는 상태에 이르게 되었다. 스크랜톤 역시

---

58) D.H. Moore, "Our Mission in Beautiful, Hospitable Korea", *The Gospel in All Lands*, September 1901, p.407

병든 어머니를 모시고 한국을 떠나야 했다. 당시 메리 스크랜튼은 장기적인 치료와 요양을 필요로 하는 상황이었다. 그들이 미국으로 떠난 이후 상동교회는 스웨어러 선교사와 전덕기가 이끌어가게 된다. 물론 스크랜튼 모자(母子)의 빈자리가 워낙 크긴 했지만 하나님은 새로운 인물들을 준비하고 계셨다. 당시의 상황에 대해서 스크랜튼의 후임으로 한국 감리교 선교회의 책임을 맡았던 존스 목사는 다음과 같이 말한다:

"스크랜튼 박사가 떠난 7월 이후 그의 조사였던 전봉운(*전덕기를 의미함)과 김상배가 교인 심방과 예배주관 업무를 맡아 왔습니다. 사실 그들에게 그런 직분을 맡긴다는 것은 모험이었습니다만, 그들은 우리의 기대에 부응할 만큼 일을 잘해서 크게 칭찬을 받고 있습니다. 배재학당에서 한문을 가르치는 송기용이 주일마다 설교를 하고 예배는 전봉운이 관장합니다. 연초에 전봉운이 매일 교회 앞거리에 나가 전도를 하자는 의견을 내서 그렇게 하고 있는데, 전도사역은 그때부터 지금까지 성공적으로 진행되고 있습니다. 서울 시내에서 가장 번화한 거리에서 이런 식으로 전도를 하는데도 정부 당국이 별로 싫은 기색을 보이지 않았고 경찰도 막지 않았습니다. 그 결과가 좋아서 많은 사람들이 교회에 나오기 시작하였고 그중 일곱 명이 학습인이 되었으며, 우리는 상당량의 전도지와 성경을 팔았습니다. 전봉운 형제는 그 열심과 신실함이 인정을 받아 이번 지방회에서 권사였던 그를 본처 전도사로 올리기로 하였습니다."[59]

이처럼 스크랜튼이 없는 동안에 상동교회는 존스와 스웨어러 선교사가 중심

---

59) G.H. Jones, "South Korea District", *Official Minutes of Annual Meeting of the Korea Mission*, 1902, p.41

이 되고, 전덕기를 포함한 현지인 사역자들이 끌어가는 모습을 갖추게 된다. 물론 여러 가지 애로사항이 많았지만 그들의 헌신적인 노력으로 인해 상동교회는 계속 성장할 수 있었다. 당시 상황을 스웨어러는 다음과 같이 말하고 있다:

"지난해는 예기치 않았던 시험의 한 해였습니다. 무엇보다 지난 연회 직후 스크랜톤 박사께서 미국으로 돌아가신 후 상동교회 교인들은 담임목사 없이 지내야 했습니다. 전에 시무하던 현지인 목회자도 다른 곳으로 가고, 그를 대신할 훈련 받은 지도자도 세우지 못했습니다. 응급조치로 존스 감회사가 교인 중 한 사람, 즉 권사가 된지 얼마 되지 않은 전봉운을 선발해서 목회 사역을 맡겼고, 정동교회 본처 전도사인 송기용에게 주일 아침 예배 설교를 맡겼습니다. 1901년 연말까지는 존스 형제가 교회의 담임자 역할을 맡았는데, 그는 때때로 인천으로부터 올라와 성례전을 집례하였습니다. 금년 초에 존스 목사는 제게 자신의 과중한 교회 사역을 분담해 줄 것을 요청하였고, 그래서 저는 서울에 있는 동안에는 상동교회 사역을 맡기로 하였습니다."[60]

한편 메리 스크랜톤의 병환으로 인하여 미국으로 돌아간 스크랜톤 박사는 어머니의 투병기간이 생각했던 것보다 길어지자, 고심 끝에 해외선교부에 부담을 주지 않기 위해 선교사직 사임을 결심한다. 그리고 이렇게 이들 모자(母子)는 한국에서의 선교사역을 끝내는 듯 보였다. 그러나 자신의 병세가 어느 정도 호전되자, 메리 스크랜톤은 주위의 강력한 만류에도 불구하고 다시 한국으로 돌아가기로 결정을 한다. 어머니의 뜻이 워낙 확고하여 스크랜톤도 해외선

---

60) W.C. Swearer, "Mead Memorial Sangdong Church, Seoul", *Official Minutes of Annual Meeting of the Korea Mission*, 1902, p.55

교부에 선교지 복귀의사를 전달하였다. 해외선교부에서는 그의 결정을 크게 환영하였고, 스크랜톤은 어머니와 함께 1904년 한국으로 귀환하였다.

***상동청년학원**

스크랜톤이 어머니의 병으로 인해 미국에 체류하는 동안에도 상동교회는 성장을 멈추지 않았는데, 그 이유는 전덕기의 헌신적인 활동 때문이었다. 그는 교회 안에 청년 속회와 기도회 모임을 새롭게 조직하여, 영적인 분위기를 쇄신하고 청년들과 함께 거리 전도에 나서 교회 부흥을 위해 노력하였다. 또한 그는 1897년부터 한국 감리교회 안에 엡윗 청년회가 시작되자, 상동교회 안에도 엡윗 청년회를 조직하여 계몽과 교육에 앞장섰다. 후일 이 엡윗 청년회를 중심으로 하여 상동청년학원이 설립되었다.

1904년 10월, 상동청년학원이 시작되면서 전덕기는 한성감옥에서 석방된 이승만을 교장으로 초대하였다. 배재학당 출신인 이승만은 상동청년학원의 교육이념을 경천애인으로 정하였는데, 1904. 10. 15일 상동교회에서 있었던 개교식에는 미국에서 돌아온 스크랜톤 박사도 참석하여 축사를 하였다. 그리고 개교식 후에 그는 참석자들을 모두 달성궁 자택으로 초대하여 다과회를 베풀었다.

스크랜톤은 자신이 양육한 전덕기가 이렇게 성장하여 상동교회의 영적지도자가 되고, 상동청년학원까지 설립하는 모습을 보면서 크게 감동하였다. 이처럼 선교사들이 아닌 현지인들의 힘으로 학원이 세워지자, 외부 인사들과 선교사들도 적극적으로 도움의 손길을 내밀었다. 특별히 스크랜톤의 부인인 루이즈 스크랜톤은 영어 강독반을 만들어 지도하였는데 그 효과가 아주 컸다. 그녀는 자신이 가르치는 학생들이 쓴 영어작문을 선교잡지에 소개하기도 하였다:

"한국은 마치 장마철의 연못물처럼 어둡고 혼탁합니다. 그래서 그 연못 안에 얼마나 많은 물고기들이 맑은 물을 사모하는지 알지 못하고 있습니다. 그러니 어떻게 하면 이들이 맑은 물 가운데서 큰 기쁨을 얻을 수 있도록 도울 수 있겠습니까? 연못 안에 있는 모든 물을 퍼내고 거기에 샘에서 길어 온 맑은 물을 조금 넣어준다고 될 수 있을까요? 아닙니다. 그러면 장마철이 끝나 물이 다시 맑아지기를 기다려야 할까요? 그것도 아닙니다. 거기 있는 물고기들을 연못으로 통하는 강으로 이끌어내야 합니다. 그래서 더러운 물로 가득한 깊은 연못에서 살지 말고 우리 학교와 같이 맑은 물에서 살도록 이끌어야 합니다. 우리 모두 어둠에서 벗어나 빛 가운데 살도록 이끌어 달라고 하늘에 계신 아버지께 기도합시다."[61]

학생들이 쓴 글의 내용을 보면 영어 실력은 차치하고라도 그것을 읽는 사람들을 감동시키기에 충분하였다. 기독교 신앙으로 사회의 변화를 주도하려고 하는 청년들의 열정 속에서 스크랜톤은 새로운 한국의 모습을 꿈꿀 수 있었고, 자신이 한국에 온 보람을 새삼 느낄 수 있었을 것이다.

---

61) Mrs. W.B. Scranton, "Leave the Bad and Take the Good", *The Korea Methodist*, February 1905, pp.43-44

*전덕기의 목사 안수

전덕기

이처럼 상동교회의 성장에 가장 중요한 역할을 했던 전덕기는 1905년 연회에서 집사 목사로 안수를 받았다. 스크랜톤은 그의 목사 안수식을 보좌하였는데 그로서는 말로 다할 수 없는 감격적인 순간이었을 것이다. 전덕기를 지도하고 그와 같이 사역을 했던 스웨어러 선교사도 기쁨을 감추지 못하였다:

"제가 상동교회 담임목사로 있기는 했습니다만, 지방 순회와 다른 여러 가지 일로 인해 교회 사역에 전념할 수는 없었습니다. 그래서 전덕기 형제에게 무거운 짐을 지워야 했습니다. 그는 훌륭하게 그 일을 수행했고, 아주 유능한 인물로 성장하였습니다. 우리는 그가 집사 목사로 안수를 받도록 기쁜 마음으로 도와주었습니다."[62]

한편 미국에서 돌아온 후 메리 스크랜톤은 1906년에 상동여자중학교를 설립하였다. 이로서 상동교회 부속학교로는 초등학교 과정의 공옥남학교와 공옥여학교, 중등과정의 상동청년학원 그리고 상동여자중학교가 운영되었다. 처음에 언급했던 것처럼 상동교회는 스크랜톤 모자(母子)의 합작품이라고 볼 수 있는데, 사실 그 과정에서 주된 역할은 메리 스크랜톤이 하였다.

---

62) W.C. Swearer, "South Korea District", *Official Minutes of Annual Meeting of the Korea Mission*, 1905, p.47

전도 여행중인 스웨어러 선교사
(옥성득, 『첫 사건으로 본 초대 한국교회사』, p.181

7) 동대문(볼드윈) 진료소와 동대문교회

스크랜톤이 선택한 선한 사마리아인 병원 계획의 세 번째 후보지는 동대문 안쪽 성벽 아래였다. 당시 이곳 언덕일대엔 갓바치와 백정 같은 천민들이 살고 있었고, 상인과 평민들의 왕래가 잦은 곳이었다. 그는 1889년 연례보고서에서 서대문과 남대문에 이어 이곳에서도 진료소를 열 수 있기를 바란다고 하였다:

"우리는 곧 도시의 안쪽으로 동대문에 진료소를 하나 열기를 원합니다. 그곳은 정동 시병원과 선교본부(*정동에 위치)로부터 약 3마일 떨어져 있습니다. 이 지역에서의 사역이 완전히 자리를 잡고 나면, 그 후에는 이 진료소를 중심으로 하여 지방으로 의료 전도 사역을 하러 가게 될 것입니다."[63]

---

63) *Annual Report of the Board of Foreign Missions*, 1889, p.293

동대문에서 바라본 종로, 서울, 1887년

스크랜튼은 자신이 계획했던 대로 1889년 동대문지역에 선교 부지를 확보하고, 이 소식을 기쁜 마음으로 파울러 감독에게 보고 하였다. 파울러 감독은 1888년 한국에 왔을 때 스크랜튼의 안내로 이미 이 지역을 둘러 본 적이 있었다:

"친애하는 감독님, 동대문에 진료소를 개설하기 위하여 감독님께서 보셨던 동대문 지역 주변 땅을 매입하였습니다. 300달러 정도면 앞으로 그곳에서 좋은 사역을 시작할 수 있을 것입니다. 제가 구입한 모든 진료소(*서대문, 남대문, 동대문) 부지는 후일 교회를 위한 것입니다. … 우리는 분명 10년 안에 이 장소들을 예배당으로 전환시키고, 의료 사역은 한 곳에서 할 수 있을 것으로 기대하고 있습니다."[64]

---

64) W.B. Scranton's letter to Bishop C.H. Fowler, September 3, 1889

동대문 밖 풍경 (1890년대)
(제임스 게일, p.154)

스크랜톤은 이처럼 1889년 동대문지역에 선교 부지를 구입하였으나, 서대문과 남대문에서처럼 바로 진료소 사역을 개시하지는 않은 것으로 보인다. 물론 1889년에 진료소 부지를 구입한 그가 3년 동안이나 그 지역에서 아무런 사역을 하지 않았다는 것에 대해서 의문을 제기하는 사람들도 있다. 그가 구입한 부지 안에 한옥이 있었기 때문에 그곳에서 진료와 복음전도가 이루어졌을 가능성도 충분히 있다. 그러나 이 기간의 사역에 대해서는 자료가 충분하지 않기 때문에, 본서에서는 스크랜톤 모자(母子)의 동대문사역을 그들이 안식년을 마치고 돌아온 1892년부터 다루기로 한다. 이 해는 그들이 동대문 지역에 관심을 갖고 본격적으로 사역을 시작한 때였다. 여기에서 한 가지 흥미로운 사실은 동대문지역에서의 사역도 서대문이나 남대문에서와 마찬가지로 스크랜톤 혼자가 아니라 어머니 메리 스크랜톤과의 합작 선교였으며, 어떤 면에서는 메리 스크랜톤과 해외여선교회의 역할이 훨씬 더 컸다는 점이다.

*볼드윈 채플과 볼드윈 진료소의 건축

1892년 안식년에서 돌아온 메리 스크랜톤은 동대문지역 선교사역에 집중하였다. 그녀는 안식년 기간 동안 미국에서 만난 볼드윈 부인이 준 선교 헌금을 가지고, 동대문 지역에 해외여선교회 소유의 선교 부지를 구입하였다. 그리고 그곳에 채플과 진료소를 건축하였는데, 후일 완공된 건물은 기부자의 이름을 따서 볼드윈 채플과 볼드윈 진료소라고 명명하였다. 볼드윈 채플은 볼드윈 진료소에 앞서 1892. 12. 25일에 건축이 어느 정도 마무리되어 그곳에서 모임을 가질 수 있게 되었다. 교인들은 볼드윈 채플이 건축되기 이전에는 스크랜톤이 예전에 구입해 놓았던 남성 선교부 소유의 선교부지에 있는 집에서 예배를 드리고 있었다. 스크랜톤은 자신이 소속된 해외선교부에 동대문지역의 선교 상황에 대한 보고를 하면서, 해외여선교회에서 볼드윈 채플을 건축하고 있음을 밝히고 있다:

"볼드윈 채플은 지금 동대문에 건축 중에 있습니다. 아시다시피 우리는 도시의 서쪽에 살고 있습니다. 이 예배당 건축은 오하이오 주에 있는 한 여성의 기부로 이루어졌고, 채플의 이름은 그녀의 이름을 따서 명명한 것입니다. 그곳에는 진료소도 있는데 여의사 한 명이 책임을 맡고 있습니다. 이 사업은 올해 연회 이후에 시작한 새로운 사역입니다. 연회 이후 저는 매주일, 그곳의 한 주택에서 야외설교 같은 형식으로 한국인들을 위한 예배를 인도해왔습니다. 같은 집안에서 저의 어머니는 여성과 아이들을 위한 모임을 갖고 있었는데, 최근에 몸이 안 좋으셔서 감리교회 해외여선교회에서 파송한 다른 여선교사들이 예배를 맡고 있습니다. 이번 가을부터 건물들을 건축하여 거의 완공이 된 상태인데, 바라기는 이번 크리스마스에는 처음으로 새 성전에서 예배와 세례식을 드렸으면 합니다. 주변 사람들은 이 건축에 큰 관심을 보이고 있으며 많은 사람들이 구경하러 옵니다. 매번 예배시간에 참석하는 사람들의 수는 20-40명 사이이며, 여자는 없고 성인 남자와 소년들만 모임에 참석합니다. 그들은 아주 예의 바른 모습으로 설교를 듣습니다. 이 정도의 숫자에서 벌써 4명이나 세례를 받기로 한 것에 대해 감사하지 않을 수 없습니다. 이 건물의 다른 쪽에서 이루어지는 여성들의 사역도 흥미롭습니다.

최근 일주일 전 쯤에는 예배에 참석하는 남자 성도들이 세례를 받고자 하는 열

두 명의 다른 친구들과 함께 저의 서재에 모였습니다. 그들은 지난 연회 이후로 여기저기에서 저의 사역에 동참하고 있었습니다. 지난 몇 년간 제가 열심히 사역을 하였으나 전혀 결실이 없었던 이 도시의 동쪽 구역이 이제는 요동치고 있습니다. 도시의 북쪽 지역은 아직 조용하지만, 그곳에서도 밝은 전망을 기대하고 있습니다."[65]

볼드윈 채플은 아주 큰 성전은 아니었지만 스크랜톤 모자(母子)의 동대문사역에 이정표가 되는 건물이었고, 한국 교회 역사상 최초로 남녀가 한 장소 안에서 예배를 드린 곳이었다. 스크랜톤은 볼드윈 채플에서의 첫 예배 모습을 다음과 같이 전하고 있다:

"볼드윈 채플 건축공사는 금년에 시도한 새로운 사역입니다. 채플의 이름은 오하이오 주 클리블랜드에 사는 루신다 볼드윈 여사가 선교후원금을 보내주었기 때문에 그녀의 이름을 따서 지었습니다. 그녀는 한국에 여성 선교사 파송을 위하여 1883년 처음으로 헌금을 기부하기도 하였습니다. 그런데 이번에 채플 공사를 위하여 또 다시 헌금을 한 것입니다. 이곳의 건물들과 부지는 해외여선교회 소유입니다.

동대문에서의 사역은 볼드윈 채플 인근에서 시작되었습니다. 해외선교부가 그곳에 작은 집 한 채를 소유하고 있었는데, 거기에는 두 노인이 자기 가족들과 함께 살고 있었습니다. 그래서 우리는 볼드윈 채플이 완공될 때까지 매 주일마다 그곳에서 모임을 가졌습니다. 제 어머니도 여성들을 위한 사역을 시작하셨고, 해외여선교회 소속의 다른 선교사들이 어머니를 도와 이 사역을 이어 나갔

---

65) *W.B. Scranton's letter to Dr. A.B. Leonard*, December 21, 1892

습니다. 저는 앞마당과 방 안에서 모임을 가졌고, 어머니는 안채에서 여성들과 같이 모였습니다.

볼드윈 채플은 제단 부분만 제외하고 나머지 공간은 가운데 휘장을 쳐서 양쪽으로 나누어 놓았습니다. 사람들은 한국식으로 바닥에 앉았는데, (자리가 모자라) 회중의 절반은 창문이나 출입문 바깥쪽에 있어야 했습니다. 우리는 채플이 건축되어 무척 고무되었는데, 성도 수가 50명 이하로 모인 적은 없고 한 때 200여명에 이른 적도 있습니다. 물론 이 때는 마당의 먼 곳까지 사람들로 가득 들어찼었습니다. 그러나 평균적으로는 70명 정도 모입니다. 성도들은 교회에 큰 흥미를 가지고 있으며, 이웃 사람들의 박해에도 불구하고 예배에 열심히 출석하고 공적으로 신앙을 고백하였습니다.

볼드윈 채플에서의 첫 예배는 1892. 12. 25일에 드렸는데 저는 설교 후에 6명의 성인 남성과 소년들에게 세례를 베풀고 성만찬을 하였습니다. 예배에 참석했던 외국인들은 제 어머니 메리 스크랜톤(M.F. Scranton), 벵겔 양(Miss Bengel), 페인 양(Miss Paine), 루이스 양(Miss Lewis), 홀 의사(Dr. Hall), 그리고 노블 형제(Brother Noble)였습니다."[66]

메리 스크랜톤 역시 자신이 속한 해외여선교회에 동대문지역의 당시 상황을 다음과 같이 보고하였는데, 그녀 또한 볼드윈 채플에서 예배를 드린 것에 대해 큰 기쁨과 만족감을 표시하였다:

"지난 해 1892년 9월, 우리 정동 선교부로부터 3마일 떨어진 서울 동부지역에서 새로운 사역을 시작하였습니다. 일꾼도 적었고 더위와 추위를 참으며 먼지와 진흙으로 뒤덮인 길을 가로질러 시내 한복판을 통과하여 가는 것은 매우 힘

---

66) *Annual Report of the Board of Foreign Missions*, 1893, p. 252

왼쪽의 한옥이 1910년 5월 동대문교회 새 예배당이 건축되기 전까지
예배당으로 사용되었던 볼드윈 채플이다
(『100년 전 선교사, 서울을 기록하다』, p.153)

볼드윈 채플의 모습
(『100년 전 선교사, 서울을 기록하다』, p.179)

든 일이었습니다. 그럼에도 불구하고 우리는 일을 시작하였는데 기대 이상으로 결과가 좋아서 감사하고 있습니다. 첫 번째 집회는 남성 선교부 소유의 작은 집에서 가졌습니다. 스크랜톤 박사는 남성들은 집 밖에서, 여성들은 베란다와 정원 안에서 예배를 드리도록 하였습니다. 집이 매우 좁아서 교인 전부가 들어갈 수는 없었는데, 1892년 성탄절에는 작고 아담한 볼드윈 채플이 마련되어 거기서 예배를 드릴 수 있었습니다. 아직 공사가 다 끝나지 않아 어수선하지만 우리에게 그 예배당은 어느 큰 교회 못지않은 훌륭한 공간입니다."[67]

스크랜톤은 볼드윈 채플의 건축 이후 많은 한국인들의 관심을 받고 있으며, 이로 인해 기독교에 대한 이미지가 바뀌면서 전도에도 좋은 영향을 주게 되었다고 말한다:

"친애하는 레너드 박사님, 이제는 이곳의 분위기가 많이 바뀌어 사람들이 공개적으로 우리를 찾아와 관심을 표시합니다. 우리 교인 중 두 명이 전도 사역을 맡고 있는데, 한 명은 군인으로 자기 근무처를 예배 처소로 사용하며 전도한 결과 부하 병사 중 7-8명이 개종하여 우리 집회에 참석합니다. 다른 병사도 제게 와서 자기 상관이 막사에서는 세례문답을 공부하거나 읽고 가르치는 일을 금지시키려한다고 말하였습니다. 하지만 그는 상관에게 '저는 그렇게 할 수 없습니다. 저는 이 일을 꼭 해야만 합니다.'라고 대답하였다고 합니다."[68]

볼드윈 채플은 남녀가 같은 공간에서 휘장(*칸막이)으로 남자와 여자가 앉는 자리를 구분하고 함께 예배를 드렸던 최초의 교회로서 이것은 한국교회사

---

67) *24th Annual Report of the Woman's Foreign Missionary Society*, 1893, p.80
68) *W.B. Scranton's Letter to Dr. A.B. Leonard*, Dec. 21, 1892

에 큰 획을 긋는 역사적인 사건이었다. 메리 스크랜톤은 볼드윈 채플이 완공된 다음 앞으로 남성 선교부도 이런 식으로 건축을 하면 좋을 것이라는 조언도 아끼지 않았다:

"우리는 남녀가 한 건물 안에서 예배드리는 것을 시도해 보기로 하였습니다. 방 한가운데 종이 문으로 칸막이를 만들고, 남자와 여자를 각각 다른 쪽에 앉도록 하였습니다. 남자와 여자는 각각 다른 문으로 들어와 앉고, 설교자는 모두를 볼 수 있도록 하였습니다. 여전히 외국인 남성을 보고 기겁하여 도망치는 여자들이 있기는 하지만, 이 시도는 성공적이었습니다. 남성 선교부 쪽에서도 정동에 새 예배당을 지을 때 이런 식으로 짓기를 바랍니다."[69]

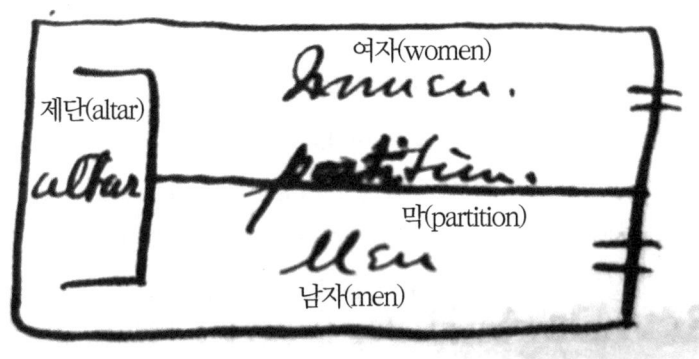

스크랜톤이 그린 볼드윈 채플의 내부 구조

이처럼 강대상을 중심으로 종이 문으로 칸막이를 만든 후 남자와 여자가 같은 공간에서 예배를 드리게 되자, 점점 더 많은 사람들이 예배에 참석하게 되었

---

69) *24th Annual Report of the Woman's Foreign Missionary Society*, 1893, p.80

다. 정동교회 역시 그동안 배재학당과 이화학당에서 남녀 각각 따로 예배를 드렸는데, 1897년 12월부터는 볼드윈 채플(*동대문교회)처럼 남녀가 함께 예배드리는 모습으로 바뀌었다.

동대문지역에서의 선교사역은 초기에 볼드윈 채플을 건축하고 왕성하게 진행되었지만, 시간이 흐르면서 처음에 기대했던 만큼 큰 성과를 거두지는 못하였다. 가장 큰 원인은 동대문지역에 상주하는 남성 선교사가 없었고, 볼드윈 채플과 볼드윈 진료소가 모두 해외여선교회 소유로 동대문지역에서의 선교가 여성 중심으로 진행되었기 때문이었다. 그럼에도 불구하고 스크랜톤은 동대문지역 선교에 헌신하는 로드와일러나 릴리언 해리스 등을 격려하며 동대문의 미래를 밝게 보고 있었다:

"동대문의 볼드윈 채플은 지금 아주 힘든 싸움을 하고 있습니다. 선교지역과 교회에 따라 여러 사람도 감당하기 어려운 일을 혼자서 해야 하는 그런 경우도 있습니다. 어디에서든 거룩한 성지는 자기 능력을 아낌없이 발휘하는 그런 사람들의 정신이 합쳐서 만들어집니다. (한국의 경우) 로드와일러 양의 수고와 성실함이야말로 그런 것입니다. 바라기는 릴리언 해리스 박사님도 우리와 좀 더 머물러 있으면서 그 능력을 발휘할 수 있기를 기대합니다. 동대문에 계신 여성 선교사들을 위해 특별한 기도가 필요합니다. 언젠가는 동대문에서도 모두 함께 기뻐할 날이 반드시 오리라 믿습니다."[70]

---

70) W.B. Scranton, "Superintendent", *Official Minutes of Annual Meeting of the Korea Mission*, 1900, p.27

THE M. F. SCRANTON HOME, EAST GATE, SEOUL.

메리 스크랜톤 기념관
(1898년 동대문 지역에 건축된 여선교사 사택)

이처럼 동대문지역 선교가 어려움을 겪고 있을 무렵 1901년 3월에는 기쁜 소식도 있었다. 미국 미네소타 주에 있는 페어팩스 교회의 엡웟 청년회가 한국에 선교 후원금을 보내 온 것이었다. 스크랜톤은 이 선교기금을 동대문지역을 위하여 사용하기로 결정하고, 장로사로서 페어팩스 교회에 감사의 편지를 보내면서 동대문지역의 상황을 다음과 같이 상세히 알려주었다:

"서울은 그 크기가 지름이 3마일 정도 되는데, 우리 사역의 중심거점은 정동에 있고 볼드윈 채플은 동대문에 있습니다. 동대문은 서울의 가장 번화한 지역 가운데 한 곳으로, 큰 시장 바로 바깥쪽에 있으며 동대문을 드나드는 사람들로 인해 항상 교통 혼잡이 일어납니다. 최근 이곳으로 전차 길을 놓을 계획이 세워졌다고 합니다. 이처럼 중요한 지역에 위치한 채플이기 때문에 장래가 밝다고 하겠습니다. 거리 안쪽에 위치한 채플 근처에는 소박한 시설의 진료소 (*볼드윈 진료소)가 있고, 여성 의사 한 명이 거기서 일을 훌륭하게 감당하고 있습니다. 언덕 위쪽에는 미 감리회 해외여선교회 숙소 (*메리 스크랜톤 기념관)가 있는데 로드와일러 선교사가 감독을 해서 지은 집입니다. 여러분은 로드와일러에 대해 이미 들어서 잘 알 것입니다. 그녀가 긴 휴가 여행을 떠나기까지 이 집에서 살았습니다. 지금 그곳에는 여성 선교사 세 명이 삽니다."

스크랜톤은 동대문 지역이 장차 복음전파의 전초기지가 될 것이라는 확신을 보여 주며, 먼저 페어팩스 교회의 후원금으로 현지인 전도인 한 사람을 고용하여 거리 전도소(street preaching place)를 운영할 계획을 밝히고 있다:

"이 지역은 우리의 기도와 사역이 집중되는 곳이기도 합니다. 이곳은 언덕위에 있는 작은 동네이긴 하지만, 복음을 전하는 데는 강력한 기점이 될 것입니다. 우리는 오랫동안 이런 지역에 거리 전도소를 하나 마련해서 현지인 전도인 한 사람을 두고 사역하기를 원했습니다. 어느 독지가 한 분의 도움으로 거기에 있던 외양간 하나를 10달러도 안 되는 적은 비용으로 수리한 후, 서점을 열고 아주 적합한 인물을 배치하여 복음을 전하는 장소로 사용하고 있습니다."

또한 그는 거리 전도소에서 사역하는 고시형을 소개하고, 그가 이경직과 함께 전도에 힘쓰고 있으며, 지금 당장은 아니더라도 장차 훌륭한 전도의 열매가 맺힐 것이라고 말하고 있다. 스크랜톤은 선교 사역의 결과는 금방 눈에 띄게 나타나지 않음을 상기시키면서 그들이 뿌린 씨앗이 반드시 귀한 열매를 맺을 것

이며, 특별히 신학생들을 돕는 사역이 중요하다는 점을 강조하고 있다:

"여러분의 후원을 받는 고시형 형제가 지금 그곳에서 사역을 하고 있습니다. 그는 신앙 열정이 대단한 사람인데, 그의 부모는 우리가 이 나라에 들어오기 전 이 나라 정부가 천주교인들을 박해할 때 희생되었다고 합니다. 이 형제는 전혀 두려움이 없이 우리 교회를 찾아 왔으며, 주님을 위해 자신이 할 수 있는 모든 일을 하고 있습니다. 그는 이경직 형제와 함께 서울 근교 마을들을 돌아다니며 양떼를 모으는데, 어떻게든 한 명이라도 놓치지 않으려고 애를 씁니다. 이들의 전도가 고무적인 결과를 얻기도 하지만 그보다는 곤경에 처할 때가 더 많습니다. 그리고 사역을 시작한지 얼마 되지 않아 당장 좋은 결과를 보고 드리기는 어렵습니다. 그러나 가까운 장래에 선한 결실을 얻을 것입니다.

저는 여러분들이 우리 주님의 구원하시는 능력을 의심하여 조급한 마음으로 결과가 금방 나타나기를 기대하지는 않으실 것으로 믿습니다. 하나님께서는 당신이 정하신 계획에 따라 가까운 장래에 우리에게 좋은 결과를 주실 것인데, 믿음을 갖고 기다리기보다는 당장 눈에 보이는 결과와 수치를 얻기 위해 너무 서두르다가 일을 망치는 경우가 많습니다. '어찌 믿음이 없느냐?', '네 자신을 하나님께 맡기라'는 말씀이 이런 경우에 해당하는 것이 아닐까요? 제 생각은 그렇습니다.

분명한 것은 이곳에서도 사역의 결실들이 나타나고 있는데 때가 되면 자세히 말씀드리겠습니다. 여러분들을 대신해서 저희가 이곳에서 뿌린 씨앗은 하나님의 말씀입니다. 그 말씀은 헛되이 뿌려짐이 없이 살아서 계속 자랄 것입니다. 여러분들이 이곳에서 하시는 일로 인하여 저는 여러분들에게 감사와 함께 축하를 드립니다. 우리는 여러분들이 저희들을 도와주신 것에 대해 진심으로 기뻐하며, 여러분들이 지금 하시는 일의 놀라운 결과를 머지않은 장래에 알게 될 것이라 확신합니다. 제가 보내드리는 명단을 검토하시고 여러분들이 도울 수 있는 신학생 한 명 혹은 그 이상을 정하시면 그를 통해 훌륭한 성과를 얻을 것입니다. 빠른 시일 안에 사진 몇 장을 보내 드리려고 하는데, 여기 동대문 현장 사진도 잘 나온 것으로 보내드리겠습니다."[71]

스크랜톤이 페어팩스 교회의 후원으로 서점을 운영하면서 거리 전도소를 설립하여 현지인 전도 사역자를 배치한 것은 현명한 조치였다. 고시형의 뒤를 이어 노병선(1901), 이경직(1902), 최병헌(1903), 김우권(1905), 박세창(1906) 등이 파송되어 이 사역을 계속하였다.[72]

이처럼 동대문 지역에 전도 사역자가 상주함으로 말미암아 볼드윈 채플은 서서히 성장해 나가기 시작하였으며, 1907년 벙커 선교사가 볼드윈 채플의 담임자로 파송을 받으면서 크게 부흥하였다. 벙커 선교사는 현지인 사역자 김우권과 함께 전도에 박차를 가하고 노력한 결과, 1910년에는 미 감리회의 "한국 선교 25주년 기념기금"에서 거액을 지원 받아 새로운 성전을 건축하였다. 이로 인해서 볼드윈 채플의 시대가 끝나고 동대문교회의 시대가 열리게 되었다.

미 감리교회 한국 선교 25주년을 기념하여 봉헌된 자유의 종 (동대문교회: 1910년)

---

71) *W.B. Scranton's letter to Rev. W.H. Miller of the Epworth League of Fairfax*, Minnesota, March 7, 1901
72) 이덕주, 『스크랜턴』, p.483

The Korea Mission Field의 표지에 실린 동대문 교회(1911)

*볼드윈 진료소

1892. 12. 25일 볼드윈 채플이 건축된 이후 복음전도는 활기를 띄었으나 진료소 사역은 지지부진하였다. 그 이유는 볼드윈 진료소를 전담할 의료선교사가 없었기 때문이었다. 당시 서울에는 메리 커틀러와 로제타 홀이 있었으나 메리 커틀러는 정동의 보구여관 사역에 바빠 시간을 내기 어려웠고, 로제타 홀은 1893. 3. 15일 동대문에서 사역을 시작하였지만 4월 17일 평양으로 떠나야만 했다. 로제타 홀의 증언이다:

"저는 동대문에서 방금 돌아왔습니다. 이 달 15일부터 매주 화요일과 금요일에 그곳에서 의료 봉사를 하기로 했습니다. 그곳은 아직 진료 대상자들이 많지 않습니다. 목수들이 진료소 건물에서 일하고 있기 때문입니다. 그러나 장소가 매우 적합함으로 진료소는 틀림없이 커질 것입니다."[73]

우리는 로제타 홀의 기록을 통하여 볼드윈 진료소는 1893년 초까지도 아직 완공이 되지 않았다는 사실을 알 수 있다. 로제타 홀이 평양으로 떠난 이후 메리 커틀러가 정동과 동대문을 오가며 환자들을 돌보았으나 역부족이었다. 그래서 결국 볼드윈 진료소는 1년 가까이 문을 닫아야 했다:

"동대문에서의 우리의 사역과 진료소는 여전히 도울 의사와 교사의 부족으로 고통을 받고 있습니다. 이 진료소는 1년 내내 닫혀 있습니다. 정동 시병원에서

---

73) 셔우드 홀, 『닥터 홀의 조선 회상』, p.115

사역하고 있는 메리 커틀러와 엘라 루이스에게 그들이 지금 맡고 있는 일 이상을 요구하는 것은 불가능합니다. 그동안 우리는 본부(*정동)에서 멀리 떨어져 있는 동대문의 지리적 불편함에도 불구하고 최대한 이곳의 복음 사역을 돌보려고 노력하였습니다. 그래서 우리들 중 몇 사람은 적어도 1-2주 간격으로 동대문에 가는 일에 시간을 할애하였습니다."[74]

이처럼 한 동안 볼드윈 진료소의 사역은 지지부진하고 문을 닫는 때도 있었지만, 1897년 릴리언 해리스가 오면서부터 상황은 반전되기 시작하였다. 환자들의 수는 꾸준히 증가하였으나 여전히 의료 인력의 부족이 큰 문제였다. 무엇보다 간호사 충원이 가장 시급한 일이었다. 하지만 고무적인 부분도 있었다. 진료소는 일주일에 5일 동안 문을 열었는데, 병을 치료받기 위해 진료소를 찾은 사람들은 먼저 전도부인인 애니 박의 가르침을 받았다. 의료사역과 복음전도가 동시에 이루어지고 있었던 것이다. 릴리언 해리스 역시 환자들을 진료하면서 틈이 나는 대로 복음 전파 사역을 하였다. 그녀의 말을 들어보자:

"볼드윈 진료소의 모든 환자들은 볼드윈 채플의 주일 아침예배에 참석할 기회를 갖습니다. 이러한 초대는 자연스럽게 이루어집니다. 그들은 주일 아침예배 때 자신들이 환영받는다고 느끼면서 표정이 밝아졌습니다. 저는 그들의 환한 얼굴을 보면서 행복했습니다. 한번 진리의 맛을 본 사람들은 반드시 다시 돌아오게 되어 있습니다."[75]

---

[74] *Annual Report of the Woman's Foreign Missionary Society*, 1892-1893, p.66
[75] Lillian Harris, "Baldwin Dispensary", *Annual Report of the Woman's Conference of the Methodist Episcopal Church in Korea*, May 1899, p.30

그러나 이처럼 헌신적으로 환자들을 돌보며 복음을 전파했던 해리스는 1901년 평양에서 사역을 하다가 1902년 5월 티푸스에 걸려 세상을 떠나고 만다. 그녀의 뒤를 이어 언스버거가 동대문의 사역을 맡게 되는데, 그녀는 볼드윈 진료소와 볼드윈 채플의 관계에 대해서 다음과 같이 보고하였다:

"볼드윈 진료소와 볼드윈 채플의 복음 사역은 상호보완적입니다. 두 기관의 분리를 시도한다면 양쪽 다 비참해 질 것입니다. 채플에는 설교자와 회중이 있습니다. 그리고 진료소에는 다양한 종류의 사람들이 찾아옵니다. 지금 이 두 기관의 조화는 보기 드문 좋은 결과를 가져오고 있습니다."[76]

후일 볼드윈 진료소는 정동에 있던 보구여관이 동대문으로 이전하면서 하나로 통합하게 된다. 그리고 1912년에는 릴리언 해리스 기념병원이 동대문에 설립되면서 그 이름은 역사의 뒤안길로 사라지게 된다.

지금까지 살펴보았듯이 동대문에서의 사역은 원래 스크랜톤의 선한 사마리아인 병원 프로젝트의 일환으로 시작된 것이었다. 그러나 이곳에서의 사역은 스크랜톤 자신보다는 그의 어머니가 속한 해외여선교회가 주도하였다. 시간이 흐르면서 볼드윈 채플은 동대문교회로 성장하게 되고, 볼드윈 진료소는 릴리언 해리스 기념병원, 동대문부인병원 그리고 이화여자대학교 동대문병원으로 명칭을 달리하면서 발전을 해나가게 된다.

---

76) Emma Ernsberger, "Baldwin Dispensary and Chapel, East Gate", *Official Minutes of the Korea Annual Conference of the Methodist Episcopal Church*, May 1902, p.17

동대문에 있었던 '볼드윈 진료소'
(『100년 전 선교사, 서울을 기록하다』, p.152)

1899년 정동에 있던 '보구여관'은 폐쇄되고 '볼드윈 진료소'와 합병을 하게 된다.
1912년에는 새로운 건물이 신축되고 '볼드윈 진료소'라는 명칭 대신에
'릴리언 해리스 기념병원' 또는 '동대문 부인병원'이라고 불리게 된다.
이 곳이 후일 '이화여자대학교 동대문병원'으로 발전하게 된다.

코원 테일러 선교사가 촬영한
1910년대 동대문교회의 모습

윌리엄 스크랜톤의 생애와 사상
9. 윌리엄 스크랜톤의 목회와 지방순회사역

1885년 한국에 도착한 이후로 스크랜톤의 초기 사역은 주로 서울 안에서 이루어졌다. 제중원, 정동 시병원, 보구여관, 애오개 진료소, 상동 진료소, 볼드윈 진료소 이 기관 모두가 서울에 있었다. 그러나 1892년 그의 사역의 지경을 넓힐 수 있는 새로운 전환점이 마련되었다. 안식년을 마치고 서울로 돌아온 스크랜톤에게 새로운 직책이 주어지게 되는데, 1892년 8월 연회에서 아펜젤러의 뒤를 이어 한국 감리교 선교를 총괄하는 장로사에 임명된 것이다.

장로사가 된 이후에 그는 우선 동대문, 서대문, 남대문을 중심으로 한 서울에서의 사역을 돌보는 한편 서울 밖 지방 선교에도 관심을 갖고 이 지역들을 여행하였다. 드디어 그의 지경이 서울을 벗어나 전국으로 확대되어 가기 시작한 것이다. 1892년 8월 연회에서는 스크랜톤을 장로사로 임명하고 조지 존스를 인천, 윌리엄 홀을 평양, 윌리엄 맥길을 원산에 개척선교사로 파송했는데, 스크랜톤은 1893년 9월 존스(George Jones)가 담당하고 있는 인천과 강화도 지역을 가장 먼저 방문하였다. 우리는 앞으로 스크랜톤이 방문했던 대표적인 지역들을 살펴볼 예정이다. 비록 그가 이 모든 도시에 머물면서 교회를 개척하거나 목회를 한 것은 아니지만, 장로사로서 지방에서 사역하는 동역자들을 방문하고 격려하며 함께 하나님의 나라 확장에 힘썼던 그의 모습을 볼 수 있을 것이다.

1) 인천과 강화도

개항장인 인천은 선교사들 뿐 만이 아니라 서울에 들어오는 모든 외국인들이 반드시 거쳐야 하는 관문이었다. 그만큼 외국인들의 왕래가 잦았던 곳이라 그곳은 외국인에 대한 반감이 그리 크지 않았고, 다른 지역보다 개방적이었으며 복음전파도 상대적으로 수월하였다.

감리교에서는 1887년 올링거 선교사를 인천에 파송하여 선교사역을 시작하였으나, 그는 인천에 상주한 것이 아니라 서울에 살면서 왕래하였기 때문에 큰 성과를 거두지는 못했다. 그래서 1892년 연회에서는 존스를 인천에 상주 선교사로 파송하였다. 그는 1893년 이화학당의 교사였던 마가렛 벵겔(Margaret Bengel)과 결혼을 하였는데, 그녀가 인천으로 온 이후에는 여성들에 대한 선교도 활기를 띠기 시작하였다. 존스 부인은 자기 집에서 여성 집회를 시작하였으며, 후일 영화여학교를 세워 교육선교에도 힘을 쏟았다. 이 때 메리 스크랜톤은 이 브리스길라, 강 세실리아, 백 헬렌 등을 인천으로 보내 그녀의 사역을 지원하였다.

백 헬렌의 열정적인 전도활동으로 인하여 여성 교인들이 크게 늘어나게 되었고, 그들은 존스 선교사가 담임하던 인천내리교회의 교인이 되었다. 존스는 인천에서의 전도활동이 어느 정도 자리를 잡고 열매를 맺기 시작하자, 인천에

조지 존스

마가렛 벵겔

내리 감리 교회 (인천)

영화학교 (인천)

좌로부터 세실리아 강, 마가렛 벵겔, 백 헬렌

조지 존스 선교사 가족

서 멀지 않은 강화도로 눈길을 돌렸다. 그는 1892년 말에 이미 강화도를 방문한 적이 있었고, 1893년 여름에는 강화도 시루미(*현 양사면 교산리)에서 첫 번째 세례를 베풀기도 하였다.

이런 존스 선교사의 사역에 대해 잘 알고 있던 스크랜톤은 장로사가 된 이후 첫 번째로 인천과 강화도를 방문하고, 그 결과를 미국의 해외선교부에 다음과 같이 보고하였다:

> "강화에서는 지난 연회(1893. 8. 31) 이전에 한 가족이 세례를 받음으로 사역이 시작되었습니다. 우리는 밤낮으로 그들과 함께 있었으며, 그 이웃들도 우리를 환영해 주었습니다. 그들 중 상당수가 복음에 큰 관심을 보였습니다. 우리가 있는 곳은 시루미의 북쪽입니다. 남쪽 지역에 사는 증기선 선착장의 여관 주인은 전부터 알던 사람인데, 이번에 학습인 명부에 자신의 이름을 올려달라고 하였습니다. 우리는 아침과 저녁기도회를 인도하면서 그를 가르쳤고, 우리가 떠날 때 그를 도와줄 사람을 그곳에 남겨두어 그를 더 가르치도록 하였습니다. 이 구역 전체를 순행하며 지도할 사람이 필요하지만, 1894년 예산에는 그런 사람을 고용할 만한 여유자금이 없습니다."[1)]

인천과 강화도 전도사역의 결실은 존스 선교사 부부의 헌신과 스크랜톤 모자(母子)의 후원이 큰 몫을 하였다. 스크랜톤이 장로사로서 다시 강화도를 찾은 것은 그 후 오랜 세월이 흐른 뒤였다. 그는 1907년 4월 강화도에서 개최된 인천지방사경회를 인도하기 위해서 다시 이 지역을 방문하였는데, 그곳 사람들로부터 열렬한 환대를 받았다. 그는 당시의 상황을 다음과 같이 전하였다:

---

1) *W.B. Scranton's letter to Dr. A.B. Leonard*, December 12, 1893

"아직 공식적인 출입허가는 받지 못한 상태였지만 우리가 1907. 4. 6일 아침에 타고 갔던 작은 나룻배에서 내리는 순간 우리의 눈앞에 적대적인 사람들은 전혀 없었습니다. 오히려 2백 명이 넘는 학생들이 교복을 입고 군대식으로 도열해서 우리를 위해 지었다는 찬송을 부르며 환영하였는데 그 진지함과 열정이 대단하였습니다. 열병식을 마친 우리는 학생들의 호위를 받으며 읍내까지 3마일을 행진하였습니다. 우리가 가는 도중에 다른 섬에 있는 학생들까지 합류하여 읍내로 들어갈 때는 인원이 남녀노소 4백 여 명에 달했는데 도열하여 들어가는 모습이 마치 성을 점령한 군대 같았습니다. 그들은 기뻐하며 행진하는 그리스도의 군대였습니다."[2]

스크랜톤이 말하는 찬송가는 강화교인들이 만든 "장로사 환영가"였다. 그 내용은 아래와 같은데 당시 스크랜톤을 동행했던 노병선이 그 가사를 신학월보에 소개하여 알려지게 되었다:[3]

1. 오셨구나 오셨구나 오늘 과연 오셨구나
   천부께서 도와주사 평안하게 오셨으니
   반갑고도 깊은 정이 한량없이 즐겁구나

2. 우리 크게 사랑하사 대한형제 가르치니
   복음진리 순종하여 우리형제 영생하네
   믿을 신자 강령되고 사랑애자 교칠일세

---

2) W.B. Scranton, "Kangwha Revisited", *The Korea Mission Field,* May 1907, p.70
3) 이덕주,『스크랜턴』, pp.722-723

3. 환영하세 환영하세 우리장로 환영하세
　사랑하세 사랑하세 영원토록 사랑하세
　찬송하세 찬송하세 영원무궁 찬송하세

후렴: 사랑하는 예수께서 우리장로 보내셨네
　　기다리고 원하더니 오늘 과연 상봉하네

이런 열렬한 환영을 받으며 강화에 도착한 스크랜톤은 존스 그리고 데밍 선교사와 함께 사경회를 성공적으로 인도하였다. 깊은 은혜를 받은 교인들은 스크랜톤을 찾아와 사경회를 두 주간만 더 연장해 달라고 요청할 정도였다. 집회를 인도하는 동안 스크랜톤은 강화 교인들의 열정을 확인할 수 있었고, 장차 이런 사경회 모임을 통하여 현지인 사역자들을 더 많이 육성해야 한다는 확신을 가지게 되었다:

"이 나라 사람들은 평양하면 믿음이고, 황해도하면 깃발 흔들기며, 다른 곳은 교인 숫자를 자랑하는데, 강화하면 열정과 열심 그리고 협동심과 단결력이라고 합니다. 우리가 이곳에 도착한 날부터 사경회 마지막 날까지 열기가 뜨거웠는데, 그 결과 가르치는 선생뿐 아니라 배우는 학생들 모두에게 참으로 유익하고 즐거운 시간이 되었습니다. ... 여러 지역으로 나뉘어 시시때때로 열리는 사경회야말로 한국에서 이루어지는 선교사역의 가장 특징적인 현상으로서 교회 지도자들에게 유익을 주는 것이라 할 수 있습니다. 사경회는 실질적인 효과가 있는 방법으로 가능한 한 모든 외국인 선교사들에게 추천하고 싶은 것입니다. 외국인 사역자 한 사람이 모든 현지교회 교인들을 직접 지휘 감독하며 훈련하던 시절은 지난 지 이미 오래입니다. 우리 입장에서는 이렇게 상황이 변한 것이 한편으로 섭섭하기도 하지만, 다른 면에서 보면 현지인 사역자들이 우리를 대신할 수 있다는 사실에서 선교사역의 발전을 기약할 수 있음을 알아야 합니다. 우리는 이러한 상황에서, 가능한 한 빨리 그리고 실제적이고 효과적으로, 우리 교회의 다양한 현지인 지도자들과 임원들을 훈련시켜 우리 개개인의 역량이 미치지 못하는 부분까지 이들이 감당하도록 해야 할 것입니다."[4]

2) 수원 (경기남부)

인천과 강화도 지역을 돌아보고 온 스크랜톤은 수원 지역의 교인들이 선교사의 방문을 간절히 기다리고 있다는 보고를 받고, 1893년 12월 장지내(*현 화성시 동탄면 장지리) 지역을 돌아보았다. 그는 장지내에서 큰 성과를 거두었는데, 그 결과에 기쁨이 충만하여 서울에 있는 어머니에게 다음과 같은 편지를 보냈다:

"사랑하는 어머니, 건강하시리라 믿습니다. 저는 눈보라 때문에 일정이 지체되어 금요일 오후에 이곳에 도착하였습니다. 저는 건강하고, 외롭기는 하지만 행복합니다. 여러 가지 불편함보다는 사역의 즐거움이 더 큽니다. … 이번 여행은 아주 성공적인 것 같습니다. 저는 오늘 세 사람에게 세례를 주었는데, 이곳에는 아직 예배당이 없기 때문에 대낮에 시냇가에서 세례식을 거행하였습니다. 저는 더 이상 한 칸짜리 방 안에서 은밀하게 세례를 주고 싶지는 않았습니다. 그들도 전혀 두려워하지 않았습니다. 저는 여기에 아주 강력한 교회가 세워질 것으로 확신합니다. 오늘 저녁에 이들을 위한 위로 만찬을 베풀었는데 포도주는 없었습니다. 순간 물을 포도주로 바꾸신 예수님의 첫 번째 이적이 생각났습니다.

---

4) W.B. Scranton, "Kangwha Revisited", *The Korea Mission Field*, May 1907, pp.69-70

오늘은 참으로 기쁜 날이었습니다. 우리는 쉬지 않고 계속 집회를 열었는데, 정씨(정인덕)가 실수하지 않고 일을 잘했습니다. 저는 노씨(노병일) 못지않게 정씨도 좋아합니다. 정씨의 믿음이 점점 자라면서 그에 대한 제 신뢰도 깊어지고 있습니다. 그는 참으로 성실하고, 핵심을 짚어 말을 합니다. 여기 사람들이 자주 하는 말 가운데 '차차'와 '내일'이라는 표현이 있습니다. 그것은 즉각적인 결단을 회피하고 싶을 때 사용하는 말입니다. 저는 그런 말을 들을 때마다 참으로 실망스러운데, 정씨는 예수 그리스도의 사랑을 전하면서 사람들에게 허튼 것을 버리고 '즉시' 결단하라고 촉구합니다. 그가 전하는 말을 듣고 있노라면 얼마나 속이 시원한지 모릅니다.

이번 여행은 결실이 풍성합니다. 하나님께서 우리와 함께 하십니다. 말씀에 대한 반응이 빠르게 나타나고 있으며, 많은 이들이 빛을 발견한 것 같습니다. 개종자가 수십 명까지는 안 되지만, 적어도 열 명은 될 것 같습니다.

이번 여행은 제 여행이 아니라 하나님의 여행이었습니다. 저는 제가 가진 모든 능력을 하나님께 바치고, 그 분께서 저를 인도하여 어느 곳이든 보내시고, 이끌어 주시고, 사용하시기를 그리하여 여행이 더디거나 빠르거나, 장애물이 있거나 없거나, 모든 것이 하나님의 계획대로 이루어지기를 간구하였습니다. 그렇게 했더니 '너희 몸을 하나님이 기뻐하시는 거룩한 산 제물로 드리라'(로마서 12:1)는 말씀의 의미가 무엇인지 알 수 있었습니다. 제가 서두르지도, 두려워하지도, 조급하지도, 당황하지도, 포기하지도 않는 이유는 그 모든 것 속에 주님이 계시기 때문입니다. 사람에게 일어날 수 있는 모든 일을 지금 제가 경험하고 있는 것 같습니다. 그렇게 해서 하나님께서 저를 사용하시려는 것 같습니다. 하나님은 거역할 수 없는 손길로 저를 인도하셨고 그 결과 저는 충만한 복을 받았습니다."[5]

---

5) *W.B. Scranton's letter to M.F. Scranton*, December 17, 1893

또한 스크랜톤은 장지내에 있는 사람들이 성탄절을 서울에서 보내기를 원한다는 소식을 전하며, 그들을 맞을 준비에 대해서 어머니에게 다음과 같이 자신의 생각을 전달하였다:

"이 곳(장지내)에 있는 네 명의 사람들이 성탄절을 서울에서 보내기를 원하고 있습니다. 저는 그들과 함께 성탄을 축하하기 위해서 무언가를 해야 한다고 생각하는데, 성경말씀에 대한 환등기 쇼가 좋을 것 같습니다. 이 행사는 토요일 또는 화요일이어야 합니다. 저는 성탄절 정오에 상동교회에서 성찬식을 하려고 합니다. 내일 오전 우리는 이곳을 떠나 다른 곳으로 갑니다."[6]

메리 스크랜톤은 자기 아들이 보낸 선교여행에 대한 편지를 받고, 해외선교부의 레너드 박사에게 다음과 같이 보고하였다:

"친애하는 레너드 박사님, 아들이 부재중이어서 제가 그를 대신하여 박사님께서 관심을 가지고 계실 한국 선교의 상황에 대해 보고드립니다. ... 스크랜톤 박사는 작은 가방을 멜빵으로 만들어 어깨에 지고 도보로 길을 떠났습니다. 작은 조랑말에는 필요한 짐들을 실었는데 책 상자 하나, 의료품 상자 하나, 모포와 작은 담요, 그리고 빵 네 덩어리와 버터 한 통, 차와 설탕을 챙겼습니다. 이것들은 한국 여관에서 먹기 힘든 음식이 나올 경우에 대비한 것입니다. 박사님도 기억하시겠습니다만 이곳 여관에서는 불결하고 고약한 음식들이 나오는 경우가 많습니다. 그런데도 스크랜톤 박사는 여기 사람들의 생활을 가능한 한 그대로 따라 하려고 애를 씁니다. 우리가 보기에 어떻게 그렇게 할 수 있을까 하는 때가

---

6) *W.B. Scranton's letter to M.F. Scranton*, December 17, 1893

많은데, 그에게는 신비롭게 돕는 손길이 있는 것 같습니다."[7]

스크랜톤이 장지내에 있는 동안 가정적으로는 큰 어려움이 있었는데, 그것은 가족들이 질병에 걸린 것이었다. 그는 당시의 상황을 해외선교부에 다음과 같이 알렸다:

"친애하는 레너드 박사님, 제 작은 딸이 세 번째 말라리아 성 발열을 앓았는데, 지금은 회복이 되어 잘 지내고 있습니다. 어머니는 매우 심한 감기를 앓았으며, 어제 처음으로 식사를 하셨습니다. 여기는 감기가 크게 유행하고 있으며, 그것에 걸리지 않은 사람들이 없을 정도입니다."[8]

비록 자신이 지방 선교 여행을 하는 동안 가족들이 질병으로 인하여 개인적인 어려움은 겪었으나, 스크랜톤의 노력으로 인해 그가 방문한 지역에 경기도 최초의 감리교회인 장지내교회 (*현 오산 장천교회)가 설립되었다. 그는 자신이 경기도 남부지방에서 경험한 일을 다음과 같이 말하고 있다:

"친애하는 레너드 박사님, 저는 이번 여행이 대단히 훌륭했으며 제게 아주 특별한 의미를 주었다고 믿습니다. 물론 여행의 결과가 지금 어떻게 되었는지 알 수는 없지만, 이번 여행이 그 지역 사람들에게 육적으로나 영적으로나 큰 도움이 되었을 것이라는 점은 확신합니다. 저는 그곳(*장지내)으로 가는 도중에 눈보라를 만나 도저히 갈 수 없을 지경이 되었을 때 짐꾼을 한 명 고용했는데, 그것이 계

---

7) *M.F. Scranton's letter to Dr. A.B. Leonard*, December 20, 1893
8) *W.B. Scranton's letter to Dr. A.B. Leonard*, January 2, 1894

기가 되어 그는 믿음을 갖게 되었고, 더 남쪽에 있는 자기 마을도 방문해달라고 요청하였습니다. 그 다음 날 이번에는 독극물에 중독되어 고통을 받던 여관집 주인의 아내와 아이를 치료하였습니다. 저는 그들의 생명을 구했다고 보며, 적어도 더 극심한 고통은 당하지 않을 것으로 생각합니다. 저는 이전에도 그 여관에 묵은 적이 있어서 그 동네 사람들은 저를 잘 압니다.

또 다른 마을에서는 아주 심각한 질병에 걸린 환자를 치료했는데, 그것이 계기가 되어 그곳에서도 기독교 사역의 문이 열릴 것이라는 확신을 얻었습니다. 그 환자가 살아났는지 아니면 죽었는지는 알 수 없지만, 적어도 그 가족은 그리스도를 믿기로 작정한 것이 분명합니다. 하나님의 섭리 안에서 그 환자가 살아나기만 한다면, 그것은 제가 보기에는 기적인데, 그곳에 강력한 선교기반이 구축될 것입니다. 전에도 방문한 적이 있는 이 지역에 세례 지원자 세 명이 있어서 마을 사람들이 보는 가운데 초대교회 때처럼 시냇가에서 세례를 베풀었습니다. 저는 불신자들에게도 설교를 했는데, 그들은 아무런 방해도 하지 않았습니다. 그곳 교인들의 다시 와달라는 요청도 있었고, 저도 다시 가보고 싶은 마음이 있지만, 거기보다는 현재 사역의 진척이 늦은 평양을 먼저 방문해야 할 것 같습니다."[9]

이처럼 스크랜톤이 장지내를 중심으로 한 경기남부지역을 돌아보고 온 이후에, 메리 스크랜톤은 1894년 3월 이경숙과 함께 처음으로 지방선교여행을 감행하였다. 이 당시에는 선교사들이 서울을 벗어날 경우에는 한국 정부로부터 허가를 받아야 했고, 비용도 많이 들었기 때문에 지방으로 여행을 떠난다는 것이 결코 쉬운 일이 아니었다. 하지만 메리 스크랜톤은 여성 선교사로서는 처음으로 지방 선교여행을 단행하였고, 스크랜톤이 지난해에 방문했던 장지내

---

9) *W.B. Scranton's letter to Dr. A.B. Leonard*, January 19, 1894

뿐만 아니라 수원과 오산까지 다녀왔다. 그 후에 메리 스크랜톤을 중심으로 한 해외여선교회가 경기남부지역 선교에 큰 역할을 감당하였다.

The Korea Mission Field의 표지사진 (1906년 1월)
(중앙의 인물이 메리 스크랜톤 대부인)

3) 평양

훗날 "동방의 예루살렘"이라 불렸던 평양은 선교 상황이 그리 만만한 지역이 아니었다. 개항지가 아닌 내륙에 위치하여 인천이나 원산보다 훨씬 더 보수적이었던 평양에서의 선교사역은 시작부터 많은 난관에 부딪혔다. 평양 사람들은 1866년 제너럴 셔먼호 사건 (*1866년 미국 상선 제너럴 셔먼호가 조선에 통상을 요구하다가 대동강에서 불에 탄 사건으로, 당시 대원군의 쇄국정책에 의해 평양 감사 박규수는 퇴각 요구를 무시한 배에 불을 질렀다. 이 사건이 원인이 되어 1871년 미국이 강화도를 공격하는 신미양요가 발생하였다.) 으로 인하여 외국인들과 선교사들에 대한 반감이 아주 깊었고, 그 적대심이 노골적으로 표출되는 지역이었다.

감리교의 평양 개척 선교는 1892년 8월 연회에서 파송을 받은 윌리엄 홀 선교사가 맡았다. 그러나 1892년에는 아직 그가 사역할 진료소와 가족들을 위한 주택이 마련되지 않아 온 가족이 평양으로 이주할 수 있는 형편이 아니었다. 이에 홀 박사는 현지인 김창식을 대동하고 두 차례 평양을 방문하여 현지 사정을 파악하고 선교 부지를 물색하는 일을 하였다. 당시의 상황을 장로사인 스크랜톤은 다음과 같이 해외선교부에 보고하였다:

"친애하는 레너드 박사님, 지금 홀 박사는 평양 구역을 맡고 있습니다. 그는 지난 연회 이후에 평양을 두 번 다녀왔습니다. 그의 진료는 탁월하고, 사람들에게 진심 어린 환영을 받았습니다. 평양은 우리에게 가장 중요한 곳이고, 이 지역 사역은 우리가 줄 수 있는 최대한의 도움을 필요로 합니다. 지난 해 연간 예산을 책정할 당시에는 우리도 평양이 앞으로 얼마나 발전할지를 몰라 해외선교부에 집이나 땅 구입에 대한 요청을 하지 않았습니다. 그러나 그곳에 건물이나 부지를 구입하지 않아 사역을 제대로 시작하지 못한 것은 우리의 큰 실수였습니다. 한국에서 건물을 빌리는 것은 사는 것과 거의 같은 돈이 듭니다. 전세보증금이 거의 집값과 같습니다. 평양은 우리 외국인들의 관점에서 볼 때 상업적으로 발전할 가능성이 높은 도시입니다. 이곳은 앞으로 개항장이 될 가능성이 많은데 우리는 이 기회를 과소평가해서는 안 될 것입니다. 이번에 제가 보낸 서류에 홀 박사의 평양 선교에 필요한 부지와 건물구입에 대한 제안서가 들어 있습니다."[10]

---

10) *W.B. Scranton's letter to Dr. A.B. Leonard*, December 21, 1892

스크랜톤은 위와 같은 편지를 보낸 이틀 후에 또 다시 해외선교부의 레너드 박사에게 평양 상황에 대한 소식을 전하며, 선교를 위한 부지와 건물의 구입이 시급한 사안임을 상기시켰다. 그리고 해외선교부의 조속한 허가와 도움을 요청하였다:

"친애하는 레너드 박사님, 올해 평양에 파송을 받은 홀 박사의 특별한 요청들을 논의하기 위해서 저희는 최근 두 번의 회의를 가졌습니다. 홀 박사는 현재 그의 사역과 주거를 위한 적절한 장소를 찾지 못하고 있습니다. 말과 다른 가축들이 같은 울타리 안에 있는 한국의 여관은 이루 말할 수 없이 시끄럽고, 더럽고, 비좁아서 사역자를 위한 장소로는 적합하지 않습니다. 그에게는 어느 정도의 편안한 숙소 그리고 의료와 전도사역을 위한 장소가 정말로 필요합니다. 이런 열악한 상황가운데에서도 홀 박사는 자신의 사역을 시작하였고, 모든 사람들에게 큰 호응을 얻고 있습니다. 그의 사역은 반드시 성장할 것입니다. 이 선교 거점은 다른 곳과 비교할 수 없을 만큼 너무나 중요하기 때문에 우리는 이 기회를 절대로 놓쳐서는 안 될 것입니다.

홀 박사는 최근 평양의 한 관리의 가족을 성공적으로 치료해 주었습니다. 그래서 그 관리의 집에 초대를 받아 묵게 되었는데, 지금 그 집을 은화 780 달러 혹은 금화 580 달러에 살 수 있는 기회가 생겼습니다. 이 집은 상당히 수리가 잘 되어 있고, 도시 한가운데 높은 지대에 자리 잡고 있는 넓은 장소입니다. 홀 박사는 이 집과 그 앞에 있는 작은 집 몇 채를 구입하기를 원하고 있습니다. 약간의 수리를 포함한 전체 예산은 은화 1,000달러 혹은 금화 750 달러 정도로 예상됩니다.

그래서 한국의 선교회에서는 다음과 같은 결의를 하였습니다; '평양에서의 부동산 구입을 위해 1892년 예산에서 금화 350 달러를 지불하는 것을 허락하도록 미 해외선교부에 요청할 것을 동의한다.' 저희는 해외선교부에서 이 계획을 승인해 주실 것을 진심으로 부탁드립니다. 홀 박사는 만약 해외선교부가 절반의 비용을 지불할 의사가 있다면, 나머지 반은 본인이 책임지겠다고 합니다. 저는 홀 박사의 이러한 요청이 반드시 이루어지기를 바랍니다. 이 일로 인해서 평양에서의 우리 사역은 분명히 발전하게 될 것입니다."[11]

이러한 스크랜톤의 집요한 요청으로 인해 해외선교부에서도 이 계획을 승인하였고, 결국 1893년 2월 홀 박사는 김창식 명의로 진료소 용도의 한옥 기와집을 구입하는데 성공하였다. 드디어 평양에 선교기지가 확보된 것이다.

하지만 선교부지와 주택이 준비되었다고 해서 홀 박사 부부가 바로 평양에 정착할 상황은 아니었다. 그 이유는 미 감리교 해외여선교회 소속으로 보구여관에서 사역을 하던 그의 아내 로제타 홀이 1893년 11월 출산을 하였기 때문이었다. 결국 홀 박사는 1893년 일 년 동안은 서울과 평양을 오가며 사역을 해야만 했다.

스크랜톤은 1894년 2월 홀 박사와 함께 평양을 방문하였는데, 약 한 달 정도 평양에 머무르면서 그곳 분위기를 살펴보았다. 그리고 서양인에 대한 평양 사람들의 반감이 심한 상황에서 그는 새로 구입한 선교부지 안에 진료소를 지을 때 서양식으로 하지 말고 한옥 형태로 건축할 것을 홀 박사에게 조언하였다. 서울로 돌아온 그는 출산 후 요양 중에 있던 로제타 홀에게 평양의 상황이 아직 안심할 수 없으니 당분간 서울에 머무르는 것이 좋겠다고 하였다. 그러나 남편

---

11) *W.B. Scranton's letter to Dr. A.B. Leonard,* December 23, 1892

윌리엄 홀

로제타 홀

박에스더와 남편 박유산

김창식

과 떨어져 지내기를 원치 않았던 로제타 홀의 간곡한 요청을 받아 들여 결국 그녀의 평양행을 허락하였다. 로제타는 6개월 된 아들 셔우드, 그리고 이화학당 졸업생이자 그녀의 신실한 조수 겸 동역자였던 박 에스더 부부를 데리고 1894. 5. 4일 평양에 도착하였다. 이처럼 평양의 개척사역은 윌리엄 홀 부부, 김창식, 박 에스더 부부를 중심으로 한 팀이 되어 진행되었다.

로제타 홀의 평양 도착은 큰 소란을 일으켰다. 평양 사람들은 난생 처음 보는 서양 아기를 신기해하며 그를 보기 위해 구름 떼 같이 몰려들었고, 평양 감사 민병석은 선교사 가족의 평양 정착으로 인하여 기독교 세력이 강화될 것을 우려하여 긴장감을 늦추지 않았다. 이런 상황에서 그들이 평양에 도착한 지 채 일주일도 되지 않은 5월 10일, 평양 감사는 서양 선교사를 도와주었다는 명목으로 김창식 등 한국인 성도들을 잡아 들여 고문하고 배교를 강요하였다. 홀 박사는 평양 감사에게 교인들의 석방을 요구하러 찾아갔으나 만날 수 조차 없었다. 이에 홀은 이런 급박한 상황을 서울에 있는 스크랜톤에게 전보로 알렸고, 그는 즉시 이 사실을 미국과 영국 공사관에 통보하면서 도움을 요청하였다.

두 나라 공사관에서는 한국 정부에 이 사실을 알리면서 감옥에 갇혀 있는 한국인 성도들을 석방해 줄 것을 요청하였다. 한국 정부에서는 기독교인들의 구금이 외교문제로 비화될 것을 염려해서 평양 감사에게 즉시 그들을 풀어주라는 지시를 내렸다. 그들은 그 다음 날인 5월 11일 석방이 되었는데, 이것이 바로 그 유명한 "평양 기독교 박해사건"이었다.

이 사건이 발생하였을 때 스크랜톤은 장로사로서 훌륭한 지도력을 발휘하였고, 그의 신속한 대처로 인하여 모든 사건이 조기에 진정될 수 있었다. 그는 미국의 해외선교부에도 평양에서 있었던 일을 자세하게 보고하였다:

"친애하는 레너드 박사님, 홀 박사는 아내를 평양으로 데려가기를 원하였습니다. 하지만 저는 그에게 부인과 아기가 안전하게 생활할 준비가 되지 않으면 결코 그들이 평양으로 가는 것을 승인하지 않을 것이라고 말하였습니다. ... 그는 지금 부인과 아기를 데리러 서울에 와있습니다. 그러나 저는 그가 부인을 데리고 가는 것에 반대하고 있습니다. 홀 부인은 제가 그녀에게 평양에 갈 수 없다고 말하자 눈물을 흘렸습니다. 결국 저는 제 결정을 번복하고 그녀를 보내주면서 평양에서의 삶이 대단히 힘들 것이라고 말해 주었습니다.

 (평양에서 기독교인 박해 사건이 발발하자 저는 미국과 영국 공사관에 도움을 요청하였는데) 미국 공사인 실(Sill) 씨는 자신이 할 수 있는 모든 일을 다 하겠다고 말하였습니다. 그는 이름뿐 인 기독교인이 아니라 진정한 성도입니다. 우리는 그로부터 큰 도움을 받을 것이라 생각하고 있습니다. 영국 총영사 역시 박사님도 아시는 것처럼 신앙이 대단하신 분입니다. 우리는 이 두 분에게 진심으로 감사를 드립니다."[12]

평양 감사는 정부의 지시에 따라 어쩔 수 없이 이들을 풀어 주기는 하였지만 의심의 눈초리를 거두지는 않았다. 특히 김창식은 이미 그의 명의로 진료소 용도의 한옥을 구입하였기 때문에 평양 감사의 주공격 대상이 되었다. 하지만 그는 박해 사건동안 혹독한 고문에도 믿음의 정절을 지켜 훗날 "조선의 바울"이라 불렸고, 그의 만신창이가 된 모습을 지켜본 윌리엄 홀은 그의 발아래 꿇어 엎드리고 싶은 심정이라고 토로하였다:

"밤 9시경이 되자 창식이는 차도를 보였다. 그는 더듬더듬 이야기했다. 사법관은 수감자들을 석방하면서 '앞으로 절대로 복음을 전파하지 않겠다'는 약속을 강요했다는 것이다. 수감자들은 죽음을 면하는 길은 그 말에 응해 주는 방법밖에는 없다는 것을 알았다. 거기다가 그들은 오랫동안 받은 고문으로 마음이 약

---

12) *W.B. Scranton's letter to Dr. A.B. Leonard*, May 15, 1894

해져 있었고, 또 가족들의 안위를 생각하지 않을 수 없었다. 그들은 주저한 끝에 베드로같이 사법관의 요구에 응하였지만, 창식이만은 그 요구를 거절하였다고 한다. 그는 사법관 앞에서 '어떤 사람들은 기독교가 나쁜 종교라고 말하지만, 나는 기독교가 옳다는 사실을 알기 때문에 앞으로도 기독교 신자로 살 것이며, 다른 사람들에게도 이를 전하겠다.'고 말했다고 한다. 사법관은 그에게 계속 예수를 부인하고 하나님을 모독하라고 명령했으나 창식이는 못하겠다고 거절했다. 그 때문에 사법관은 창식이를 석방하면서도 그에게만은 사람을 딸려 보내지 않았다.

그리고 김씨 (*김창식을 심문한 사법관)는 사람들에게 창식이를 돌로 쳐 죽이라고 말해, 거리의 소년들과 남자들이 창식이가 우리 집에 도착할 때까지 따라오며 계속 돌을 던졌던 것이다. 우리는 (창식이를 비롯한 다른 사람들이 집에 도착한 후에) 모두 함께 예배를 드렸다. 창식이가 사도행전 16장을 읽으면서 예배를 인도했다. 그는 진실로 하나님의 사람이다. 윌리엄 홀 박사는 창식이의 발아래 꿇어 엎드리고 싶은 심정이었다. 그는 '조선에서 예수를 위해 고난 받는 신앙인을 볼 수 있었다'는 이 하나의 사실만으로도 귀한 은혜라고 말하였다."[13]

평양에서 이러한 박해 사건이 있어나고 있을 때, 다른 편에서는 중국과 일본의 전쟁 분위기가 고조되어 가고 있었다. 그 원인은 1894년 1월 전라북도 고부에서 일어난 동학농민운동을 진압하기 위해서 한국 정부가 청나라에게 도움을 요청한데서 비롯되었다. 청나라 군이 한국에 들어오자, 일본도 뒤질세라 자국의 군대를 한국에 보냈다. 상황이 이렇게 급변하면서 두 나라 사이에 전쟁의 분위기가 고조되자, 미국과 영국 공사관에서는 신변상의 안전을 이유로 평양에

---

13) 셔우드 홀, 『닥터 홀의 조선회상』, p.115

있는 선교사들에게 서울로 귀환할 것을 지시하였다. 그래서 홀 가족과 박 에스더 가족은 6월 6일 서울로 돌아오고, 평양에는 김창식만 혼자 남게 되었다.

결국 1894. 7. 23일 서울에서 두 나라의 군대가 충돌하면서 청일 전쟁이 발발하였다. 서울에서 시작된 전쟁은 그 전선이 북쪽으로 확대되었고, 9월에는 평양에서도 전투가 벌어졌다. 평양에 홀로 남아 있던 김창식은 진료소 건물에 십자기를 내걸고 예배 처소를 지키며 교인들과 피난민들을 정성껏 보살펴 주었다. 다행히 선교사가 세운 진료소를 공격했다가 혹시라도 외교 문제로 비화될 것을 두려워한 양국의 군대가 진료소를 공격하지는 않았다. 스크랜톤은 이 소식을 해외선교부에 다음과 같이 보고하였다:

"친애하는 레너드 박사님, 일본군의 평양 점령 닷새 후에 우리의 충실한 김창식이 그곳 사정을 알려주는 편지를 보내왔는데 그는 안전하게 잘 지낸다고 합니다. 그곳에 있는 우리 선교부의 한옥 세 채 중에서 한 채는 심각한 피해를 입었고, 한 채는 약간 훼손되었으며, 홀 박사가 살던 집(*진료소)은 전혀 피해를 입지 않았다고 합니다. 김창식이 안전하다는 소식을 접하고 우리 모두는 하나님께 감사를 드렸습니다. 금년이 그에게는 큰 시련의 해였으나 그는 큰 믿음 안에서 인내와 기쁨으로 잘 견뎌냈습니다. 이번 일로 인해 그의 믿음이 더욱 돈독해졌고 장래 소망도 더욱 확실하게 심겼습니다. 일본은 서울에서 평양 그리고 그 너머 지역까지 장악하고 있으며, 현재 청나라 군은 북쪽으로 철수 하였습니다. 우리는 그들이 얼마나 멀리 갔는지는 알지 못합니다. 지금 평양은 잠잠하고 어느 정도 안전하지만, 그곳에 사람들이 얼마나 남아있는지는 파악이 되지 않습니다."[14]

---

14) *W.B. Scranton's letter to Dr. A.B. Leonard*, September 28, 1894

*청일전쟁

1894년은 한국을 둘러싼 청나라와 일본의 주도권 쟁탈전이 치열하게 전개된 해였다. 결국 두 나라의 군대가 서울 경복궁에서 충돌하였고 청일 전쟁이 발발하였다. 전쟁이 시작되자 선교사들이 운영하는 병원에는 부상자가 넘쳐 났고, 한국인 수백 명이 일본군을 피해 선교사 거주지로 몰려들었다. 메리 스크랜톤은 "전쟁의 자리에서"(From the Seat of War)라는 글을 통하여 당시의 상황을 해외여선교회에 상세히 보고하였다:

> "그들(한국인들)은 아무 대책도 없이 쌀자루와 나무, 조리 도구, 김치통과 벌거벗은 아이들을 데리고 왔습니다. 그들은 우리가 자기들에게 방을 마련해 주고, 우리와 함께 있기만 하면 어떤 해악도 당하지 않을 것이라고 생각했습니다. 우리는 상당히 많은 사람들을 받았지만, 원하는 사람 모두를 받을 수는 없었습니다. 이제 꽤 많은 사람들이 집으로 돌아갔지만, 조만간 다시 돌아올 가능성이 높습니다."

메리 스크랜톤은 미국에 있는 해외여선교회 자매들에게 이런 급박한 상황 속에서 한국에 있는 선교사들이 참으로 힘겹게 살아가고 있지만 그들의 기도가 큰 위안이 된다고 하였다:

> "고기를 구하는 일이 아주 어렵게 되었습니다. 그러나 날씨가 아주 무더워서 우리는 그것을 큰 문제로는 생각하지 않습니다. 버터는 파운드당 1달러나 합니다.

왕궁(광화문) 앞에서의 전투

전쟁 포로를 다루는 일본군의 모습

짐작하시겠지만, 우리는 특별한 때에만 버터를 먹습니다. 밀가루는 한 포대에 3.5달러 하는데 그것도 아주 귀합니다. 지금 진한 먹구름이 불쌍하고 연약한 한국과 고통 받는 그 백성들 위에 무겁게 걸려있습니다. 본국 교회에서 저희들을 잊지 않고 끊임없이 기도하고 있다는 것을 알기 때문에 큰 위로를 받습니다."

한국의 급박한 상황 전개에 대해 일본에 있던 미국인 선교사들은 한국에 있는 선교사들의 안위를 걱정하며 그들을 하나님의 손에 맡기고 기도하였다. 메리 스크랜톤은 전쟁의 현장에서 극심한 고난을 겪으면서도, 결국 이 전쟁의 가장 큰 피해자는 불쌍한 한국 백성들이라며 안타까워하였다:

"아무리 생각해 보아도 이 전쟁은 빠르게 결말이 날 것 같지는 않습니다. 일본은 야심만만하고, 중국은 느리지만 자신의 배후에 영국이 있기 때문에 쉽게 포기하지 않을 것입니다. 한국 사람들은 자신들이 다 죽을 것이라고 말합니다. 엄청난 고통이 필연적으로 발생하고 있으며, 사람들은 큰 무리를 지어 시골로 내려갔습니다. 그들이 일자리가 별로 없는 시골에서 어떻게 살아갈 수 있을지 참으로 막막한 상황입니다. 우리가 듣기로는 청나라 군인들은 어디에 있든 다른 사람들의 것을 빼앗아 먹는다고 합니다. 그들이 이렇게 가난한 나라에서 그처럼 횡포를 부린다면 이 땅에는 오직 극도의 궁핍만이 남겨질 것입니다. 일본 군인들은 쌀과 그 외의 식량을 잘 준비해서 들어왔지만, 고기나 계란과 채소는 한국 사람들에게 의존하고 있습니다. 그러나 그들은 (청나라 군인들처럼 빼앗지 않고) 돈을 지불하고 삽니다. … 이처럼 나라가 어수선하면 결국 불쌍한 한국 백성들만 고통을 당합니다. 우리는 빛이 어두움을 물리칠 것이며, 지금은 비록 상황이 좋지 않지만 반드시 전화위복의 역사가 있을 것으로 믿습니다."[15]

---

15) M.F. Scranton, "From the Seat of War", *Heathen Woman's Friend*, October 1894, p.102; 서기종, 『메리 스크랜톤 자료집』, p.145

이런 와중에 9월 말 청나라 군대가 평양에서 철수했다는 소식을 접한 윌리엄 홀 박사는 서둘러 평양으로 돌아왔다. 영국 공사관은 그의 평양행을 강력하게 반대하였으나, 그는 전쟁 후 평양에 전염병까지 돌고 있다는 안타까운 소식을 듣고 서울에 머물러 있을 수가 없었다. 그의 평양 귀환은 김창식을 비롯한 한국 교인들에게 큰 위로와 소망이 되었다. 그러나 평양의 상황은 말로 다 할 수 없을 정도로 비참하였다. 윌리엄 홀은 수시로 교회에 나가 전쟁 부상자들과 환자들을 돌보았고, 김창식이 전쟁 중에도 중단하지 않았던 주일 예배를 맡아 인도하였다. 그러다가 그는 전염병에 감염이 되고 말았다. 자신의 병을 평양에서 치료할 수 없다는 판단 하에 홀 박사는 급히 서울로 귀환하기로 결정하고 일본 수송선에 올랐다. 그 배 안에는 이미 이질과 각종 질병을 앓는 사람들이 가득하였다. 서울로 오는 도중에 홀 박사의 병세는 걷잡을 수 없이 악화되었고, 그는 결국 서울 도착 5일 후인 1894. 11. 24일 숨을 거두었다. 그의 나이 불과 34세였다. 홀의 갑작스러운 죽음은 특히 스크랜톤에게 큰 충격을 주었다. 그는 당시의 상황을 해외선교부에 다음과 같이 보고하였다:

"친애하는 레너드 박사님, 홀 박사가 여권 없이 평양으로 갔다는 소식이 영국 총영사의 귀에 들어갔습니다. 이 나라에서 여권 없이 여행하는 것에 대한 벌칙은 영국인의 경우 1개월 징역입니다. (*윌리엄 홀은 캐나다 사람이었지만, 캐나다가 영연방에 속해 있었기 때문에 그는 영국 영사관의 지시를 따라야 했다.) 만일 그가 여권을 신청하였다면 거절되었을 것이고, 그러면 그는 평양에 갈 수 없었을 것입니다. 그래서 그는 이러한 규정을 어기고 평양으로 간 것입니다. 우리는 이런 모든 상황을 알고 문제를 악화시키지 않기 위해 홀 박사에게 즉시 서울로 돌아오라고 하였습니다.

그러나 홀 박사는 환자들을 치료하다가 전염병에 감염되었고, 현재 발진티푸스를 앓고 있으며 상태가 좋지 않습니다. 결국 홀 박사는 11월 24일 토요일 오후 6시 서울의 자택에서 소천 하였습니다. 그의 장례식은 주일 오후 외국인 묘지(*양화진)에서 거행되었습니다. 발진티푸스에 걸린 사람은 홀 박사 뿐 이었습니다. 그가 언제 어디서 이 병에 감염되었는지는 분명치 않습니다. 그는 일본 수송선을 타고 마펫과 테이트 선교사와 함께 돌아왔는데, 그 배에는 열이 나고 각종 질병을 앓는 6백여 명의 환자들이 있었다고 합니다.

평양은 위생 상태가 최악입니다. 사방에 미처 매장하지 못한 시체들이 널려 있어 걸어 다니기도 힘든 형편입니다. 감염자를 피할 수 있는 장소를 찾는 것이 아예 불가능합니다. 어쩌면 마펫 선교사가 홀의 죽음에 대해 다음과 같이 말한 것이 사실일지도 모릅니다: '홀 박사는 기꺼이 그리고 완전하게 하나님 나라에 갈 준비가 되어 있었기 때문에 주님께서 그를 데려가셨다.' 한국에 나와 있는 선교사들 중에 홀 박사가 지난 1년 동안 당한 것과 같은 고난을 경험해 본 선교사는 아무도 없습니다. 이제 그는 자기 짐을 내려놓고 안식에 들어갔으며, 그가 하던 사역이 남아 있을 뿐입니다. 그의 죽음의 충격은 너무도 컸으며, 우리는 언젠가 그 의미를 이해하게 될 것입니다. 그의 헌신적인 삶은 우리에게 오랫동안 자극제가 될 것이지만 그의 부재(不在)는 쓰라린 상실입니다."[16]

홀 박사의 죽음에 말로 다할 수 없는 큰 충격을 받은 로제타 홀은 남편의 장례식이 끝난 후 박 에스더 부부를 데리고 미국으로 떠났다. 당시 로제타는 유복녀 이디스(Edith)를 임신하고 있었다. 이런 상황에서 이들 부부를 데리고 간 이유는 박 에스더에게 의학 공부를 시키기 위한 목적이었다. 훗날 미국 유학을 마

---

16) *W.B. Scranton's letter to A.B. Leonard*, November 21, 1894

박에스더 부부와 로제타 홀 가족

친 박 에스더는 한국인 최초의 여의사가 되어 미 감리교 해외여선교회가 파송하는 선교사 자격으로 귀국하게 된다. 그리고 폐결핵으로 세상을 떠나기 전까지 약 10여 년 동안 로제타 홀을 도와 수많은 환자들을 돌보며 사랑의 불꽃으로 자신의 삶을 불태웠다.

미국으로 떠나기 전 로제타 홀은 장례식을 치르고 남은 은화 600불을 스크랜톤에게 맡기며, 나중에 평양에 세워질 남편의 기념병원 건축기금으로 사용해 달라고 부탁하였다. 로제타 홀은 3년 동안 미국에 머문 후, 1897년 아들 셔우드와 딸 이디스를 데리고 다시 평양으로 돌아왔다. 그리고 남편을 기리는 기홀 병원을 설립하여 그가 못다 한 일을 자신이 이루어갔다. 후일 평양은 "조선의 예루살렘"으로 불릴 정도로 기독교가 부흥하였는데, 이런 역사의 배경에는 홀 박사 부부와 김창식 같은 신실한 하나님의 종들의 헌신이 있었다.

스크랜톤이 또 다시 평양 지역을 방문한 것은 청일전쟁이 끝난 후인 1895년의 일이었다. 그는 수원의 장지내 지역을 방문하고 돌아온 이후 11월에 평양으로 갔다. 그곳에는 홀 박사의 순직 후 김창식이 혼자 남아 사역을 하고 있었는데, 그는 평양의 상황에 만족하였으며 해외선교부에 다음과 같이 보고 하였다:

"친애하는 레너드 박사님, 저는 평양을 방문하기 전에 폴웰 박사를 기다렸습니다. 그와 함께 평양에 가기 위해서였습니다. 그러나 그의 도착일이 너무 불분명했기 때문에 저는 더 이상 지체할 수가 없었습니다. 평양에서의 사역은 김창식 형제에 의해 잘 관리되고 있습니다. 그는 사역을 훌륭하게 유지하고 있으며 상당히 고무되어 있습니다. 저는 평양에서 열흘 동안 체류하였고, 5일 동안은 근처 지역을 돌아보았습니다. 저희는 매일 저녁 그리고 주일에 예배를 드렸는데, 우리의 작은 방이 교인들 약 50명으로 가득 차고 넘쳤습니다. ... 저는 평양에서 약 26마일 떨어진 시골에 살고 있는 한 은퇴 관리의 집을 방문하게 되었습니다. 그곳에서 이틀 동안 머물며 이 관리의 부인과 아들에게 세례를 주었습니다. 그들은 주님에 대한 진실한 믿음의 증거를 보여 주었습니다. ... 저는 12월 13일 집으로 돌아오는 길에 황주라는 도시를 방문하였는데, 그곳은 평양과 함께 청일전쟁 중에 가장 큰 재난을 겪은 장소입니다. 이 두 도시의 황폐화된 모습을 보면 가슴이 미어집니다."[17]

---

17) *W.B. Scranton's letter to Dr. A.B. Leonard*, January 9, 1896

*북한지역 최초의 여성 세례

편지에서 언급된 스크랜톤이 세례를 준 관리의 부인은 전삼덕이라는 여인이었다. 그녀는 1894년 평양에서 로제타 홀을 만나 성경과 전도책자를 얻어 읽고 난 후에 개종을 결심하였다. 그리고 남편 김선주 몰래 평양에 있는 교회에 출석하고 있었다. 그 교회에는 그녀와 같은 고향 출신인 오석형이라는 사람이 있었는데, 그는 김창식과도 친한 사이였다. 스크랜톤이 평양을 방문했을 때, 그는 오석형으로 부터 전삼덕에 대한 이야기를 듣고 그녀의 집을 찾아가 세례를 베풀었다. 그것이 바로 그 유명한 휘장세례였다. 전삼덕은 북한 지역에서 최초로 세례를 받은 여성이 되었는데, 그녀는 후일 스크랜톤에게 받은 세례에 대해 다음과 같이 말하였다:

"하루는 평양에 있는 스크랜톤 목사와 오석형, 김창식, 이은승 씨가 각자 말을 타고 나를 심방하러 왔다가 우리 영감(남편)을 보고 예수 믿기를 권고하였다. 그는 본래 완고한 양반이라 그들이 친절히 말하는 전도를 달게 받지 아니하였으나, 그때에 우리 집 다른 식구들은 다 믿기를 작정하였다. 이때 스크랜톤 목사는 나에게 세례를 받으라고 하였다. 나는 세례가 어떻게 하는 것인지도 모르고, 우리나라 풍속에 여자는 모르는 남자와 대면하지 못하는 법이 있으니 어찌해야 하겠는가 하고 물으니, 그가 대답하기를 그러면 방 한가운데 휘장을 치고 머리 하나 내놓을 만한 구멍을 뚫은 후에 그리로 머리만 내밀면 물을 머리위에 얹어 세례를 베풀겠다고 하였다. 나는 그가 가르쳐 주는 대로 하여 나의 작은 딸과 함께 처음으로 세례를 받게 되었다"[18]

---

18) 전삼덕, "내 생활의 약력", 『승리의 생활』, pp.8-9

휘장 세례

전삼덕 (왼편 사진 첫번째 줄 중앙)
전삼덕은 평양에서 스크랜톤 박사로부터 세례를 받은
첫 번째 여성 세례자였다

평양 남산현교회 예배당(1903)(매티 노블, p.66)

이처럼 스크랜톤에게 휘장세례를 받은 전삼덕은 자신의 집에서 80리 떨어진 남산현교회에 출석하다가 강서읍교회가 개척되자, 그 교회의 전도와 교육 사업을 적극적으로 도왔다. 그녀는 평양지역 선교개척기에 한국 교인들에게나 젊은 선교사들에게 어머니와 같은 인물이었다.

스크랜톤이 평양 방문을 마치고 서울로 돌아온 1895. 12. 20일에 윌리엄 홀의 후임인 폴웰(E. Douglas Follwell) 박사가 서울에 도착하였다. 그는 한국어를 배우며 평양 선교를 준비하였는데, 이듬해인 1896년 5월에 평양에 들어가 기홀 병원을 건축하고 본격적인 사역을 시작하였다. 스크랜톤은 1895년 10월부터 약 3주 동안 2천리(*800킬로미터) 정도의 먼 길을 걸어 지방선교 여행을 다녀왔다.

이듬해인 1896년 스크랜톤은 어머니와 함께 다시 평양을 방문하였다. 메리 스크랜톤에게는 첫 번째 평양 여행이었는데, 그곳에는 자신을 어머니처럼 믿고 따르는 로제타 홀 선교사가 의료사역을 하고 있었다. 평양에서는 1894년 대규모 기독교인 박해사건이 있었고, 청일전쟁 직후 그곳에 퍼진 전염병으로 인해 죽어가는 사람들을 치료하다가 윌리엄 홀이 희생당하는 아픔을 겪었던 터라 로제타 홀과 평양의 교인들은 스크랜톤 모자(母子)를 뜨겁게 환영하였다. 우리는 당시의 상황을 메리 스크랜톤의 간증을 통하여 자세히 알 수 있다:

"저는 서울을 떠나 목적지인 평양에 도착하기까지 맹수들을 만날 것으로 예상했고, 그 때문에 여간 불안하지 않았습니다. 그러나 맹수는 기우에 불과하였고, 저에게는 한국에 와서 한 여행 중에 가장 순탄하고 즐거운 시간이었습니다. 우리 모자(母子)는 그곳 교인들의 따뜻한 환영을 받았는데, 그 엄청난 시련과 전쟁의 혼란 속에서도 굳게 믿음을 지킨 성도들을 만난 것이 너무나도 기뻤습니다. 평양에서의 사역도 아주 고무적입니다. 평양의 여성 교인들은 그 어떤 지역보다 지성적일 뿐만 아니라 구원을 얻기 위해서, 그리고 교회의 진정한 일원이 되기 위해서 무엇을 해야 하는지 정확하게 알고 있었습니다. 이곳은 남녀차별에 대한 풍습이 서울만큼 심하지는 않습니다. 그래서 여성 몇 명이 제 아들 스크랜톤 박사와 함께 교리 공부를 하였고 그 중 세 명은 세례를 받았습니다. 우리가 머무는 동안 성경의 진리를 배우기 원하는 사람들에게는 매일 교육을 하였고, 주일에는 세 번씩이나 모였으며, 우리가 체류하는 동안 모두 열한 번 예배를 드렸습니다. 성경 말씀대로 '주께서 구원받는 사람을 날마다 더하게 하셨으며' (사도행전 2:47) 계속 그러할 것입니다."[19]

---

19) *27th Annual Report of the Woman's Foreign Missionary Society*, 1896, p.77

스크랜톤은 어머니 메리 스크랜톤의 건강 문제로 3차 안식년을 떠나기 전, 1901년 4월에 연회를 주재하기 위해 한국에 온 무어 감독과 함께 다시 평양을 방문하였다. 이번에는 평양 주재 선교사 노블이 그들을 안내하였으며, 무어 감독 일행은 가는 곳마다 성도들의 열렬한 환영을 받았다. 무어 감독 역시 평양 여행을 통하여 큰 감동을 받고 서울로 돌아와 상동교회에서 열린 한국 선교연회를 주재하였다.

4) 원산

감리교의 원산 선교 개척은 맥길 선교사에 의해 시작되었다. 원래 그는 한국에 도착한 직후에 스크랜톤 박사가 시작한 애오개 진료소를 맡았으나, 사역의 결실을 거두지 못하였고 결국 애오개 진료소는 1890년 6월에 폐쇄되었다. 그 후 그는 1890년 10월부터는 남대문 진료소의 일을 맡았다가, 1892년 연회에서 원산으로 파송되었다. 원산은 제물포와 마찬가지로 개항지였기 때문에 외국인들에 대한 반감은 상대적으로 덜하였다. 그는 원산에 들어가서 남산 언덕에 선교 부지를 확보한 후 진료소와 서점을 차리고 사역을 시작하였다. 그의 사역에 대해 스크랜톤은 다음과 같이 해외선교부에 보고하였다:

"친애하는 레너드 박사님, 맥길 선교사는 연회 후에 바로 원산을 방문하고 두 달 정도 체류하였습니다. 그리고 그의 요청에 의해서 올링거 형제가 함께 동행을 하였습니다. 그는 그곳에 땅을 사서 자신의 힘으로 작은 건물을 건축하였습니다. 우리는 그의 사역의 필요성에 따라서 선교위원회에서 그를 지원하고, 그가 개인적으로 지불한 비용을 갚아 주었으면 합니다. 그가 구입한 땅은 집 몇 채와 병원을 하나 짓기에 충분한 면적을 가지고 있습니다. 땅의 가격은 은화 450달러입니다. 맥길 선교사는 그곳에서 의료사역과 함께 기독교 서적을 팔았고 복음을 전하였습니다."[20]

스크랜톤이 원산을 처음으로 방문한 것은 1896년 5월의 일이었다. 조금 더 일찍 방문할 생각도 있었지만 1894년에 발발한 청일전쟁 그리고 연이은 윌리엄 홀 선교사의 죽음 등이 그의 발목을 붙잡았다. 그는 원산에 8일간 머물면서 그곳 상황을 살펴보았는데, 맥길의 사역을 긍정적으로 평가하였다:

"친애하는 레너드 박사님, 저는 금요일 저녁에 원산에 도착하였으며 모든 것이 좋은 상태입니다. 토요일은 온 종일 세례 지원자 문답으로 시간을 보냈습니다. 주일 아침 저는 설교를 한 다음 성인 남자 8명과 여성 5명, 그리고 아동 6명에게 세례를 베풀었습니다. 주일 오후에 우리는 다시 모여 성만찬을 하였습니다. 그리고 나서 그날 저녁 원산 교외에 있는 한 마을에 가서 우리 교인 집 사랑방에서 전도를 하였습니다. 그날은 아주 고무적인 날이었습니다. 개종자들은 모두 매우 흥미로워했고, 문제의 핵심이 자신들에게 있음을 인식하고 있었습니다. 우리에게 사랑방 전도를 하도록 방을 내어준 교인이 그중에서 가장 적극적이었습니다. 그는 제가 원산에 있는 동안 열린 모든 집회에 새로운 사람들을 데리고 왔습니다. 맥길 박사는 원산과 인근 내륙 지방에 100명이 넘는 개종자와 예비신자를 확보하였습니다.

또한 저는 원산의 장로교회로부터 그곳 성도들에게 설교를 해달라는 요청도

---

[20] *W.B. Scranton's letter to Dr. A.B. Leonard*, December 21, 1892

받았습니다. 저는 우리 감리교 사역이 평양에서 장로교회와 같은 시기에 시작되었다고 말해주었습니다. 맥길 박사는 그 지역에서 의사 및 전도 책자 판매자로 널리 알려져 있습니다. 제 생각에는 한국 사람들이 그를 상당히 좋아하는 것 같습니다. 그는 제가 예전에 그랬던 것처럼 자신의 사역을 도울 수 있는 사역자를 속히 보내줄 것을 강력히 요청하며 재촉하였습니다. 이곳은 일거리가 넘쳐납니다. 원산과 평양 모두 즉시 목회자가 필요합니다.

다음으로 필요한 것이 예배당입니다. 맥길 박사는 모든 예배를 진료소 대기실에서 드리고 있는데, 환자들을 돌보며 예배를 드리기에는 장소가 너무 협소하고 적합하지 않습니다. 그는 원산의 한국인 세관원과 외국인 진료로 매년 은화 600-800 달러 정도를 받고 있습니다. 만일 해외선교부가 이 금액을 원산의 예배당 건축에 사용하도록 허용한다면 그것은 좋은 투자가 될 것입니다. 맥길 박사는 이미 해외선교부에 이 일에 대한 승인을 요청하였을 것입니다. 저는 원산에서 외국인 진료로 받은 수입을 그곳에 적절한 예배당을 건축하는데 사용하도록 허락해 주시기를 바랍니다."[21]

이처럼 첫 번째 원산 방문에서 고무적인 모습을 보았던 스크랜톤은 1897년 5월 연회가 성공적으로 끝난 후 어머니와 함께 원산 지방을 다시 방문하였다. 이번 여행은 지난해 와는 달리 선교보다는 휴양이 목적이었다. 이때 그는 금강산 일대를 둘러보았는데, 서울로 돌아온 이후에 "53명의 부처와 아홉 마리의 용"이라는 제목의 금강산 유점사(楡岾寺) 기행문을 선교잡지에 기고하기도 하였다.

---

21) *W.B. Scranton's letter to Dr. A.B. Leonard*, May 11, 1896

유점사 전경

53불

능인원   범종

원산 선교는 1892년 시작된 이후 맥길 선교사가 열심히 사역을 하였지만 기대한 만큼 큰 성과를 거두지는 못하였다. 그래서 고민하고 있던 차에 마침 1895년에 한국 선교를 시작한 미 남감리회에서 의료선교사 하디를 원산에 파송하여, 원산과 강원도 북부지역 선교에 힘을 쏟고 있었다. 이에 북감리회와 남감리회 해외선교부에서는 서로 협의하여 1902년 10월, 북감리회는 원산의 선교부지와 건물 그리고 교인들을 남감리회에 양도하고 원산에서 철수하기로 결정하였다. 이로서 미 북감리회의 10년 원산 사역은 종지부를 찍게 되었다. 그 후 북감리회는 원산 대신에 한국의 서부지역 선교에 매진하기로 하였다. 스크랜톤의 말을 들어보자:

"친애하는 스미스 박사님, 한국 서부 지역에서의 사역은 너무도 빨리 성장하고 있는데 고국으로부터의 도움은 턱없이 부족합니다. 반면 원산이 위치해 있는 동부 지역은 모든 면이 희망적이기는 하지만 지금 큰 진전은 없습니다. 현재 전반적인 견해는 우리가 서부 지역을 위해 동부 지역의 사역을 중단해야 한다는 것입니다. 한 마디로 말씀드리면 만일 해외선교부가 동부 지역과 서부 지역 모두를 즉시 강화하고 보강해 줄 수 없다면, 우리는 원산의 인력과 예산을 서부 지역에 시용할 필요가 있습니다. 남감리회는 원산의 사역을 맡는 것을 대단히 기뻐하고 있습니다."[22]

원산을 남감리회가 맡게 된 것은 결과적으로는 잘된 일이었다. 왜냐하면 1903년 원산 지역은 로버트 하디 선교사의 헌신적이고 열정적인 사역으로 말미암아 큰 부흥을 경험하였기 때문이다. 그리고 이 원산 부흥운동은 1907년 평양 대부흥운동으로 번져가게 되었다. 하디 선교사는 1906년 8월, 평양에서 감리교와 장로교 연합 선교사 사경회를 인도하였는데 이때부터 선교사들의 기도회가 시작되었다. 그 후 평양 장대현교회(장로교)와 남

영적대각성운동 기념비
(장춘식, p.114)

산현교회(감리교) 성도들이 성령을 체험하면서 큰 부흥이 일어났다. 평양에서 시작된 성령의 불길은 서울, 해주, 영변, 인천, 대구, 공주 등 전국적으로 확산되어 갔다. 이런 모습을 볼 때 감리교의 원산 선교는 결코 열매 없이 끝난 것이 아니었다. 맥길 선교사가 10여 년 동안 뿌린 씨앗이 하디를 통하여 결실을 맺었으니, 결국 우리는 모든 것이 협력하여 선을 이루게 하시는 하나님의 놀라운 역사를 보게 된 것이다.

---

22) *W.B. Scranton's letter to Dr. Smith*, April 23, 1900

5) 공주

1892년은 감리교 선교에 있어 중요한 의미를 가지는 해라고 볼 수 있다. 왜냐하면 그 이전까지는 선교사들의 사역이 주로 서울 지역에만 국한되어 있었는데, 1892년 연회에서 인천, 평양, 원산에 상주 선교사를 파송하면서부터 지방 선교사역이 활기를 띠기 시작하였기 때문이다. 또한 이때부터 아직 선교사가 파송되지는 않았지만 수원, 청주, 공주, 대구 등이 선교 후보지로 거론되고 있었다.

스크랜톤은 1898년 4월 스웨어러(Wilbur C. Swearer) 선교사가 한국에 도착하자 그에게 수원과 공주지역 사역을 맡겼다. 그리고 그동안 미루어왔던 이 지역 방문을 1898년 5월에 시도하였다. 스크랜톤의 선교여행에는 어머니도 동행하였는데, 이 두 사람에게 공주 여행은 처음이었다. 수원과 공주 지방에는 아직 선교사가 파송되지 않았음에도 불구하고 수백 명의 교인들이 자발적으로 신앙생활을 이어가고 있었는데, 공주 지방에서는 관청의 박해로 교인들이 큰 고통을 받고 있었다. 그래서 스크랜톤의 방문 목적은 공주 지방의 상황을 살펴보고 교인들을 격려하기 위한 것이었다. 당시의 상황에 대해 스크랜톤은 다음과 같이 보고하였다:

"지난 (1898년) 5월 저는 두 번째로 지방순회여행을 하였는데, 그 거리가 왕복 300에서 400 마일이나 되는 먼 여정이었습니다. 이번 여행에는 저의 어머니도 동행하셨습니다. 여러 가지 감사할 일도 많았지만, 실망스러운 일도 없지 않았습니다. 지난 일 년 동안 이 지역에서 관청의 박해가 수차례 있었는데 그 때문에 교인수가 줄어들었습니다. 그 원인은 교인들의 잘못이라기보다는 충분히 교육을 시키지 못한 우리 탓이라고 봅니다. 우리 중 누군가가 이 지역 선교사역에 전적으로 매달릴 수 있기를 바랍니다. 지금 우리는 이곳에서 사역할 수 있는 현지인 전도자가 적어도 두 명은 필요합니다. 금년 가을 제가 한국에 있게 된다면 이 지방 교인들을 위해 특별성경공부반(사경회)을 열고 싶습니다. 이런 공부가 이들의 믿음을 강화시키고, 사역을 확장해 나가는 데 큰 도움이 될 것입니다."[23]

메리 스크랜튼 역시 가는 곳마다 모든 지역에서 여선교사나 전도부인의 수가 절대적으로 부족하다는 것을 느꼈다. 그래서 그녀는 만일 여선교사의 추가 파송이 없다면 그것은 범죄 행위가 될 것이라는 강력한 표현까지 써가면서 해외여선교회에 추가 인력을 보내줄 것을 요청하였다:

"이번 여행에서 예전에 우리가 사역을 시작했던 거의 모든 장소들을 돌아보았습니다. 한국 여인들은 그들이 이전에 받아들였던 빛과 진리를 힘겹게 붙들고 있는 것 같았습니다. 그들의 기독교에 대한 이해 수준은 아직 어린 아이들과 같습니다. 하지만 무엇을 더 기대할 수 있겠습니까? 그들 중 에 읽을 수 있는 사람은 소수에 불과합니다. 이 나라의 관습에 의하면 여성들은 그들만의 공간이 따로 준비되기 전까지는 예배에 참석할 수가 없습니다. 저는 그들에게 혹시 집에서 남편들에게 예배에 대해서 물어볼 기회가 있었는지 알아보았습니다. 그런데 겨우 얻어낸 그들의 답변에 따르면 자신들의 남편은 자기들의 영혼을 구원하

---

[23] W.B. Scranton, "Superintendent", *Official Minutes of Annual Meeting of the Korea Mission*, 1898, p.26

는 일에만 바빠서, 어리석다고 생각되는 여성들에 대해서는 전혀 시간을 할애해 주지 않는다는 것이었습니다.

남부 지역 어디에서나 이런 상황을 목격하면서 제 마음은 그 어느 때보다 부담이 되고 아팠습니다. 언제까지, 도대체 언제까지, 이런 상태가 계속되어야 하는 것입니까? 제 생각에 한국에 있는 선교사들은 최선을 다하여 사역을 하고 있고, 어떤 선교사들은 이미 자신의 한계도 넘어선 것 같습니다. 그들에게 무슨 요구를 더해야만 할까요? 적어도 두 명의 여선교사가 이 지역에 파송되어야 합니다. 만일 그렇게 되지 않는다면, 그것은 단순한 실수가 아니라 범죄가 될 것입니다.

어린 아기들이 1년에 한두 번 젖을 먹고 건강하게 성장하기를 바라는 것은, 마치 우리의 영적 자녀들이 그들의 선생님들이 가끔씩 방문해서 나누어 주는 빵 부스러기를 받아먹고 예수 그리스도의 장성한 분량에 이르기를 바라는 것과 같습니다. 저는 본국의 교회들이 '내 양을 먹이라'고 세 번씩이나 말씀하신 우리 주님의 명령을 듣고, 주의를 기울이는 날이 속히 오기를 소망하며 간절히 기도하고 있습니다."[24]

이미 살펴보았듯이 미 북감리회는 1902년 원산 지역 선교를 남감리회 선교부로 넘겨주었다. 그리고 원산 지역을 담당하고 있던 맥길 선교사를 공주로 파송하였다. 1903년 7월 한국인 전도자 이용주와 함께 공주에 도착한 맥길 선교사는 공주군 남부면 하리동(*지금의 공주시 중학동)에 자리를 잡았다. 그는 하리동 언덕 아래쪽에 있는 초가집 두 채를 구입하고 진료실과 예배처소로 사용하였다. 그가 사역을 시작한 이후 일 년 사이에 20여 명의 교인이 생겨났고 그 중 8명이 세례를 받았다. 그러나 맥길 선교사는 공주에서 오래 사역을 하지 못

---

24) M.F. Scranton, "Missionary Work among Women", *The Korean Repository*, September 1898, pp.317-318

하고, 얼마 후 미국으로 돌아간 후에 다시 한국으로 귀환하지 않았다.[25)]

맥길이 한국을 떠난 후에 공주 지역에는 그의 후임으로 샤프(Robert A. Sharp) 선교사가 파송되었다. 1903년 4월 한국에 온 그는 원래 정동교회와 배재학당에서 학생들을 가르치고 있었다. 그리고 그 해 6월 이화학당에서 사역을 하고 있던 해먼드(Alice Hammond)를 만나 결혼을 하였다. 샤프 부부는 1904년 여름, 그의 한국어 교사였던 윤성렬과 함께 공주로 부임하였다. 그러나 안타깝게도 샤프의 공주에서의 사역은 그리 길지 못하였다. 그는 1906년 2월, 사경회를 인도하기 위해 논산 지방에 갔다가 발진티푸스에 걸려 제대로 치료도 받지 못한 채 3월 5일 세상을 떠나고 말았다. 그의 죽음은 많은 사람들을 큰 충격 속으로 몰아넣었다. 장로사인 스크랜톤은 공주에 내려가 그의 장례식을 집례한 후에 안타까운 심정으로 당시의 상황을 해외선교부에 다음과 같이 보고하였다:

"친애하는 레너드 박사님, 귀하께서는 로버트 샤프 형제가 3월 5일 오후 6시 45분에 발진티푸스로 사망했다는 슬픈 소식을 알리는 우리의 전보를 받으셨을 것입니다. … 말할 필요도 없이 우리 선교부는 아주 유능한 인물을 잃었습니다. 그는 큰 업무를 훌륭하게 수행하였습니다. 그는 협력을 잘하는 사역자였으며, 자신에 대해서는 냉정하면서도 자신이 돌보는 모든 사람들을 사랑으로 대하고 친절하며 인정이 깊었습니다. 지난해 여름이 이들 부부에게는 어려운 시절이었습니다. 그들은 살 집이 없어 고생을 많이 했는데 10월 1일에야 새 집을 지었습니다. 그는 우리 선교회에서 가장 넓은 선교구역을 담당하고 있었습니다. 그가 돌보아야 하는 교회가 100여 곳에 이르고, 교인의 수는 천 명이 넘었습니다. 그는

---

25) 이덕주, 『충청도 선비들의 믿음이야기』, p.210

네 명이 해야 할 일을 혼자서 감당하다가 결국 기력이 쇠하여 질병에 굴복하고 말았습니다. 그는 자기 구역을 순회하던 중 열병에 감염되었는데 병 자체는 그리 위중한 것이 아니었으나, 과로로 체력이 바닥난 상태에서 저항력마저 없어 목숨을 잃고 말았습니다. 저는 샤프 형제와 그의 부인이 공주에서 유일한 외국인이었다는 점을 말씀드리고 싶습니다. 그들은 몇 달 동안 한 번도 다른 외국인을 보지 못한 가운데 사역을 이어 가기도 하였습니다."[26]

스크랜톤은 샤프 선교사의 죽음을 애도하며, 1906년 6월호 "코리아 리뷰"에 긴 추모사를 기고하였다. 그는 샤프 선교사는 정이 많은 독실한 신앙인이었으며, 비록 지금 그를 눈물 속에서 보내지만 그의 죽음을 통해 우리의 몸이 다시 사는 것과 영원한 삶에 대한 진리를 다시 배우게 된다고 하였다. 그의 추모사를 들어보자:

"많은 사람들이 샤프 선교사의 삶은 '때 이르게 끝난' 혹은 '그의 사역은 이제 겨우 시작됐고 아직 끝나지 않았다'라고 표현하며, 마치 '부러진 자루'(broken shaft)와 같은 인생이었다고 말할 것 같습니다. 그러나 더 진실하게 그의 삶을 표현한다면, 우리 모두에게도 언젠가 그런 시간이 오겠지만, 죽음의 때가 이미 이르렀기 때문에 그의 역할은 미완으로 그리고 더 이상 연습이 필요 없는 상태로 끝난 것입니다. 비록 우리는 지금 눈물을 통하여 그 죽음의 신비를 배우고 있지만, 우리는 그 슬픔의 눈물 때문에 '몸이 다시 사는 것과 영원히 사는 것을 믿는다.'라는 사도신경의 고백이 우리에게 주는 위로를 눈을 감고 외면해서는 안 됩니다. 사도신경의 말씀과 같이 인간의 삶은 오직 준비 단계일 뿐입니다. 그래

---

26) *W.B. Scranton's letter to Dr. A.B. Leonard*, March 8, 1906

서 가능하다면 우리는 사도 바울이 (성도들에게는) '죽는 것도 유익하다'(빌립보서 1:21)라고 한 마디로 표현한 말씀을 위로 속에 더 큰 소망으로 삼아야 할 것입니다.

우리 모두가 알고 인정하듯이, 우리의 형제 샤프는 온정 많고 독실한 사람이었습니다. 그의 삶은 지치지 않고 끊임없이 계속되는 노력으로 가득 찬 끈기 있고 열정적인 것이었습니다. 그는 다른 모든 사람에게는 부드러움 그 자체였으나 자신에게는 철저했습니다. 선교사로서 우리가 그를 알게 된 시간은 겨우 3년 밖에 안 되는 짧은 기간이었지만 그것이 전부는 아닙니다. 만일 그렇다면 그것은 너무 공허한 일이 아닐 수 없습니다. 출생을 비롯해 부모, 형제자매와 그의 삶의 전체 흐름, 선교사로서 우리에게 올 때까지 그가 가졌던 다양한 직책, 그가 선교사가 되기 전에 행했던 모든 행동, 그가 거쳤던 삶의 과정과 비전은 우리 모두에 의해 경건하게 기억되어져야 합니다.

샤프 형제는 1872년 3월 18일, 캐나다 온타리오 주의 캐이스토빌(Caistoville)에서 태어났습니다. 그의 부모님은 마음과 행동으로 하나님을 경외하는 분들이었습니다. 그에게는 다섯 형제와 세 자매가 있었는데, 그들과 함께 농장에서 자라났습니다. 그의 형제 중 한 명은 목회자였고, 모든 가족의 직업과 삶을 보면 그들은 천부적으로 성실한 자질을 가졌다고 말할 수 있습니다. 우리의 형제 샤프도 어떤 일이 닥쳐와도 언제나 기독교인으로서 적극적으로 성실하게 대처하였습니다. 그는 그리스도의 편에서 영적으로 열렬히 주님을 섬겼고, 영혼 구원의 일에 결연하게 앞장서서 열심히 일했습니다. 특별히 그는 미국에서나 한국에서나 젊은이들에게 매력적으로 다가가고 그들을 이끌었습니다.

그는 어느 날 더 큰 봉사를 하라는 분명한 소명의식을 느끼고 스스로 뉴욕 브루클린 연합선교훈련원에서 자신의 사명을 감당하기 위한 준비를 시작했습니다. 훈련을 마친 후 그는 오벌린 대학에 진학하였고, 오하이오 주 펜필드(Penfield)에 있는 교회를 맡아 3년 동안 보람있게 사역을 하였습니다. 당시 고인의 생각이나 기도, 선교 관련 글들을 보면, 그는 처음에는 미래의 봉사지역으로 남미를 염두에 두고 있었던 것 같습니다. 또한 고인은 모든 선교 업무와 형태에 대해 깊은 관심을 가졌습니다. 그리고 마침내 북감리회의 파송을 받아 한국에서 일하게 되었습니다. 고인이 우리 곁에 온 것이 꼭 3년 전은 아닙니다. 왜냐하면 그는 자신보다 먼저 감리교 해외여선교회 소속의 선교사로 한국에 온 앨리스 해먼드와 결혼하게 되기 때문입니다. 한국에 온 후 거의 3년 동안, 고인은 묵묵히 한국어 공부에 몰두하면서 정동교회를 섬기며 배재학당에서 가르치는 일을 했습니다.

그의 생애 마지막 2년 동안 고인과 그의 부인은 아무나 감당할 수 없는 너무나도 큰 짐을 용감하게 떠맡았습니다. 이들 부부는 그 범위가 수백 마일에 달하는 넓은 선교 구역과 띄엄띄엄 흩어져 있는 교인 가정, 수 백 개에 달하는 교회와 2,000명이 넘는 성도들을 돌보아야 했습니다. 두 사람은 자신들의 집을 짓고, 함께 사역할 한국인 조사(helper)들을 훈련시켰습니다. 그들은 동료 선교사들로부터 멀리 떨어져 외롭게 지냈지만, 다만 눈앞에 있는 사람들을 즐겁게 하려는 사역자가 아니라, 진실한 마음으로 하나님의 뜻을 행하는 그리스도의 종으로 일했습니다. 이와 같은 모든 외로움과 무거운 근심 걱정에도 불구하고, 우리는 고인의 늘 쾌활했던 모습을 기억합니다. 그리고 그는 사방의 압력에도 불구하고 결코 낙담하지 않았으며, 업무로 인한 스트레스나 당혹스러운 일도 화내지 않고 참아냈습니다. 고인은 자신이 아니라 하나님의 힘을 의지하며, '속사람의 모든 권능을 강화'하고자 노력했습니다. 약 1년 전에는 그의 목숨을 구하기 위해 서울에서 경찰의 출동을 요청해야 할 만큼 일본인 폭도와 친일 한국인들로부터 큰 위협을 당한 적도 있었습니다. 그는 폭동이 빈번한 지역에 살았습니다.

고인이 선교 현장에서 이룩한 사역의 분량은 참으로 대단한 것이었습니다. 그가 한 일의 대부분은 비범한 방법과 질서정연한 사고능력에 의해 이루어졌음을 알 수 있습니다. 그는 자신뿐만 아니라 그의 조사들에게도 지금은 모두에게 알려져 있지만 당시에는 새로운 교육 도구였던 벽걸이 지도나 차트 시스템을 활용토록 하였습니다.

 최근 발견된 그의 일기는 너무 완벽하게 신경을 써서 보관해온 터라, 급작스럽게 앓다가 세상을 떠난 샤프 형제의 일을 후임자가 파악하는데 귀한 참고자료가 되었습니다. 그의 일기는 무한한 가치가 있습니다. 고인이 선교지에서 혼자 있는 동안 기록한 이 일기를 통해서 우리는 그의 마지막 질병에 대해 더 잘 알 수 있게 되었고, 그의 최후의 지친 발걸음이 산 고개를 넘어 신자들이 사는 들판의 아주 작은 마을로 향하고 있었음을 깨달을 수 있었습니다. 그의 하인과 한 명의 조사 역시 모두 티푸스 열병에 걸렸습니다. 그는 공주 집으로 돌아오는 동안 아프기 시작하였고, 닷새 만에 그의 충직한 말 '딕(Dick)'의 안장에 묶인 채 고열에 시달리는 몸으로 집에 도착하였습니다.

 당시 샤프 부인도 멀리 다른 선교구역에 나가 여성들을 위한 성경 강의에 참석하느라 남편의 질병에 대해서 전혀 알지 못했고, 목요일 이전에 집에 도착할 수도 없었습니다. 가장 가까운 곳에 있는 서울에서 의사가 왕진을 왔는데, 그가 처음 고인을 진찰한 것은 토요일로 발열이 시작된 지 이미 8일이 지난 후였습니다. 그는 지난 몇 달간 반복해서 했던 일로 인해 거의 탈진한 상태였고, 고통스러운 몸부림과 심한 헛소리 끝에 아프기 시작한 지 17일 만에 세상을 떠났습니다. 우리 영혼의 감독이신 하나님께서는 그를 위해 새로운 약속을 주셨습니다. 그는 진심을 다하여 복음의 씨앗을 뿌렸고, 그의 뒤를 이어 전도 사업이 활발히 진행되었으며, 그 열매가 점점 커지고 있는 상황에서 고인은 자신의 사역을 내려놓게 되었습니다. 그의 삶에는 참으로 우리가 배우고 닮을 만한 점이 많이 있습니다.

"의로운 사람을 추억하도록 하는 평화가
해가 지날수록 더욱 더 푸르게 자라고
세월의 흐름 속에 꽃피우도록 하자.

캔버스 위에 그의 고요하고
자애로웠던 모습을 그대로 그려보자.
하늘나라가 아닌 광경은 모두 피했던
그의 사랑의 행실위에 빛이 흐르도록 해보자.
그리고 명예를 담는 책에 그의 영광스러운 선함을 기록하자.
그의 선행을 사람들에게 알리고 권면하여
그가 거둔 승리를 그들도 거둘 수 있게 하자.
그리고 그로부터 소중한 불꽃을 이어 받도록 하자."[27]

스크랜톤이 추모사 마지막 부분에 인용한 시는 뉴욕 이브닝 포스트지의 편집인이자 시인이었던 윌리엄 브라이언트(William C. Bryant)의 장시 "디 에이지"(The Age)의 세 번째 부분이었다.

샤프가 세상을 떠난 후 윌리엄즈(F.E.C. Williams) 선교사가 공주에 내려가 그 뒤를 이었고, 1908년에는 남편의 장례 후 미국으로 돌아갔던 샤프 선교사의 부인 앨리스가 해외여선교회의 파송을 받아 공주지역으로 귀환하여 여성 선교를 담당하였다. 이 때 공주 개척선교를 적극적으로 지원했던 스크랜톤은 그녀의 선교 재개를 위하여, 미 감리교 해외선교부를 통해 익명의 후원자가 기부한 선교비 2,500불을 그녀에게 보내어 "샤프기념예배당"을 건축하도록 도와주었다.

이 샤프기념예배당은 한국 성도들 사이에서는 "협산자(挾傘者:우산을 옆구리에 낀 사람)예배당"이라고 불렸는데, 그 이유는 선교비를 후원한 익명의 미

---

27) W.B. Scranton, "Robert Arthur Sharp", *The Korea Review*, June 1906, pp.148-151; 임연철, 『이야기 사애리시』, pp.69-73

국인 독지가가 "비오는 날 우산을 옆구리에 끼고 들어와서 자기 이름을 밝히지 않고 선교비만 내고 갔다"는 일화를 그들이 들었기 때문이었다.[28]

1907년 7월, 스크랜톤은 자신의 뒤를 이어 한국 감리교 선교회 관리자가 된 존스 목사로부터 급한 연락을 받게 된다. 그것은 공주에서 사역하던 스웨어러 선교사가 급성질환으로 쓰러져 위기에 처했다는 내용이었다. 이 소식을 접한 스크랜톤은 급히 공주로 내려가 그를 치료하고, 존스에게 그의 상태를 알려 주었다. 그는 스웨어러를 선교지 밖에서 장기 요양 시킬 필요가 있다는 의견을 내었고, 그로 인해 스웨어러는 1년 6개월 동안 안식년을 얻어 쉬면서 건강을 완전히 회복하여 다시 선교지에 복귀할 수 있었다. 당시에 스크랜톤은 해리스 감독과의 불화로 인해 감리교 선교사직과 목사직을 사임한 상태였기 때문에 공식적으로는 감리교와 아무런 상관이 없는 상황이었다. 그럼에도 그는 후배 선교사가 병에 걸려 신음하고 있다는 연락을 받고 도움의 손길을 마다하지 않은 것이다. 스웨어러를 진단한 후에 스크랜톤이 존스에게 보낸 편지는 다음과 같다:

"친애하는 존스 박사님, 귀하께서는 저에게 스웨어러 형제의 건강에 대한 판단을 요청하셨습니다. 그의 최근 질병의 상태를 고려할 때 본인은 물론이고 선교부에서도 최대한 그를 보살펴야 할 필요가 있습니다. 그의 병은 목숨이 위태로울 정도로 대단히 심각한 상태였습니다. 일반적으로 그가 가지고 있는 질병은 또 다른 병을 유발하지는 않지만 가능성은 내포하고 있습니다. 그는 최소한 올해의 남은 기간 동안 모든 사역과 책임에서 벗어나야 하며, 의사의 보

---

[28] 이덕주, 『충청도 선비들의 믿음이야기』, pp.242-244

살핌 속에서 자신의 육체적 건강을 회복하는데 집중해야 합니다. 저는 그가 계속 한국에 체류하게 되면 사역에서 완전히 손을 뗄 수 없다고 확신합니다. 따라서 그를 위해 바다 여행을 추천하고 싶고 기간은 길수록 좋습니다. 중국 치푸(Chefoo)에서 향후 2-3개월 동안 체류하는 것도 좋을 것입니다."[29]

---

29) *W.B. Scranton's letter to George H. Jones*, August 13, 1907

공주 중학동 구 선교사 가옥

영명동산 선교사 묘역

로버트 샤프 부부 선교사 묘지

윌리엄 스크랜톤의 생애와 사상

10. 윌리엄 스크랜톤의 문서선교 사역

1) 성경번역

스크랜톤은 의료선교사였다. 하지만 그의 사역의 범위는 단지 환자들을 돌보는 것으로 그치지 않았다. 초창기 선교지의 상황은 그에게 더 많은 일들을 요구하였다. 그래서 그는 정동 시병원과 여러 진료소의 일을 돌보면서 다양한 종류의 문서 사역에도 동참하였다. 당시 한국에는 한글로 된 성경이나 신앙 서적, 그리고 전도 책자 등이 전무하다시피 했기 때문에 문서 사역은 시급하고도 중요한 일이었다. 그는 처음에 성경, 주기도문, 십계명, 사도신경 등을 한글로 번역하였는데, 당시 자신의 상황에 대해 파울러 감독에게 다음과 같이 보고하였다:

"친애하는 감독님, 저는 지금 매일 병원과 진료소 사역을 하는 것 외에 어학 공부에 많은 시간을 할애하고 있습니다. 또한 마태복음과 로마서 번역에 임하고 있는데 로마서 번역이 쉽지만은 않습니다. 감독님이 (한국을 방문하고) 떠나신 이후에 저는 주기도문, 십계명, 그리고 사도신경을 한글로 번역했습니다. 그리고 (별로 효율적이지는 못하지만) 현재 한영사전과 영한사전 편찬 책임을 맡고 있습니다. 올링거 선교사가 편집을 돕고 있는데, 그가 하는 한문 번역작업이 큰 도움이 될 것입니다. 사전편찬 작업에는 열다섯 명이 일을 분담하여 참여하고 있습니다."[1]

초기 한국의 선교사역에 있어서 특별히 성경의 한글번역은 의료사역이나 학교사역 그리고 전도사역 못지않게 중요한 일이었다. 성경의 한글번역의 역사를 보면 우리는 다른 나라의 선교지에서는 찾아볼 수 없는 특이한 사실을 알게 된다. 성경은 선교사들이 선교지에 들어가 현지 언어를 배운 후에 번역하는 것이 일반적이다. 그러나 한국의 경우에는 미국 선교사들이 한국에 들어오기 이전에 이미 만주와 일본에서 번역이 되었고, 그것이 국내로 유입 배포되어 성경을 읽고 개종을 결심한 사람까지 생겨났다. 물론 당시의 번역은 성경 전체를 번역한 것은 아니고, 이른바 쪽복음이라 하여 마가복음, 누가복음 등 성경의 각 권을 번역한 것이었다. 만주와 일본에서 성경을 번역한 사람은 존 로스와 이수정이었다.

존 로스(John Ross)는 스코틀랜드 출신으로 1872년 중국에 도착하였다. 그는 자신보다 먼저 중국에 와서 사역을 하고 있던 스코틀랜드 성서공회의 윌리암슨으로부터 한국에 관한 소식을 듣고 큰 관심을 갖게 되었다. 로스는 1874년 10월 고려문 여행에 나섰는데, 고려문은 봉황성 아래 있는 작은 마을로 당시 청나라와 조선의 국경이자 합법적인 교역이 이루어지는 장소였다. 이 때 그는 고려문에서 조선 상인들을 만나 한문 신약성경 등을 건네주었으나 큰 진전은 이

---

1) *W.B. Scranton's letter to Bishop C.H. Fowler*, September 3, 1889

루어지지 않았다.

그가 고려문을 다시 찾은 것은 1876년 4월이었는데, 그는 한국어 선생을 구하려고 애쓰던 끝에 의주 상인 이응찬을 만날 수 있었다. 이때 로스는 이미 성경의 한글번역을 염두에 두고 있었다. 그는 곧 만주의 봉천으로 돌아와 한국어 공부를 시작하였고, 이응찬의 도움으로 1877년에는 외국인 선교사들을 위한 한국어 교재 "코리언 프라이머"(Corean Primer)를 중국 상하이에서 발간하였다. 후일 그는 서상륜, 서경조 형제와 백홍준을 만나 복음을 전하고 교제를 나누었다. 이들은 모두 세례를 받고 기독교인이 되었으며, 개신교 선교사들이 한국에 들어오기 이전에 이미 신앙공동체를 형성하였다. 로스는 이들과 함께 성경의 한글번역에 주력하여 1887년에는 신약성경 전체를 번역한 "예수셩교젼셔"를 간행하였다. 이것은 무려 10년의 긴 세월이 만들어 낸 역작이었다.

만주에서의 한글성경번역이 존 로스에 의해 이루어졌다면, 일본에서는 이수정이 이 일을 하였다. 특히 1885년 부활절에 제물포에 도착한 아펜젤러와 언더우드는 이수정이 번역한 마가복음을 손에 들고 있었다. 후일 선교사들은 서울에 도착해 한국어 교사를 구하여 한글을 배우기 시작하였고, 1887년에는 이수정이 번역한 마가복음의 수정본이 출판되었다.

이 일을 계기로 1887년 감리교와 장로교 선교사들은 성서번역위원회를 조직하여 본격적으로 성경번역 작업에 착수하였다. 당시의 상황에 대해 레이놀즈 선교사는 다음과 같이 말하고 있다:

"한국에 있는 5명의 선교사, 즉 알렌, 언더우드, 아펜젤러, 스크랜톤, 헤론 중에서 안수 받은 두 명이 성경번역을 맡기로 하였습니다. 그리고 마가복음이 1886-1887년 겨울에 준비가 되어 출판되었습니다. 이들이 선교지에 도착한 지 채 2년도 되지 않은 시점에서 이루어진 일입니다! 그들은 성경을 일본어로 번역한 헵번 선교사의 지혜로운 조언에 따라, 먼저 성경번역을 위한 상임위원회를 1887. 4. 11일에 구성하였습니다. 성경번역은 명확한 규정에 따라 이루어졌으며, 성경의 여러 책들이 번역을 위해 각 선교사들에게 배분되었습니다.

1890년 6월에 상임위원회에서는 신약성경 전체를 2년 이내에 번역한다는 목표를 세우고 두 명을 편집위원으로 선정하였습니다. 하지만 모든 일이 말보다는 실행에 옮기기가 어려운 법입니다! 언더우드와 스크랜톤 두 사람이 큰 열정을 가지고 이 일의 책임을 맡았지만, 구체적인 계획을 세우고 규정을 만들기도 전에 그들은 가족들의 질병으로 인해 미국으로 돌아가야만 했습니다. 그래서 감리교의 아펜젤러와 장로교의 게일 선교사가 그 일을 인계 받았습니다. 아펜젤러는 마태복음과 마가복음, 게일은 요한복음과 사도행전을 번역하였습니다. 1892년 1월에 마태복음 30부가 인쇄되었는데, 이 무렵 펜윅 선교사는 실험적으로 요한복음을 한국어와 중국어로 대조 비교하면서 한 권의 책으로 번역하였습니다. 그 후 28년이 지난 1919년에는 개인적으로 번역한 신약성경 전체를 출판하였습니다."[2]

한국에 들어온 선교사들은 먼저 신약성경부터 한글로 번역하기 시작하였다. 사실 신약성경은 만주에서 존 로스 선교사가 전부 번역하여 이미 출판을 하였지만, 이것은 평안도 사투리로 되어 있어 읽기가 불편하였다. 따라서 성서번역위원회에서는 이것을 서울말로 다시 번역하기로 하였다. 존 로스 본이 평안

---

2) W.D. Reynolds, "Fifth Years of Bible Translation and Revision", *The Korea Mission Field*, June 1935, p.116

도 사투리로 되어 있었던 이유는 그를 도와 성경을 번역한 한국인 조사들이 대부분 평안도 사람들이었기 때문이었다. 스크랜톤은 병원 일로 인하여 정신없이 바쁜 가운데에서도 성경번역에 참여하여 마태복음과 로마서 번역을 맡았다. 그러나 1891년 안식년 휴가를 떠나면서 부득이하게 사임을 할 수밖에 없었다. 그가 번역을 시작한 마태복음은 아펜젤러 선교사가 마무리 하였으며 1892년에 출판되었다.

안식년에서 돌아온 스크랜톤은 1892년 연회에서 장로사로 선출되어 서울과 지방의 선교사역을 지휘 관리하였다. 그런 와중에서도 그는 성서번역위원회의 부탁을 받고 구약의 창세기, 출애굽기, 시편과 신약의 로마서, 에베소서, 베드로전후서를 번역하였다. 후일 세계성서공회에서는 성경의 한글 번역에 애쓴 그의 공로를 인정하여 그를 명예회원으로 위촉하였다. 스크랜톤은 이 일에 대하여 기쁨과 놀라움을 감추지 못하였고, 해외선교부의 레너드 총무에게 자신이 세계성서공회의 라이트 박사로 부터 받은 편지의 내용을 다음과 같이 보고하였다:

"친애하는 스크랜톤 박사님, 우리 공회에는 명예 해외회원제도가 있습니다. 그것은 성경 번역에 대단히 중요한 일을 한 사람들로 구성이 되어 있습니다. 최근 회의에서 저는 영광스럽게도 귀하가 참여하고 있는 성경의 한글 번역사업과 관련하여 위원회에 귀하를 추천한 바가 있습니다. 그들은 만장일치로 귀하를 성경 번역을 위해 크게 기여한 사람들의 명단에 등재하는 것에 동의하였습니다. 저는 이 소식을 귀하께 전하게 되어 대단히 기쁩니다. 앞으로 귀하의 이름은 반다이크 박사, 스주리 감독, 헵번 박사, 슈바이처 박사, 블로짓 박사, 그리고 위대하고 뛰어난 공적을 보인 다른 사람들 곁에 있게 될 것입니다. 귀하는 추후 우리 공회로 부터 공식 편지를 받게 될 것이며, 저는 단지 귀하에게 명예회원의 성격이 어떤 것인지를 분명히 아시도록 설명하는 역할을 맡은 것 뿐 입니다. 저는 귀하께서 이 명예로운 초대를 수락해 주실 것으로 믿습니다. 1895. 2. 14일, W. 라이트 드림"[3]

성경번역 작업은 선교사역에 있어 너무나도 귀하고 필수적인 작업이었지만 그 어려움은 이루 말할 수 없을 정도였다. 후일 성경번역위원회에서 활동했던 제임스 게일 선교사는 다음과 같이 말한다:

"성경번역이 얼마나 엄청난 작업인지는 해 보지 않은 사람은 모릅니다. 뉴욕의 60층짜리 생명보험사 건물 건축도 이 작업만큼 거대하지는 않을 것입니다. 이 작업을 하는 데는 약 10년이 걸립니다. 일을 본격적으로 시작하기 이전에 필요한 기초를 닦는 일, 한 문단씩 삽질을 해 나가는 일, 온통 말라리아와 피로로 덮여 있는 듯 보이는 각 단어들을 거르고, 무게를 달고, 평가하고, 기록하는 이 모든 일들은 우리가 마치 파나마 운하를 파고 있는 것 같다는 생각이 들게 합니다."[4]

*한글 성경과 한국어 공부

한글로 번역된 성경은 단순히 기독교 복음을 한국인들에게 전하는 역할만을 한 것이 아니었다. 한글 성경은 선교사들이 한국어를 배우는 귀중한 학습 수단이 되었다. 또한 전도부인(Bible Woman)들은 당시 대다수가 문맹이었던 한

---

3) *W.B. Scranton's letter to Dr. A.B. Leonard*, April 10, 1895
4) 윌리엄 그리피스, 『아펜젤러』, p.208

국 여성들에게 복음을 전하면서 한글 성경을 가지고 한글도 깨우치도록 지도하였다. 즉 한국 여성들은 성경을 읽기 위해서 한글을 배웠고, 성경을 읽으면서 한글을 더 많이 습득하게 되었다.

당시 한국에 온 선교사들이 한국어를 배웠던 교과과정을 보면, 한글 성경이 광범위하게 사용되었음을 알 수 있다. 스크랜톤이 번역했던 주기도문, 십계명, 사도신경, 사복음서도 교재로 쓰였다. 초기 감리교 선교사들은 그들의 한국어 실력에 따라 선교활동의 범위가 결정되었기 때문에 한국어 공부에 많은 시간을 할애해야 했다.

〈감리교 선교사들을 위한 한국어 공부과정〉[5]

연차	분기	과정
1	1	학습 : 언더우드의 『한영 문법』 1부의 전반부 암기 : 선택 문장 50개
	2	학습 : 언더우드의 『한영 문법』 1부의 후반부 암기 : 선택 문장 100개
	3	암기 : 주기도문 · 십계명 · 사도신경 (Dr. Scranton 번역본), 선택문장 150개 읽기 : 『성경문답』(Mrs. M. F. Scranton) 시험 : 주기도문을 한글로 쓰기
	4	읽고 분석 : 요한복음 1-5장 읽기 : 『미이미교회문답』(G. H. Jones)

---

5) 조선혜, 『매티 노블의 선교생활』, 1892-1934, pp.56-57

연차	분기	과정
2	1	번역 : 언더우드의 『한영 문법』 2부의 각 주제에서 한 문장씩 선택하여 한글 번역 일기: 『장원량우상론』(S. A. Moffett)
	2	읽고 분석 : 요한복음 6-10장 한자 학습 : 숫자와 성경의 이름 읽기 : 『진도입문문답』(F. Ohlinger)
	3	읽고 분석 : 요한복음 11장부터 끝까지 읽기 : 『미이미교회강례』·『묘축문답』(H. G. Appenzeller)
	4	학습 : 한자성경 요한1서의 전반부와 한국어 편지 형식 일기: 『구약공부』(G. H. Jones) 『훈ᄋ진언』 (Mrs. M. F. Scranton) 성과 : 2년차 과정이 끝날 때 원고 없이 한국어 설교
3	1	학습 : 한자성경 요한1서의 후반부와 친족 관계에 관련된 어휘 읽기 : 『ᄉ민편지』(H. B. Hulbert)
	2	학습 : 창세기 1,2장과 한국어 제목들의 어휘
	3	읽기 : 『오륜힝실』 첫 두 권 일기(전 5권)
	4	학습 : 한자 성경 창세기 3,4장과 요한복음 2,3장 읽기 : 『사복음제합서』(W. B. Scranton)

2) 사전편찬

스크랜톤은 성경번역이외에 후배 선교사들이 장차 한국어를 배우는데 필요한 사전을 편찬하는 일도 맡았다. 이것은 개척선교사로서 반드시 해야 할 중요한 일 중의 하나였다. 1889년 개최된 미 감리교 한국선교회 모임에서 앤드루스 (E.G. Andrews) 감독은 재한 선교사들을 위한 어학용 사전이 부족한 것을 알고, 한글과 영어뿐만이 아니라 한자까지 포함한 한(韓).한(漢).영(英) 사전을 편찬하도록 하였다. 그는 스크랜톤을 편집 책임자로, 올링거 선교사를 부편집인으로 임명하였다. 그 당시 장로교의 언더우드 선교사가 편집한 6천 단어 정도를 수록한 영한사전이 있기는 했지만 그것으로는 충분하지 않았다.

스크랜톤은 앤드류스 감독의 지시에 따라 한국에서 활동하고 있는 선교사, 외교관, 기업인까지 총망라하여 모든 외국인들이 사용할 수 있는 풍부한 어휘를 수록한 사전을 만들 계획을 세웠다. 그리고 이 작업을 위하여 사전 집필자로 선교사, 외교관, 세관과 기업에서 일하는 외국인 15명에게 사전항목 선정과 집필을 의뢰하였다. 이것은 약 3년에 걸쳐 16,000달러가 들어가는 대규모 프로젝트였다. 스크랜톤은 이 작업에 대한 진행과정을 뉴욕의 해외선교부에 다음과 같이 상세히 보고하였다:

"1889. 7. 11일에 개최된 최근의 선교부 회의에서 영한중 사전의 집필 문제가 토의되었으며, 제가 편집장으로 임명되었습니다. 그리고 보다 더 완전한 사전 편찬 작업을 위해 다음 사항들이 결정되었습니다:

*스크랜톤 박사와 올링거 목사를 편집인으로 한다.
*스크랜톤 박사는 편집장이 되며, 언문(한글)과 영어 사용에 관한 모든 문제를 전담하며 그것의 정확성에 책임을 진다.
*올링거 목사는 부편집인이 되며, 한문에 관한 모든 문제를 전담하며 그것의 정

확성에 책임을 진다.

*모든 다른 일에 대해서는 편집인들이 공동으로 진행한다. 또한 스크랜톤 박사는 이 합의에 들어있지 않은 문제가 발생했을 경우에 최종적으로 결정할 권한을 갖는다.

현재 한국에서 구어(口語: 언문이라 불렸던 한글을 의미함)의 상태는 비참합니다. 하층 계급 및 여성들만 그것을 쓰고 있습니다. 남성들은 대체로 한글에 대해 무관심하며, 전혀 모르는 사람들도 있습니다. 혹시 한글을 알아 사용한다고 해도, 그들은 대단히 난해하고 짜증나는 자신들만의 철자 규칙을 갖고 있습니다.

한국 남성들은 자신들의 한문 지식만을 자랑합니다. 하지만 이곳에 사는 외국인들은 한국 남성의 1/10만이 실제적으로 한문을 알고 있다는 것에 공감하고 있습니다. 남성의 9/10는 한문으로 쓰는 것에 익숙하지 않으며, 1/10의 사람들도 대부분 발음나는 대로, 그리고 자신만의 기준으로 한자를 적고 있습니다. 저는 한국 남성 천 명 중 한 명 정도만이 정확하게 자신들의 언어를 알고 사용할 수 있다고 추정하고 있습니다.

선교사들은 그리스도를 전하고, 환자를 치유하며, 외국 지식을 가르치는 것 이외에 명확한 기준을 가지고 그 나라를 위한 학문도 시작해야 합니다. 영국의 경우에서 볼 수 있듯이 성경과 종교 문헌의 영어 번역은 우리의 언어(*영어)를 확고한 기반위에 세우고 또한 변치 않는 모습을 갖게 하였습니다. 이곳 한국에서도 그렇게 되어야 합니다. 우리는 한국 사람들이 자신들의 언어로 교육을 받고, 빛으로 나아가는 확실한 입구를 찾을 수 있도록 해야 합니다.

이미 오래 전부터 한국에 들어와 있던 천주교는 그동안 우리에게 본보기가 될 만한 일들을 해왔습니다. 우리가 아는 한 그들은 전도지에 결코 한문을 사용하지 않습니다. 그들은 한글로 정확하게 쓰여진 훌륭한 전도지와 서적들을 많이 갖고 있습니다. 게다가 그들은 커다란 수고와 노력을 들여 한불사전과 문법서를 편찬하였습니다. 그것은 참으로 대단한 일이었으며, 우리(*개신교 선교사들)도 이 자료들로부터 많은 도움을 받았다는 사실을 부인할 수 없습니다. 하지만 그것은 결코 완전하지 않을 뿐 아니라, 로마 가톨릭의 성향을 띄고 있기 때문에 개신교의 견해를 표현하는 단어들이 전혀 없습니다. 또한 그들의 자료는 한국이 외국에 문호를 개방한 후 많은 새로운 단어들이 유입되기 훨씬 이전에 집필되었기 때문에 현대적인 과학용어를 전혀 포함하고 있지 않습니다. 천주교에서 만든 저작들은 전반적으로 일반적인 특성은 우수하다고 말할 수 있지만, 우리에게는 적합하지 않고 부족한 부분이 많은 것이 사실입니다.

우리가 아는 한 지금 한국에서는 그 어느 누구도 완전한 영어 사전 편찬을 시도하고 있지 않습니다. 장로교 선교부의 언더우드 목사가 현재 약 6,000개의 단어(*동의어를 포함)를 수록한 휴대용 사전을 출판 중에 있는데, 우리가 완전한 사전을 편찬할 때까지는 그의 사전이 우리에게 도움이 될 것입니다.

이곳에 있는 모든 선교사들이 보다 효율적으로 그리고 더 빠르게 그리스도의 사역에 성공하기 위해서는 새로운 사전이 절대적으로 필요합니다. 현지인들이 설교자 없이 어떻게 하나님의 말씀을 들을 수 있으며, 선교사들이 하나님의 언어뿐만이 아니라 현지인들의 언어를 알지 못하면 어떻게 설교할 수 있겠습니까? 저희는 이 작업에 동참하는 사람들이 자신들의 현재 사역을 포기하고 사전 편찬에만 전념하리라고 기대하지는 않습니다. 이 일은 우리의 시간이 허락하는 대로 수행될 것으로 예상하고 있습니다."[6)]

그러나 스크랜톤이 이런 야심찬 포부를 가지고 시작한 사전 편찬 작업은 안

---

6) *W.B. Scranton's letter to the Honorable Missionary Board*, May 29, 1890

타깝게도 제대로 진행되지 못하였다. 여러 이유가 있었지만, 우선 이 작업에 참여하는 집필자들이 이 일에만 전념할 수 없어 제대로 맡은 바 소임을 다하지 못하였다. 스크랜톤 역시 1891년 안식년 휴가를 떠나 서울에 없었고, 편찬 작업의 실무를 맡았던 올링거 선교사는 1893년 한국 선교사직을 사임하고 미국으로 돌아가고 말았다.

올링거의 사임은 이 작업뿐만 아니라 한국 선교사역 전반에 큰 충격을 주었다. 그는 한국에 오기 전 중국에서 17년 동안이나 사역을 한 선교 베테랑이었다. 그러나 한국의 선교환경에 제대로 적응을 하지 못하고 선교사들과 갈등을 겪었으며, 어린 자녀들이 풍토병으로 사망하자 결국 사임을 하고 말았다. 참으로 안타까운 일이었다.

비록 스크랜톤이 책임을 맡았던 이 사전편찬 작업은 원래 계획한대로 마무리가 되지는 못하였지만 훗날 한국에서의 영한, 한영 사전출판에 좋은 기반이 되었고 큰 기여를 하였다.

3) 기독교서회 활동

성경의 한글번역과 출판이 이루어지면서 다른 기독교 서적에 대한 요구도 점차 증가하기 시작하였다. 이에 1890년 감리교와 장로교가 연합하여 초교파 문서사업기관을 설립하였는데 이것이 조선성교서회(*현 대한기독교서회의 전신)였다. 스크랜톤은 새롭게 조직된 서회의 임원으로 선출되어 활동하였으며, 본인 스스로 여러 가지의 출판물을 간행하기도 하였다. 대한기독교서회의 시

작에 관해 본원 선교사는 다음과 같이 설명하고 있다:

> "한국에서 개신교 선교가 이루어진 초창기부터 기독교 서적의 필요성은 대두되었습니다. 1880년대 말에 캐나다, 미국, 그리고 영국의 종교서회는 한국에서 각자 소규모로 출판 사역을 하도록 허락을 받았습니다. 그러나 한국처럼 선교구역이 작은 나라에서 세 나라의 서회가 서로 경쟁하며 각자 활동하는 것은 바람직하지 않았습니다. 그래서 1889년 가을 언더우드 선교사의 집에서 모임을 가졌고 대한기독교서회가 조직되었습니다. 여기에서 서회의 운영은 국내(*한국)에서 하되 각 나라의 서회로부터 정기적으로 보조를 받기로 하였습니다. 새로 조직된 서회의 임원진은 다음과 같습니다: 회장에 올링거, 부회장에 헐버트, 교신서기에 언더우드, 기록서기에 스크랜톤, 회계에 팬윅입니다. 재단이사회는 12명 그리고 심의위원회를 4명으로 구성하였습니다. 서회의 정관은 1890년 봄에 정식으로 채택이 되었습니다. 이 서회의 첫 한국어 출판물은 '기독교의 중요한 교리', '구원의 진실된 계획'이었습니다. 흥미로운 점은 이 책들이 서회의 출판목록에서 사라져본 적이 없을 정도로 꾸준한 요청이 있어 왔다는 것입니다."[7]

4) 세례문답과 감리교 덕행규칙의 간행

(1) 세례문답 (1895년)

스크랜톤은 성경의 한글번역과 함께 교인들의 세례에 관한 교육을 돕기 위

---

7) Gerald Bonwick, "The Birth of the Korean Religious Tract Society", *The Korea Mission Field*, January 1914, pp.12-13)

해서 일종의 교리안내서인 "세례문답"을 간행하였는데 그 내용은 다음과 같다:[8]

문: 누구의 이름으로 세례를 받는가?
답: 성부와 성자와 성령의 이름으로 받는다.
문: 세례 받는 자의 유익함이 무엇인가?
답: 세례 받는 사람은 그리스도의 지체가 되고, 하나님의 아들이 되어 천국후사를 잇는다.
문: 세례 받는 사람이 하는 세 가지 언약은 무엇인가?
답: 첫째, 마땅히 마귀와 마귀의 모든 일을 거절하고
둘째, 세상의 영광과 욕심을 거절하고
셋째, 혈기를 부리지 아니하여 여러 가지 일에 유혹되지 아니하는 것이다.

그의 세례문답은 1890년 메리 스크랜톤이 번역한 예수성경문답과 함께 초기 한국 감리교회에서 세례교육과 교리교육에 아주 유용하게 사용되었다.

(2) 감리교 덕행규칙 (1900년)

선교사들의 한국 선교에 있어 장애물이 되는 문제들은 수도 없이 많이 있었다. 그중 특별히 축첩문제와 주초(*술과 담배)는 큰 사회적 문제이자 영적인 시험거리이기도 하였다. 그래서 1900년 정동교회에서 열린 연회에서는 "기독교인의 결혼과 금주(禁酒)에 관한 규정"을 제정하기로 하였는데, 스크랜톤과 병

---

8) "Notes and Comments", *The Korean Repository*, November 1895, p.440

커 선교사가 제정위원으로 선정되었다. 이 두 사람은 먼저 한국 감리교회의 뿌리가 되는 미국 감리교회의 교리와 장정(The Disciplines)에 나와 있는 "결혼과 금주에 관한 규칙"을 참고하였다. 그리고 한국 실정에 맞게 수정 번역하여 한국 교인들에게 나누어 주기로 하였다. 이것이 이른바 덕행규칙이라는 것인데, 그 한글 번역본이 감리교단의 기관지인 신학월보에 다음과 같이 수록되었다:[9]

*부부도(夫婦道): 이제 우리가 한국에서 교회의 일을 하는데 있어 남녀의 혼인 문제와 부부가 헤어지는 일에 대하여 우리 교회의 법을 특별히 조심스럽게 밝히려 합니다. 이 일로 대하여 아래와 같은 조항을 우리 교회의 규칙으로 정할 것임을 교인 여러분들에게 알려 드립니다.

1. 누구든지 세례 받고 입교하기 이전에 한국의 법에 따라 혼인을 한 사람은 자기가 자원하지 아니하는 한 또 다시 교회법에 따라 혼인할 필요는 없습니다.
2. 누구든지 세례 받은 후에 혼인을 하기로 결정한 사람은 교단법에 따라 혼인식을 행해야 합니다.
3. 너무 어려서 혼인하는 일은 최대한 금하며, 남자는 20세, 여자는 18세 이전에는 혼인하지 아니함이 마땅하다고 봅니다.
4. 성도가 믿지 않는 사람과 혼인하는 것을 허락하지 않습니다.
5. 부부가 서로 헤어질 수 있는 유일한 이유는 간음뿐입니다. 만일 부부 중에 누구든지 간음하다가 서로 헤어졌을 경우, 그 둘 중에 간음죄가 있는 사람은 간음죄를 범하지 아니한 상대방이 살아 있는 동안에는 다시 교회법으로 혼인하는 것을 금합니다. 그러나 간음죄를 범하지 않은 사람은 법에 따라 서로 헤어진 후에 교회의 예법에 따라 혼인하는 것이 허락됩니다.

---

9) 『신학월보』, 1권 1호 1900. 12

*절주법: 술을 금하는 일에 대하여는 미 감리교 규칙이 대단히 엄하고 좋으니, 우리 교회도 미 감리교 교리와 장정에 쓰여 있는 대로 교회 규칙을 제정하여 성도들로 하여금 그것을 지키고 서로 권면하게 합니다.

1. 술 마시는 것을 금하는 일은 모든 성도들이 반드시 해야 할 일입니다.
2. 술을 매매하는 것은 해롭고 덕행을 거스리며, 하나님의 교회에 유익한 모든 것을 어기는 일입니다.
3. 술의 매매를 허락하는 것은 올바른 일이 아니며, 술 매매를 통해 세금으로 돈을 거두는 것 역시 해서는 안 되는 일입니다.
4. 한국 정부가 이러한 방식으로 돈을 거둔다면, 그것은 하나님과 사람의 대적이 되는 일입니다.
5. 그리스도를 믿는 성도의 올바른 자세는 술 매매하는 일에 대하여 과감하게 싸우는 것입니다.

우리 감리교회는 위와 같은 교회의 규칙을 제정하고, 교우들로 하여금 술 먹는 것을 엄금하며 또 어떤 사람이든지 술을 마시지 아니하는 것이 올바른 일이라는 사실을 밝혀두는 바입니다.

5) 찬송가 작사

스크랜톤은 성경을 번역하고 세례문답과 덕행규칙을 간행하는 것 이외에 성도들을 위하여 기독교의 교리가 담긴 찬송가를 작사하기도 하였다. 성도들에게는 책을 통한 가르침보다 오히려 찬송가를 통한 교육이 훨씬 더 흥미롭고 효과가 컸다. 그가 상동교회 이은상 전도사의 도움을 받아 1901년 1월 작사한

"도리가"의 가사는 다음과 같다:[10]

1. 나를 지으신 하나님은 만물을 만드신 분이요
   지으심을 받지 않고 스스로 계신 영이시라
   무소부재하시고 무소부지 하시도다

2. 자비하고 진실하신 한 분뿐인 하늘 아버지시라
   삼위일체 하나님, 성부, 성자, 성령이시라
   이 삼위가 한 분이시니 시종영광 전능위엄
   삼위가 같으신 한 주께서 태초에 천지를 지으시니라

3. 전능하신 말씀으로 만물을 붙드시네.
   하늘 아버지께서 사람 육신을 먼지로 만드시고
   사람 코에 생기 불어 넣어 사는 영혼 되었으니
   육신에는 죽음 있고 영혼에는 영생이라

4. 사람을 지으신 날에 자기 모양 주셨으니
   하나님의 이 모양은 의와 거룩하심이라
   만물위의 권세주사 순종하던 그동안에
   에덴동산에 두셨으니 즐거움 있고 고생 없다

5. 죄를 범하고 재앙만나 주의 법을 어겼도다
   뱀 모양 마귀에게 욕심으로 유혹받아
   금한 실과 따서 먹고 에덴동산에서 쫓겨나서
   하나님의 모양 잃고 병과 괴롬 죽음 받네

---

10) "도리가", 『신학월보』, 1권 3호 1901. 2

6. 만민시조 이 아담이 하나님께 범죄하여
   거룩하신 저 성품은 부질없이 잃었도다
   천하 모든 인류들이 범죄 아담 성품타서
   근본 의가 없으니 주의 노함 아래 있네

또한 1901년 부활 주일을 앞두고 스크랜톤은 "부활도리가"도 작사하였다. 그는 부활주일에 모든 감리교인들이 이 찬송을 부를 것을 권면하면서, 곡조는 대한민국 애국가 곡조에 맞추어 부르면 좋을 것이라는 개인적인 의견도 피력하였다.[11] 그 가사의 내용은 다음과 같다:[12]

1. 세상사람 죄로 인해 모든 복을 잃었으며
   영광 변해 욕 만들고 천당 길을 모르도다
   천양지심 병신 되어 선악분별 못하도다
   잠시 썩을 세욕 쫓고 긴 복 누릴 명바라네

2. 은혜주신 자기 주인 이 세상에 오셨으나
   세상구름 눈을 가려 자기 주인 몰라보고
   죄 고칠 법 가르치되 미련하게 보았으며
   사랑하사 부르는 자 십자가에 달았도다

3. 책죄하는 세상주인 죄인들을 긍휼하사
   모든 죄를 대답하고 욕과 고난 받으시며
   죽으심을 받으실 때 땅은 진동 세상적막
   빛은 없고 어두우니 갈길 몰라 답답하다

---

11) 이덕주, 『스크랜턴』, p.492
12) "부활도리가", 『신학월보』, 1권 4호 1901. 3

4. 나를 사랑하시는 자 어디 가서 찾아볼고
　넓은 길과 좁은 길과 골목에도 안계시며
　예전안위 받던 곳에 다시 가도 못 찾겠네
　무덤에 가 찾아보니 시체까지 잃었도다

5. 천사 말을 들어보니 무덤 속에 안계시고
　다시 살아났다 하며 제자들은 말하기를
　주가 과연 부활하사 베드로에게 뵈었다 하네
　주께서는 말씀하시되 너희들은 볼지어다

6. 나는 다시 살아났고 영원토록 죽지 않는다
　할렐루야 오 주 예수 죽은 자 중 부활했네
　누구든지 의지하면 죽는 무서움 당하여도
　주 힘입어 부활하여 영영 죽지 아니하리

스크랜톤은 성인들을 위한 찬송가만 작사한 것이 아니었다. 그는 어린 아이들을 위한 취침찬송도 만들어 부모들이 어린 자녀들에게 이 찬송을 가르쳐 외우게 하고, 누워 잘 때에 부르게 하면 좋을 것이라고 하였다. 그 가사는 다음과 같다:[13]

　지금 내가 자려고 자리에 눕사오니
　천주(*하늘 아버지)께서 내 영혼을 지켜 주옵소서
　만일 내가 깨기 전에 영혼이 떠나가도
　천주께서 받으소서 예수인해 빕니다

---

13) "누어잘 때 하는 찬미", 『신학월보』 1권 5호 1901. 4

윌리엄 스크랜톤의 생애와 사상
11. 윌리엄 스크랜톤과 남감리교의 한국선교

　　미국 교회의 역사를 보면 19세기 중반 흑인노예문제를 두고 교회 안에서 격렬한 논쟁이 있었다. 그것은 노예제도 찬성론자들과 반대론자들의 극심한 대결을 초래하였는데, 이 일로 인하여 결국 미국 교회는 남북으로 분열의 길을 걷게 된다. 이런 교회 분열은 감리교와 장로교 모두 마찬가지였다. 미 감리교회는 노예제도를 강력하게 반대해온 존 웨슬리의 영향으로 1840년 총회에서 노예제도에 반대하는 입장을 천명하였다. 그러나 노예 소유를 허용하는 주에 속한 연회의 대표들은 1845년 미 감리교회로부터 분리하기로 결정하였다. 그리고 그들은 새로운 교단의 이름을 남감리교회라고 정하고, 1846년 첫 번째 총회를 버지니아 주의 피터스버그에서 개최하였다. 한국 선교는 이처럼 미국 교회가 분열된 상태에서 시작되었다. 따라서 같은 감리교임에도 불구하고, 미 감리교에서는 북감리교회와 남감리교회가 따로 선교사를 파송하는 웃지 못할 상황이 발생하게 되었다.

　　한국 선교를 먼저 개척한 것은 북감리교회로서 1885년 스크랜톤과 아펜젤러 선교사를 파송하였다. 그 후 10년의 세월이 흐른 뒤에 남감리교회의 한국 선교가 시작되는데 이 때 스크랜톤은 큰 역할을 하게 된다. 비록 노예문제로 인하여 교단이 나뉘고 서로의 감정이 좋지 않은 상황이었지만, 선교지에서는 그런 모든 것을 초월하고 협력하여 하나님의 나라를 이루려 하였다. 적어도 장로사로서 북감리교회의 한국 선교를 책임지고 있었던 스크랜톤은 그러한 태도로 남감리교회를 맞이하였다.

미 남감리교회의 한국선교를 논할 때 **빼놓을** 수 없는 인물이 있으니 바로 윤치호(1865-1945)다. 그는 한말 개화파 인사로서 1881년 신사유람단의 일원으로 일본에 건너가 신학문을 배우고 김옥균, 박영효 등과 교류하였다. 그러나 1884년 갑신정변이 실패로 끝난 후 신변에 위협을 느낀 그는 상하이로 망명하여, 미 남감리교회에서 운영하던 중서서원(中西書院)에서 근대교육을 받았다. 그는 중국에 거주하는 동안 미 선교사들에게 큰 영향을 받았고 결국 기독교로 개종하였다. 윤치호는 1887. 4. 3일 본넬(W.B. Bonnell) 박사에게 세례를 받고, 한국인으로서는 최초로 남감리교인이 되었다. 그는 세례를 받기 이전인 1887. 3. 23일 다음과 같은 신앙고백을 하였는데, 그의 간증이 미 감리교 선교기관지인 "온 땅에 복음을"(The Gospel in All Lands) 6월호에 실리면서 미국 기독교인들의 큰 관심을 끌었다. 후일 윤치호는 미국에 유학하여 남감리교 계통의 명문 밴더빌트와 에모리 대학에서 수학하였고, 남감리교 해외선교부에 한국 선교를 강력하게 요청하였다.

1) 윤치호의 신앙고백

윤치호　　　　　　중서서원

"과거의 나와 현재의 나를 약술함:

나는 상하이에 오기 전에는 상제(*하나님)에 대해 들어보지 못했다. 그 이유는 이교(異敎)의 나라에서 태어나 이교 사회에서 자랐으며 이교 문학을 배웠기 때문이다. 나는 참 종교(*기독교를 뜻함)를 접한 후에도 죄 가운데서 지냈다. 그 이유는 절제와 경건의 삶보다는 감각적인 만족을 더 좋아했고, 인생은 잠깐이므로 젊어서 마음껏 쾌락을 즐겨야 한다고 생각했으며, 건강한 사람에게는 의사가 필요없다고 확신했기 때문이었다. 나는 스스로 의롭다고 여기고 내 자신의 의에 만족하였다. 그러나 내가 의롭다고 생각하면 할수록 나는 더욱 타락하게 되었다. 1886년 초부터 그해 말까지 나는 내가 추구하던 길과 다른 길로 걷고 있는 나 자신을 발견했다. 그 후 나의 악함을 깨닫게 되었고, 이전에는 결코 믿지 않았던 내세를 위해 깨끗한 영혼을 준비해야 할 필요성을 느끼게 되었다. 그리고 그 어떤 인간적 도움으로도 진정 죄 없이 산다는 것은 불가능함을 발견하였다. 나는 최근에 유교의 사서(四書)를 읽으면서 많은 좋은 교훈을 발견했다. 그러나 그 누구도 그 교훈에 복종해야할 의무가 없고, 그 경구들이 영혼의 요구를 만족시켜 줄 수는 없었으므로, 그 안에서 내가 구하던 것을 찾지는 못하였다.

나는 여러 악한 행실들을 떨쳐 버리려고 애썼으며, 내가 꿀처럼 사랑했던 몇 가지 큰 죄들을 어느 정도 없앨 수 있었다. 이 과정에서 성경과 여러 신앙 서적 그리고 신앙 강연이 큰 도움이 되었다. 개종을 결심하기 까지 나를 괴롭힌 장애물들은 박해와 조롱에 대한 두려움, 옛 친구들과 적이 되는 부담감, 수시로 내 속에 스며드는 의심과 유혹 등이었다. 하지만 나는 개종을 결심하였고, 다음과 같은 소망을 가지고 세례받기를 원한다: 내 시간과 재능이 다섯 달란트이든지 아니면 한 달란트이든지 기독교에 대한 지식과 신앙을 증진하는데 바치고자 한다. 하나님의 뜻이라면 내 자신과 형제들에게 유용한 삶을 살기 바라며, 인생의 밤이 다가왔을 때 죽음의 문턱에서 다른 친구들처럼 구원의 길을 찾을 필요가 없기를 바란다. 또한 과거의 나와는 다른 사람으로 인정받고, 어디로 가야할지 모르는 선택의 갈림길에서 빠지기 쉬운 유혹의 수가 줄어들기를 바란다. 그리고 나는 다음과 같은 사실을 믿는다: 하나님은 사랑이시며, 그리스도는 구주시다. 이 현실 세계에 대한 예언들이 그렇게 문자적으로 성취되었다면, 미래 세계에 대한 예언도 진실임에 틀림없다."[1]

2) 윤치호의 스크랜톤 방문

윤치호는 미국 유학을 마치고 1895년 3월에 귀국하자마자, 첫 주일 예배를 스크랜톤이 담임하고 있던 상동교회에서 드렸다. 윤치호가 언제 스크랜톤 선교사를 처음 만나 알게 되었는지는 확실치 않지만, 이 두 사람은 후일 긴밀한 관계를 유지하였다. 그는 당시의 일을 1895. 3. 10일 자신의 일기에 다음과 같이 기록하였다:

---

[1] 옥성득, 『첫 사건으로 본 초대 한국교회사』, pp.93-94

"주일 오전 10시, 스크랜톤 박사와 함께 상동교회로 가서 교인들에게 설교를 하였다. 스크랜톤 박사는 장년 6명에게 세례를 주었는데 그 중 한 명은 여성이었다. 스크랜톤 박사 댁에서 점심 식사를 하였다. 스크랜톤 부인(루이즈 스크랜톤), 대부인(메리 스크랜톤)과 함께 식사를 하였는데, 지금까지 내가 만나본 선교사들 중에 스크랜톤 박사 가정은 가장 훌륭한 선교사 가족으로 보인다. 스크랜톤 박사에게는 귀여운 딸들이 있다. 한국 사람들이 '노부인'이라 부르는 메리 스크랜톤은 여학교(*이화학당)를 세웠다. 박영효는 자기 어린 딸을 노부인에게 맡겨 교육을 시키고 있는데 아주 현명한 판단을 하였다고 본다."[2]

그 이후에도 윤치호는 종종 스크랜톤 선교사의 가정을 방문하여 교제를 나누었는데, 그는 1895. 9. 22일 일기에도 "아내와 함께 스크랜톤 박사 댁에서 만찬을 나누었다. 그 분의 딸들은 참으로 사랑스럽다"는 기록을 남겼다.

윤치호가 한국에 돌아온 이후에 남감리교회의 한국 선교는 급물살을 타게 되었다. 그의 선교사 파송 요청을 받았던 남감리교회는 헨드릭스(E.R. Hendrix) 감독과 중국에서 사역을 하고 있던 리드(C.F. Reid) 선교사를 1895. 10. 18일 한국에 보내어 선교 가능성을 타진하였다. 이 과정에서 그들과 가장 많은 대화를 나누고 도움을 주었던 사람이 바로 스크랜톤이었는데, 이 때 스크랜톤과 절친한 관계였던 윤치호가 중간에서 큰 역할을 하였다.

스크랜톤은 어머니 메리 스크랜톤이 사역하는 남대문 달성궁 인근의 남송현 언덕에 남감리교회를 위한 선교부지를 구입해주었다. 이에 대해 리드 선교사는 스크랜톤에게 감사를 표하며 다음과 같이 말하였다:

---

2) 『윤치호 일기』, 1895. 3. 10, p.381

"한국의 정치 상황이 불안정함에도 불구하고 기독교 선교 사역은 발전하고 있으며 여러 가지 새로운 사역들이 시작되고 있습니다. 선교사들의 보고 내용도 매우 희망적이어서, 헨드릭스 감독은 한국 선교를 즉시 시작하기로 결정하였습니다. 이 과정에서 미 북감리교회의 장로사인 스크랜톤 박사가 우리에게 가장 큰 도움을 주었는데 그 덕분에 우리는 서울을 떠나기 전, 남대문 안쪽에 바람직한 선교 부지를 확보할 수 있게 되었습니다."[3]

스크랜톤은 남감리교회의 선교부지 구입에 대해 뉴욕의 해외선교부에 다음과 같이 보고를 하였다. 우리는 그의 편지를 통해서 원래 남감리교회가 원했던 선교부지는 서울이 아니라, 서울에서 50마일 정도 떨어진 북쪽 지역이었음을 알 수 있다:

"저는 지난 열흘 동안 한국에서 선교사역을 시작할 계획을 가지고 중국 상하이에서 온 리드 목사님과 한국을 방문 중인 미 남감리교회 헨드릭스 감독님의 안내에 전념하였습니다. 그들은 (서울에서) 북쪽으로 50 마일 떨어진 지역에서 사역을 시작하려 하였지만, 왕비가 암살되었을 바로 그때에 한국에 왔기 때문에 미국 공사관에서는 지방 여행을 위한 여권 발급에 호응하지 않았습니다. 그래서 그들은 어쩔 수 없이 서울에 선교사들이 거주할 부지를 찾기 위해 서울을 둘러보았습니다. 결국 그들(*헨드릭스와 리드)은 어머니가 이미 확보한 언덕부지의 동쪽 기슭을 택하였는데, 어머니는 서쪽 기슭을 보유하고 있습니다. 그들은 그곳 언덕에서 서울 동남부 일대를 둘러보고 이보다 더 좋은 곳은 없다고 하였습니다. 그들은 3천 달러 조금 더 되는 돈을 지불하고 넓은 부지를 확보하였

---

3) C.F. Reid, "Superintendent's Report", *Annual Meeting of the Korea Mission of the Methodist Episcopal Church*, South, 1897, p.5

습니다. 그들이 확보한 부지도 넓지만, 어머니가 구입한 부지보다는 작습니다. 헨드릭스 감독님은 우리 선교부의 사역을 둘러보고 상당한 관심과 만족감을 표시하였습니다. 그는 사역의 토대가 멋지고 훌륭하다고 말하였습니다. 남감리교회는 내년 봄 리드 박사님을 한국에 파송할 것입니다. 그는 16년 동안 중국에서 사역을 해왔습니다."[4)]

스크랜톤의 보고를 받은 레너드 총무는 그에게 다음과 같은 답신을 보냈다. 그는 남감리교회가 한국에서 선교를 시작하게 된 것을 축하하며, 비록 지금은 미 감리교회가 남북으로 분열되어 있지만, 언젠가는 하나로 통합될 것을 기대하며, 선교지 한국에서나마 남북 감리교회가 서로 협력해서 선교를 해나가기 바라는 마음을 담았다:

"귀하의 선교부지 안에서 시작된 남감리교회 선교사들의 사역에 대해서 제가 드릴 말씀은 축하한다는 것 외에는 없습니다. 그곳에는 남감리교회 선교사들이 해야 할 일들이 많이 있을 것이고, 또 그것은 우리 사역의 확장에도 도움이 될 것입니다. 가까운 장래에 이루어질 수는 없겠지만, 언젠가는 우리 두 교회가 통합될 것이므로 그때까지라도 우리는 서로 조화를 이루며 협력해야 할 것입니다."[5)]

스크랜톤은 이와 같이 선교 부지를 구입하는데 도움을 주었을 뿐만 아니라, 리드 선교사가 중국 사역을 정리하고 한국에 왔을 때, 자신이 상동교회에서 양육하였던 사역자들을 그에게 보내어 남감리교회의 사역을 돕게 하였다. 메리

---

4) *W.B. Scranton's letter to Dr. A.B. Leonard*, October 25, 1895
5) *Dr. A.B. Leonard's letter to W.B. Scranton*, March 21, 1896

스크랜튼 역시 남감리교회의 여성 선교를 적극 지원하였다. 그녀는 중국에서 활동하던 남감리교회 해외여선교회 파송 선교사인 캠벨(J.P. Campbell)이 한국 선교를 개척하기 위해 1897년 10월 서울에 오자, 자신이 상동교회에서 전도부인으로 양육한 김세라(*사라)를 보내 캠벨 부인을 도와주었다.[6]

Rev. C. F. Reid   Mrs. J. P. Campbell

비록 미국 국내 사정으로 인하여 교단이 양분된 가운데 선교도 따로 할 수밖에 없는 현실이었지만, 스크랜튼 모자(母子)는 그런 세상적인 문제들을 초월하여 남감리교회의 한국 선교가 잘 정착할 수 있도록 최선을 다하였다. 이런 그들의 아낌없는 후원 덕분에 남감리교회는 훨씬 더 쉽고 빠르게 한국 선교현장에 뿌리를 내릴 수 있었다.

---

6) 이덕주, 『스크랜튼』, p.387

미 남감리교회가 한국에 선교를 개척하는 과정에서 스크랜톤의 공헌이 지대하였다면, 후일 남감리교회가 선교현장에서 성장하는 데는 윤치호의 역할이 절대적이었다. 그는 이미 미국 유학시절에 남감리교회 선교사 파송을 요청한 바가 있었는데, 그 후 100명 이상의 남감리교회 선교사들이 한국에 들어와 활동을 하였고, 윤치호 자신은 종교교회를 비롯한 아홉 개의 남감리교회를 세웠다. 그는 또한 애국가를 작사하여 청년들에게 애국심을 일깨웠으며, 스코틀랜드 민요인 올드 랭 사인(Auld Lang Syne)에 곡을 맞추어 애국가를 부르게 하였다.

월리엄 스크랜톤의 생애와 사상

12. 월리엄 스크랜톤의 선교에 대한 비전과 이론

    스크랜톤은 의료선교사였다. 그러나 그는 자신의 의료사역이 단지 한국인들의 육신의 병을 고쳐주는 것으로 끝나는 것을 원치 않았다. 그의 궁극적인 관심은 복음전도를 통한 영혼 구원에 있었으며, 자신의 의료사역은 복음전파의 한 수단에 불과하다고 믿었다. 물론 의료선교는 아주 중요한 사역임에는 분명하지만, 그것이 최종의 목표가 될 수 없다는 것이 스크랜톤의 확고한 선교철학이었다. 그래서 그는 선한 사마리아인 병원 비전에 따라 동대문, 서대문, 남대문 지역에 선교 부지를 구입하고 진료소를 개설하면서, 후일 기회가 되면 이 진료소가 교회로 바뀌고 그곳에서 복음 전파가 이루어지기를 기대하였다. 우리는 이러한 사실을 그가 동대문 지역의 선교 부지를 구입하고 파울러 감독에게 보낸 편지에서 분명히 확인할 수 있다:

    "친애하는 파울러 감독님, 동대문에 새로운 진료소를 열기 위해 감독님이 보셨던 곳 근처의 부지를 매입하였으며, 300 달러 정도만 있으면 우리는 그곳에서 훌륭한 일을 시작할 수 있습니다. (제가 그동안 구입한) 이 모든 진료소들은 장차 교회로 사용될 부지가 포함되어 있으며, 저는 궁극적으로 그런 목적을 가지고 땅을 매입하였습니다. 이와 같이 진료소를 여러 곳에 세우는 이유는 이 진료소들이 삼림 속에 들어가 벌채하는 역할을 해서 미래를 위해 땅을 개간하려는 것입니다. 우리는 10년 안에 이들 진료소 부지를 교회 용도로 넘겨주고, 의료사역은 한 곳에서 할 수 있을 것으로 기대하고 있습니다."[1]

그는 해외선교부의 레너드 총무에게도 한국의 선교 여건과 전망에 대해 소상하게 알려 주었다. 그는 지금 많은 사람들이 선교 사역에 있어 교육 부분만을 지나치게 강조하며, 의료 사역을 소홀히 하는 경향이 있는데 그것은 잘못된 것이라는 점을 지적하였다. 그는 의료 사역이야말로 복음전도에 가장 큰 역할을 할 수 있을 것이라고 확신하였:

"친애하는 레너드 박사님, 현재 한국에서 의료 사역의 상태는 불확실하거나 의심스러운 것이 아닙니다. 우리는 의료 사역을 통하여 전국에서 칭송을 받고 있습니다. 만일 외국인들이 즉시 이 은둔의 나라를 떠나도록 요청 받는 일이 발생한다고 하더라도, (한국 정부와 한국인들은) 의사들은 남아서 계속 의료 사역을 해주기를 바랄 것입니다. 서양 의사들은 이미 오래 전에 궁궐의 왕으로부터 지방의 최하층민에 이르기까지 모든 이들의 마음속에 자리를 잡았습니다. 진정 의료 사역을 통하여 이 나라가 개방되었고, 설사 한국인들이 외국인들에게 싫증을 느낀다고 해도, 의료 사역은 흔들리지 않을 것이며 우리를 더 앞으로 나아가게 할 것입니다. 저는 우리들이 이 나라에 영구적으로 뿌리를 내릴 것이라는 사실에 대해 아무런 의심을 갖고 있지 않습니다. 이처럼 우리는 한국인들에게

---

1) *W.B. Scranton's letter to Bishop C.H. Fowler*, September 3, 1889

위로와 그들이 기억할만한 새로운 생각, 그리고 그들의 주의를 끄는 신선한 이야깃거리를 가져다주었습니다. 우리는 이미 많은 사람들의 마음에 그리스도에 대한 지식을 심어주었고, 우리가 뿌린 훌륭한 씨앗은 장차 멋진 나무로 성장하여 이 나라를 보호할 것입니다. 우리가 하는 사역에 부정적인 면은 없으며, 다만 지면이 부족하여 모든 일들에 대해 상세히 말씀드리지 못하는 것뿐입니다. 이제 우리는 의료 사역에 관해서만 이야기하고 싶습니다. 우리는 그동안 수많은 질병을 치료했고, 환자들의 통증을 완화시켰으며, 그들의 고통을 해결해 주었기 때문에 이 의료 사역 분야에서 만큼은 우리가 더 이상 그들에게 애원하는 입장이 아닙니다. 저는 우리 선교사들이 그동안 한국인들에게 베풀어준 모든 것 중에서, 그들이 이 의학적인 도움에 가장 큰 가치를 두고 있음을 분명히 알고 있습니다."[2]

그는 또한 파울러 감독에게 보낸 편지에서 한국이 결코 위험한 선교지가 아니며, 교육 선교 못지않게 의료 사역을 통한 복음전파가 중요하다는 사실을 강조하였다. 그는 의료 선교가 가장 강력한 수단이라는 사실에 대해 추호도 의심하지 않았고, 주변 사람들이 그러한 점을 올바로 깨닫지 못하는 것에 대해 실망감을 나타내기도 하였다:

"친애하는 감독님, 우선 저는 감독님께서 잘 아시는 것처럼 우리들이 위험한 선교지에 있지 않다는 점을 말씀드리고 싶습니다. 우리는 개인적인 위험에 처해 있지 않으며, 사역도 마찬가지입니다. 우리의 안위와 사역은 하나님의 손에 있으며, 모든 일은 그 분에게 맡겨져 있습니다. 저는 (지금 한국이 선교지로서 매우 위험하다는 항간에 떠도는) 그런 소문의 근거가 전혀 없기 때문에 우리들

---

[2] *W.B. Scranton's letter to Dr. A.B. Leonard*, June 24, 1889

이 이 땅에서 마치 순교자처럼 취급되는 것을 좋아하지 않습니다. 우리들의 안전과 관련하여 고국에서 떠도는 이야기는 모두 거짓이며, 진실이 티끌만큼도 없습니다. 러시아는 한국을 점령하지 않았고, (설사 러시아 군이 한국에 들어왔다고 하더라도) 그것은 국경에서 멀리 떨어진 지역일 것입니다. 그런 소문은 전혀 사실이 아닙니다. 이곳에서 아무도 학살당하지 않았고, 괴롭힘을 당하거나 위협을 받지도 않았습니다. 우리는 완전히 평화롭게 지내고 있습니다. ... 고국에 계신 여러분들께서는 이 나라의 상황에 대해 우리들의 이야기를 듣고, 신문의 기사는 믿지 마시기 바랍니다. 그간 감독님께서 여러 거짓 소문들을 듣는 그대로 믿고 계셨기 때문에 선교본부에서 여러 차례 상당히 불필요한 지연과 혼란이 야기되었습니다.

  우리는 감독님께서 우리의 사역을 기쁘게 보시고, 아직도 큰 관심을 갖고 계시다는 사실을 알게 되어 매우 기쁩니다. 저는 의료 사역에 대한 우리의 계획을 감독님이 승인해 주셔서 무척 고무되었습니다. 감독님의 제안은 지금껏 저에게 적지 않은 도움을 주셨습니다. 의료 선교는 한국에서 가장 강력한 수단입니다. 그러나 한 사람이 혼자서 이 광범위한 계획을 수행할 수는 없습니다.

  이미 말씀드린 것처럼 저 말고는 (너무 오래 동안) 의료 사역에 대해서는 관심을 가진 사람들이 없었기 때문에, 그동안 저는 깊은 실망의 늪에 빠져 있었습니다. 그것은 분명 일종의 진퇴양난이었습니다. 저는 한국에 와서 의료 사역을 처음 시작한 이래 사람들이 늘 학교, 학교, 학교를 말하는 것 이외에는 아무것도 듣지 못했습니다. 물론 저도 학교 사역의 중요성에 대해 다른 모든 사역자들의 의견에 전적으로 공감하고 있습니다. 학교뿐만이 아니라 우리의 출판 업무 역시 선교본부가 할 수 있는 모든 역량을 총동원하여 추진해야 합니다. 그러나 저는 뉴욕의 해외선교부와 한국에 있는 감리교 선교회가 의료 사역에 더 박차를 가하지 않는 심각한 과오를 범하고 있다고 생각합니다. 모든 일에는 서로 다른 양면이 존재하는 법인데, 지금 감독님께서는 의료가 아닌 다른 쪽 이야기만 듣고 계신 것 같습니다. 저는 온 마음으로 학교 사역에 찬성하며, 그것이 덜 중요하다고 여기지 않으며, 또한 그것이 지금처럼 지속되어야 한다고 믿고 있습니다. 하지만 의료 사역의 중요성과 시급성은 결코 간과되어서는 안 됩니다."[3]

스크랜톤은 지금 한국에서의 감리교 선교 사역이 교육에 큰 중점을 두고 있는데, 그 자신도 학교 사역의 중요성을 간과하지는 않으나, 학교 사역은 의료 사역에 비해 큰 열매를 거두지 못하고 있으니, 의료사역에 우선순위를 두어야 한다고 강력하게 주장하고 있다. 그의 이야기를 계속 들어보자:

"저는 지금 한국에서 학교 사역이 한국인들을 접촉할 수 있는 가장 좋은 수단이며, 우리의 목적을 가장 빠르게 달성할 수 있는 최고의 방법이라고 믿지 않습니다. 일본에서 학교 사역이 큰 성과를 거두었다고 해서 한국에서도 처음부터 그렇게 해야 할 이유는 없습니다. 저는 한국에서도 후일 학교 사역이 잘 진행 될 수 있기를 희망합니다. 어떤 목적을 달성하기 위해서는 훌륭한 방법이나 수단이 반드시 필요하지만, 언제나 같은 방법이 적용될 수는 없습니다. 머지않아 한국에도 학교가 많이 필요하게 될 것이며, 지금 그것을 천천히 준비하는 것은 현명한 일입니다. 그러나 지금 한국인들의 최대 관심사는 교육이 아닙니다. 그들의 마음에 배움에 대한 갈망이 아직은 강하지 않습니다. 제가 강조해서 말씀드리고 싶은 것은 현재 한국인들과 가장 쉽게 만나고 접촉할 수 있는 유일한 방법은 의료 사역입니다. 지금 그들은 그것을 원하고 있고, 우리는 줄 수 있습니다. 우리는 가장 넓은 문으로 들어가야 합니다.

그렇다면 우리가 한국에서 의료 사역을 선호하고 강조하는 이유는 무엇일까요? 첫째, 의료 사역을 통하여 이 나라의 문이 열렸으며 그 후에 어느 정도 교육

---

3) *W.B. Scranton's letter to Bishop C.H. Fowler*, September 3, 1889

사업에 대한 호감이 생기고 가능해졌기 때문입니다. 한국인들이 외국인 교사와 관립학교를 원하게 된 것은 외국인 의사(*알렌 선교사)가 치명상을 당한 왕비의 조카(*민영익)를 치료한 이후입니다. 지금 모든 학생들은 관직에 진출할 수 있다는 약속을 받고 공부에 임하고 있습니다. 한국에서 외국인 의사의 치료를 받지 않을 사람은 아무도 없습니다. 그들 모두는 서양 의학을 칭찬하며, 왕에서부터 최하층 노무자에 이르기까지 선교사들이 주는 약을 복용하고 있습니다.

그 누구도 한국인이나 외국인들로부터 서양 의학에 대해 반대하는 말을 들어 본 적이 없습니다. 하지만 학교 사역은 그 정도로 인정을 받지는 못합니다. 모든 사람들이 의료 사역의 성과를 칭찬하며, (한국에 있는) 모든 외국인들은 서양 의학을 통하여 외국인들과 한국인들의 교류가 이루어지고, 그것이 궁극적으로 학교 사역도 가능하게 한다는 점에 동의하고 있습니다. 현재 우리의 선교 사업이 정체된 상태에서 의료 사역은 그 돌파구가 될 것입니다. 24시간 안에 추수할 수 없다고 해서 궁극적으로 열매를 맺게 해 줄 씨앗 뿌리는 일을 중단할 것입니까?

저는 우리가 베풀고 있는 의료 사역에 대해 감사하지 않는 한국 사람을 한 번도 본 적이 없습니다. 그들은 어떻게 우리 서양 의사들이 지치지도 않고, 끊임없이 일 할 수 있는지 물어옵니다. 그들은 자신들이 우리에게 아무런 보상도 해 줄 수가 없는데도, 어떻게 우리가 그토록 헌신적으로 봉사할 수 있는지에 대해 의아해 합니다. 이런 것이 진정한 선교 사역이 아닐까요? 의료 사역은 (학교 사역과는 다르게) 해외선교부에 정확한 개종자의 수를 보고할 수 없기 때문에, 선교에 도움이 되지 않으며 학교 사역만큼 중요하지 않다고 말할 수 있을까요? 저는 우리가 학교 사역보다 더 많은 일을 하고 있다고 믿습니다. 실은 우리 감리교 개종자의 대다수가 환자였으며, 그들이 치료를 받았기 때문에 기독교에 관심을 가졌던 것입니다. 학교 사역과 직접적인 전도를 통해 얻은 개종자는 단지 수백 명에 불과할 뿐입니다.

우리는 병원과 진료소에서 16,000명 이상을 치료하였습니다. 그렇다면 우리가 그들에게 아무런 영향을 주지 않았을까요? (학교 사역과 의료 사역을 통한 개종자) 비율은 어떠한가요? 수백 명 대 수천 명? 물론 저는 의료 사역이 항상 더 낫다고 생각하지는 않습니다. 당연히 이런 수치와 비교는 오해의 소지가 있습니다. 학교에는 학생들이 지속적으로 출석하고 직접 교육을 받는 반면에, 환자의 진료소 방문은 일시적인 경우가 많습니다. 그래서 그 차이를 고려해야 합니다. 그럼에도 불구하고 이 두 분야를 동등한 위치에 놓을 수는 없습니다. 분명히 의료 사역의 유리한 점이 더 많습니다."[4]

스크랜톤은 이와 같이 의료 사역이 학교 사역보다 더 손쉽게 한국인들에게 접근할 수 있으며 그 효과가 더 크다는 사실을 강조한다. 그러면서 그는 현재 한국에서의 전도 사역이 거의 열매를 맺지 못하는 상태에서 의료 사역을 통하여 지방으로 진출을 해야 하며, 그것은 분명히 놀라운 성과를 가져다 줄 수 있다고 말한다:

"현재 전도 사역은 정지 상태에 있습니다. 우리는 한국인들을 가르치거나 그들에게 세례를 주는 것이 금지되어 있습니다. 지방으로 여행을 하려면 우리는 외아문(*현재의 외교통상부에 해당하는 부서)으로부터 허가를 얻어야 하는데, 그러기 위해서는 먼저 한국인들을 가르치거나 세례를 주지 않겠다고 약속을 해야 합니다. 그러나 우리 의사들은 의약품을 가지고 언제든지 즉시 갈 수가 있습니다. 저는 우리의 방문을 미리 알게 하는 것보다, 이런 여행이 훨씬 더 효과적이라고 믿고 있습니다. 의약품의 지원을 받은 모든 마을에는 머지않아 개종자와 예배당이 생기게 될 것입니다. 만일 의약품이 선교 사역에 중요한 수단이 아니

---

4) *W.B. Scranton's letter to Bishop C.H. Fowler*, September 3, 1889

라고 한다면, 왜 우리 선교사들은 모두 전도 여행을 떠날 때 현지인들을 위해 의약품을 가지고 가려 하는 것일까요? 모든 선교사들은 전도 여행을 할 때 의사들이 동행하는 것을 가장 선호합니다. 이처럼 만일 의약품이 유용하다면, 우리는 그것을 온전하게 활용하고, 또한 그렇게 될 수 있도록 모든 노력을 기울여야 합니다."[5]

스크랜톤은 한국에 온지 6년만인 1891년 첫 번째 안식년을 갖는다. 사실 그는 지난 세월 한국에서 선교 사역을 하면서 많은 보람을 느끼면서도, 한편으로는 자신의 사역에 한계를 느끼며 다른 선교지로 옮기는 것을 진지하게 생각할 만큼 큰 좌절감에 빠진 때도 있었다. 그러나 그는 결국 안식년을 마치고 다시 한국에 돌아와 그의 사역을 이어간다. 그는 한국에 다시 돌아온 소회를 연회원들에게 다음과 같이 고백하였다:

"안식년(*1891년)을 갖기 위해 제가 한국을 떠날 때의 심정을 솔직히 말씀드리자면, 결코 기쁘다고 할 수 없는 슬픈 마음이었습니다. 그동안 제 나름대로 열심히 일을 하기는 했지만 나타난 결과는 전혀 만족할 만한 것이 아니었습니다. 제 생각에는 모든 것이 마지막 같아 보였고, 제 생애에 그처럼 실망스러운 일들을 다시 볼 수 없었던 그런 나날들이었습니다. 때로 하나님께 차라리 다른 선교지로 가서 그곳에서 넘치는 은혜를 누리고 싶다고 기도하였습니다. 그런데 저는 이제 다시 한 번 하나님의 은총 속에 (한국으로) 돌아왔습니다. 그리고 히스기야처럼 한국에서 저의 날들을 더하게 된 것에 대해 감사하고 있습니다. 이런 느낌이 점점 강하게 들면서 제가 그동안 한국에서 한 일들이 주님께 헛된 것이 아니

---

5) *W.B. Scranton's letter to Bishop C.H. Fowler*, September 3, 1889

었다는 신념을 갖게 되었습니다."[6]

안식년을 마치고 한국에 다시 돌아온 스크랜톤은 의료 사역을 중심으로 한 자신의 선교 이론을 보다 구체적으로 정리하고 실천해 나갔다. 그는 의료 사역이 환자들을 치료하고 생명을 살리는 그 자체만으로도 아주 중요한 사역임에는 분명하지만, 단지 한국인들의 병든 육체를 고치는 것이 자신이 한국에서 사역을 하는 이유가 아님을 확실하게 천명하였다. 그리고 궁극적으로 의료 사역은 복음 전파와 영혼 구원이라는 대사명을 이루기 위한 도구가 되어야 한다고 믿었다:

"우리 입원 환자들은 거의 대부분 버림받고 스스로는 생활할 수 없는 도움이 절실하게 필요한 사람들로서, 그들의 모습은 차마 눈뜨고 볼 수 없을 지경입니다. 대부분 환자들은 거의 숨이 넘어 가기 직전에 우리를 찾아옵니다. 이처럼 가진 것이 아무것도 없는 불쌍한 사람들을 돕는다는 것은 참로 기쁜 일입니다. 그러나 우리의 도움이 필요한 사람들이 너무 많아 우리가 가진 물질과 시간만으로는 감당할 수 없어 마음만 안타까울 뿐입니다. 다만 이런 상황 속에서도 '무엇이든 내 이름으로 구하면 내가 이루리라' 하신 주님의 말씀을 그동안 잊고 살았다는 점을 깨닫고는, '하늘에서 이루어진 것처럼 땅에서도 이루어지이다' 하고 진심으로 간구할 수 있다는 사실에서 기쁨을 얻습니다.

그러나 제가 드리고 싶은 말씀은 이처럼 궁핍한 사람들을 돕는 것도 즐거운 일이지만, 그보다는 그들의 영혼을 구원하는 사역이 가장 기쁜 일이라는 것입니다. 우리를 참으로 기쁘게 하는 것은 매일 아침마다 (병원) 기도실에서 열리는

---

6) *Annual Report of the Board of Foreign Missions*, 1892, p.283

기도회입니다. 매번 20-25명, 때로는 그 이상 참석하고 있는데 제가 돌아온 이후 기도회 참석자 가운데 10명이 학습인 명부에 이름을 새로 올렸습니다. 그러나 이것만 가지고 위로를 삼아서는 안 될 것입니다. 결실만 강조하면 신앙은 중단됩니다. (우리가 지금 결실을 거둘 수 있는 이유는) 지난 날 누군가 씨앗을 뿌렸기 때문에 우리가 돌보지 않았음에도 그것이 싹이 나고 자란 것입니다. 이 모든 것이 하나님께서 더해 주신 결과이기에 우리는 여기서 큰 교훈과 동시에 새로운 용기를 얻고 있습니다."[7]

스크랜톤은 사람들의 육체를 치료하는 것보다 더 중요하고 기쁜 일은 그들의 영혼을 돕는 일이라고 말한다. 그리고 그의 신실한 동역자였던 한용경을 통해서 영혼을 구원하는 귀한 사역이 어떻게 이루어지고 있는가를 소개하면서, 자신은 이런 소식을 접하는 것이 미국에서 휴가를 보내는 것보다 더 좋다고 말하고 있다:

"얼마 전 열네 살 가량 된 어린 환자가 소소한 통증 때문에 병원을 찾아온 적이 있었습니다. 그 때 한결같은 믿음의 소유자인 한용경 형제가 그에게 교리를 가르쳤는데 그 과정에서 확인된 것이 있습니다. 그것은 그가 2년 전에 지금보다 훨씬 더 심각한 질병 때문에 우리 진료소를 방문하여 치료를 받았을 뿐 아니라 복음의 씨앗을 가지고 돌아갔다는 사실입니다. 그는 집으로 돌아가 복음을 전했을 뿐 아니라, 지금까지 2년 동안 정확하게 안식일을 지키고 매일 기도를 한다고 합니다. 형제 여러분, 저는 이런 소식을 듣는 것이 미국에서 휴가를 보내는 것보다 더 좋습니다. 단지 한 소년이 우리 진료소에 와서 짧은 가르침을 받은 결과가 이러할진대, 우리 진료소를 방문한 사람들이 우리와 함께 기도하고 우리

---

[7] *Annual Report of the Board of Foreign Missions*, 1892, pp.283-284

의 가르침을 들은 후, 우리가 나누어주는 성경과 전도지를 가지고 이 나라 구석구석 흩어져 들어갔으니, 이들이 사는 촌락과 마을과 도시에서 어떤 일들이 벌어지고 있을지 상상이나 할 수 있겠습니까? 얼마나 많은 사람들이 여러분이나 제가 복음을 들고 찾아와 올바로 가르쳐 주고 즉각 결단할 수 있도록 도와주기를 기다리고 있는지 아시겠습니까?

제가 알기로는 적어도 스무 명이 넘는 사람들이 한용경 형제의 지도를 받으며 마음속에 그리스도를 주로 모신 후 기쁜 소식을 안고 집으로 돌아갔습니다. 우리는 지금 그들이 어디 있는지 알지 못합니다. 그들은 세례를 받지 않고 돌아갔습니다. 이제 우리가 큰 길로, 골목길로 이들을 찾아 나설 때가 되었습니다. 우리는 지금 서로 등을 맞대고 모여 서서 각자 자기 식대로 사람들에게 외치고 있는 형국입니다. 사방 널리 퍼져 있는 들판의 곡식은 이미 누렇게 익어 추수를 기다리고 있는데 말입니다. 그들이 있는 곳에 가기만 한다면 우리는 곧 바로 추수할 수 있을 것입니다. 이성적인 판단이 아니라 영적인 부흥의 방식으로 매일 매일 그들을 모아 결단하게 함으로서 구원받게 할 수 있을 것입니다."[8]

스크랜톤은 자신이 운영하는 진료소에 치료를 위해 왔던 한국인 환자들이 단순히 육체의 병을 고침 받은 것이 아니라, 진료소를 방문했던 그 짧은 시간에 복음에 대해 듣고, 기독교의 진리를 배운 후 전국 각지로 흩어져 복음을 전하고 있다고 말한다. 그러면서 이제 선교사들이 이들을 찾아나서야 한다고 주장한다. 스크랜톤은 자신의 동료들이 이들을 방문하지 않고, 서울에 앉아서 선교에 대해 탁상공론을 하고 있는 것은 결코 바람직하지 않다고 말하며 그들의 행동을 촉구하였다:

---

8) *Annual Report of the Board of Foreign Missions*, 1892, pp.283-284

"우리는 가만히 앉아서 수단과 방법에 대해 토론을 벌이는 것을 그만두고, 이제는 나가서 일하며 경험을 쌓아야 합니다. 우리는 서로 비판하는 것보다 함께 사역을 하는 것이 당면한 문제를 해결하는 지름길이라는 사실을 잘 알고 있습니다. 우리 사역자들은 일 년에 적어도 두 차례, 서로 다른 지역으로 함께 지방 전도여행을 합시다. 그래서 준비가 된 사람들에게 세례를 베풀고, 그들을 성부와 성자와 성령의 이름으로 묶어줍시다. 나머지 일은 우리를 부르시고 보내시는 주님께 맡깁시다. 믿음의 눈으로 멀리 내다봅시다. 우리가 볼 수 있는 그 너머까지 나아갑시다. 우리가 헤엄칠 수 있는 그 이상으로 멀리 나아갑시다. 우리가 비록 건널 수 없을지라도 '너희가 내 이름으로 무엇을 구하든지 내가 행하리니 이는 아버지로 하여금 아들로 말미암아 영광을 받으시게 하려함이라'(요한복음 14:13)는 말씀을 의지하여 담대하게 나아갑시다."[9]

스크랜톤은 이와 같이 동료 선교사들을 격려하고 권면하며 비전을 불어 넣었다. 그리고 자신의 선교이론을 쟁기와 써래에 비유하여 설명하였다. 그는 의료 사역은 쟁기처럼 묵은 땅을 뒤집어엎고 기경하는데 유용하며, 학교 사역은 그 후에 써래와 같은 역할을 하는 것이 바람직하다고 말한다:

"우리가 이미 보았듯이 병원은 이곳 사람들의 편견을 허물어뜨리는 쟁기입니다. 이 나라에서 서양 의사는 어느 곳이든 신상의 위협을 받지 않고 들어갈 수 있습니다. 그렇기 때문에 의사는 지방 사역을 개척할 때 선발요원으로 활용될 수 있을 것입니다. 저는 전국 팔도에 각 한 명씩 파견할 의사 8명만 있었으면 좋겠습니다. 그들은 분명히 엄청난 일을 해낼 것입니다. 이들이 먼저 사역지에 들

---

9) *Annual Report of the Board of Foreign Missions*, 1892, pp.283-284

어가 잘 준비된 토양에 씨를 뿌릴 수 있을 것입니다. 물론 의사가 이 두 가지 사역을 모두 할 수 있으면 좋겠지만, 현실적으로는 여러분들이 상상하는 것 이상의 어려움이 있습니다. 학교는 땅을 고르고 부드럽게 만드는 써레입니다. 언젠가는 학교가 병원보다 훨씬 큰 사역을 감당할 날이 올 것입니다. 그러나 지금은 아닙니다. 쟁기로 땅을 고르게 할 수 없듯이 써레로 쟁기질을 할 수는 없습니다."[10]

---

10) *Annual Report of the Board of Foreign Missions*, 1893, p.255

월리엄 스크랜톤의 생애와 사상

13. 월리엄 스크랜톤의 목회철학

1) 현지인 영적지도력 양성

    선교사들이 어느 선교지에 가서 하나님의 사역을 하든 언젠가 그들은 때가 되면 정든 선교지를 떠날 수밖에 없다. 때로는 하나님의 부르심을 받고 천국으로 가기도 하고, 은퇴를 하여 고향으로 돌아가기도 한다. 어떤 선교사들은 자신이 봉사했던 선교지에 뼈를 묻기도 한다. 그러나 분명한 사실은 그들은 하나님이 허락하신 한정된 시간만 선교지에 머문다는 것이다. 여기에서 중요한 문제가 대두된다. 선교사들이 떠나고 난 이후의 선교지는 어떻게 되는 것인가? 이 질문에 대한 답변은 그리 어렵지 않다. 선교사들의 그 빈자리를 현지인 사역자들이 채워야 한다. 그러나 이러한 리더십 이양은 시간만 흐른다고 해서 저절로 이루어지지 않는다. 사전에 충분한 여유를 가지고 미리 전략적으로 준비해야 한다.

    스크랜톤은 이러한 현지인 사역자의 리더십 육성의 중요성을 너무 잘 알고 있었다. 그는 언젠가 선교사들의 뒤를 이어 한국 교회를 이끌어갈 현지인 사역자들의 교육을 강조하였고, 그들을 지도자로 양육하는데 혼신의 힘을 다하였다. 한국 선교가 시작된 후 15년이라는 세월이 흐른 시점에서 열렸던 1901년 한국 연회에서 그는 다음과 같이 말하였다:

"우리가 새롭게 시도하려는 일은 아주 작은 것이지만 대단히 시급한 사안입니다. 이번 일은 그 어떤 감정에 치우쳐 하는 것이 아닙니다. 현재 우리에게 적어도 여섯 명의 새로운 선교사가 필요하다는 사실을 감안할 때, 이것은 최소한의 조치이자 아주 합리적이고 타당한 일이라 할 수 있습니다. 우리가 이곳에서 당면하고 있는 현실적인 문제에 대해 본국 교회가 어떻게 이해하고 있는지는 알 길이 없습니다. 하지만 우리는 우리에게 부과된 이 막중한 과제를 수행하기 위해서, 적어도 이번 연회에서는 가장 훌륭한 자격을 갖추었다고 판단되는 현지인 사역자 세 명에게 집사목사 안수를 주어야 할 것입니다.

제가 이처럼 과감하게 시도하려는 이유는 다음과 같습니다. 첫째, 이미 말씀드렸다시피 (현지인 사역자들을 통하여) 우리의 사역 역량을 늘리려고 하는 것입니다. 둘째, 현지인 교회 사역자들로 하여금 자기 사역에 진지한 자세로 임하며 책임감을 느끼도록 하려는 것입니다. 저는 적어도 세 명은 집사목사 안수를 받을 수 있는 충분한 자격이 있다고 보는데, 우리 연회원들도 같은 생각을 가지고 계시리라 믿습니다. 우리 선교사들이 지금 담당하는 지역과 구역은 너무 넓어서 현지인 사역자들의 도움이 시급하게 요청됩니다.

이들은 우리의 지도를 받으며 결혼이나 세례와 같은 성례식을 집례할 수 있습니다. 현지인 목회자들을 이런 식으로 집사목사의 반열에 세운다면, 전체적으로 우리 선교사들의 입지도 더욱 공고해질 것입니다. 우리는 우리와 함께 목회 사역을 해온 이들 현지인 형제들에게 힘을 실어줄 필요가 있습니다. 그렇게 함으로서 현지 교회 교인들은 우리가 이들을 전적으로 신뢰한다는 것을 인식하고, 이들을 안심하고 자기 교회 지도자로 받아들일 것입니다. 이미 지도자로 활동하고 있는 사람들은 많은데 우리에게 인정을 받은 이들은 적습니다. 현지인 사역자들의 도움을 받지 않고는 도저히 감당할 수 없을 정도로 우리에게 주어진 일이 많습니다."[1]

이러한 스크랜톤의 강력한 요청에 따라 1901년 한국 연회에서 첫 번째 한국인 목사가 배출되었는데, 그 주인공은 김창식과 김기범이었다. 1901. 5. 14일 연회 마지막 날 무어 감독은 스크랜톤, 존스, 노블 선교사의 보좌를 받으며 이들에게 목사안수를 주었다.

이 일이 있은 후, 스크랜톤은 어머니의 발병으로 인하여 미국으로 돌아갈 수밖에 없었다. 그리고 3년 여 만에 다시 선교현장에 복귀한 스크랜톤은 한국 교회가 놀랍게 성장하고 있음을 확인하였다. 그의 눈에 비친 한국 교회는 양적으로만 성장하는 것이 아니라, 사도행전에 기록된 초대교회처럼 성령이 충만한 모습이었다. 그는 감격에 겨워 다음과 같은 글을 선교지에 기고하였다:

"현재 이곳(한국)에서 사역하다보면 가는 곳마다 하나님의 복음이 들어가 교인들이 서로 격려하며 소리를 높여 찬양을 부르는 모습을 볼 수 있습니다. 또한 성경 말씀을 사모하며 그 깊은 뜻을 깨달아 함께 기뻐하는 모습을 볼 수 있는데, 마치 1세기 그리스도인들이 여기에 있는 듯한 느낌을 갖게 됩니다. … 새로운 신자들은 기쁨이 충만하여 도를 행하는데 매진하며, 이 사람들은 신앙적인 것이 아닌 다른 일을 하는 것을 시간 낭비로 여길 정도입니다. 선교사들의 보고서를 읽다보면 마치 사도행전의 기록을 읽는 느낌이 듭니다. 여기에서 주일마다 모

---

1) W.B. Scranton, "Superintendent", *Official Minutes of Annual Meeting of the Korea Mission*, 1901, pp.24-25

이는 성도들, 세례를 받은 후 새로운 삶을 살려고 애쓰며 노력하는 교인들, 강단 앞으로 몰려나와 거룩한 성물을 만지며 위안을 얻고자 하는 사람들, 속회에 참석하여 믿음의 확신을 더해 가는 교인들, 질병이나 우환을 당한 교우들의 집을 찾아가 열정적으로 찬송을 부르는 교인들을 보노라면 이들이야말로 의심의 여지가 없는 진정한 기독교인임을 알 수가 있습니다."[2]

하지만 한국교회가 이렇게 폭발적으로 성장하고 있음에도 불구하고 사역자들의 수는 턱없이 부족하였다. 이에 스크랜톤은 미 해외선교부에 적어도 20명의 선교사들을 더 파송해 줄 것을 요청하였지만 아무런 소용이 없었다. 이런 상황에서 스크랜톤은 현지인 목회자 양성만이 유일한 해결책이라고 굳게 믿었다. 그의 말을 들어보자:

"본국으로부터 충분한 지원을 받지 못하는 상태에서는 그 일 (*사역자를 충당하는 일)은 현장에서 해결해야만 합니다. 현재 모든 선교사들은 자기가 맡은 양떼를 돌보는 일과 자기 구역 안에서 자신을 도와줄 현지인 목회자를 양성하는 두 가지 업무를 동시에 하고 있습니다. 목양 사역이야말로 선교지에서 가장 바람직한 일입니다. 매일매일 늘어나는 양떼들을 돌보고, 그들을 묶어 놓은 죄악의 사슬을 끊도록 인도하고, 때로는 엄한 재판관처럼, 때로는 동정심 많은 친구처럼, 그들과 함께 기뻐하고 슬퍼하며 주님의 도우심 가운데 그들을 거룩한 믿음 안에 세워나가는 목자의 사역만큼 중요한 것은 없습니다."[3]

스크랜톤은 현지인 사역자 양성을 위하여 사경회와 신학반 운영과 같은 구

---

2) W.B. Scranton, "Past and Present", *The Korea Methodist*, March 1905, p.56
3) W.B. Scranton, "Past and Present", *The Korea Methodist*, March 1905, p.56

체적인 방안을 제시하였을 뿐만 아니라, 현지인 사역자들이 선교사들의 동역자로 활동할 수 있도록 그들을 양육하고 책임 있는 자리를 부여해야 한다고 주장하였다. 1905년 6월 정동교회에서 해리스 감독의 주재로 열린 연회에서 그는 다음과 같이 제안하였다:

"우리는 능력 있는 현지인 사역자들을 우리 연회의 견습인이나 그 이상의 위치에 받아 들여야 할 때가 되었습니다. 그렇게 되면 저는 지금 제가 가지고 있는 권한과 책임을 기꺼이 현지 목회자들에게 넘길 생각입니다. 물론 그들로부터 지금 당장 엄청난 도움을 받을 것이라고 생각하지는 않지만, 우리는 현지인 목회지도력을 개발하는 일에 항상 열린 자세로 임해야 할 것입니다. … 한 가지 분명한 사실은 우리는 현장에서 현지인 사역자들의 도움을 받아야하며, 그것도 즉시 이루어져야 한다는 것입니다. 본국에서 온 신참선교사를 현장에 투입하려면 적어도 3-5년 정도의 준비과정이 필요합니다. 하지만 우리 현지인 사역자들은 지금이라도 당장 달려 나갈 자세를 취하고 있으며, 그들은 어떤 시련이나 곤경에도 낙담하지 않습니다. 지금까지 안수 받은 현지인 목사가 이제 겨우 네 명이고, 금년 연회에서 두 명이 더 받기로 예정되어 있지만, 실은 더 많은 인원이 연회 학습과정을 이수하고 안수를 받아야 하지 않겠습니까? 이제 때가 무르익었다고 봅니다. 그것만이 (우리의 간절한 요청에도 불구하고) 귀를 막고 있는 본국 교회에 막연히 기대했다가 낭패를 보지 않고 이곳 현장에서 인력을 보충할 수 있는 유일한 길입니다. 현지인 목회자를 육성하고 성장시키는 것만이 진정한 해결책입니다."[4]

---

4) W.B. Scranton, "Superintendent", *Official Minutes of Annual Meeting of the Korea Mission*, 1905, p.31

2) 현지인 교회의 자립

일반적으로 한국 교회는 기독교 선교 역사상 그 유래를 찾아보기 어려울 정도로 빠른 시간 내에 놀라운 성장을 이룩했다는 긍정적인 평가를 받는다. 한국 교회의 부흥과 발전에는 여러 가지 이유가 있겠지만, 그 중의 하나가 한국 교회는 선교 초기부터 자립을 강조했다는 점이다. 물론 선교 초기부터 한국인들과 한국 교회가 미국을 중심으로 한 서양 선교사들로부터 다방면에 걸쳐 수없이 많은 도움을 받은 사실은 부인할 수가 없다. 만일 그들의 아낌없는 지원과 헌신이 없었다고 한다면, 오늘날의 한국 교회는 존재하지 못했을 것이다. 서양 선교사들은 최선을 다하여 물질적인 후원을 하면서도, 동시에 한국 교회 성도들에게 자립의 중요성을 강조하였다.

한국 선교 초기부터 이처럼 자립을 강조하게 된 배경에는 존 네비어스(John L. Nevius)의 영향이 컸다. 그는 1854년 북장로교 파송으로 중국 지푸에서 사역하던 노련한 선교사였다. 그에 비하여 선교 경험이 턱없이 부족했던 한국에 있는 선교사들은 1890년 그를 초청하여 선교 정책에 대한 조언을 듣고, 선교 사역에 적용하기를 원하였다. 그의 방한을 계기로 이른바 "네비어스 선교 방법"이라는 것이 수립되는데, 그의 가르침은 비단 장로교 선교사들 뿐만이 아니라 교파에 상관없이 많은 사람들에게 영향을 주었고, 한국개신교의 대표적인 선교이념으로 자리를 잡게 되었다. 네비어스 선교 방법의 핵심은 자진전도(Self-Propagation), 자력운영(Self-Support), 자주치리(Self-Government)의 3대 명제로 요약할 수 있다.

자진전도란 한국 교회의 전도가 한국인들에 의해 주도적으로 이루어져야 한다는 것이며, 자력운영은 바로 한국 교회의 자립을 의미하는 것이다. 그는 외국 선교사들을 통한 도움을 최대한 줄이고, 가급적 빠른 시일 내에 한국 교회 성도들 스스로 경제적으로 자립하게 해야 한다고 역설하였다. 자주치리란 궁극적으로 현지인 지도자들을 양성하여 선교사들이 가지고 있는 권한과 책임을 그들에게 넘겨주어야 한다는 것이다.[5]

스크랜톤 역시 선교 정책에 있어 네비어스와 맥을 같이 하면서, 한국 교회 성도들이 선교사들에게 너무 의존하지 않고 스스로 일어설 수 있도록 권면하였다. 그는 1905년 "자립"(Self Support)이라는 제목의 글을 써서 선교잡지에 기고하기도 하였는데, 그는 여기에서 한국 교회의 자립운동이 잘 진행되고 있다고 평가하였다:

"현재 한국에서의 교회 자립은 잘 진행이 되고 있습니다. 모임 장소, 교회, 학교 건물을 건축하는데 도움을 달라고 요청하는 경우가 점점 줄어들고 있습니다. 예전에는 한국 사람들이 학교를 원한다고 하면, 우리가 학교를 지어주어야만 하는 시절도 있었습니다. 교회 건물은 대개 외국에서 도움을 받아 건축을 하였습니다. 아직까지도 현지인들의 목회는 미국에서 보내온 선교후원금에 절대적으로 의존을 합니다. 물론 이런 일들은 시간이 흐르면서 사라져야하고, 실제로 현재 빠르게 줄어들고 있습니다.

이곳에서는 처음에 '자립'이라는 말이 생소한 단어였습니다. 한국인들은 시간이 흐르면서 그 말의 의미를 점차 이해하게 되었지만, 처음에는 무척 낯설게 생각했습니다. 하지만 지금은 좋은 열매를 거두고 있고, 분명한 성과도 나타나고

---

5) 한국기독교사연구회, 『한국 기독교의 역사』, pp.219-223

있습니다. 그들은 모든 면에서 자립에 관해 논의를 하고 행동으로 옮기고 있습니다. 모든 새로운 아이디어들이 다 마찬가지이지만, 뿌리를 내리기 위해서는 먼저 사람들의 생각에 스며들어야 합니다. 믿음과 행함은 모두 들음에서 시작됩니다.

최근에 한 형제가 저에게 와서 이렇게 말했습니다: '목사님, 저희 교회에서는 금년에 독립(independence)하는 차원에서 큰일을 계획하고 있습니다.' 독립이라는 그 말이 다소 놀랍게 들렸지만, 저는 그 형제와 그가 하는 많은 선한 일들을 잘 알고 있었기 때문에, 그리고 자립이라는 단어가 최근에야 한국인들의 마음에 스며들고 그들의 언어에 포함되었기 때문에, 저는 그가 독립이라는 단어를 사용하였을 때 그것이 자립(self support)을 뜻한다는 것을 알았습니다."[6]

스크랜톤은 이처럼 선교잡지에 글을 기고하였을 뿐만 아니라, 1905년 연회 보고에서도 다음과 같이 자립의 중요성을 강조하였다:

"금년에 들어와서 자립이 특별한 주목을 받고 있습니다. 저는 평소 '먹은 사람이 값을 지불해야 한다.'는 지론을 갖고 있으며, 그렇게 해야 결과가 좋을 것으로 생각합니다. 평양에서 있었던 일인데, 그들은 현지인 전도사 9명의 생활비를 자기들이 부담하겠다고 약속했습니다. 그러나 몇 몇 현지인 목회자, 심지어 선교사들까지도 교인들이 과도하게 자립을 추구하다가 교회에 실망스런 일이 벌어지지나 않을까 우려했습니다. 그런데 결과는 전혀 그렇지 않았습니다. 오히려 목회 사역의 동기가 부각되었고, 교회 안에 작은 모임들이 조직되어 책임지고 부담액을 만들어내려는 열기가 넘쳐났습니다. 저는 우리 현지인 목회자들에게 목회 현장에서 이런 자립 노력을 어느 정도 수행하느냐에 따라 목회의 성패가 판가름 날 것이라고 알려 주었습니다."[7]

---

6) W.B. Scranton, "Self Support", *The Korea Methodist*, July 1905, p.118
7) W.B. Scranton, "Superintendent", *Official Minutes of Annual Meeting of the Korea Mission*, 1905, p.31

3) 교회 연합과 감리교 정체성

개신교의 선교역사를 고찰해보면 어느 선교지가 되었든 그곳에 다양한 교파들이 난립한 경우에 이들 사이에 생기는 갈등과 혼란은 큰 문제가 되었다. 한국의 경우도 예외는 아니다. 19세기 말부터 이 땅에 미국을 중심으로 한 서양 여러 나라가 선교사들을 파송하기 시작하였다. 물론 그들이 한국인들을 돕고 영혼을 구원하고자 하는 순수한 마음을 가지고 있었다는 것은 의심의 여지가 없는 사실이다. 그러나 그들은 같은 선교지에서 사역을 하면서 선의의 경쟁을 할 수 밖에 없었고, 그것이 때로는 부정적인 결과를 초래하기도 하였다.

초기 한국의 개신교 선교를 주도한 것은 감리교와 장로교였다. 이 두 교단은 한국에 들어와, 보다 효과적으로 선교를 수행하기 위해 전략적으로 선교구역을 분할하고, 한국에는 미국과 달리 교파의 분열이 없는 단일 교회를 세우고자 노력도 하였다. 그 일환으로 그들은 자신들의 사역을 하나로 통합하고자 하였다. 그러나 바람직하고 이상적으로 보였던 이 통합 운동은 결국 성사되지 못하였고, 한국 교회는 미국 교회와 마찬가지로 다양한 교파가 존재하는 방식으로 지금까지 유지되고 있다.

스크랜톤은 감리교와 장로교 사이에 진행되었던 교단 합동에 대해서 부정적인 의견을 가지고 있었다. 물론 그 자신도 두 교단이 여러 가지 사역을 같이 하면서 서로 협력하고, 궁극적으로 하나로 통합되는 것이 바람직하다는 점은 인정하였다. 다만 그는 통합을 서두르지 말고, 두 교단의 정체성을 잃지 않는 가운데 점진적으로 이루어져야 한다는 신념을 가지고 있었다. 그는 당시 감리

교 선교잡지에 "합동(Union)"이라는 제목의 글을 통하여 자신의 생각을 분명히 밝히고 있다:

> "지금 우리 선교사 세계에는 어디를 가나 합동이란 이상(理想)을 말합니다. 그동안 우리가 상호협력을 하지 않았던 것은 아니지만, 최근에 들어 이 점이 유독 강조되고 있습니다. 그러나 우리는 합동이라는 것이 이상이 될 수는 있으나, 우상이 되어서는 안 된다는 점을 분명히 인식해야 할 것입니다. 합동을 이룬다 하더라도 어떤 면에서는 현재 우리의 사역에 도움이 되기보다는 오히려 방해요인이 될 가능성도 있습니다. 오늘 우리가 이상으로 삼고자 하는 합동이란 조직의 통합이 아닙니다. 오히려 형제로서 서로 협력하고 상부상조하는 것이 서로의 정체성을 잃지 않게 하는 일이 될 것입니다.
>
>   기독교 문서와 주일학교 공과 그리고 일반 찬송가 등을 공동으로 출판하는 일과 한국에서 교회 명칭을 통일하는 것 등은 비교적 쉽게 지금이라도 할 수 있습니다. 그리고 사업효과를 보다 높이기 위해 학교와 병원, 인쇄소 사업 등을 통합하는 것도 어렵지 않습니다. 그렇게 하다 보면 궁극적으로 하나님 나라의 도래를 위해 어떤 형태로든 조직을 하나로 만드는 일도 가능할 것입니다. 합동은 효율성과 시기를 감안하면서 할 일이지, 감정적으로 추진할 사안은 아닙니다. 때가 무르익게 되면 조직 통합은 저절로 이루어질 것입니다."[8]

스크랜톤은 또한 이러한 한국의 상황과 자신의 생각을 미 해외선교부 총무에게도 전달하였는데, 그는 특별히 감리교 학교를 없애고 장로교와 학교를 통합하는 것에 대해서는 적극 반대하였다. 또한 지금처럼 장로교가 주축이 된 합

---

8) W.B. Scranton, "Union", *The Korea Methodist*, May 1905, p.121

동의 진행은 한국 감리교인들에게 환영받지 못하고, 큰 문제를 야기할 것이라는 점을 주지시키고 있다. 통합을 둘러싼 당시의 상황에 대해 그의 말을 들어보자:

"친애하는 레너드 박사님, (통합에 관한) 사건의 진상은 이렇습니다. 우리는 감리교인이고, 또 감리교인이어야 합니다. 그러므로 우리에게는 감리교 학교가 필요합니다. 우리가 선교현장에서 여러 가지 어려움에 직면하고 있고, 비록 수는 얼마 되지 않지만 그럼에도 불구하고 우리는 그 무엇과도 타협하지 않고 우리 감리교 정신을 대변하고 가르칠 수 있는 사역자들을 길러낼 학교가 있어야 합니다. 우리에겐 감리교 학교들이 필요합니다. 우리 감리교 선교사들에게는 단결심이 더욱 필요합니다. 오늘 제가 우리 선교사들 중 한 사람에게 말한 것처럼, 우리는 비록 숫자는 적지만 하나로 뭉쳐 한 사람처럼 움직여야 합니다. 그렇지 않으면 모든 것이 사라질 것입니다.

지금처럼 우리 감리교 학교도 아니고 그렇다고 명실상부한 연합학교도 아닌 형태를 가지고는 현지의 요구에 부응할 수 없습니다. 우리 감리교 선교회는 지금까지 운영해 온 것처럼 우리 학교를 지켜야 합니다. 학교를 잃어서는 결코 안 됩니다. 지금 상태로는 선교회가 학교를 운영하는 의미도 없고, 한국인들의 요구에 응할 수도 없습니다. 가능한 빠른 시일 내에 총리사 회의를 소집해서 학교 사역을 새롭게 시작하는 문제를 논의하고 그 결과를 알려 드리겠습니다."[9]

그는 현재 진행되고 있는 통합 논의는 교파간의 불화를 조장하고, 결국에는 감리교회는 사라지고 장로교 위주로 한국 교회가 재편될 것이라는 우려를 하고 있다. 물론 스크랜톤의 이러한 주장은 감리교 선교사의 입장에서 판단하는

---

9) *W.B. Scranton's letter to Dr. A.B. Leonard*, January 18, 1906

것으로, 형평성을 잃은 의견이라고 평가할 수도 있을 것이다. 그러나 스크랜톤이 단순히 감리교를 옹호하는 교파주의에 사로잡힌 것은 아니며, 그가 지적하는 통합의 문제점은 충분히 숙고되어야 할 사안이었다:

"친애하는 레너드 박사님, 지금 한국에서 여러 교단의 선교회 사이에 추진되고 있는 통합은 오히려 불화의 원인이 될 수 있는데, 그 이유는 같은 관점에서 사실을 보지 못하는 어려움 때문입니다. 우의(comity)와 협동(cooperation)을 반대하는 사람은 아무도 없을 것입니다. 그러나 그것이 각 교단의 개별성과 독립성을 훼손하면서 기구를 통합하는 데까지 이른다면 심각한 문제가 야기될 것입니다. 이에 대해 제 생각을 추가적으로 말씀드리고 싶습니다.

첫째, 학교 문제가 각자 유익한 방향으로 정리되기까지 연합출판사를 비롯한 장로교회와의 협력 사업에 대한 결론을 내리지 말아야 합니다. 제가 이런 말을 하는 것은 장로 교인들은 학교 문제에서 볼 수 있듯이, 합당한 비용을 지불하지 않은 채 감리교 선교를 흡수하는 것에 초점을 맞추어 일을 추진하기 때문에, 다른 사안들도 이런 방식으로 쉽게 처리할 것이라는 이유 때문입니다.

둘째, 앞으로 충분한 시간적 여유를 두고 (통합에 따른) 비용이나 관계 등 모든 문제를 자세히 검토하여 전체 계획이 수립되기 전까지는, 우리 학교나 학생들이 결코 우리 감리교 학교 부지를 떠나서는 안 된다는 것입니다.

셋째, 위원회든 연회든 한국에서 감리교회의 이름으로 선교사역을 하고 있는 우리의 독자성을 훼손하거나, 한국인들에게 그렇게 보이도록 만드는 어떠한 행동도 취해서는 절대로 안 됩니다. 예를 들어, 우리는 최근에 신문을 서로 통합했습니다. 그러자 이것을 두고 한국인들은 말하기를 우리(*감리교회)가 신문 발행을 포기했다고 합니다. 그 이유는 두 교단의 연합으로 새롭게 발행되는 신문이 장로교 신문의 제호를 그대로 사용하였기 때문입니다.

레너드 박사님, 저를 믿어주시기 바랍니다. 장로교 선교사들 중에는 우리를 경쟁상대로 보는 비관용적인 인사들이 있는데, 그들은 과거에도 우리에게 우호적인 자세를 취하지 않았습니다. 여기에서 지금 우리가 독자성을 포기하고 그들 속으로 들어가 버린다면, 한국에서 감리교는 사라질 것입니다. 우리는 우리의 문제를 저들의 관용이나 손에 맡길 수 없습니다. 한국에서 감리교를 전하기 원한다면, 우리들의 학생 훈련을 저들에게 맡겨서도 안 되며, 우리의 관심사를 포기해서도 안 됩니다. 저들이 시키는 대로만 일하고 있는 우리 학생들을 되찾아와야 합니다. 장로 교인들이 한국에서 추진하려고 하는 통합을 그대로 용인한 결과가 어떠할 지에 대해서, 우리 감리교 선교회 인사들은 잘 모르는 것 같습니다. 그것은 장차 우리에게 덫이 되어 결과적으로 우리 선교는 좌초될 것이며, 교회로서의 위상도 잃어버리고 말 것입니다.

  제가 보기에 지금 우리 선교회의 입장과 방향은 아주 위험합니다. 한국에서 감리교회가 독자적인 조직으로 남아 있을 것인지 아니면 장로교회로 가서 회중교회로 흡수되고 말 것인지를 판가름하는 중요한 결정은 이제 미 해외선교부에 달려 있다고 봅니다. 지난 1년 동안 우리 선교회는 원치 않는 방향으로 미래 계획을 짜야만 했고, 어쩔 수 없이 수용한 정책을 따라야 했습니다. 더욱 확실한 것은 지난 수개월 동안의 실제 사역을 통해서 지금처럼 작은 규모로는 더 이상 우리가 원하는 방향으로 선교사역을 추진해 나갈 수 없으며, 결과적으로 한국인들에게 감리교의 정체성을 제대로 심어주지 못할 것이라는 점을 깨닫게 되었습니다. 그래서 이런 식으로 일이 계속 진행된다면 한국에서는 감리교회로서의 분명한 정체성을 지닌 조직을 유지하기 어려울 것이라는 판단을 하게 되었습니다. 결국 한국에서는 장로교회 어쩌면 회중교회의 교리와 조직만 남을 것입니다. 지금 하는 대로 내버려 둔다면 어떤 결과가 생길까요? 우리 학교가 감리교 선교회를 떠나 장로교 학교로 옮겨간다면 말입니다.

  첫째, 한국인들은 감리교 학교가 없어졌다고 생각할 것입니다. 둘째, 우리가 지금 하는 것보다 훨씬 강력하게 감리교적인 특성을 내세우지 않는 한, 결국 감리교 학생이 아닌 연합학교 학생 또는 장로교 학생밖에 남지 않을 것입니다. 셋째, 얼마 지나지 않아 학교 수용 시설이 부족하게 되고 그것을 확충하려고 하면, 그에 따른 재정 부담과 교사진의 충원이 늘어나게 될 것입니다. 그러면 우리는 부득이 하게 감리교 교사진을 보내지 못해, 그 학교가 장로교 학교로 변질되어버리는 상황을 막기 위해서, 더 많은 부담을 떠안아야 할 것입니다. 문제의 핵심은 바로 여기에 있습니다. 만일 우리가 장차 학교 운영비용을 추가로 더 지불해야 한다면, 왜 지금 당장 우리 학교에 그것을 투자하지 않느냐 하는 것입니다. 그렇게 한다면 우리가 지금 추진하려는 통합 문제로 인해 고민할 필요가 없을 것입니다. 저들이 원하는 대로 학교 교사들 사이의 교류는 얼마든지 해도 됩니다. 다만 모든 면에서 처음부터 끝까지 각자의 행정 원칙만큼은 지키도록 해야 합니다."[10]

4) 상동교회 엡윗 청년회의 해산

스크랜톤의 목회철학을 엿볼 수 있는 또 다른 하나의 분야는 교회와 정치의 관계이다. 정교분리의 원칙은 민주주의 국가를 표방하는 나라에서 오랫동안 존중되고 지켜져 온 가치였다. 그러나 20세기 초 일본이 한국을 식민지로 만들어 가는 상황에서 한국 교회는 정치와 상관없이 독자적이고 중립적인 태도를 취하기가 어려웠다. 조국을 사랑하고 깨어 있는 기독교인들은 한국이 일본의 속국이 되어가는 것을 방관할 수 없었고, 당연히 나라의 주권을 지키기 위하여 교회가 나서야 한다고 생각하였다. 또한 서양 선교사들 가운데에서도 이러한

---

10) *W.B. Scranton's letter to Dr. A.B. Leonard*, April 12, 1906

한국의 지성인들을 도와 일본의 침탈을 막아야 한다고 주장하는 사람들이 있었다.

이런 와중에서 스크랜톤은 고뇌할 수밖에 없었다. 그는 청일전쟁과 러일전쟁을 승리로 이끈 일본이 어떻게 한국의 목을 서서히 조여 오는지 잘 알고 있었고, 친일적인 해리스 감독과의 갈등을 겪으면서도 한국 사람들과 한국 교회를 위해 애쓰고 있었다. 그럼에도 불구하고 그는 교회 안에서 세상적인 모임이 이루어지고, 교회 청년들이 정치의 소용돌이에 휘말리는 것을 그냥 두고 볼 수만은 없었다.

당시 애국주의 운동의 지도자들 가운데 상동교회 출신들이 많았고, 그들 회합의 중심 역할을 한 것이 바로 상동교회의 엡윗 청년회였다. 당시 엡윗 청년회는 감리교의 대표적인 청년회 조직이었는데, 엡윗(Epworth)은 감리교 운동의 창시자인 존 웨슬리 목사님이 태어난 고향의 이름이다. 미국에서는 1889년에 엡윗 청년회가 시작이 되었고, 한국에서는 1897년 10월에 처음으로 조직되었다. 정동, 상동, 내리교회 등에서 조직된 엡윗 청년회는 교회 선교에 큰 활력이 되었다. 남녀가 한 자리에 모여 모임을 갖는 것은 아니었으나, 여성들은 같은 방에서 휘장을 치고 남성회원들의 토론을 듣기도 하고, 여성회원들끼리 따로 모이기도 하였다. 이런 모습은 그 이전에는 상상할 수도 없었던 일로서 메리 스크랜톤은 이런 일들을 통하여 남녀평등이 조금씩 이루어지고 있다고 믿었다:

"우리는 교회 안에서 엡윗 모임을 새롭게 시작하였습니다. 엡윗 여자청년 인원은 15명 정도입니다. 한 달에 한번 저녁시간에 그들은 커튼 뒤에 앉아, 그들의

존 웨슬리

엡웟의 교구 목사관

남편과 남자 성도들로부터 가르침을 받습니다. 다른 때는 여성들만 따로 모입니다. 저는 그들이 글을 알지 못하는 회원들에게 한글을 가르치는 모습을 보면서 참 기뻤습니다."[11]

하지만 시간이 흐르면서 청년회 모임이 점차 정치적인 색깔을 띄게 되자, 스크랜톤은 상동교회 청년들을 보호하고, 교회가 정치적인 목적에 이용당하지 않도록 하기 위해서 엡윗 청년회를 해산하였다. 물론 그의 이러한 결정에 대해 특별히 한국 사람들의 입장에서 볼 때, 여러 가지 부정적인 평가가 있는 것도 사실이지만, 그는 정치와 교회는 분리되어야 한다는 확실한 철학을 가지고 있었다. 그는 당시의 상황을 미 해외선교부에 다음과 같이 보고하였다:

"친애하는 레너드 박사님, 오늘 저는 전례가 없는 결정을 해야만 했습니다. 그것은 제가 승인하지 않는 한, 엡윗 청년회 모임을 갖지 말라고 회람을 돌린 것입니다. 그 이유는 전 세계적인 불안 때문에 우리 청년회가 검증되지 않은 신입회원들로 가득 차게 되었는데, 그중에는 청년회에 대해 제대로 알고 찾아온 사람들도 있지만, 정치적인 이유 때문에 불법적인 기대감을 갖고 들어온 사람들도 있었습니다. 그들은 청년회의 목적을 잘못 판단하고 있었고, 우리로 하여금 한국이나 일본 정부와 불편한 관계를 맺을 수밖에 없는 방향으로 청년회를 이끌고 가려고 했습니다.

우리 교회 청년회는 대단히 애국적인 분위기를 띄고 있는데, 그 말은 곧 청년회가 반일적인 성향을 가지고 있다는 의미입니다. 우리는 두 나라 정부 누구와도 정치적으로 복잡한 관계를 맺고 싶지 않습니다. 오히려 양쪽 정부와 가능한

---

11) *29th Annual Report of the Woman's Foreign Missionary Society, 1898*, p. 89

한 우호적인 관계를 유지하고자 합니다. 제가 지적하고 싶은 것은 이것입니다. 우리가 이처럼 곤혹스러운 조치를 취해야만 우리 청년들이 범법 행위를 하지 않고, 각자 주어진 사역에 충실할 수 있을 것이란 점입니다."[12]

스크랜톤은 이처럼 자신이 취한 조치에 대해 해외선교부에 보고했을 뿐 아니라, 그 다음 해 개최된 연회에서 한국 감리교 선교를 총괄하는 총리사 입장에서 왜 엡웟 청년회를 해산할 수밖에 없었는지 그 이유에 대해 설명을 하였다. 그는 한국의 교회 청년들이 얼마나 나라를 사랑하는지 충분히 알고 있었고, 조국이 망해가는 어려운 시대에 태어나 그렇게 반일 운동을 할 수밖에 없는 그들에게 무한한 연민을 느꼈다. 그러나 스크랜톤은 자신이 살해의 협박을 받으면서도, 교회 청년들이 무장 항일 운동에 참여하는 것을 지지할 수 없었다. 그는 혼란스럽기 이를 데 없는 당시 상황에서 어찌하든지 교회와 청년들을 지키기 위해 자신의 소신을 굽히지 않고 행동하였다:

"지난 해 총리사로서 제가 내린 결정 중에 엡웟 청년회를 해산한 것에 대해 보고를 드리는바, 그 조치는 오늘 연회까지 유효한 것입니다. 제가 이런 조치를 취한 이유는 청년회가 여러 가지 면에서, 교회의 목적을 벗어나 정치적인 조직으로 변질되었기 때문입니다. 청년회는 현재 우리의 비난거리입니다. 청년회 회원들은 교회 안에서 하는 행동과 자기네들끼리만 있을 때 하는 행동이 전혀 다른 이중적인 모습을 보이고 있으며, 교회의 지시를 따르려 하지 않고 교회 밖 인사들의 지휘를 받습니다. 그 교회 밖 인사들은 협동회원 자격으로 교회에 들어

---

12) *W.B. Scranton's letter to Dr. A.B.* Leonard, November 1, 1905

와서, 투표권은 없으면서도 잘못된 영향력을 발휘하여 청년회를 신앙적인 목적이 아닌 세상적인 목적으로 끌어갑니다.

물론 청년회의 이러한 무법적인 행동은 이 민족이 지금 시련의 시기를 겪고 있다는 데 그 원인이 있습니다. 만일 시대 상황이 달랐더라면 이런 긴급조치는 필요하지 않았을 것입니다. (그렇다고 제가 독단적으로 일을 처리한 것은 아닙니다). 지금까지 말씀드린 것 이외에 이번 조치에 대한 제 나름대로의 입장을 부연해서 설명 드린다면, 이처럼 어려운 시기를 성공적으로 잘 헤쳐 나가기 위해서는 두 나라 정부 사이의 평화가 절대적으로 필요한 것임을 적기(適期)에 세상에 밝혀야 할 필요가 있었다는 점입니다. 이 일로 인해 저뿐만 아니라 다른 사람들도 생명의 위협을 받았는데, 그 이유는 우리의 이런 조치가 자신들의 항일 운동을 악화시킨다는 것이었습니다. 나중에는 소위 청년회원이라는 자들이 서울에 있는 우리 교회중의 한 곳에 모여, 한국과 일본 사이에 체결된 수치스러운 조약에 관여한 정부 각료들을 암살하려 모의하고, 이런 자신들의 일을 돕지 않으면 우리들을 가만두지 않겠다고 협박까지 하였습니다."[13]

---

13) W.B. Scranton, "Superintendent", *Official Minutes of Annual Meeting of the Korea Mission*, 1906, pp.29-30

윌리엄 스크랜톤의 생애와 사상

14. 윌리엄 스크랜톤과 앨리스 루즈벨트 방한

일본이 러시아와의 전쟁에서 승리를 거두고 세계의 질서가 급격하게 바뀌던 1905년, 미국의 26대 대통령인 시어도어 루즈벨트(Theodore Roosevelt)는 육군 장관 윌리엄 태프트(William Taft)를 단장으로 하는 대규모 제국 순방단을 아시아에 파견하였다. 여기에 그의 딸인 앨리스 루즈벨트(Alice Roosevelt)도 동행하였다. 미국 사절단은 한국, 일본, 중국, 필리

고종황제(1905년)

핀을 순방하게 되는데, 1905년 7월 일본에 도착했을 때, 그들은 열렬한 환영과 함께 뜨거운 환대를 받았다. 미국의 전폭적인 지원으로 대국 러시아와의 전쟁에서 승리한 일본으로서는 이 순방단의 일본 방문이 더 없이 기뻤을 것이다. 그러나 이 사건은 한국에게는 망국의 초석이 놓여지는 뼈아픈 일이었다.

미국 사절단은 1905. 7. 29일 이른바 가쓰라-태프트 밀약을 맺음으로서 미

국과 일본 양국 간의 관계를 더욱 돈독히 하였다. 이 밀약의 핵심적인 내용은 미국이 필리핀을 지배하는 대신 일본이 한국을 지배하는 것을 용인한다는 것이었다. 당시 이 밀약은 미국 사절단 대표 윌리엄 태프트와 일본 총리 가쓰라 다로가 체결한 것이었는데, 일본 정부의 막후에서 중요한 역할을 한 인물이 있었다. 그는 바로 윌리엄 스크랜톤 선교사 그리고 윌리엄 태프트 장관과 함께 1878년 예일대학교를 졸업한 타지리 이나지로(1850-1923)였다.

그는 당시 예일대학교의 유일한 동양인 학생이었는데, 일본 사쓰마 영주의 아들로 태어나 도쿄 게이오의숙(*오늘날의 명문사학 게이오 대학)과 해군학교를 거쳐 일본 정부의 장학생으로 선발되어 미국 유학을 가게 되었다. 그는 스크랜톤과 마찬가지로 예일대학교 인문학부를 졸업하고, 대학원에서 경제학과 재정학을 공부한 후 1882년 귀국하여, 국가 재정을 관할하는 대장성의 주요 요직을 맡았다. 그리고 1904년 러일전쟁 당시에는 막대한 전비 조달의 책임을 훌륭하게 완수하여 그 공로를 인정받아 후일 정부 훈장을 받기도 하였다. 러일전쟁 당시 미국 대통령 루스벨트는 카네기 등과 같은 미국 기업가들에게 일본에 전비 자금을 빌려 주도록 하였는데, 이때에도 타지리와 같은 미국통의 인물들이 큰 역할을 하였다. 가쓰라-태프트 밀약을 맺을 때에도 일본은 이런 타지리의 예일대학교 학연까지 동원하여 그 목적을 달성시켰다.

일본에서 밀약을 맺은 사절단은 1905. 9. 19일 한국을 방문하기 위하여 제물포에 입항하였다. 일본에서 어떤 일이 벌어졌는지에 대해 전혀 알지 못했던 고종은 대통령의 딸 앨리스를 공주처럼 생각하여, 황실 가마를 내어 주고 순종

앨리스 루즈벨트의 행렬 모습 삽화
고종 황제가 보내준 황실가마를 타고 있다.

미국 26대 대통령 시어도어 루즈벨트의 딸
앨리스 루즈벨트와 방한단
(가운데 인물이 단장인 윌리엄 태프트 국방장관)

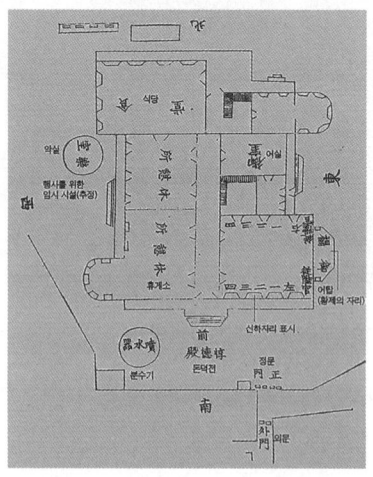

돈덕전과
돈덕전 평면도

이 황제로 즉위하는 경운궁내의 돈덕전에 머무르게 하는 등 최상의 예우를 하였다.

앨리스 루즈벨트 일행은 제물포에서 특별열차를 타고 오후 6시 30분에 서울에 도착하였고, 그 날 저녁 고종은 그녀를 위하여 프랑스식 정찬 코스 요리를 준비하였다. 그 다음 날인 9월 20일, 고종은 점심 오찬에 앨리스 루즈벨트를 다시 초대하였다. 오찬 장소는 서울의 경운궁(*지금의 덕수궁) 중명전 2층 홀이었다. 그는 황세자 (*훗날 순종)와 함께 그녀를 맞이하였다. 앨리스는 후일 자신의 자서전에서 당시의 일을 다음과 같이 회상하였다:

"우리는 황실 문양이 장식된 접시와 그릇에 담긴 한국 음식을 먹었다. 내가 사용하던 물건을 선물로 받았으며, 작별인사를 나눌 때 황제와 황태자가 자신들의 사진을 주었다."

앨리스 루즈벨트는 일정을 마치고 미국으로 돌아갈 때 이 날 식사 메뉴판까지 챙겨서 귀국했다. 수집가 프랭크 버톨프(Frank E. Buttolph, 1844-1924)는 1900년부터 세상을 떠나기 전까지 전 세계의 유명 호텔과 음식점의 메뉴판을 수집하였는데, 그의 수집품 중에 앨리스가 챙겨간 대한제국의 메뉴판도 있었다. 후일 그는 이 메뉴판을 비롯해 자신의 수집품을 모두 뉴욕 공공도서관에 기증하였다. 앨리스가 가져간 메뉴판의 뒤에는 이렇게 적혀있다:

"메뉴 – (앨리스 리) 루즈벨트양. 9월 20일 궁정에서의 점심. 황제가 참석하다. 이것은 그가 외국 숙녀와 공개적인 식사를 한 첫 번째 행사였다."

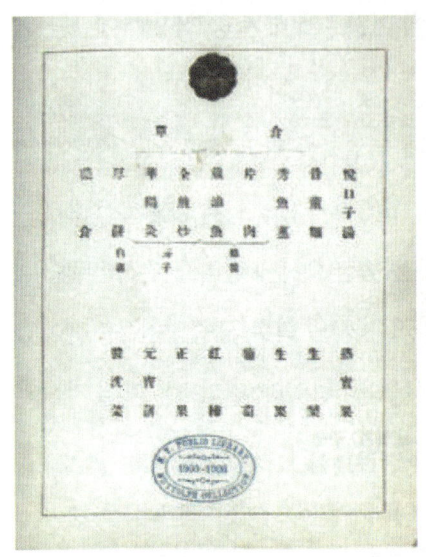 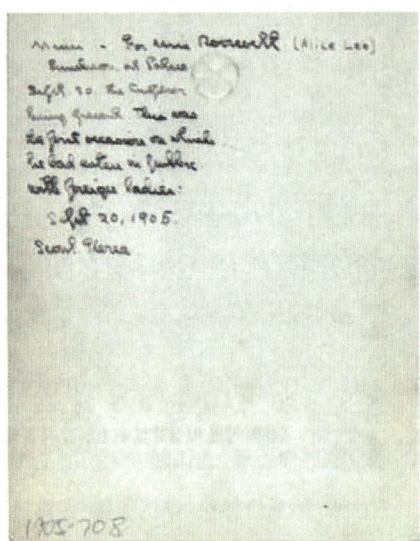

1905년 9월 20일 고종 황제와 앨리스 루즈벨트의 오찬 메뉴 앞면과 뒷면

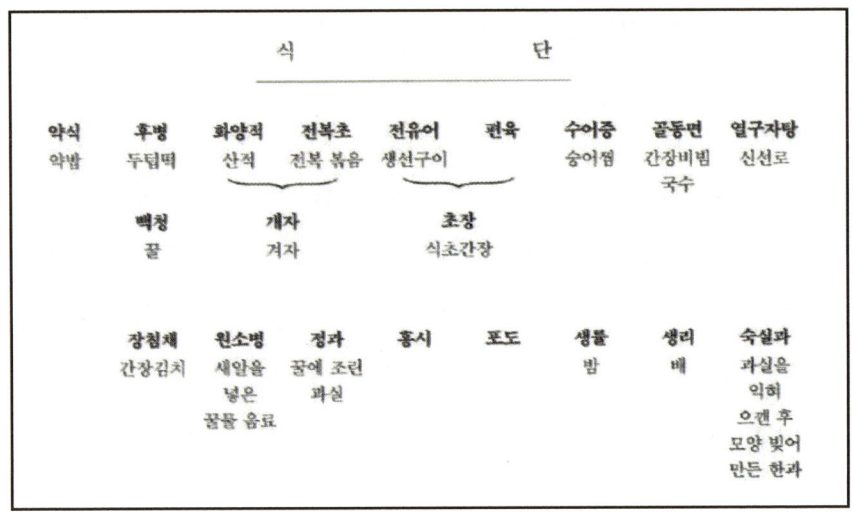

1905년 9월 20일 오찬 메뉴

고종은 보통의 경우에는 서양인을 위한 연회가 열리더라도 직접 참석하지 않고 인사만 전했다고 한다. 그러나 앨리스의 경우에는 특별대우를 한 것이다.[1]

일본의 한국 침략의도가 분명한 상황에서 미국의 도움이 절대적으로 필요하다고 판단한 고종은 이렇게까지 성의를 다하여 그들을 대접하였으나 결국 아무런 결실을 맺지 못하였다. 이미 때가 너무 늦었던 것이다.

미국 사절단의 방한과정에 있어서 우리가 눈여겨 볼 점은 스크랜톤의 역할이다. 사절단의 단장인 윌리엄 태프트는 스크랜톤과 예일대학교 동기동창이었기 때문에 두 사람의 만남은 특별한 의미가 있었다. 아마도 스크랜톤은 태프트에게 한국의 상황을 소개하면서, 그의 올바른 판단과 한국에 대한 이해와 지지를 당부하였을 것이다. 물론 냉혹한 국제정치의 현실에서 그의 수고는 별다른 성과를 거두지는 못했지만, 그의 노력만큼은 우리의 가슴을 애잔하게 한다.

앨리스의 방문은 한국인들에게 큰 화제거리였다. 그녀와 미국 순방단의 일정은 모든 사람들의 관심사였고, 선교잡지와 신문에 기사가 실리기도 하였다. 영문으로 간행된 대표적인 두 기사는 코리아 리뷰(The Korea Review)와 코리아 메소디스트(The Korea Methodist)에 실렸는데 그 논조는 사뭇 다르다. 전자는 그녀의 방문과 연관된 당시 한국의 정치 상황에 주안점을 둔 반면, 후자는 그녀의 종교적인 활동에 초점을 맞추고 있다. 먼저 코리아 리뷰에 실린 글을 살펴보도록 하자:

---

1) 주영하, 『백년식사』, pp.43-45

"지난 달, 한국 사람들의 입에 가장 자주 오르내린 대화의 주제는 그들이 '미국 공주'라고 부르는 앨리스 양의 행적이었습니다. 미국 순방단의 일거수일투족을 다 기록할 필요는 없습니다만, 그들은 한국에 머무는 동안 여러 번의 연회, 만찬, 가든파티에 참석하고, 이 역사 깊은 도시의 주변을 말을 타고 돌아보았습니다. 한국, 일본, 그리고 서양인 거주자들 모두 이들에게 지대한 관심을 보였습니다. (스크랜톤 선교사의 자택에서 있었던) 가든파티에서 앨리스 양은 한글로 된 신약성경과 찬송가를 선물로 받았습니다. 그들이 한국에 오기 며칠 전부터 한국 상인들은 미국 국기와 한국 국기를 같이 게양해 놓았습니다. 물론 이러한 대대적인 행사는 미 대통령 딸인 이 젊은 여성에 대한 예우이기도 하지만, 정치적인 의미를 담고 있는 것도 부인할 수 없는 사실입니다. 한국 사람들은 미국 정부가 절망적인 상황에 빠져 있는 한국을 도와주기를 간절히 바라고 있습니다. 그러나 이러한 한국 사람들의 소망에도 불구하고 아무런 변화가 일어나지 않을 것입니다. 그 어떤 나라도 일본의 한국에 대한 정책에 간섭하려고 하지 않습니다."[2]

달성궁 사택에서 선교사들과의 모임(1905.9.23)

---

2) "The Visit of Miss Roosevelt", *The Korea Review*, 1905, pp.332-334

앨리스 일행의 일정 중에 그녀가 스크랜톤 선교사가 담임하는 상동교회를 방문하고, 1905. 9. 23일 그의 달성궁 자택에서 재한 외국인 선교사들과 만남을 가지는 등 종교적인 행사에 참석한 것은 스크랜톤이 애쓴 결과였다. 당시 앨리스 일행의 상동교회 방문 모습을 선교잡지 코리아 메소디스트에서는 이렇게 기록하고 있다:

"앨리스 루즈벨트는 서울에 머무는 동안, 상동교회에서 한국의 기독여성들을 만날 기회가 있었습니다. 미드기념예배당 안에는 한국 여성들이 가득 앉아 있었고 빈자리가 전혀 없었습니다. 그들이 형형색색의 고운 옷을 입고, 머리에 기름을 발라 단정하게 빗고, 눈을 반짝이며 앉아 있는 모습은 아주 낯선 풍경이었습니다. 그러나 전혀 어색한 모습은 아니었습니다. 환영순서는 간단하였는데 먼저 그들이 한국어로 찬양과 기도, 성경봉독을 한 후에 여학생 대표 네 명이 나와 강단위에 앉아 있는 앨리스에게 한국식으로 큰 절을 하였습니다. 그 후 한국 여성 다섯 명이 엘리스를 환영하는 인사말을 하였는데, 영어를 잘하는 한국인 젊은 여성이 통역을 하였습니다. 그리고 모건 공사가 엘리스를 대신하여 답사를 하였는데, 이것은 스크랜톤 박사가 통역을 했습니다."[3]

앨리스에게 큰 절을 한 것은 그녀를 공주처럼 대한다는 한국식 예법을 보여준 것이었다. 그러나 이런 모든 노력에도 불구하고 사절단이 한국을 떠나고 난 후 1905년 11월, 한국은 강제적으로 일본과 을사보호조약을 맺고 외교권을 박탈당하는 망국의 길을 걷게 된다.

---

3) "Miss Roosevelt's Visit", *The Korea Methodist*, September 1905, pp.157–158

앨리스는 1934년 자신의 자서전 "혼잡한 시간들"(Crowded Hours)에서 약 30여 년 전의 한국 방문을 기억하면서 다음과 같은 기록을 남겼다. 그녀의 추억은 우리에게는 가슴 아픈 역사의 회상이자, 한 나라의 지도자가 시대를 읽는 안목이 없을 때, 그 국가와 국민이 어떤 시련을 겪는지를 생생하게 깨닫게 해준다:

"한국은 원치 않았으나 속수무책으로 일본의 손아귀 아래 이끌려 들어가고 있었다. 모든 사람들이 슬퍼보였고 낙담한 것 같았다. 그들의 몸에서 힘이란 힘은 모두 빠져 나가버린 듯 했다. 거의 모든 장소에 일본군 장교와 병사들, 그리고 상인으로 보이는 일본 사람들이 있었고, 그들의 모습은 절망에 빠진 한국인들과는 대조를 이루었다. ... 우리는 한국에 도착하고 며칠이 지나 우리 공사관 옆에 있는 유럽 스타일의 궁전(*경운궁)에서 황제와 함께 점심식사를 하였다. 땅딸막한 황제는 우리를 식당으로 안내하였다. 음식은 한국식이었으며, 황실문장으로 장식된 그릇에 담겨져 있었다. 내가 사용한 그릇들은 식사 후 나에게 선물로 증정되었다. 궁전을 떠날 때 황제와 그의 아들은 각자 나에게 자신들의 사진을 주었다. 그 두 사람은 애처롭고 세상사에 둔감한 인물들이었으며, 황실로서 그들의 존재도 이제 얼마 남지 않은 상태였다."

월리엄 스크랜톤의 생애와 사상
15. 월리엄 스크랜톤의 감리교단과의 결별

한국이 일본의 식민지로 전락해가던 20세기 초, 스크랜톤은 혼신의 힘을 다하여 한국교회와 청년들을 보호하기 위하여 몸부림쳤다. 불가항력적인 시대적 상황에서 그는 청년들이 정치에 휘말리지 않도록 눈물을 머금고 엡윗 청년회를 해산하였고, 앨리스 루즈벨트 일행이 한국을 방문하였을 때 그들에게 마지막 소망도 가져 보았지만, 모든 것이 물거품이 되고 말았다. 그렇게 세월이 흐르고 맞이한 1907년 봄은 사실 개인적으로는 스크랜톤에게 이루 말할 수 없이 힘든 기간이었다. 그 이유는 청일전쟁과 러일전쟁에서 승리를 거둔 일본이 한국의 식민지화를 노골적으로 추진하는 가운데, 당시 한국감리교회를 관할하던 해리스 감독이 너무나 친일적인 행보를 보임으로서 아펜젤러 선교사 사후 한국 감리교 선교의 아버지라고 할 수 있는 스크랜톤과 큰 갈등을 빚었기 때문이었다. 결국 스크랜톤은 1907년 연회에서 감리교 선교사직과 목사직을 내려놓고 감리교단과 결별수순을 밟게 되는데, 그의 이러한 결정의 이면에는 해리스 감독이 있었다. 해리스 감독, 그는 과연 어떠한 인물인가?

해리스(Merriman C. Harris, 1846-1921)는 미 오하이오 주 출신으로 1873

년 펜실베니아주에 있는 알레게니 대학(Allegheny College)을 졸업하고, 바로 일본 선교사로 파송을 받았다. 그는 일본 감리교 선교의 아버지로 불리는 로버트 매클레이 박사와 함께 일본 개척선교에 힘썼다. 처음에는 개항장이었던 일본 홋카이도의 하코다테에서 사역을 하다가, 도쿄로 옮겨 오늘날 아오야마 대학의 전신인 에이와(英和)학원을 설립하는데 큰 역할을 하였다. 그리고 1904년에는 미 감리교 총회에서 한국과 일본을 관리하는 선교감독으로 피선되었다. 이 당시 해외선교부의 레너드 총무는 해리스의 감독 선출을 스크랜톤에게 알리며, 개인적으로 자신은 스크랜톤이 선교감독으로 선출되기를 진심으로 원했음을 밝히기도 하였다.[1] 그 때 스크랜톤은 어머니의 병환으로 인하여 미국에 체류하고 있었는데, 한국으로 다시 돌아가겠다는 어머니 메리 스크랜톤의 강력한 요청으로 한국 귀환을 준비하던 중이었다.

해리스는 감독으로 선출된 후에 코네티컷 주의 하트포드로 스크랜톤을 찾아와 한국에 대한 대화를 나누고 그의 협력을 요청하였다. 이에 스크랜톤도 그에게 협조할 것을 약속하였다. 이때까지만 해도 이 두 사람의 관계는 무척 우호적이었다.

해리스는 감독이 된 이후 1905년 5월, 처음으로 한국을 방문하였다. 그의 방문 일정은 스크랜톤 선교사가 사전준비를 하였는데, 해리스 감독은 일방적으로 모든 일정을 자기 마음대로 바꾸어 스크랜톤의 마음을 상하게 하였다. 그는 원래 평양을 방문하기로 되어 있었으나, 그 일정 대신에 5월 7일 상동교회에서 설교를 하고, 5월 13일에는 경운궁에서 고종을 알현하였다. 그 후 5월 14일 주

---

1) 이덕주, 『스크랜턴』, p.571

일에는 정동교회에서 설교를 하고, 한국 교인들에게 세례를 준 후에 만주로 출발하였다. 이러한 그의 행동은 스크랜톤 뿐만 아니라 많은 한국 교인들을 실망시켰다. 시간이 흐르면서 스크랜톤과 해리스 감독과의 갈등의 골은 점점 깊어져 갔다.

결국 스크랜톤은 해리스 감독을 극단적인 친일주의자라고 비판하면서, 한국에 거주하는 미국 선교사로서 자신은 한국인들의 관점에서 모든 사태를 바라볼 수밖에 없다는 입장을 피력하였다. 또한 그는 일본이 한국에 해악을 끼치지 않고 잘 대해 준다면, 일본도 잘 되기를 바란다는 그의 사심 없는 심정도 토로하였다. 스크랜톤은 이러한 자신의 입장과 해리스 감독의 일정에 대해 해외선교부에 다음과 같이 상세히 보고하였다:

"친애하는 레너드 박사님, 해리스 감독님은 서울에서 10일 동안 우리와 함께 있다가 오늘 만주로 떠났습니다. 사실 이 여행 일정은 그 분의 요청에 따라 제가 준비한 계획과 전혀 다른 것입니다. 원래 우리는 감독님이 5월 7일 주일, 평양에 체류하도록 계획을 세웠습니다. (하지만 감독님이 일방적으로 일정을 바꾸고 평양에 가시지 않았기 때문에) 우리는 미드기념교회(*상동교회)에서 서울의 모든 감리교회 연합회를 가질 수밖에 없었으며, 감독님은 그 때 한국인들에게 첫 설교를 하였습니다. 5월 14일 주일에는 정동교회에서 설교를 하고, 한국 교인들에게 세례를 주었습니다.

해리스 감독님은 극단적인 친 일본 인사입니다. 사실 저는 이러한 표현이 적절치 않을 수도 있다는 생각에 사용할지 말지에 대해 깊은 고민을 하였습니다. 감독님은 가는 곳마다 그들(*일본인)로부터 열광적인 환영을 받습니다. 여기서도 서울에 주재하는 일본인 고위관리와 유명인사, 그리고 일본 기독교인들이 그를 위한 만찬을 베풀어 주었습니다. 오늘 저녁에도 인천에서 비슷한 환영회가 열릴 예정입니다. 감독님은 내일 배를 타고 중국 대련으로 출발할 것입니다. 한국 안에서 살고 있는 우리 외국인들은 일본이 한국에 대해 잘 해준다면, 일본 또한 잘 되기를 바라는 마음을 가지고 있습니다. 그러나 우리는 한국 사람들을 먼저 생각하고, 우리가 거주하는 이곳 사람들의 관점에서 한국을 바라보아야 합니다.

한국인들은 일본인들처럼 노골적으로 자기감정을 드러내서 표현하지 않습니다. 우리는 이 땅에 쏟아져 들어오는 일본인들로 인해 감독님이 한국인에 대해 오판을 하지 않기를 바랍니다. 한국인들의 표현 방식이나 기질은 일본인들과 아주 다릅니다. 한국인들은 보다 더 조용한 방식으로 감독님에 대한 사랑을 표현합니다. 몇 몇 한국인 교인들은 오늘 저를 찾아와서 '우리는 감독님이 오래지 않아 다시 오셔서 우리와 몇 달 만이라도 함께 계셨으면 좋겠습니다.'라고 하였습니다.

감리교회 연합회는 지난 목요일, 도시 성벽 바깥의 대단히 아름다운 곳에서 해리스 감독님을 위한 첫 번째 야유회를 가졌습니다. 그 장소는 현 황제의 아버지이자 얼마 전까지 기독교인들을 심하게 핍박했던 대원군이 소유하고 있던 곳입니다. 그날 우리는 찬송가를 불렀는데, 아마 우리가 찬송가를 불렀던 그 장소에서 예전에 대원군이 앉아 기독교 신자들을 박해하는 악행을 도모했을 것입니다. 토요일 오후, 미국 공사인 알렌 박사가 해리스 감독님과 저를 데리고 황제를 알현하였습니다. … 우리는 지금 6월 1일 경 해리스 감독님이 만주에서 돌아오기를 애타게 기다리고 있습니다. 연회는 6월 21일로 연기된 상태입니다."[2]

---

2) *W.B. Scranton's letter to Dr. A.B. Leonard*, May 15, 1905

스크랜톤과 한국 교인들에게 많은 실망을 안겨주고 서울을 떠나 만주로 향했던 해리스 감독은 다시 서울로 돌아오는 길에 평양에 들렸다. 이것 역시 예정에는 없던 일정이었는데, 그는 평양 대부흥 운동을 앞두고 있었던 그곳의 교회들과 한국인 교인들의 뜨거운 신앙과 열정적인 모습에 큰 충격을 받았다. 해리스 감독이 평양에 왔을 때 그를 안내한 사람은 벙커 선교사였는데, 그는 당시의 상황을 감리교 선교지에 다음과 같이 기고하였다:

"해리스 감독님은 평양에서 하루를 보냈는데, 오전 예배 때에는 하나님의 말씀에 굶주린 많은 사람들의 환영을 받았으며, 저녁 예배는 장로교회에서 드렸는데 (오전보다) 더 많은 인파가 모였습니다. 감독님은 원래 예정된 시간인 토요일 오후에 평양에 도착하지 못하였습니다. 그래서 교인들은 그를 마중하지도 못했고, 그가 평양에 왔는지도 몰랐습니다. 감독님이 만일 그곳에 2-3일 정도 더 머물렀다면, 적어도 5천 명 이상의 사람들에게 설교할 기회가 있었을 것입니다. 북쪽 지역의 사람들은 모이는 열정이 대단합니다. 그들은 무슨 특별한 행사만 있으면 15-20마일 정도는 거뜬히 걸어서 참석합니다. 그 먼 거리를 매 주일 걸어서 빠지지 않고 예배에 참석하는 교인들이 상당수 있습니다.

감독님은 선교현장에서 목격한 것 이외에 이번 연회에 제출된 보고서를 통해 자신이 방문하지 못했던 지역에 대한 정보를 파악하게 될 것입니다. 지금 이곳에서는 어느 선교사든 거의 매일 같이 한국 교인들이 찾아와서 자기 마을에 내려와 교회를 세워달라는 부탁을 받고 있습니다. 이런 지역들은 대부분 아직 선교사가 한 번도 방문하지 않은 곳입니다. 그럼에도 불구하고 스스로 신약성경과 전도지를 사서 읽고, 신앙생활을 시작한 교인들이 이미 교회 부지를 구입해 놓고, 선교사가 내려와 주기를 기다리고 있는 것입니다. 그러나 선교사들은 지금 하고 있는 사역으로도 시간이 모자라 이런 요청에 모두 응할 수 없어 구도자들이 떨어져 나가고 있는 실정입니다. 선교사 한 명당 그런 요청이 수 십건에 달합니다. 돌아볼 곳이 너무 많아 선교사들은 두세 달, 심지어 네 달에 한 번 꼴로 지역 교회를 방문한다고 했습니다. 이곳은 목자가 없어서 교인들이 흩어지고 있는 서글픈 상황입니다.

해리스 감독님도 여기 교회 사역을 보고 크게 감동하였습니다. 감독님은 그동안 우리가 1906년까지 새로운 선교사 20명을 더 보내달라고 요청했던 이유를 이제 이해할 수 있을 것입니다. 20명입니다! 그 숫자에 사람들은 깜짝 놀랄 것입니다. 하지만 그것은 현장에 있거나 안식년 휴가를 떠난 선교사들은 포함하지 않은 숫자입니다. 이들만 확보된다면 목자가 없어 흩어질 수밖에 없는 영혼 1만 명을 한 명도 빠짐없이 관리할 수 있도록 교구를 만들어 개인별로 맡길 수 있을 것입니다. 추후 2-3년 사이에 이들을 확보하지 못하면 기회는 모두 사라질 것입니다.

지금이야말로 한국을 그리스도의 것으로 만들 수 있는 절호의 기회입니다. 한국인들은 수 만 명씩 교회로 몰려들고 있습니다. 선교사들만 보충된다면 앞으로 5년 내에 한국을 기독교 국가로 만들 수 있을 것입니다. 이교도들도 이런 기회를 노리고 있습니다. 일본에서 많은 승려들이 한국에 들어와 불교와 신도(神道)를 전파하며 부흥을 꾀하고 있습니다. 이들 일본 종교는 아직 많은 신도를 확보하지 못하고 관심도 별로 끌지 못하고 있지만, 1-2년 후에는 이야기가 달라질 것입니다."[3]

평양에서 돌아온 해리스 감독은 1905. 6. 21일 한국선교연회를 주재하였다. 비록 한국을 처음 방문한 해리스 감독의 지금까지의 행태에 많은 실망을 금치

---

3) D.A. Bunker, "The Methodist Conference", *The Korea Methodist*, June 1905, pp.123-124

못하였지만, 스크랜톤은 장로사로서 최선의 예의를 갖추어 한국의 선교현황에 대해 다음과 같이 보고하였다:

"저희가 일본에 머무는 동안 해리스 감독님은 여러 번 친절하게 저희를 맞이해 주셨으며, 우리에게 필요한 것이 있으면 무엇이든 기꺼이 마련해 주시려는 분이라는 인상을 받았습니다. 이제 이런 분이 저희와 같은 선교지에 계시면서 지금과 같은 복잡하고 혼란스러운 상황에서 오랜 경륜을 바탕으로 저희에게 적절한 조언과 가르침을 주실 것을 기대하며 이 점에 대해 기쁘게 생각합니다. ... 지금 한국 교회는 시련에 처해 있습니다. 여기 분위기는 소요와 불안, 걱정 그리고 미래에 대한 두려움으로 가득 차 있습니다.

오늘날과 같은 정치적 상황에서 이런 현상이 나타나는 것은 지극히 당연합니다. 어디를 가 보아도 이런 절망감을 느낄 수 있는데, 그것은 정치를 잘못한 한국 정부의 탓도 있지만 또 한편으로는 작심하고 보다 강한 힘으로 밀고 들어오는 이웃나라 일본의 침략 때문이기도 합니다. 그로 인해 울분과 절망감을 뼈저리게 느낀 많은 한국인들이 눈물을 흘리며 하와이, 멕시코, 미국 등지로 (엘도라도를 찾아서 혹은 교육을 받기 위해) 떠납니다. 이런 식으로 열 명의 한국인들이 절망하며 고향을 버리고 떠나고 나면, 그 빈자리에 천 명이 넘는 일본인들이 들어와 행운의 기회를 찾고 있습니다.

이처럼 모든 것이 불안한 상황에서는 무역이나 산업이 잘 될 수가 없습니다. 게다가 생필품의 부족으로 인하여, 모든 것을 수입하다 보니 결국 일본이나 중국 상인들만 부자로 만들어 줍니다. 가게는 항상 사람들로 붐비는데 이는 배고픈 백성의 현실을 단적으로 보여주는 예입니다. 한 때 은둔국이었던 이 나라가 지금은 쥐덫으로부터 최근 발명된 전자제품에 이르기까지 외국에서 들어오는 신상품에 목말라하는 형국이 되었습니다. 여행객들로 가득 찬 기차는 시작부터 흑자입니다.

　선교사 입장에서 볼 때, 이런 국가적 혼란과 불안한 상황이 곤혹스러운 면도 있지만 동시에 선교사역에 고무적인 기회가 되는 측면도 있습니다. 오히려 선교의 기회가 너무 많아 당혹스러울 정도입니다. 우리 외국인 선교사들은 성공적으로 선교사역을 감당할 수 있는 필요한 장비를 충분히 갖추지 못했습니다. 우리는 마치 이번 러일전쟁 초기에 만주를 점령했던 일본군 소대와 같은 처지입니다. 막강한 병력의 러시아 군대가 성을 에워싸자, 일본군은 소총을 한국인 병사들의 손에 쥐어 주고는 마구 쏘면서 소란을 피우라고 지시하였습니다. 그러자 적들은 그 시위 광경에 겁을 먹고 후퇴하였습니다. 우리의 상황도 이와 비슷하며, 우리가 다 수용할 수 없을 정도의 많은 사람들이 열린 문으로 밀려들어 오는 형국입니다. 우리는 이 모든 사람들을 방문하거나 돌볼 여력이 없습니다. 우리 선교부에 속한 선교사들 대부분은 현장 경험이 7년 미만이며, 절반 정도가 5년 미만입니다. 그럼에도 불구하고 우리는 놀라운 발전을 이루고 있으며, 우리 사역자들의 용기와 끈기를 보면서 우리가 결국 승리할 것이라는 확신을 갖게 됩니다."[4]

　스크랜톤은 선교보고를 통하여 한국의 상황을 제대로 파악하지 못하고, 친일적으로 기울어져 있는 해리스 감독에게 경종을 울리고 있다. 그는 절망에 빠진 한국인들이 고국을 등지고 해외로 갈 수 밖에 없는 비참한 현실과 그 틈을 이용하여 이익을 취하는 일본의 모습을 대조적으로 묘사하고 있다. 스크랜톤은 비록 한국의 현실은 암담하지만, 그 가운데에서도 복음전파 기회는 오히려 증가하고 있으니, 새로운 선교사 20명을 파송해 달라고 요청하였다. 그러나 그의 제안은 해리스 감독에 의해 보기 좋게 거절당하고 만다. 일본의 개척선교사

---

4) W.B. Scranton, "Superintendent", *Official Minutes of Annual Meeting of the Korea Mission*, 1905, p.29

로 잔뼈가 굵고, 일본 정부로부터 훈장까지 수여받은 해리스 감독으로서는 스크랜톤과 재한 감리교 선교사들의 말이 별로 마음에 와 닿지 않았을 것이다.

해리스 감독의 첫 번째 방한, 앨리스 루즈벨트와 윌리엄 태프트를 중심으로 한 미국 사절단의 한국 일정 안내 등으로 스크랜톤은 정신없는 한 해(1905년)를 보냈다. 그러나 그의 진심어린 노력에도 불구하고, 한국은 그 해 을사보호조약 체결을 통하여 외교권을 박탈당하고 말았다. 그렇게 우울했던 한 해가 지나가고, 새해가 되어 한국 선교연회가 1906. 6. 6-13일까지 정동교회에서 열렸다. 일본에서 온 해리스 감독이 연회를 주재하였고, 스크랜톤이 한국의 선교 상황에 대한 보고를 하였다:

"지난 1년(*1905년) 동안 한국은 또 다른 국면을 맞이하였는데 우리들도 적지 않은 충격을 받았습니다. 그러나 한국 사람들은 그것을 견뎌 낼만큼 더욱 강해졌습니다. 정말로 그들은 시편기자가 말한 것처럼 '고난당한 것이 내게 유익이라. 이로 말미암아 내가 주의 율례를 배우게 되었나이다.'(시편 119:71) 라고 고백할 수 있을 것 같습니다. 한국 사람들은 의로운 길과 정의에 굶주려 있으며, 말 그대로 무엇을 가르치든지 그것을 받아들일 수 있는 준비가 되어 있습니다. 그렇지 않았다면 우리 중 어느 누구도 이들을 굴레에서 해방시켜 광야로 이끌어 낸 후, 새로운 교훈과 경험을 얻게 하지 못했을 것입니다. ... 오늘 우리가 당면한 이 어려움이 오히려 기회가 될 것입니다. 우리를 기다리고 있는 많은 사람들에게 가서 가르치지 못하는 것이 안타까울 뿐입니다. 인력만 보충된다면 당장이라도 천 명 이상을 교회로 인도할 수 있습니다."[5]

---

5) W.B. Scranton, "Superintendent", *Official Minutes of Annual Meeting of the Korea Mission*, 1906, p.27

스크랜톤은 을사보호조약 이후의 한국 상황을 설명하면서 한국인들이 이러한 국난의 위기 가운데에서도 얼마나 강해졌는지를 말하며, 오히려 그것이 복음전도를 위한 전화위복의 계기가 될 수 있을 것이라고 말한다. 그러면서 그는 선교사 인력이 충원될 수만 있다면, 많은 사람들을 교회로 인도할 수 있을 것이라고 자신 있게 주장하였다. 그러나 해리스 감독의 편향적인 친일적 태도는 요지부동이었으며, 한국에 필요한 선교사들의 추가파송은 이루어지지 않았다. 오히려 해리스 감독은 1906년 연회에서 한국 감리교 선교를 총괄하는 총리사의 직책에서 스크랜톤을 해임하고, 자신이 직접 한국선교를 관리한다는 결정을 하였다. 스크랜톤은 이런 예기치 않았던 조치에 큰 충격을 받았고, 해외선교부의 레너드 총무에게 이런 상황을 알리며 문제 해결을 요청하였으나 그의 대답은 미온적이었다. 스크랜톤은 크게 실망하였고 결국 이것이 직접적인 계기가 되어 그는 감리교를 떠날 생각을 하게 되었다.

1906. 6. 13일, 연회 마지막 날 해리스 감독은 스크랜톤을 대동하고 일본인 클럽 만찬에 참석하여 연설을 하였다. 그 내용은 일본에서 발간되는 영자 신문에도 게재가 되었는데, 그 기사를 읽은 헐버트 선교사는 해리스 감독의 연설 내용을 다음과 같이 비판적으로 소개하였다:

"1906. 6. 13일, 감리교회의 해리스 감독과 스크랜톤 박사가 일본인 클럽 회원들이 주최한 만찬에 참석하였습니다. 다른 무엇보다도 해리스 감독은 현재 한국의 처한 상황이 지극히 당연한 것이라고 말하면서, 최근 이루어진 일들의 예를 들며 일본인들이 한국에 들어와 하고 있는 일에 대해서 진심어린 치하를 하였습니다. 그는 일본이 극동아시아의 평화를 지키기 위하여, 두 번(*청일전쟁과 러일전쟁을 말함)에 걸쳐 칼을 뽑았다고 말하면서, 일본인들은 과거의 사슬에 매여 있는 한국 백성들을 구하기 위해 한국에 들어왔다고 하였습니다. 그 결과 한국 사람들은 (일본의 도움으로) 새로운 삶을 살게 되었다고 그는 주장하였습니다. 해리스 감독은 단언하여 말하기를, 일본인들은 평화와 문명에 관한 어떠한 일이 있어도 그것을 반드시 쟁취하는 누구도 꺾을 수 없는 결단력을 지닌 민족이라고 치켜세웠습니다. 참으로 황당한 것은 그가 도대체 무슨 근거로 이런 찬양사를 하게 되었는지 알 수 없다는 점입니다."[6]

스크랜톤은 1906년 연회 이후, 자신의 거취 문제에 대해 심각하게 고민을 하였다. 가장 큰 이유는 일단 해리스 감독이 자신을 총리사 자리에서 해임함으로서, 한국 선교지에서의 자신의 입지가 축소된 것 때문이었다. 그는 해리스 감독이 한국 선교지를 관할하고 있는 한, 그와 한 배를 타고 가기는 어렵다는 결론을 내렸다. 또 이런 갈등 해결을 위한 미 해외선교부의 미온적인 태도도 그를 크게 실망시켰다. 이외에도 그동안 장로교와의 통합을 둘러싼 복잡한 문제들을 해결하는 과정에서 동료 선교사들과의 갈등도 증폭되었다. 이런 모든 점들을 심사숙고한 뒤, 그는 결국 감리교단을 떠나기로 결심하였다. 당시 그의 심정은 이루 말할 수 없을 정도로 착잡하였을 것이다. 그는 아펜젤러와 더불어 한국 감리교 선교의 개척자였으며, 아직 그의 어머니 메리 스크랜톤은 해외여선교회 파송 선교사로 감리교회에 소속되어 있었다. 그런 상황에서 사임 결정을 한다는 것은 결코 쉬운 일이 아니었을 것이다. 그러나 그 누구도 그의 소신을 꺾

---

6) "News and Calendar", *The Korea Review*, June 1906, pp.237-238

을 수는 없었다.

그는 이러한 자신의 심경을 토로하면서, 1907년 한국 연회 직전에 해외선교부의 레너드 총무에게 사임 의사를 전달하였다:

"친애하는 레너드 박사님, (사실 금년 연회 전에 충분한 시간적 여유를 두고) 박사님께 미리 말씀드렸어야 했는데 그렇게 하지 못하고, 지금에서야 짧게나마 이 편지를 씁니다. 좀 더 좋은 이야기가 아니라 안타까울 따름입니다. 이번 연회 회기 안에 제가 선교회에서 사임하기로 했음을 박사님을 통해 해외선교부에 알리는 바입니다. 저는 선교사직을 그만둘 뿐 아니라 연회 목사직도 사임하겠습니다. … 3년 전, 저는 한국선교회 총리사 직분을 약속받고 고향을 떠났습니다. 저는 당시 그것이 감독님, 해외선교부와 한국 선교회의 요청이라고 생각하였습니다. 그렇지 않았더라면 저는 선교지로 돌아오지 않았을 것입니다. 그때 저는 고향에서 편안하게 잘 지내고 있었습니다.

제가 한국에 다시 돌아온 것은 당시 (해리스)감독님이 저를 찾아와 부탁한 것이지 제가 먼저 원했던 것은 아닙니다. 그래서 저는 향후 제 정책과 사역이 감독님, 해외선교부와 한국선교회로부터 지지를 받을 것으로 예상하였습니다. 이들 모두에게 지지를 받지 못한다면, 제가 그 자리에 있어야 할 이유는 없다고 생각했습니다. 이것이 지난 2년간의 폭풍 같은 세월을 지낸 후 제가 사임하게 된 이유입니다. (처음 기대와는 달리) 저의 정책과 방안은 크게 지지를 받지 못했습니다. 따라서 저로서는 사임하는 것 외에 다른 방법이 없습니다. … 저는 지난 1년 동안 제가 감독님, 해외선교부 그리고 한국 선교회와 전혀 다른 관점에서 사태를 바라보고 있음을 깨달았습니다.

만일 제가 잘못한 것이 있었다면 그것을 시정하도록 도와주어야 했는데 어느 누구도 그렇게 하지 않았습니다. 따라서 현 시점에서 저는 사임할 수밖에 없다는 최종적인 결심을 하였고, 그것을 이처럼 밝히는 것에 대해 그 어떤 말로 표현할 수 없을 정도로 마음이 아픕니다. 저는 언제나 성실하게 제게 주어진 역할에 최선을 다하려 노력하였다고 믿습니다. 저로서는 이 점에 관하여 달리 평가받는 것만은 용납할 수 없으며, 이 사실에서 만큼은 저를 비난하지 말아 주시기를 바랍니다. … 그동안 해외선교부와 레너드 박사님께서 꾸준히 저와 저희 가족에게 베풀어주신 호의에 대해서는 진심으로 감사드리는 바입니다. 빠른 시일 안에 박사님을 다시 뵙기를 기대합니다."[7]

스크랜톤이 사임을 했던 한국선교연회는 1907. 6. 18-26일까지 상동교회에서 열렸다. 자신이 개척하고 담임을 했던 그 교회에서 자신의 사임 소식을 전하는 스크랜톤의 심경이 어떠했을지 가히 짐작이 간다. 그는 6월 21일 마지막으로 다음과 같이 장로사 보고를 하였다:

"존경하는 감독님과 형제 여러분, 하나님의 섭리 가운데 우리는 한국 선교회 제23차 연례모임을 갖게 되었습니다. 무엇보다 우리 한국 선교회의 기반을 만들어 주시고, 적극 후원해 주신 존 가우처 박사님을 여기서 뵙게 된 것이 감격스러우며, 크랜스턴 감독님 그리고 한국 선교회의 친구이자 우리 모든 선교사들이 사랑하는 해외선교부 총무 레너드 박사님을 여기 현지에서 다시 뵙게 되어 무척 기쁩니다. 한국의 상황을 보면 겉으로는 예전 그대로 인 것 같지만, 정치적으로 말하자면 지금 한국은 많은 진통을 겪으며 방금 태어난 신생아와 같습니다. 하지만 선교사로서 저희가 보기에 현재 한국의 상황은 과거 그 어느 때보다 밝습니다. 낡은 질서는 새 질서에 밀려 자리를 내주기 마련이며, 이제 우리는 더 이상 뒤를 돌아보지 말고 앞만 보면서 나가야할 것입니다.

---

[7] *W.B. Scranton's letter to Dr. A.B. Leonard,* June 14, 1907

해리스 감독과 윌리엄 스크랜톤

해리스 감독과 감리교 파송 선교사들
(메리 스크랜톤이 해리스 감독의 왼쪽에 있다)

한국은 이제 무언가 해야 한다는 사실을 알고 있습니다. 특히 한국 사회는 교회와 교육 분야에서 우리에게 많은 도움을 요청하고 있습니다. 새로운 한국을 건설해 나감에 있어, 확고한 기반위에 교육을 추진해 나가야 한다는 점을 인식하고, 우리의 도움을 절실히 바라고 있습니다. 지금 한국 사람들은 모든 분야에서 후원의 손길을 바라고 있는데, 그 모습이 불쌍하기 그지없습니다. 그러나 후일 그 결과는 반드시 좋을 것입니다. 교육 분야는 교회가 주도적으로 이끌어 갈 수 있으며, 교육이야말로 우리가 감당해야 할 사명입니다.

우리는 현재 큰 규모의 학교를 운영할 수 있는 체계를 갖추고 있는데, 이것은 분명히 우리 선교 사역에 큰 도움이 될 것입니다. 존 웨슬리는 '우리 기독교인들이 제대로 알지 못해서 더 거룩하게 살지 못한다.'고 말한 적이 있습니다. 교육은 신앙생활에 새로운 활력을 불어넣는 방향으로 추진되어야 합니다. 사역의 방향이 올바르게 정립되지 않으면 바람직한 결과를 기대하기 어렵다는 사실을 기억해야 합니다. 현재 한국은 우리가 존경하는 아펜젤러 선교사가 천국에서 기뻐할 정도로 큰 교육체계를 갖추고 있습니다. 그가 살아 있을 때 아펜젤러 선교사는 자신의 모든 힘을 기울여 한국의 교육 시스템을 구축하려고 애를 썼는데, 이제 드디어 그 꿈을 실현할 기회가 찾아온 것입니다."[8]

정중한 인사말과 더불어 보고를 시작한 스크랜톤은 지금 한국에서 가장 필요한 사역 중에 하나가 바로 교육임을 명시하였다. 그는 배재학당을 세움으로서 한국 근대교육의 시작을 알린 아펜젤러 선교사를 추모하면서, 그가 가지고 있었던 교육을 통한 사회 개혁과 선교사역의 부흥을 이룰 수 있는 때가 도래하였다고 말한다. 더 나아가 그는 현재 한국 교회가 놀라울 정도로 부흥하고 있는

---

8) W.B. Scranton, "Seoul and Chelmulpo District", *Official Minutes of Annual Meeting of the Korea Mission*, 1907, pp.30–31

데, 문제는 구원받은 영혼들을 제대로 양육할 수 있는 사역자들의 수가 절대적으로 부족하다고 말한다. 그 이유는 그동안 새로운 선교사 20명을 더 파송해달라고 요청했던 스크랜톤의 집요한 부탁을 해리스 감독과 해외선교부가 거절하였기 때문이었다. 그는 이런 점을 다시 상기시키면서, 만일 선교사의 추가 파송이 어려우면 현지인 사역자들을 양성해야 하며, 그 방법이 또한 궁극적으로 바람직하다는 의견을 피력하고 있다. 왜냐하면 언젠가 한국 교회는 선교사들이 아닌 한국 교인들이 스스로 이끌어 가야하기 때문에 현지인 사역자의 양성은 반드시 필요한 일이었다.

우리는 스크랜톤이 1907년에 이런 보고를 하고 있다는 점에 주목할 필요가 있다. 그 해는 바로 평양 대부흥 운동이 시작된 해였고, 기독교인들의 수가 폭발적으로 증가하며, 복음의 불길이 전국적으로 번져가고 있었던 때였다. 따라서 그가 이렇게 주장하는 것은 당연한 일이었다. 참으로 아이러니한 일은 한국 교회가 그 유례를 찾아보기 어려울 정도로 성장하고 있는 바로 그때, 스크랜톤은 공식적으로 감리교단과 결별을 했다는 것이다. 참으로 안타까운 일이 아닐 수 없었다. 그는 계속해서 다음과 같이 말한다:

"작년 우리의 사역가운데 주목할 만한 일은 서울과 인천, 두 지방의 상황입니다. 이 두 지방에서는 1년 사이에 성도들의 수가 100% 증가하였습니다. 참으로 놀라운 일입니다. 그러나 이러한 빠른 교세 증가에 기뻐하고만 있을 수는 없습니다. 그 이유는 이들을 양육할 목자들이 충분하지 않기 때문입니다. 우리는 미국에서는 감히 상상할 수도 없는 질문을 이곳 선교현장에서 자주 받습니다. 그들은 이렇게 묻습니다: '우리 교인 명단을 좀 더 추가하면 안 될까요? (사람들이 교회에 등록하는 것을) 좀 더 엄격하게 제한할까요? 아니면 우리를 찾아온 구도자들에게 하나님 나라의 명단 작성이 마감되었다고 해야 할까요?' 라고 말입니다. 사실 이런 질문은 지금 여기에 계신 해외선교부의 존경하는 레너드 총무님께 드려야 할 것 같습니다. 이처럼 우리를 기다리는 사람들은 많은데 만일 우리가 (인력과 시간이 부족하여) 도저히 찾아가 만나지 못해, 이 영혼들을 잃어 버린다면 과연 그 책임은 누가 지는 것입니까?

이곳 한국에서의 전도 사역은 이제 더 이상 우리의 몫이 아닙니다. 현재 한국 교회 성도들 스스로 그 사역을 감당하고 있습니다. 지금 (성도들을 돌보는) 목회 사역은 아주 중요한 과제가 되었는데, 우리 선교사들이 할 수 있는 일은 현지인 목회자들을 양육하는 것뿐이라고 생각합니다. 목회 사역은 이미 우리 손을 벗어났습니다. 우리 선교 사역을 돕고 있는 현지인 전도자들이 우리가 해야 할 일을 이미 감당하고 있습니다. 우리는 다만 그들의 사역을 관리할 뿐입니다. 그동안 우리는 너무 시간을 지체했고, 현지인 목회자들을 육성하는 일을 방치했습니다. (우리는 제대로 준비도 하지 못했는데 지금 한국의 선교현장에서는) 씨를 뿌리는 일보다 추수하는 일이 더 시급하게 되었습니다. 씨를 뿌리러 나간 사람들이 오히려 추수하는 일에 치여 쓰러질 지경이 되었습니다.

이 보고를 마치면서 그동안 제 자신의 모습을 돌아보며 분명히 깨달은 사실 하나를 여러분들과 나누고 싶습니다. 우리에게 중요한 것은 우리가 '얼마나 (많은 일을) 했느냐'가 아니라, '(그 일을) 어떤 정신으로 했느냐'입니다. 그것이 우리에 대한 마지막 평가의 기준이 될 것입니다. 이것만이 위안입니다. 저는 저보다 더 뛰어난 능력을 가진 형제들 앞에서 겸손했어야 했습니다. 그러나 저는 스스로 겸손하지 못했고, 제 방식대로 일을 추진하였습니다. 굳이 그 이유를 설명하자면 이 땅에서 우리 주님의 나라를 속히 이루어야겠다는 간절한 소망 때문이었습니다."[9]

---

9) W.B. Scranton, "Seoul and Chelmulpo District", *Official Minutes of Annual Meeting of the Korea Mission*, 1907, p.41

스크랜톤은 한국 교회에 너무나 많은 구도자들이 몰려들고 있지만, 그들을 돌볼 인력의 부족이 심각하다고 말한다. 또한 이미 한국 교회는 씨를 뿌리는 단계를 지나 추수하는 단계에 접어들었는데, 이 놀라운 성과는 선교사들이 아니라 (한국인) 현지 전도자들에 의해 이루어진 것이라고 밝히고 있다. 미국 선교사들이 한국에 들어와 선교 사역을 시작한 지 불과 20여 년 만에 이런 엄청난 열매를 거두게 된 것은 분명 선교사들의 희생과 현지인 사역자들의 수고의 결과였다.

스크랜톤은 장로사로서 마지막 선교 보고를 마치면서, 마치 고해성사를 하듯 자신의 심경을 토로하였다. 그는 지난 날 일어났었던 많은 일들에 대하여 남을 탓하거나 타인에게 비난의 화살을 날리지 않고 다만 자신이 겸손하지 못했다고 말한다. 과연 누가 옳았는지는 후일 하나님이 판단하실 일이지만, 그의 사임 소식은 해외선교부와 동료 선교사들뿐만이 아니라 한국 교인들에게도 엄청난 충격을 주었다. 그러나 스크랜톤의 결심은 단호하여 자신의 사임 결정을 번복하지는 않았다. 이에 동료 선교사들은 안타까운 마음으로 그의 사임을 받아들이고, 지난 날 그가 한국 선교를 위해 보여준 헌신과 희생을 다음과 같이 치하하였다:

"스크랜톤 박사께서는 지난 세월 자신에게 맡겨진 선교사역에 헌신하시고, 이제 한국 정부의 요청으로 의학 교육사역에 임하게 되었습니다. 우리 선교회는 복음전도사역에서 그를 잃게 된 것을 매우 안타깝게 여기며, 한국의 그리스도 교회 설립자의 한 사람으로 그가 기울인 고귀한 노고에 깊은 찬사를 보내는 바입니다. 그는 미 감리교회에서 한국에 파송한 첫 번째 의료 선교사로서 뛰어난 능력을 발휘하였고, 한국인들을 향한 자기희생적 봉사로 인해 영원한 칭송과 명예를 받기에 부족함이 없습니다. 그는 목사, 장로사, 그리고 총리사로서 지칠 줄 모르는 열정을 가지고 한국에 복음을 널리 전하는 일에 크게 공헌하였습니다. 이제 우리가 바라는 것은 하나님께서 그를 이끄셔서, 그가 새롭게 시작하려는 일에 성공할 수 있기를 그리고 늘 그러했던 것처럼 그에게 기쁨이 넘치고, 우리와도 협력도 잘 이루어지기를 기대합니다. 우리는 그가 하려는 일이 한국 사람들의 복리증진에 직접적으로 기여하는 바가 있을 것으로 확신하며, 그의 수고와 헌신을 높이 치하하는 바입니다."[10]

---

10) W.B. Scranton, "Seoul and Chelmulpo District", *Official Minutes of Annual Meeting of the Korea Mission*, 1907, p.16

월리엄 스크랜톤의 생애와 사상
16. 윌리엄 스크랜톤의 말년 사역

　스크랜톤은 많은 아픔과 아쉬움을 가지고 감리교단을 떠났을 것이다. 그러나 그의 행적을 살펴보면 그는 선교사직을 사임한 후 곧 바로 한국을 떠나지 않았다. 물론 거기에는 그의 어머니인 메리 스크랜톤의 영향이 컸을 것이다. 그녀가 아직 생존해 있었고, 해외여선교회 파송 선교사로 상동교회를 중심으로 활동을 하고 있었기 때문에, 연로하신 어머니를 홀로 선교 현장에 놓아두고 한국을 떠날 수는 없었을 것이다.

　그는 일단 어머니가 돌아가실 때까지는 자신이 설립한 상동교회에 출석을 하였다. 그러나 1909년 어머니가 돌아가신 후에는, 1908년부터 한국에서 활동을 시작한 구세군(Salvation Army)으로 적을 옮겨 사관으로 활동하였다. 스크랜톤은 1909년 12월 미국으로 잠시 귀국할 때에는 구세군 정위라는 직분을 가지고 있었다. 그리고 이듬해인 1910. 6. 26일에는 구세군 참령의 신분으로 구세군영에서 여러 교인들에게 진리에 대해 설명하기도 하였다.

　하지만 스크랜톤은 1910. 8. 29일 한일합방이후에 바로 구세군을 탈퇴하고 성공회(Anglican Church)로 이적하였다. 그가 무슨 이유로 구세군을 떠났는지는 명확히 알려진 바가 없다. 그는 성공회에서 목회자의 신분이 아닌 평신도로 봉사하였으며, 다양한 선교 사역에 참여하였다. 또한 터너(A.B. Turner) 주교로부터 성공회 상임위원 중 한 사람으로 임명을 받기도 하였다:

> "또 하나 조직 문제에서 발전적인 사실은 상임위원회 구성이었다. 상임위원은 사제 세 명, 평신도 세 명으로 구성되는데 사제 한 명만 주교가 임명하고, 나머지 다섯 명은 교구회의에서 선출되었다. 나(*터너 주교)는 힐러리 씨를 지명했다. 그 외에 벳코크(J.S. Badcock), 샤프 사제(A.S. Sharpe), 와어어(H.H. Weir) 박사 부인, 스크랜톤(W.B. Scranton) 및 김 마가가 선출되었다."[1]

1910. 10. 27일 터너 주교가 세상을 떠나자, 성공회 안에서는 터너 주교 기념사업회가 조직되어 기념성당 건립 모금을 하였는데, 이때 스크랜톤은 성공회 주교 관구의 상임위원회의 서기로서 활동하였으며, 그의 부인 루이즈 스크랜톤도 건립 모금 위원회의 명예 서기로 위촉되었다.

스크랜톤이 감리교를 떠난 후 적을 두었던 구세군과 성공회는 모두 영국에서 시작된 개신교파였다. 이 두 교단은 역시 영국에서 성공회의 목회자였던 존 웨슬리가 시작한 감리교와 역사적 그리고 신학적으로도 밀접한 관계를 맺고 있었다. 이런 일련의 행동을 통하여 스크랜톤은 자신이 영국인의 후예라는 것과 비록 감리교단은 떠났으나, 결코 감리교의 뿌리를 버리지는 않았음을 상징적으로 보여 주고 있는 듯하다.

---

1) A.B. Turner, *Bishop's Letters, The Morning Calm*, October 1910, p.113

스크랜톤이 완전히 한국을 떠나 다시 돌아오지 않은 것은 1916년이었다. 여기에서는 그가 감리교와 결별한 1907년부터 한국을 떠난 1916년 사이, 이 10여 년 기간 동안 그가 한국의 선교와 사회를 위해서 했던 사역들을 살펴보도록 한다.

1) 대한의원 촉탁의사 겸 의학교 교수: 1907. 6-1910. 5

스크랜톤은 1907년 한국 선교 연회에서 자신의 사임을 발표하기 직전인 1907. 6. 16일 당시 대한의원 원장이었던 임선준 내부대신과 고빙서(*계약서)를 체결하였다. 그는 대한의원의 7명 교관중 한 명이 되었다. 스크랜톤의 대한의원과의 계약서 체결을 축하하기 위하여, 6월 19일 상동 미드기념 예배당 부근의 상동청년회관에서 가든파티가 열렸는데, 이 때 중추원 고문 박제순, 일본 통감부의 이토 히로부미 등이 참석을 하였다. 그러나 이 축하연은 스크랜톤 본인이 구상한 것은 아니었다. 연회 첫 날인 6월 18일, 메리 스크랜톤과 감리교 선교회의 부인들 측에서 19일 오후에 연회 참석자들을 위한 가든파티를 준비하겠으니 참석해 달라고 초대를 하였고, 이것이 연회원 모두에게 받아들여져 자연스럽게 열리게 된 것이었다.

장로사로서 연회에 마지막으로 참석하여 선교 보고를 마친 스크랜톤은 곧바로 대한의원(Government Medical School)의 촉탁의사 겸 의학교 교수로 부임하였다. 대한의원은 1907년 3월 개원하였는데, 내부(內部) 소관의 서양식 병원이었던 광제원과 궁내부 소속의 적십자병원 그리고 학부(學部)의 경성의학부를 통합하여 설립한 대한제국시대 최고의 국립의료기관이었다. 1910년 국권이 상실되면서 대한의원은 총독부의원이 되었다가, 1926년에는 서울대학교의 전신인 경성제국대학에 편입되었다. 그리고 1945년 광복 이후에 서울대학교 부속병원으로 바뀌었다.

한국 정부는 대한의원이 설립된 그 해, 3년 계약으로 스크랜톤을 초빙하였다. 비록 선교사직은 사임하고 감리교 목사가 아닌 평신도로 돌아갔지만, 그는 대한의원에서 한국인 환자들을 진료하고 한국인 의대생들을 양성하는 일에 전념하였다. 어쩌면 대한의원은 그가 평상시 품었던 한국인에 의한 한국 의료 선교의 꿈을 이루기 위한 통로였을지도 모른다. 그는 대한의원 교관으로 적응하려고 애를 썼으며, 동료와 학생들을 위한 식사모임도 자주 가졌다. 또한 그는 일반 대중을 대상으로 위생에 관련된 강의도 하였으며, 한국 의료 교육의 발전을 위하여 기부금도 냈다.

스크랜톤은 1910년 대한의원을 그만둘 때까지 한국 정부의 고위 인사들과 활발한 교류를 하였다. 당시 한국 정부의 외교통이자 중추원 의장이었던 김윤식은 자신의 1910. 5. 8일자 일기에 다음과 같이 기록하고 있다:

> "지난번 약을 복용하였다. 기로소(*조선 시대에 나이가 많은 정2품 이상의 벼슬을 한 문관들을 예우하기 위하여 설치한 일종의 경로당)에 가서 화첩을 보았다. 미국의사 시기란돈(*스크랜톤 선교사의 한국 이름)을 방문하였는데, 의사가 그 아내와 딸을 데려와 보여주고 거문고를 연주하여 손님들을 즐겁게 해주었다."[2]

---

2) 고성은, "시(施)의 사람 윌리엄 B. 스크랜턴의 의료선교", 제3회 스크랜턴의 날 기념학술심포지움, pp. 62-66

대한의원

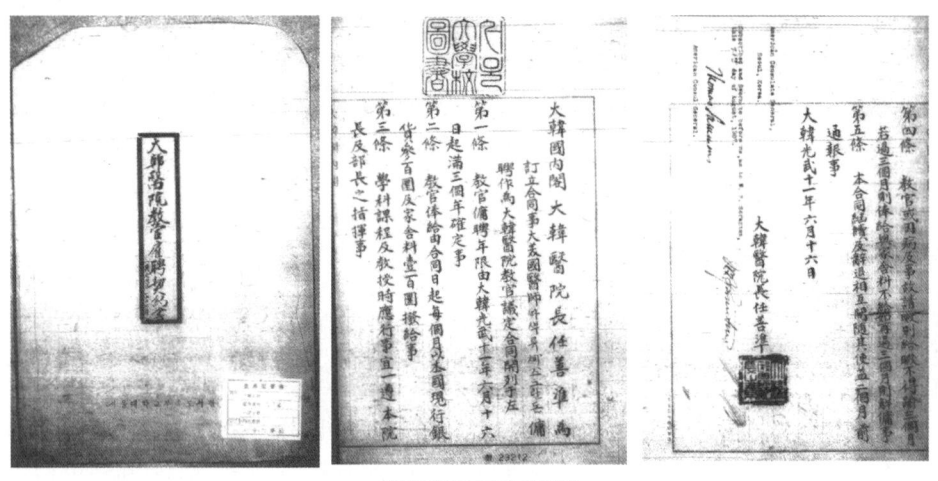

대한의원 고빙 계약서

흥미로운 대목이다. 이 기록을 통해 보면 스크랜톤의 가족들은 한국에서 살면서 우리 민족의 전통 악기인 거문고를 배우고, 그것을 교류의 한 수단으로 활용하고 있음을 알 수 있다.

2) 한국의료선교사회 창립: 1907

스크랜톤은 대한의원에 근무하며 바쁜 나날을 보내면서도 또 다른 사역을 시작하였으니, 그것은 한국의료선교사회(The Medical Missionary Society of Korea)를 창립한 일이었다. 이 모임의 목적은 교파에 상관없이 한국에서 활동하는 의료 선교사들의 친목과 교육을 위한 것이었다. 한국 의료선교사 중에 최고참이자 연장자였던 스크랜톤은 비록 본인이 감리교 선교사직을 사임했지만, 한국의 의료선교와 의학발전을 위해서 이런 단체의 구성이 필요하다고 생각하였다. 그의 설립 취지에 공감한 선교사들은 적극적으로 호응하였고, 당시 한국에 있던 거의 모든 의료선교사들이 가입을 하였다. 스크랜톤이 초대 회장을 맡았으며, 서울과 각 지방에 지부를 설치하고 활동을 하였다. 당시 이 단체의 소식이 선교잡지에 다음과 같이 실렸다:

> "지난 금요일 한국의료선교사회 서울 지부 월례모임이 스크랜톤 박사의 사무실에서 열렸는데, 여기에서 의료와 간호사역에 동참하는 한국인 의사와 간호사들을 어떻게 교육하고 훈련시킬 것인가를 토의하였습니다. 이 모임의 목적은 선교현장에서 일어나는 다양한 문제들에 대해서 같은 의료선교에 종사하고 있

는 사람들이 그 경험과 지식을 함께 나눔으로서 의료선교의 효율성을 높이는데 있습니다. 특히 의료선교사들은 한국인들에게 복음을 전하고, 더 나아가 의료교육을 실시함으로서 의료선교의 동역자들을 양성하려고 합니다. 의료선교사회 모임을 통하여 그런 효과가 나타나고 있는데, 특히 선교현장에 막 도착한 젊은 선교사들은 한국에서 이 일에 오랫동안 종사하면서 많은 경험을 쌓은 선배 선교사들로부터 큰 도움을 받는 것에 대해 깊은 감사를 하고 있습니다."[3]

한국의료선교사회는 그 조직이 확대되어감에 따라 후에 그 명칭을 한국의료선교사협회(The Korea Medical Missionary Association)로 바꾸었다. 이 협회는 정회원, 준회원, 명예회원으로 구성되었으며, 정회원에는 북감리교 출신의 스크랜톤, 남감리교의 리드(W.T. Reid), 북장로교의 에비슨(O.R. Avison)과 웰즈(J.H. Wells), 성공회의 와이어(H. H. Weir) 박사 등이었다. 또 세브란스 병원이 완공되어 이것을 보기 위하여 내한한 세브란스의 주치의였던 어빙 러드로우(Irving Ludlow) 박사가 명예회원으로 선출되었다. 이 협회의 목적은 다음과 같았다:[4]

1. 진료를 통해 한국인들에게 복음을 전파하는 것
2. 의학을 연구하고 발전시키는 것
3. 한글로 된 의학서적을 준비하고 교육활동을 통해 한국인들에게 의학지식을 전달하는 것
4. 한국에서 의사로 일하는 사람들 사이에 연합하고 협력하는 정신을 증진시키는 것

---

3) "News and Notes", *The Korea Mission Field*, March 1908, p.43
4) 김학은, 『루이스 헨리 세브란스: 그의 생애와 시대』, pp.392-393

스크랜튼은 이 협회의 산파역할을 맡아 활동하였고, 한국 의료선교의 개척자로서 후배 선교사들에게 자신의 선교 경험과 정보 등을 아낌없이 나누어줌으로써, 그들이 효과적인 선교사역을 하도록 도왔다. 또한 그는 자신의 사무실을 의료선교사협회의 월례회 모임 장소로 제공하기도 하였다. 이 협회의 주된 사업은 세브란스 의학교를 연합으로 운영하는 것과 공중보건사업의 하나로 아편퇴치운동을 벌이는 것이었다.

3) 한국 프리메이슨 설립과 활동: 1908

프리메이슨 로고 사진
이 로고에서 오름새 삼각형(컴퍼스)은 진리, 하향 삼각형(직각자)는 도덕, 중앙의 G는 히브리어로 하나라는 뜻의 기멜(Gimel)에서 온 것이다

스크랜튼이 감리교단을 떠난 후 했던 일 중의 하나는 프리메이슨(Freemason) 운동에 적극적으로 참여한 것이다. 프리메이슨은 16-17세기 초에 결성된 인도주의적 박애주의를 지향하는 클럽이었는데, 그 기원은 중세 유럽 천주교 성당이나 수도원 건축에 종사하던 석공들의 조합에 뿌리를 두고 있다. 그래서 프리메이슨은 왼편의 그림과 같은 채석공의 연장과 용구를 상징으로 사용한다.

프리메이슨은 스코틀랜드에 총지부를 두고, 전 세계에 각 나라의 지부(Lodge)를 두고 있다. 프리메이슨 한국 지부가 설립된 것은 1908년의 일인데, 회원들은 그 준비 모임을 서울에 있는 스크랜톤의 집에서도 가졌다:

"한국에서 누가 처음으로 프리메이슨 지부를 설립했는지는 정확히 알 수 없으나, 1907년 말에서 1908년 초에 서울에서 몇 차례 모임을 갖고, 스코틀랜드 총지부에 설립청원서를 제출하기로 하였다. 여러 차례의 회합가운데 한 번은 의료선교사인 윌리엄 스크랜톤 박사 집에서 모임을 가졌는데, 그 자리에서 아주 큰 광산회사(*평북에 있는 운산금광회사를 뜻함)를 소유하고 있는 월터 올드리지(Walter H. Aldridge) 형제에게 청원서 작성을 맡겨, 다음 여행 때 자기 광산회사 직원들 서명을 받아 오도록 하였다. 올드리지 형제는 그 일을 아주 훌륭하게 처리하였는데, 그가 확보한 서명자 가운데 3분의 1이 광산 직원이었다."[5]

올드리지가 작성한 청원서는 스코틀랜드 총지부에 제출되어, 1908. 11. 5일 "프리메이슨 제1048호 한양 지부"(Han Yang Lodge No.1048) 설립인증서를 발급받았다. 이렇게 창립된 지부의 임원 명단은 아래와 같은데, 스크랜톤은 서기로서 프리메이슨 회원들의 가입과 관리 업무를 담당하였다.[6]

    지부장: 해밀턴(Alexnader S. Hamilton)
    제1부지부장: 베델(Ernest T. Bethell)
    제2부지부장: 데쉴러(David W. Deshler)
    총무: 프램프턴(George R. Frampton)
    부총무: 한(David E. Hahn)

---

5) Donald LaVergne, *One Hundred Years of Freemasonry in Korea*, 2007
6) 이덕주, 『스크랜턴』, pp.774-775

서기: 스크랜톤(W.B. Scranton)
회계: 고샬크(Albert Goshalk)

초창기 프리메이슨 모임은 스크랜톤의 집에서 자주 가졌는데, 후에는 회원 수가 증가하면서 정동의 손탁호텔에서 모이기 시작하였다. 프리메이슨 한양지부는 일제 시대 한국에 거주하는 서양인들의 대표적인 친교모임이었다. 설립초기에는 철저하게 외국인만 회원이 될 수 있었으나, 나중에는 한국인들도 가입을 받아 들였다. 한국인으로서 프리메이슨의 첫 회원이 된 사람은 미국 총영사관에서 오래 근무한 윤인식이었으며, 연세대학교 총장인 백낙준 박사도 회원으로 활동하였다.

4) 서울요양원 사역: 1909. 8-1911. 3

스크랜톤은 대한의원의 교관으로 있으면서 한국의료선교사협회를 조직했을 뿐만 아니라, 선교사들의 치료와 휴양을 위한 서울요양원도 시작하였다. 그가 이런 요양원 설립을 계획하게 된 이유가 있다. 당시 전 세계의 어느 선교지든 그 상황이 열악하기는 마찬가지였지만, 한국을 포함한 아시아 지역의 환경은 지극히 낙후된 상태였다. 그로 인해 많은 선교사들과 그의 자녀들이 선교지에서 제대로 치료를 받지 못하고 목숨을 잃는 경우가 속출하였다.

한국에 온 선교사 중에 최초로 이 땅에서 죽음을 맞이한 사람은 미 장로교 소속인 존 헤론(John Heron)이었다. 그가 1890년 서울에서 사망하자, 한국 정부는 외국인들을 위한 묘지 자리로 양화진을 내어 주었다. 그 후로 윌리엄 홀, 루비 라헬 캔드릭과 같은 선교사들이 젊은 나이에 세상을 떠나 양화진에 안장되었다. 당시 선교사들이 전염병에 감염되고 과도한 사역으로 인해 심신에 병이 들어도, 마음 놓고 치료를 받으며 휴식을 취할 수 있는 기관이 전무하였다. 이런 상황에서 스크랜톤이 서울요양원의 문을 연 것이다. 그는 처음에는 이 요양원을 외국인 전용으로 운영하였다. 그리고 요양원에 대한 소개의 글을 선교 잡지의 편집자에게 보내 널리 알리도록 하였다:

"귀하와 이 잡지의 독자들은 이미 서울요양원의 개설 소식을 들으셨겠지만, 구체적으로 이 요양원이 어떻게 진행되고 있는지는 잘 모르실 겁니다. 요양원의 사역은 이미 시작되었는데, 한국에 이런 기관이 얼마나 절실히 필요하며 유용한지, 그 효과가 벌써부터 확인되고 있습니다. 요양원이란 이름에 걸맞게 이곳은 환자들이 치료를 받고 휴양을 하는 곳입니다. 그 목적은 환자들이 건강을 완전히 잃어버리기 전에, 일상을 떠나 좋은 환경에서 휴식을 취함으로서 원기를 회복할 수 있게 하는 것입니다. 그렇게 되면 치료를 위하여 고국으로 돌아가거나 사역지에서 은퇴하지 않아도 될 것입니다.

한 유명한 변호사가 기차 건널목에 세워진 다음과 같은 간판을 보고, 값으로 환산할 수 없는 귀한 교훈을 얻었다고 합니다: '멈추십시오. 들으십시오. 지금 당신은 위험한 상태입니다.' 지금 아시아에서 사역하는 많은 선교사들과 외국인들은 이 말을 들을 필요가 있습니다. 더 늦기 전에 조치를 취해야 합니다.

현재 요양원에는 8개의 방이 준비되어 있습니다. 그리고 새 건물을 지을 부지의 정지작업도 이미 끝냈습니다. 그곳에 건물이 들어서면 환자들은 보다 안락한 시설에서 필요한 치료를 받을 수 있게 될 것입니다. 새 건물은 늦어도 내년 1

월에는 완공될 것으로 기대합니다. 새 건물엔 스팀 장치가 되어 있어, 계절에 관계없이 쾌적한 환경을 유지할 수 있을 것입니다. 모든 시설은 지붕을 씌운 복도로 연결되어 있어 비를 맞지 않고 다닐 수 있습니다. 각종 목욕 시설을 갖출 것이며, 전기 치료기는 이미 구입했습니다.

 이곳은 외국인 전용시설입니다. 적어도 서울에 (선교사들과 외국인들을 위한) 그런 시설이 필요하다는 기대와 신념 때문에 그렇게 결정한 것입니다. 그래서 외국인들이 이용하기 편하게 시설을 꾸밀 예정입니다. 요양원에 대해 바라는 점, 제안하고 싶은 사안, 개선해야 할 사항이 있으면 언제든지 알려주시기 바랍니다."[7]

 그러나 스크랜톤의 이런 야심에 찬 요양원 사역은 본 궤도에 오르기도 전에 예기치 않았던 어려움에 봉착하게 된다. 그가 서울요양원의 개설 소식을 코리아 미션 필드의 편집자에게 보내고 난 이후, 그동안 투병 중이었던 그의 어머니 메리 스크랜톤이 1909. 10. 8일 사망을 한 것이다. 그는 어머니의 장례식을 치른 후, 미국에 가서 휴식과 새로운 요양원 사업에 관한 준비 기간을 가졌다. 그리고 1910년 6월 다시 서울로 돌아왔다.

 스크랜톤이 서울에 없는 동안에 그의 아내인 루이즈 스크랜톤의 감독하에 새 요양원의 건축은 순조롭게 마무리가 되었다. 서울요양원의 문을 열 준비가 끝났다고 판단한 그는 다음과 같은 광고를 코리아 미션 필드에 실었다:

---

7) W.B. Scranton, "To the Editor of the Korea Mission Field," *The Korea Mission Field*, September 1909, pp.158-159

서울요양원(The Seoul Sanitarium)

"의학박사 스크랜톤이 개인적으로 설립 운영하는 외국인 전용 요양원이 문을 열었습니다. 이 요양원은 서울 남대문 안 언덕의 넓은 부지 안에 위치하고 있으며, 지치고 피곤한 사람들과 삶에 변화가 필요한 사람들을 위한 휴식공간입니다. 환자들은 집과 같은 편안한 환경에서 외국인 전문 간호사와 훈련을 받은 한국인 간호사들의 친절한 보살핌을 받을 것입니다. 이곳에서는 전기치료, 외과, 내과, 산부인과의 치료가 가능하며, 목욕시설과 최신 설비도 갖추고 있습니다. 이 요양원은 새롭게 신축된 건물이며 예약 신청자들만 수용하고 선교사들에게는 비용을 감면해 드립니다."[8]

스크랜톤이 서울로 돌아와 요양원 사역의 시작이 가까워지자, 코리아 미션 필드에서도 큰 기대감을 나타내며, 다음과 같이 축하와 성공을 기원하는 기사를 실었다:

"우리는 스크랜톤 박사님의 새 요양원이 공사를 마치고, 개관할 준비가 된 것으로 알고 있습니다. 동아시아 전체를 통하여 이보다 더 아름답고 시설이 잘 갖추어져 있으며, 안락하고 웅장한 요양소를 찾아보기는 어려울 것입니다. 또한 여기보다 더 친절한 요양원 주인과 직원들을 만나기도 힘들 것입니다. 의심할 여지없이 장차 아시아에서 병약한 외국인 환자들이 편히 쉴 수 있는 최적의 장소는 한국이 될 것입니다. 우리는 이런 요양원에서 치료받게 될 환자들을 축하하며, 하나님의 축복가운데 스크랜톤 박사님의 사역이 성공하기를 기대합니다."[9]

---

[8] "The Seoul Sanitarium", *The Korea Mission Field*, January 1910
[9] "Personals and Notes", *The Korea Mission Field*, June 1910

5) 평북 운산금광 부속병원: 1911. 3-1912. 3

서울요양원을 개관한지 얼마 되지 않은 1911년 3월, 스크랜톤은 평안북도 운산에 있는 미국인 금광회사 부속병원의 병원장으로 가게 되었다. 당시 운산은 우리나라 최대의 금광지대였으며 일찍부터 많은 외국인들이 몰려들어, 다른 지역보다 서양 문물이 빨리 유입된 지역이었다. 그런 연유로 인해 운산에서는 교육시설도 과거의 서당과 달리 지역 유지들이 신교육기관으로 사립학교를 설립하였다. 1909년부터 세워지기 시작한 사립학교는 운룡, 벽산, 삼달 등 11개나 있었다. 특히 미 감리교 계통의 연명(延明) 학교는 명문으로 널리 이름이 나있었으며, 이외에도 미국인이나 중국인 계통의 학교도 건립되었다.

당시 한국에서 외국인들이 광산을 채굴하기 위해서는 국왕과 왕족 그리고 특정한 정부 부서의 허락이 있어야만 가능하였는데, 1895년에는 금광채굴권의 규정이 만들어졌다. 그리고 이에 따라 미국인 제임스 모스(James R. Morse)에게 최초로 운산금광의 채굴권 허가가 주어졌다. 허가조건은 금광 수익의 25퍼센트를 한국 정부에 준다는 것이었다. 그 후에 영국, 독일, 프랑스, 러시아, 일본 등에도 채굴권이 주어졌지만, 가장 큰 이익을 획득한 것은 미국이었다. 당시 미국인들에 의해 운영된 한국의 3대 광산은 평안북도 운산, 황해도 수안, 충청남도 직산이었다.[10]

알렌의 주선으로 한국 정부로 부터 운산금광 채굴권을 얻은 아메리카 무역상사의 사장인 제임스 모스는 개발자금을 마련하지 못해 차일피일 금광개발을

---

10) Edwin W. Mills, "Gold Mining in Korea", *Transactions of the Korea Branch of the Royal Asiatic Society* Vol. VII, pp.23-24

미루게 되었다. 이에 알렌은 시애틀의 자본가인 헌트(Leigh S. Hunt)를 모스에게 소개하였고, 그는 헌트에게 불과 3만 불이라는 헐값에 운산금광의 개발권을 넘겨주었다.

헌트는 1897. 9. 29일에 뉴욕에서 동양광업개발주식회사를 설립하고 본격적으로 운산금광 개발에 나섰다. 시간이 흐르면서 운산금광에서는 엄청난 양의 금이 쏟아졌다. 헌트는 운산에서 1898년부터 40년간 순금 80톤을 채굴했는데, 이로 인해 미국에서는 한국을 "동양의 엘도라도"라고 불렀다. 헌트의 회사에 투자한 사람들은 엄청난 이득을 거두었고, 헌트도 거부가 되었다. 그는 후에 아이오와 주립대학의 총장을 역임하기도 하였다.[11]

운산금광은 당시 아시아에서 가장 큰 금광으로 널리 알려져 있었고, 당연히 많은 외국인 근로자들이 있었다. 그래서 이 금광에는 근로자들을 치료하기 위한 부속병원이 있었는데, 미국인 의사 놀란(J.W. Nolan) 선교사가 그 책임자였다. 그런데 놀란 박사가 1911년 휴가차 미국으로 돌아가자, 병원에서는 스크랜톤을 병원장으로 초대하여 그가 1년 동안 이 병원을 맡게 된 것이었다. 스크랜톤이 이처럼 운산으로 가게 된 이유는 당시 운산금광의 운영자였던 올드리지(Walter H. Aldridge)와의 개인적인 친분 때문이었다.

당시 운산금광의 진료소는 우선적으로는 외국인 직원들을 위한 것이었지만, 금광에서 일하는 광부들과 그들의 가족들도 우선 대상이었다. 그러나 진료소의 치료대상은 광산과 연관된 사람들에게만 국한된 것이 아니라, 그 문호가 한국에 사는 외국인들과 한국 사람들에게도 개방되어 모두가 의료혜택을 받을

---

11) 김용삼, 『대한민국의 기획자들』, p.47

수 있게 하였다:

> "(운산금광에는) 외국인 직원들의 건강을 지키기 위하여 약을 수입하고, 의료 장비를 갖춘 진료소에 전담 외국인 의사와 간호원이 있습니다. 진료소는 또한 한국인과 중국인 광부들 그리고 그들의 가족들을 위해서도 봉사하고 있습니다. 운산 외부로부터 온 마을 사람들도 허락된 원칙하에 치료를 받을 수 있습니다. 한국의 다른 곳에 살고 있는 외국인들도 진료를 받기 위해 오는데, 동양연합광업회사에 주어진 특별 수입 권한과 안정적인 전기 공급으로 인하여 (운산금광 부속병원은) 국내 최고의 장비를 갖춘 의료 시설 가운데 하나가 되었습니다."[12]

스크랜톤이 운산금광의 부속병원에서 환자들을 돌보고 있을 때, 그는 상동교회의 담임목사이자 그의 믿음의 아들인 전덕기가 사경을 헤매고 있다는 소식을 접하게 되었다. 전덕기는 당시 불치병으로 알려진 결핵을 앓고 있었다. 서울에서 치료를 받고 요양 중이던 전덕기의 병세가 호전되지 않자, 스크랜톤은 그를 자신이 있는 운산으로 데려다가 치료를 해주었다. 이런 감동적인 이야기는 당시 감리교 기관지였던 "그리스도회보"에 다음과 같이 실렸다:

> "서울 상동교회에서 여러 해 사역하였던 전덕기 목사가 신병에 걸려서 얼마 전에 운산금광 부속병원장인 스크랜톤 박사에게 가서 치료를 받고 있는 중인데 사랑하는 교우들은 목사님을 위하여 기도 많이 해 주시기를 바랍니다."[13]

---

12) Donald N. Clark, *Living Dangerously in Korea*, p.234
13) 『그리스도회보』, 1911. 4. 15일

비록 스크랜톤은 감리교단과는 결별하였으나 전덕기 목사, 스웨어러 선교사 등 많은 감리교 사역자들의 건강을 돌보아 주었으며, 자신이 그들을 위해 할 수 있는 모든 일을 열린 마음으로 감당하였다.

스크랜톤은 운산으로 가면서 서울요양원을 부인에게 맡겨두고 떠났는데, 요양원 사역은 크게 활기를 띄지 못하였다. 그가 일 년 간의 계약 기간을 끝내고 서울로 돌아왔을 때에, 요양원은 여러 가지로 운영상의 어려움을 겪고 있었다. 그래서 그는 요양원을 한국인을 대상으로 하는 병원으로 개조하기로 마음먹었다. 그리고 1912년 12월 "시란돈(施蘭敦) 병원"이라는 간판을 걸고 병원을 개업하였다. 그는 이 병원의 기원을 1885년 의료 선교 사업의 일환으로 자신이 처음 거주하고 있던 정동 자택에 마련된 진료소에 두고 있다. 그러면서 그는 바로 그 처음 병원을 재건하고 복구하겠다는 분명한 의지를 표시하였다. 즉 시란돈 병원은 자신의 의료 선교 정신을 계승하는 장소라는 것이다. 이 병원에 개설된 진료과목들을 보면 그의 진료대상은 남녀노소의 구별이 없었다.[14]

그러나 개인병원으로 의료사역을 계속하려던 그의 시도는 실패로 끝나고 말았다. 엄청난 비용이 들어가는 병원 운영을 해외선교부와 같은 기관이나 충분한 재력이 있는 개인 후원자도 없이 지속한다는 것 자체가 무리였다. 결국 스크랜톤은 병원을 시작한지 일 년 여 만에 문을 닫았다. 그리고 이 병원은 안타깝게도 미국인 사업가 찰스 로버(Charles Loeber)가 인수하여 외국인 전용호텔로 바뀌었다. 이 소식은 코리아 미션 필드에도 다음과 같이 소개되었다:

---

14) 고성은, "시(施)의 사람 윌리엄 B. 스크랜턴의 의료선교", 제3회 스크랜턴의 날 기념학술심포지움, p.68

"로버 씨가 서울 남대문 안, 스크랜톤 박사가 전에 요양원을 하던 건물을 임대하였다. 이 건물에는 시설이 좋은 방이 여러 개 있는데, 로버 부인이 맡아 인원수를 제한하여 서울을 방문하는 외국인 손님들에게 숙소로 제공하고 있다."[15]

6) 충남 직산금광 부속병원: 1913-1916

시란돈 병원을 정리한 스크랜톤은 충청남도 직산군(*현 천안 인근)에 있던 직산금광 부속병원의 의사로 가게 되었다. 직산은 옛날부터 금의 산지로 이름이 나있었는데, 직산금광이 처음 역사에 등장한 시기는 고려 말 1277년 이었다. 당시 원나라는 고려를 산금(産金)국이라 칭하고, 기회만 있으면 많은 금을 공물로 거두어 가거나 직접 채굴해 갔다.

19세기 말 개항과 더불어 열강들의 금광 이권 쟁탈전이 본격적으로 시작되었는데, 그 중 직산금광에 눈독을 들인 것은 일본이었다. 청일전쟁 당시 직산은 일본군의 주둔지역 이었으며, 이미 그 일대가 사금지라는 소문이 일본인들에게 널리 알려져 있었다. 따라서 일본은 청일전쟁 직후부터 이 광산에 큰 관심을 갖고 온갖 수단방법을 동원하여 한국 정부를 압박한 끝에, 결국 1900년 7월 고종 황제로부터 직산금광 채굴 허락을 받아 냈다.

직산은 경부선 철도가 지나는 교통의 요충지였기 때문에 광산개발의 편리한 이점도 많이 있었다. 그리고 이곳에는 평안도 및 경상도 출신 광부들을 포함한 수 천 명이 금광 채굴에 종사하고 있었다. 당시 평균 2천 명 정도의 광부가 있었다고 하니 그규모를 가히 짐작할 수 있다. 이런 상황에서 당연히 광부들을

---

15) "Personals and Notes", The Korea Mission Field, January 1914, p.29

위한 병원도 설립되었다.

직산금광의 채굴은 일본인 사업가 시부사와(Shibusawa)와 아사노(Asano)가 맡았고, 일본은 직산 지역의 금광을 채굴하기 위하여 천안시 입장면 양대리에 조선중앙광업소를 설립하였다. 그리고 1910년 한국을 강제 병합한 이후에는 채굴권을 미국인에게 양도하였는데, 그것은 일본의 한국 합병을 미국이 묵인하는 대가로 주어진 것이었다. 직산광산의 채굴량은 충청도 전체 채굴량의 절반에 이를 정도였는데, 그 규모가 운산에 이어 두 번째였다.[16]

1913년 당시 직산금광은 미국인 사업가 데쉴러(David W. Deshler)가 운영하고 있었다. 평소 재한 선교사들과도 긴밀한 관계를 맺고 있던 그는 금광 부속병원의 의사를 구하고 있었는데, 스크랜톤이 이미 운산금광 부속병원에서 일한 경험이 있기 때문에 자신의 금광 병원에서 일해 줄 것을 요청하였다.

우리는 앞서 스크랜톤이 운산금광 부속병원에서 일하게 된 계기가 올드리지 와의 개인적인 친분 때문이었음을 살펴보았다. 그가 직산금광 부속병원에서 일하게 된 이유도 데쉴러 와의 관계 때문이었는데, 스크랜톤은 이 두 사람을 1907년부터 프리메이슨(Freemasonary) 활동을 하면서 알게 되었다. 이들 모두가 프리메이슨의 회원으로 활동하였다. 특히 데쉴러는 미국무역회사를 설립한 모르스와 함께 제물포에 머물며, 그의 한국사업 재정 총책임자로 활동하기도 하였다. 또한 그는 알렌 선교사의 도움을 받아 한국인들의 하와이 이민을 적극적으로 추진한 인물로서, 알렌의 추천을 받아 고종황제로부터 하와이 이민사업 책임자로 임명되었다. 이에 그는 이민업무를 전담할 동서개발회사(East-

---

16) Edwin W. Mills, "Gold Mining in Korea", *Transactions of the Korea Branch of the Royal Asiatic Society* Vol. VII, pp.24-25

West Development Co.)를 설립하기도 하였다.[17]

이와 같은 인연으로 천안에 내려간 스크랜톤은 직산금광에서 환자들을 돌보면서, 그곳에 있는 부대동교회(*충남 천안시 부대동 118번지)에 출석하였다. 이 교회는 1907년 대한성공회 브라이들(*한국명 부재열: G.A. Bridle) 신부가 천안지역에 설립한 첫 성공회 교회였다. 그는 1897년 한국에 도착한 바로 그 해에 부사제(Deacon)가 되었고, 1900년에는 사제(Priest) 서품을 받았다.

영국 성공회는 미국 감리교와 장로교에 이어 세 번째로 한국 선교를 시작하였는데, 코르푸(Charles John Corfe, 1865-1912) 주교가 1889년부터 1904년까지 한국에서 성공회를 전파하면서 그 기틀을 마련하였다. 그는 서울을 중심으로 사역을 하면서 인천과 강화로 그 지경을 확대해 나갔고, 이어 수원을 마지막 선교 지역으로 선택하였다.

수원 지역의 전도는 1904년 상유천에서 시작되었는데, 후에 수원군 안용면 장지리에 최초의 성공회 교회가 설립되었다. 그리고 그 이듬해인 1905년, 이 지역의 초대 관할 사제로 제물포에 있던 브라이들 신부가 부임하였다. 당시 브라이들 신부는 수원지역을 관할하는 사제였으나, 천안 지역도 그의 관할구역에 포함되었다. 그래서 그는 천안 부대동교회도 맡아 시무를 하였다.

스크랜톤은 이렇게 천안에서 브라이들 신부를 만나게 되는데, 그들의 관계는 훗날 일본으로까지 이어졌다. 한국에서 사역을 하던 브라이들 신부는 후에 일본 고베로 옮겨 올 세인츠 교회를 담임하게 되는데, 1917년 고베에 정착한 스크랜톤은 그의 교회에 출석하게 된다. 그리고 브라이들 신부는 1922년 스크

---

17) 오인환 외, 『구한말 한인 하와이 이민』, pp.45-46

랜톤이 고베에서 세상을 떠났을 때 그의 장례를 집례하였다. 참으로 두 사람의 만남과 인연이 묘하다는 생각이 든다.

7) 중국 대련: 1916-1917

직산금광 부속병원과의 계약 기간이 끝난 후, 스크랜톤은 서울에서의 삶을 정리하고 중국 대련으로 떠났다. 이때 서울을 떠난 후 스크랜톤은 다시 한국에 돌아오지 않았다. 그가 왜 대련에 갔는지는 명확히 알려진 바가 없다. 이미 한국 감리교단에서 잊혀 지기 시작한 그의 행적에 대해 관심을 가지고 있던 사람은 거의 없었다. 그가 대련에 거주했다고 하는 사실도 스크랜톤 가족을 1917년 대련에서 만나 즐거운 시간을 가졌다는 윤치호의 일기에서 확인될 뿐이다. 그는 스크랜톤과의 만남을 자신의 일기에 다음과 같이 기록하였다:

"금요일, 날씨 맑음. 항만과 주유소를 구경하였다. 점심을 야마모토 호텔에서 먹었는데 만주철도회사에서 대접했다. 버터는 주지 않고 샴페인만 가져왔다. 꾸미려만 하지 말고, 필요한 것을 갖추어 놓아야 하지 않겠는가! 우리를 환대해 준 주요 기관장들을 예방하였다. 그런 후에 나 혼자 대련 기독교청년회로 가서 모리세 씨를 만났다. 그리고 스크랜톤 부부를 방문해서 즐거운 시간을 가졌다. 스크랜톤 부인은 몇 년 전 모습 그대로 아름다웠다."[18]

그러나 스크랜톤의 대련 거주는 오래 지속되지 않았다. 그는 1917년 11월 중국 생활을 접고 일본의 고베로 갔다.

---

18) 『윤치호 일기』, 1917. 4. 20

윌리엄 스크랜톤의 생애와 사상
17. 윌리엄 스크랜톤의 마지막 행적

*일본 고베: 1917-1922

중국 대련에 거주하던 스크랜톤 부부는 1917년 11월 그곳을 떠나 일본 고베로 향했다. 그들이 1916년 왜 한국을 떠나 대련으로 갔는지 그 이유를 알 수 없듯이, 그들이 일본 고베로 옮겼던 이유 또한 명확하게 밝혀줄 자료는 존재하지 않는다. 대련과 마찬가지로 고베도 일본 초기 개항장의 하나로 외국인들의 왕래가 잦았고, 그곳에 거주하는 외국인들도 많았다. 당연히 외국인들을 치료할 수 있는 의사가 필요했고, 그래서 스크랜톤이 고베국제병원(International Hospital of Kobe)의 초청을 받았을 가능성은 충분히 있다. 스크랜톤은 일본에 온 이후에 일단 레닝(Dr. Laning) 박사와 콜버트(Dr. Colbert) 박사 등과 교제를 나누면서 개인 병원을 운영하였다. 그리고 고베국제병원과 미국 고베영사관의 자문의사로도 활동하였다. 그는 이처럼 의사로서 왕성하게 활동하는 가운데 고베 지역 외국인들의 복지 증진을 위해서도 애쓴 것으로 알려져 있다:

"그는 5년 전 여기에 온 이래, 지역 외국인 공동체의 복리를 증진하려는 목적으로 모든 일에 적극적으로 참여하였습니다. 그는 지역사회에 널리 알려져 있었고, 그를 아는 모든 사람들로부터 존경을 받았습니다."[1]

스크랜톤 부부는 11월 8일 고베에 도착하였는데, 아직 거처를 마련하지 못했던 그들은 일단 외국인 전용숙소인 토아 호텔(Tor Hotel)에 열흘 정도 머물며 (11.8-11.16) 살 집을 구하였다. 이 호텔은 1907년 독일 출신의 호텔리어였던 알프레드 밀드너(Alfred Mildner)에 의해 스위스의 샬레 모양으로 지어졌다. 당시 개항장이었던 고베에는 외국인들이 머물 호텔이 많이 부족한 상황이었다. 호텔의 이름인 토아(Tor)는 코니쉬어로 "바위언덕"을 뜻한다. 사람들은 호텔의 건축이 끝난 후, 호텔 앞의 길 이름을 토아 로드(Tor Road)라고 부르기 시작하였다. 원래 호텔의 위치는 현재 고베 클럽이 있는 근처, 즉 토아 로드의 북쪽 끝에 있었다. 그러나 안타깝게도 이 호텔은 1950년 화재로 소실되었다.

토아 호텔에 머물며 스크랜톤이 처음으로 구한 주택은 우치무라 41번지에 위치해 있었으나 지금은 존재하지 않는다. 스크랜톤 부부는 이곳에 머물다가, 1920년 외국인들의 주택이 몰려 있는 야마모토도리 산초메 40번지의 2층짜리 서양식 주택으로 이사하여 죽기까지 그곳에서 살았다. 이 양관은 원래 영국의 건축가인 한셀(Alexander Nelson Hansell, 1857-1940)이 1896년 개인 저택으로 지은 것이었다.

한셀은 프랑스에서 출생하였는데, 목사인 아버지 피터 한셀이 영국인이었

---

1) "Death of Dr. Scranton is Mourned by Many", *The Japan Advertiser*, March 26, 1922

옛 토아 호텔의 모습

고베 구락부의 정문 모습

월리엄 스크랜톤이 1917년 고베에 왔을 때 잠시 머물렀던
토아 호텔(현재는 고베 구락부) 안에 있는 도리이와 십자가 모양의 돌탑

기 때문에 프랑스와 영국에서 교육을 받았다. 그는 영국의 윈체스터에서 건축을 공부한 후 1888년 일본으로 건너왔다. 그가 일본에 와서 건축가로서 처음으로 참여한 프로젝트는 교토의 명문 기독교 사학인 도시샤 대학교의 해리스 과학관(Harris Science Hall)을 건축하는 일이었다. 또한 그는 1890년 고베 클럽의 클럽하우스를 건축하기도 하였다.

한셀은 외아들이 세상을 떠난 후 1920년 중국으로 이주하였다. 그 후 그가 지은 집에 스크랜톤 부부가 이사를 한 것이다. 스크랜톤 사후에는 시리아 알레포(Aleppo, Syria) 출신인 유대인 에즈라 슈우케(Ezra J. Choueke, 1902-1991) 가족이 이 주택을 구입하였는데, 이 집이 지금 슈우케 저택으로 불리는 이유이기도 하다.

슈우케 저택의 현재 주소는 야마모토도리 3-5-17 (산초메, 5번 17호)로 되어 있다. 외국인들의 주택이 몰려있는 이진칸 지역에 위치하고 있으며, 효고 현의 근대건축 100선에 선정되어 특별 관리를 받고 있다.

스크랜톤이 고베에 살면서 한국인들과 만난 일이 있었을까? 당시 고베와 오사카 지역에는 일본에 강제로 끌려오거나, 피치

가가와 기념관

못할 사정으로 인해 현해탄을 건너온 한국인 부두 노동자와 공장 노동자들이 많이 있었기 때문에, 스크랜톤은 그들과 자연스럽게 만날 기회가 있었을 것이

윌리엄 스크랜톤이 고베 국제병원의 의사로 있을 당시
그곳에 살고 있었던 한국 사람들의 모습
한국 여인과 아이들 그리고 일본 옷을 입은 아이들도 보인다. 그들은 일본에서 한국말을
구사하는 미국인을 보고 무척 놀랐을 것이고,
스크랜톤은 그들을 치료하며 교제를 나누었을 것이다.

다. 또한 고베에는 일본 빈민 선교의 아버지이자 가장 존경받는 기독교 지도자 중의 한 명인 도요히코 가가와 (賀川豊彦)도 있었기 때문에, 두 사람의 만남과 교류가 있었을 것으로 추정된다.

스크랜톤 부부가 고베에 머무르고 있던 1920년 3월에는 둘째 사위인 레이몬드 커티스가 나가사키의 영사관에 부임하였다. 물론 고베에서 나가사키가 가까운 거리는 아니지만, 그래도 둘째 딸 가족이 일본에 있다는 사실이 그들에게는 큰 기쁨이 되었을 것이다. 하지만 커티스 영사는 1922년 2월 공금횡령 혐의로 워싱턴에 소환되어 국무성 조사를 받던 중, 호텔에서 스스로 목숨을 끊는 안타까운 사건이 발생하였다. 그의 공금횡령 여부는 확실히 밝혀진 것이 없지만, 그의 자살은 스크랜톤 부부에게 말로 다할 수 없는 큰 충격이었다.

당시 스크랜톤은 일 년 전에 당한 교통사고 후유증으로 요양 중에 있었는데, 사위의 자살 소식을 접 한지 40여 일 만인 1922. 3. 23일 세상을 떠나고 말았다. 물론 커티스 영사의 자살이 스크랜톤 죽음의 직접적인 사인은 아니었지만, 그만큼 그가 받은 충격은 엄청난 것이었다.

후일 스크랜톤의 가족들로부터 그의 별세 소식을 전해 들은 노블 선교사는 그의 죽음에 대해 다음과 같은 기록을 남겼다:

"때로는 상황에 적합한 말 한 마디, 단어 하나가 두껍게 쓴 책보다 그 사람의 깊이 있는 성품을 정확히 드러냅니다. 마지막 투병 생활을 하며 고통을 견뎌내는 스크랜톤 박사의 모습을 지켜보면서 그의 마지막 유언을 기다리던 가족들에게, 그는 죽음을 그렇게 엄청난 사건으로 보지 말라는 듯이 '죽음이란 마치 이쪽 방에서, 저쪽 방으로 문을 통해 옮기는 것과 같다'는 말을 남겼습니다. 이것이야말로 그의 깊이 있는 신앙의 표현이라 하겠습니다."[2]

스크랜톤의 장례는 그가 출석하던 성공회 올 세인츠 교회(All Saints' Church)의 브라이들 사제의 집례로 이루어졌는데, 그는 스크랜톤이 직산금광 부속병원에서 일할 때 천안에서 이미 만난 적이 있었다. 브라이들 신부는 한국에서 사역을 하다가, 1920년 일본 고베로 임지를 옮겨 이 교회를 담임하고 있었다.

원래 고베에서 가장 오래된 성공회 교회는 1876년에 설립된 성 미가엘 교회였다. 그러나 이 교회는 일본인 위주로 구성이 되어 있어 외국인들이 다니기에는 불편함이 많았다. 그래서 이진칸(異人館) 지역에 올 세인츠 교회를 세워 외국인들이 예배를 드리도록 하였는데, 안타깝게도 이 교회는 1945년에 폐쇄되어 성 미가엘 교회에 흡수되었다. 스크랜톤의 유해는 고베 시내의 카스가노(春日野) 묘지에 안장되었다가 그 지역이 개발됨에 따라, 현재는 롯코산(六甲山)에 있는 고베시립외국인묘지에 이장되어 모셔져 있다.

그의 별세 소식은 미국에서는 하트포드 타임즈(The Hartford Times) 그리고 일본에서는 영자 신문(The Japan Advertiser, The Japan Chronicle)에 보도되었다. "재팬 애드버타이저"는 스크랜톤의 사진과 함께 다음과 같은 부고 기사를 실었다:

"스크랜톤 박사의 죽음을 많은 사람들이 애도함-고베에서 의사로 활동했던 스크랜톤 박사를 아는 모든 사람들은 그를 깊이 존경하였다.

---

2) W.A. Noble, "Pioneers of Korea", *Within the Gate*, p.29

3월 25일, 고베—고베 시는 가장 저명한 외국인 거주자 중에 한 분을 잃어 버렸다. 미국인 의사 윌리엄 벤톤 스크랜톤 박사가 목요일 저녁 8시 20분, 야마모토도리 2번지 자택에서 숨을 거두었다. 한국과 일본에 있는 많은 친구들이 그의 죽음을 애도하였다. 스크랜톤 박사는 5년 전 고베에 온 이후로, 이곳에 살고 있는 외국인 거주자들의 복리를 위하여 모든 일에 적극적으로 참여하였다. 그의 이름은 널리 알려져 있었으며, 그를 아는 모든 사람들은 그를 존경하였다.

스크랜톤 박사는 약 1년 전에 교통사고를 당했는데, 그 후유증과 2주 전부터 악화되기 시작한 폐렴으로 인하여 사망하였다. 그의 나이를 고려할 때 그가 병을 이겨내기에는 역부족이었다. 그는 1856. 5. 29일 미국 코네티컷 주의 뉴 헤이븐에서 출생했으며, 예일대학교를 거쳐 뉴욕의과대학을 졸업하였다. 그는 1885년 미 감리교 선교사로 처음으로 극동 아시아 지역에 왔으며, 서울에서 사역을 하였다. 그리고 후에 직산금광과 다른 금광에서도 근무하였다. 그는 1916년에는 만주 대련에서 개업을 했으며, 1917년에는 고베로 이주하여 소천할 때까지, 래닝(Dr. Laning)박사 그리고 콜버트(Dr. Colbert) 박사와 함께 일을 하였다. 또한 그는 고베 미국 영사관의 자문의사이기도 하였다.

그에게는 부인과 네 딸이 있는데, 첫째 딸은 만주 선양의 영국 영사인 포터 씨의 부인이며, 둘째 딸은 나가사키에 주재하는 미국 영사 커티스의 아내이다. 셋째 딸은 블라디보스톡의 영국 영사인 페이튼의 부인이며, 넷째 딸은 대만 타이베이에 주재하는 영국 영사 버틀러의 아내이다. 장례식은 주일 오후 3:30분에 올 세인츠 교회에서 거행된다. 그 후 그의 시신은 프리메이슨 회관(Masonic Temple)에 옮겨져 마지막 의식을 치룬 후, 화장을 하고 카스가노(Kasugano) 묘지에 안장될 예정이다."

해외 언론들이 이처럼 스크랜톤의 서거를 애도한 반면, 한국에서는 그 어느 매체에서도 그의 죽음을 보도한 사실이 없다. 단지 1922. 9. 28일 정동교회에서 개최되었던 한국 연회에서 다른 별세자들과 함께 간단한 추도식이 있었을 뿐이다. 그리고 그는 오랜 세월 동안 한국 교회로부터 잊혀져 있었다.

The Japan Advertiser에 실린 스크랜톤 선교사 소천 소식

윌리엄 스크랜톤(1856~1922)이 일본 고베에 있는
동안(1917~1922) 출석했던 올 세인츠(All Saints) 성공회 교회의 모습

일본의 고베에 있는 성 미가엘 성공회 교회
윌리엄 스크랜톤이 출석했던 올 세인츠 교회는 후일
이 교회로 흡수되었다.

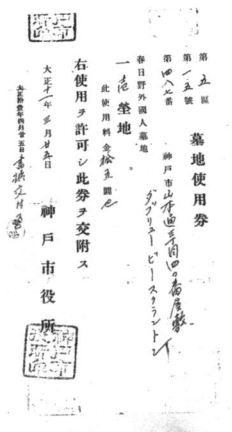 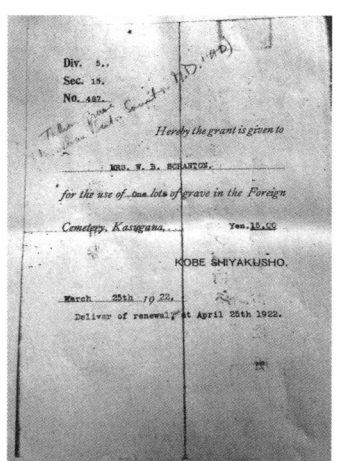

윌리엄 스크랜톤이 고베에서 사망했을 때 구입했던
카스가노 묘지(Kasugano Cemetry) 사용권
일본어와 영어로 된 확인증

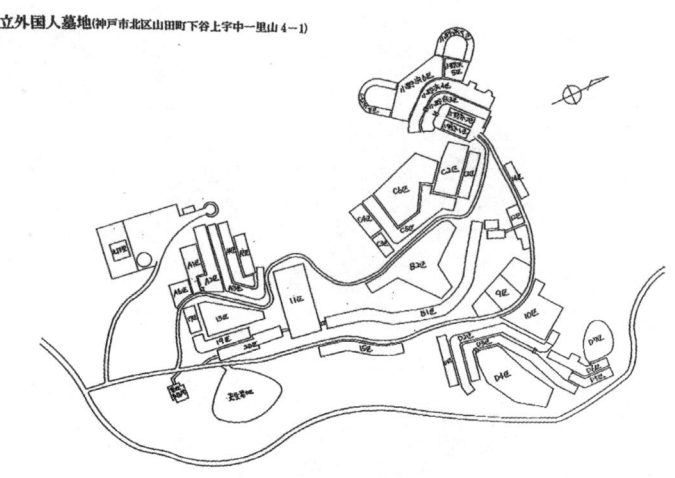

현재 윌리엄 스크랜톤 선교사가 묻혀있는 일본 고베
시립외국인묘지의 조감도

윌리엄 스크랜톤의 생애와 사상

일본 고베 시립외국인묘지의 모습과 윌리엄 스크랜톤의 묘지

월리엄 스크랜톤의 생애와 사상
18. 윌리엄 스크랜톤의 가족 관련 이야기

지금까지 우리는 주로 윌리엄 스크랜톤의 공적인 선교사역에 초점을 맞추어 그의 발자취를 따라왔다. 이제부터는 그의 가족에 대한 이야기를 살펴보려고 한다. 스크랜톤 부부가 메리 스크랜톤과 함께 한국에 나오기 이전의 개인 생활에 대한 기록은 거의 남아 있지 않다. 따라서 여기에서는 그들이 한국에 선교사로 나온 이후에 일어났었던 일들을 연대기 중심으로 정리하도록 한다.

1) 어거스타의 한국 입국과 메리언의 출생 (1885년)

윌리엄 스크랜톤과 루이즈 스크랜톤은 1882년 결혼한 후 오하이오 주 클리블랜드에 살면서 첫 번째 딸 어거스타(Augusta)를 낳았다. 그녀는 1885년 할머니 메리 스크랜톤과 부모님을 따라 한국에 왔는데, 이것은 3대가 동시에 선교지에 온 아주 특별한 일이었다. 어거스타는 당시 한국에 있던 외국인 중에 최연소자였다.

그들의 두 번째 딸인 메리언(Marian)은 1885. 12. 10일에 서울에서 태어났다. 루이즈 스크랜톤이 1885. 6. 20일에 서울에 도착했으니, 그녀는 메리언을 임신한 몸으로 대한해협을 건너왔던 것이다. 임산부로서는 결코 쉽지 않은 여정이었을 것이다.

2) 메리언의 세례 (1886년)

한국에서의 첫 부활절 예배는 1886. 4. 25일 오후 3시에 언더우드 선교사의 사택에서 모인 유니온교회에서 드려졌다. 이때 메리언과 한국에서 태어난 첫 서양아기인 앨리스 아펜젤러가 유아세례를 받았고, 일본 공사관 직원인 하야카와(早川))가 장년세례를 받았다. 세례식은 아펜젤러 선교사가 언더우드의 도움을 받아 집례하였는데, 그는 자신의 딸인 앨리스에 앞서 메리언에게 먼저 세례를 주었다. 이로써 메리언은 한국 땅에서 세례를 받은 첫 개신교인이 되었다. 당시의 상황을 아펜젤러는 자신의 일기에 다음과 같이 기록하였다:

"메리언은 적어도 서울에서, 아니 이 나라 전체에서 최초의 개신교 세례자가 되는 영광을 안았다. 아이들이 하나님께 바쳐진 후, 나는 일본 공사관의 직원인 하야카와 형제에게 세례를 주었다. 그는 지난 가을 이 도시에 와서 우리와 친교를 나누었다. 주일에는 우리와 함께 성경을 공부했으며, 우리 기도회에도 참석했다. 내가 그에게 교회출석을 권유하자, 그는 기꺼이 응했다. 일본 북부에 있는 대학을 다닐 때 그는 이미 기독교에 대해 배워서 알고 있었다. 신앙이 좋은 그 학교의 학장님이 씨를 뿌렸고, 나는 그 열매를 거두는 기쁨을 누리고 있다. 그는 우리 교회의 준회원으로 받아들여졌다. 이로써 감리교회가 한국에서도 교인을 얻은 셈이다. 이곳 백성들이 하나님을 찾고, 그들이 교회와 하나가 되는 날이 어서 오기를 기도한다. 선하신 하나님, 우리의 귀한 작은 무리를 지켜주옵소서! 우리를 향하신 하나님의 사랑과 선하심에 대해 무한 감사를 드린다."[1]

3) 첫 성탄절과 크리스마스트리 (1886년)

미 선교사들이 한국에 들어온 이후 처음 얼마 동안은 한국인 교회가 존재하지 않았기 때문에, 한국인 교인들은 선교사 집에서 성탄 선물을 교환하는 모습을 보았다. 그러다가 이화학당과 배재학당이 설립된 이후에는 선교사들이 학생들에게 선물을 나누어주는 성탄절 행사를 하였다. 아펜젤러는 1886. 12. 24일의 모습을 자신의 일기에 다음과 같이 남겼다:

"금요일 오후에 스크랜톤 여사(*메리 스크랜톤)가 이화학당 소녀들을 위해서 크리스마스트리를 만들어 주었는데, 다른 선교사들과 한국인 교인들도 참석해서 마음껏 기뻐했다. 25일에는 스크랜톤 의사 부인(*루이즈 스크랜톤)이 딸 어거스타를 위해서 크리스마스트리를 만들었는데, 점등식에는 다른 외국인 아이들도 초대했다."[2]

4) 셋째 딸 캐서린의 출생 (1887년)

1887년 3월에는 스크랜톤 모자(母子)에게 큰 기쁨의 소식이 전해졌다. 그것은 고종이 메리 스크랜톤의 학교에 이화학당 그리고 윌리엄 스크랜톤의 병원

---

1) 『아펜젤러 일기』, April 25, 1886
2) 『아펜젤러 일기』, December 27, 1886

에 시병원이라는 이름을 직접 지어 보내준 것이다. 1887. 5. 13일에는 셋째 딸 캐서린(Katherine)이 서울에서 태어나 그들의 즐거움이 배가 되었다. 캐서린은 1887. 9. 11일 주일에 당시 한국을 방문 중이던 워렌(Henry W. Warren) 감독에게 유니온교회에서 유아세례를 받았다.

5) 1차 안식년 휴가 (1891. 3. 18-1892. 5. 21)

1890년은 스크랜톤 가족에게 참으로 어려운 한 해였다. 한국 선교 5년 차인 그들 모두가 탈진한 상태에 있었을 뿐만 아니라, 어거스타가 그 해 여름에 말라리아에 걸려 사경을 헤매기도 하였다. 메리 스크랜톤 역시 과중한 업무에 건강이 몹시 나빠졌다. 그녀는 이미 1888년과 1890년 봄에 일본에 건너가 치료를 받고 돌아온 적이 있었지만 상태가 크게 호전되지는 않았다. 그래서 스크랜톤은 부득이 하게 안식년을 1년 앞당기기로 하고, 뉴욕의 해외선교부에 다음과 같은 편지를 보냈다:

"저의 큰 딸 어거스타(당시 7살 반)가 매우 심한 말라리아에 걸렸습니다. 3개월 이상 앓았으며, 여러 차례 절망적인 상태에 이르기도 하였습니다. 지금도 체온이 정상보다 1.5-3도가 더 높습니다. 의사가 처방한 약이 상당한 도움을 주기는 하지만, 그녀를 완치시키는 유일한 길은 어거스타가 회복될 때까지 감염원으로부터 떨어져 있는 것입니다. 지금과 같이 서늘한 기후에서 몇 달 동안 지낼 수 있다면, 그녀는 이전의 상태로 다시 회복될 것입니다. 저는 어거스타로 하여금 동양(*한국)에서 또 한 번의 여름을 보내게 하는 것이 염려스럽습니다. 저는 이러한 결정을 혼자서 한 것이 아니라, 저보다 먼저 동양에 와서 30년 이상 체류하며 얻은 경험을 가진 다른 의사들의 조언을 받았습니다.

저는 첫 안식년으로 미국에 돌아가기 전에 이곳에서 끝내고 싶은 일들이 많이 있기 때문에, 사실 이렇게 고국으로 돌아가는 문제를 거론하는 것이 대단히 유감스럽습니다. 그러나 제가 현재 처해 있는 상황을 보면 (안식년 신청은) 불가피합니다. 저의 딸은 상황을 바꾸어 치료를 받아야 하는데, 어거스타를 혼자 미국에 가게 할 수는 없습니다. 만일 제가 내년에 안식년을 갖게 된다면, 선교지에 온 지 6년이 됩니다. 저와 함께 해외여선교회에서 파송을 받은 저의 어머니는 두 번째 유행성 감기로 인해, 한 때 아주 위독하셨는데 지금은 많이 회복되었습니다. 어머니 역시 고국에 돌아가 요양을 해야 합니다. 제가 자문을 구했던 의사들은 저 역시 잠시 동안 고국으로 돌아가야 한다고 말하고 있습니다. 저는 완전히 탈진한 상태는 아니지만, 지금은 제가 처음 한국에 왔을 때처럼 왕성하게 일을 할 수 없음을 느끼고 있습니다.

누구든지 그 건강이 회복 불가능한 상황이 될 때까지 내버려두어서는 안 된다고 생각합니다. 손을 댈 수 없을 정도로 몸의 건강이 악화된 경우를 보면, 이미 오래 전부터 힘줄과 신경에 무리가 가해졌던 것을 알 수 있습니다. 저 개인적으로도 지금 휴식을 취한다면, 다시 돌아와서 훨씬 더 사역을 잘 할 수 있을 것이라 생각합니다. 최근 이 문제를 가지고 아펜젤러 형제와 상의를 하였습니다. 평소 저는 이곳 한국에 처음으로 들어온 선교사들이 함께 고향에 돌아갔다가, 새로운 기분으로 귀환하는 것이 좋겠다고 생각하였습니다. 그래서 1893년 봄까지는 (안식년을 얻어) 귀국하지 않을 결심을 하고 있었는데, 딸과 어머니의 건강이 악화되어 부득이 내년 (*1891년) 이른 봄에 이곳을 떠나야할 것 같습니다. 저희 가족에게 안식년을 허락해 주시기를 부탁드립니다."[3]

---

3) *W.B. Scranton's letter to Dr. A.B. Leonard*, November 14, 1890

스크랜톤은 자신과 어머니 그리고 딸의 건강 상태를 해외선교부에 보고하면서, 다른 의사들(*가일즈와 맥길 박사)의 어거스타에 대한 의견서를 다음과 같이 첨부하였다:

"저는 스크랜톤 박사님의 딸, 어거스타 스크랜톤 양이 한국의 기후문제로 인하여 오랫동안 앓아왔음을 확인하며, 그녀가 계속해서 내년에도 한국에 남아 있는 것은 그녀의 건강에 아주 치명적임을 알려드립니다. 스크랜톤 박사님 본인도 한국에서 오래 체류하면서 앓았던 말라리아 후유증으로 인하여 건강이 더 악화되는 증상을 보이고 있습니다. 가능하다면 당분간 한국과 기후가 다른 지역에서 거주하는 것을 권고합니다. 1890년 11월 16일, 가일즈(Giles) 박사"[4]

"어거스타 스크랜톤을 검사한 결과 현재 그녀의 건강상태를 고려할 때 미국과 같은 기후를 가진 곳에서 거주하는 것이 반드시 필요함을 알려 드립니다. 1890년 11월 17일, 맥길(McGill) 박사"[5]

스크랜톤의 편지를 받은 해외선교부에서는 그의 요청을 허락하였고, 이에 스크랜톤 가족 6명은 1891년 3월 귀국길에 오르게 되었다. 그 가족의 형편과 상황을 잘 이해하면서도 그들을 떠나보내야만 했던 당시 재한 선교사들의 아쉬운 마음을 로드와일러(Rothweiler)선교사는 이렇게 기록하였다:

"우리는 지난 3월 18일 스크랜톤 부인(*메리 스크랜톤)이 우리 곁을 떠나는 것

---

4) 『윌리엄 B. 스크랜턴 서신자료집』, 한국기독역사연구소, p.99
5) 『윌리엄 B. 스크랜턴 서신자료집』, 한국기독역사연구소, p.100

을 지켜보았습니다. 참으로 슬펐습니다. 휴식과 변화가 필요했던 부인을 안타까운 마음으로 떠나보낸 후, 그녀가 우리와 함께 하면서 들려주었던 조언이 참으로 그리운 요즘입니다. 바라기는 이번 모국 방문 기간 동안에 그 분의 건강이 회복되어, 그녀의 귀환을 누구보다 애타게 기다리는 한국 여성과 학생들에게 속히 돌아와 주기를 소망합니다."[6]

6) 스크랜톤 모자의 미국에서의 선교보고 (1891년)

긴 여정 끝에 1891년 5월 미국에 도착한 스크랜톤 가족은 먼저 뉴욕에 들러 건강 검진을 하고 치료를 받았다. 그리고 틈틈이 자신들을 초청한 집회에 참석하여 한국 선교 상황에 대한 보고를 하였다. 스크랜톤 모자(母子)는 1891. 10. 13-15일에 코네티컷 주 메리든에서 열렸던 해외여선교회 뉴잉글랜드지부 연례회에 참석하여 한국에 관한 선교보고를 하였는데, 그들의 이야기는 회의에 참석한 모든 사람들에게 큰 감동을 주었다:

"선교 보고에 나선 스크랜톤 부인(*메리 스크랜톤)은 자신이 어머니의 심정으로 얼마나 진지하고 성실하게 자기에게 맡겨진 땅, 한국을 생각하고 있는지를 보여 주었고, 그녀의 아들 스크랜톤 박사는 은둔의 나라에 복음을 전하는 것이 얼마나 중요한지 그리고 한국에서 얼마나 빠른 속도로 복음이 확산되고 있는지를 소개하며 참석한 회원 모두를 감동시켰습니다."[7]

---

6) *22nd Annual Report of the Woman's Foreign Missionary Society*, 1891, p.64
7) *Heathen Woman's Friend*, December 1891, p.147

또한 메리 스크랜튼은 1891. 11. 3일에 캔사스 시티에서 개최된 해외여선교회 총회에도 참석하여 한국의 선교 상황을 보고하였는데, 그 당시의 모습이 선교기관지에 다음과 같이 실렸다:

"한국에서 우리 여선교회 사역을 처음으로 시작한 스크랜튼 부인이 연사로 등장하였습니다. 그녀는 여러 분야에서 진행 중인 선교 사역에 대하여 상세히 보고하였으며, 한국인 여성 사역자들에 대한 특별한 언급과 기독교에 대해 전혀 아는 것이 없는 사람들 속에서 선교를 한다는 것이 얼마나 어려운지에 대해 설명하였습니다. 그녀에 의하면 한국에서는 거의 모든 여성이 문맹이며, 병원을 찾은 160여명의 부인들 가운데 글을 읽을 수 있는 사람은 단지 18명에 불과하였다고 합니다. 그녀는 여성들로만 조직된 특별한 교회에 대해서도 언급하였습니다. 강연이 끝난 후 참석자들은 영광송을 부르고 폐회하였습니다."[8]

7) 윌리엄 홀 박사와의 만남 (1891년)

스크랜튼 모자(母子)가 뉴욕에 머무르는 동안, 그들은 아주 중요한 한 사람을 만나게 되는데 바로 윌리엄 홀 박사였다. 그는 메타 하워드의 후임으로 1890년 한국에 의료선교사로 나와 보구여관에서 사역을 하고 있던 로제타 셔우드의 약혼자였는데, 당시 뉴욕에서 대학원 과정에 등록하여 의학 공부를 하고 있었다. 캐나다 출신인 그는 약혼녀가 있는 한국으로 파송되기를 원하고 있었지만, 캐나다와 미국 감리교회 선교부 사이의 갈등으로 인하여 결정이 미루

---

8) *Heathen Woman's Friend*, December 1891, p.130

어지고 있는 상황이었다. 이때 스크랜톤 선교사가 중요한 중재자 역할을 하여, 결국 윌리엄 홀은 한국으로 파송을 받게 되었다. 윌리엄 홀은 이 기쁜 소식을 1891. 9. 19일자 편지를 통하여 로제타에게 다음과 같이 알려 주었다:

"로제타, 나는 방금 한국으로 파송을 받았습니다. 어제 캐나다 선교부로부터 내가 미국 선교부 소속으로 한국에 가도 좋다는 허락을 받았습니다. 하나님이 길을 열어주시니 참으로 기쁩니다. 그리고 우리가 곧 만나게 된다고 생각하니 얼마나 기쁜지 모르겠습니다. 하나님이 살아계시고 역사하신다는 사실을 지금보다 더 깊게 느껴본 적이 없었습니다. 나는 지금 의학 과목을 좀 더 공부하기 위하여 대학원에 다니고 있습니다. 그리고 스크랜톤 박사님과 함께 맨하탄 동 45번가(East 45th St.)의 118번지에 방을 얻어 머무르고 있습니다. 그 분의 어머니도 만나 뵈었는데, 나는 이들 모자(母子)를 매우 좋아합니다. 그 분들은 당신을 크게 칭찬하였습니다."[9]

많은 우여곡절을 겪은 후 스크랜톤 모자(母子)의 도움을 받아 약혼자 로제타가 있는 한국에 오게 된 윌리엄 홀 박사는 참으로 훌륭한 의사이자 신실한 신앙인이었다. 그를 한국으로 보내는 환송연에서는 많은 사람들이 눈물을 흘리며 작별을 고했고 그의 떠남을 아쉬워하였다. 특별히 홀 박사와 같이 주일학교 사역을 했던 유명한 찬송가 작사가 패니 크로스비도[10] 환송연에 참석하였는데, 그녀는 윌리엄 홀에게 다음과 같은 시를 지어 주었다:

---

9) 『닥터 홀의 조선회상』, 동아일보사, p.68.
10) Fanny Crosby: 역사상 가장 위대한 찬송가 작사가 중의 한 명인 그녀는 어릴 때 시력을 잃고 평생 시각장애인으로 살았지만 주옥과 같은 수많은 찬송시를 남겼다

누가 가려는가?

사랑하는 형제여 그대는 가라

눈물로 씨를 뿌릴 곳으로

열심히 일한 열매는

수년 동안 참아야 하리

불타는 태양과 차가운 서리속에서도

힘써 일했으니

씨앗 한 톨도 잃지 않으리

새싹 하나도 잃지 않으리

파도가 밀려올 때도 하나님은 그대와 함께 하시고

대양 위에서도

그의 자비와 긍휼하심으로

그대를 다시 우리에게 돌아오게 하시리

만약 달리 결정되더라도

그리고 우리가 다시는 이 지상에서 못 만나더라도

우리 모두 할렐루야 노래를 불러야 하리

저 밝고 영원한 바닷가에서.

8) 메리 스크랜톤의 환갑잔치와 넷째 딸 헬렌의 출생 (1893년)

안식년을 마치고 서울로 돌아온 스크랜톤은 동대문, 서대문, 남대문 진료소를 돌보는 한편 서울 밖 지방 선교에도 관심을 갖고 이 지역들을 여행하였다. 이미 살펴보았듯이 1892년 8월 한국 연회에서는 스크랜톤을 장로사로 임명하고,

존스를 인천, 홀을 평양, 맥길을 원산지역의 개척 선교사로 파송하였다. 장로사가 된 스크랜톤은 1893년 9월 존스가 담당하고 있는 인천(제물포)지역을 돌아보고, 그와 함께 강화도를 방문하였다. 그리고 그 해 11월 11일에는 막내 딸 헬렌(Helen)이 태어나는 경사와 더불어, 어머니 메리 스크랜톤 선교사의 환갑연이 한국 성도들의 주관 하에 성대하게 열려 즐거운 시간을 보냈다. 아펜젤러 선교사는 당시의 모습을 해외여선교회 선교잡지에 다음과 같이 기고하였다:

"한국 사람들은 스크랜톤 부인을 진정으로 사랑합니다. 그들은 부인을 위해서라면 무슨 일이든지 하려고 합니다. 며칠 전 스크랜톤 부인은 교인들의 말을 듣고, 자신이 1년 전에 했던 약속을 기억했습니다. 한국 교인들은 부인에게 줄 선물을 준비하느라 바쁘게 움직였습니다. 그리고 이곳 사람들이 (환갑연을) 축하하는 풍습대로 이른 아침부터 여러 종류의 다양한 선물들을 들고 왔습니다. 충성스럽고 신실한 기수는 긴 두루마리 편지가 들어있는 봉투를 가져왔는데, 그 내용은 볼드윈 예배당에서 한국 음식을 대접한다는 것이었습니다. 가난한 사람들이 가져온 달걀 꾸러미가 여러 개 있었습니다. 그리고 그들은 궁궐에 드나드는 사람들만 쓸 수 있는 커다란 관을 만들어 가지고 왔는데, 스크랜톤 부인이야말로 그런 관을 쓰기에 적합한 존경받는 인물이었습니다. 또한 사람들이 여러 종류의 은반지들도 가져오는 바람에 스크랜톤 부인은 금이나 은을 몸에 지니면 안 된다는 우리 감리교회의 규칙을 어겨야만 했습니다. 남대문교회(*상동교회) 교인들과 남자학교(*배재학당) 학생들도 단체로 와서 선물을 주었는데, 이 모든 것이 하나님의 신실한 종에게 표하는 한국 교인들의 사랑이었습니다."[11]

---

11) H.G. Appenzeller, "A Birthday Celebration in Korea", *Heathen Woman's Friend*, March 1894, p.276

9) 경복궁 방문 (1895년)

1894년은 스크랜톤에게도 힘든 한 해였다. 그 해 청일전쟁으로 인하여 온 나라가 어지러웠으며 선교사역도 위기를 맞이했을 뿐 아니라, 평양에서 사역하던 신실한 동역자 윌리엄 홀이 환자들을 돌보다가 전염병에 걸려 사망하기도 하였다. 그러나 새해가 되어 그를 위로하는 일도 있었으니, 스크랜톤 가족은 왕비의 초청으로 궁궐에 들어가 즐거운 하루를 보낼 수 있었다. 1895년 1월 미감리교의 나인드(Ninde) 감독이 한국을 방문하자 고종은 그를 궁궐로 초청하였고, 왕비는 메리 스크랜톤을 별도로 경복궁으로 초대하였다. 스크랜톤은 당시의 상황을 해외선교부에 다음과 같이 보고하였다:

> "저의 어머니는 왕비를 알현할 수 있는 기회를 얻어 궁에 들어가게 되었습니다. 같은 날 다른 외국인들도 궁 안에 들어가 스케이팅을 즐길 수 있었는데, 그들은 왕과 왕비의 알현까지는 허락받지 못했습니다. 저는 어머니를 모시고 궁 안에 들어갔는데, 처음에는 어머니를 제외한 우리 모두 알현장에 들어갈 수 없어서, 정원 연못에서 스케이팅을 즐기고 있었습니다. 그런데 왕비는 제 아내와 아이들이 함께 궁에 들어왔다는 말을 듣고, 어머니와 함께 알현장에 들어오도록 지시하였습니다. 또한 국왕도 제가 궁 안에 들어왔다는 말을 듣고, 언더우드 선교사 그리고 에비슨 박사와 함께 그 날 오후 특별 알현을 허락하였습니다. 이 두 차례의 알현은 아주 예외적인 것이었는데 분위기는 화기애애하였습니다."[12]

---

12) *W.B. Scranton's letter to Dr. A.B. Leonard*, February 8, 1895

이런 특별한 알현 행사와는 별도로 한국 정부에서는 재한 선교사들을 비롯하여 서울에 거주하는 외국인들을 위한 연회를 창경궁에서 베풀었는데, 스크랜톤은 어머니와 함께 이 연회에도 참석을 하였다. 그러나 온 가족이 함께한 이러한 행복한 시간도 곧 끝나고 말았다. 그 이유는 1895년 2월 스크랜톤의 아내 루이즈가 자녀들의 교육을 위하여 스위스 로잔으로 출국하였기 때문이다. 자녀들의 교육 문제로 인하여 스크랜톤은 이산가족이 되었는데, 이것은 당시 선교사들의 가정에서는 흔한 일이었다. 한국에는 선교사 자녀들을 위한 교육 시설이 제대로 갖추어져 있지 않았기 때문에, 선교사들은 자신의 자녀들을 미국, 유럽, 중국 등지로 보내야 했다. 당시 스위스 로잔에도 여러 재한 선교사 자녀들이 공부를 하고 있었다. 아내와 딸들이 스위스로 떠나고 난 이후에, 서울에는 스크랜톤 모자(母子)만이 남게 되었다.

10) 2차 안식년 휴가 (1898. 11. 5.-1900. 2)

1898년 11월, 그동안 진행되었던 사역이 어느 정도 마무리되자, 스크랜톤은 2차 안식년을 위해 한국을 떠나게 된다. 스크랜톤 모자(母子)는 한강을 건너 노량진을 거쳐 인천에서 배를 타고 미국으로 갈 예정이었다. 그런데 그들이 2차 안식년을 떠날 때, 한국 교인들의 반응을 보면 참으로 이해하기 어려운 장면들이 있다. 1891년 그들이 1차 안식년을 위해 한국을 떠날 때에는, 이화학당 학생들과 여성 교인들이 모여 조촐하게 환송연을 하였는데 이번에는 그 분위기가 사뭇 달랐다. 스크랜톤 모자가 선교사역에서 완전히 은퇴를 하고, 본국으로 영구히 돌아가는 것도 아닌데 한국 교인들은 그들을 대대적으로 환송하였다. 이 것은 그들에 대한 한국 교인들의 사랑과 존경이 얼마나 컸는지를 단적으로 보여주는 증거라고 할 수 있다. 이들 모자가 남대문에 있는 집을 떠나 안식년 여정에 오르자, 이틀 전 상동교회의 환송연에 참석했던 사람들이 한강나루터까지 따라와 전송을 하였다. 당시 한국의 기독교신문과 선교잡지에서는 그들의 모습이 마치 예루살렘을 향해 가던 사도 바울이 밀레도에서 에베소 교회 장로들을 만나 서로 목 놓아 울며 이별을 아쉬워하던 장면을 방불케 하는 것이었다고 보도하고 있다:

"사도 바울이 에베소에서 3년 동안 전도하고 작별할 때에, 그곳에 있는 모든 교우들이 기도하고 통곡하며 바울과 이별했던 것 같이 상동교회의 여러 형제들이 강변까지 나아가 노부인(*메리 스크랜톤)과 시목사(*스크랜톤 선교사의 한국 이름이 시란돈이었기 때문에 그는 종종 시목사 또는 시장로사로 불리웠다)를 전송하였다. 그들은 찬미가 72장을 함께 부르고, 강가 언덕에서 무릎을 꿇고 일제히 엎드려 하나님께 기도하고, 서로 손을 잡으며 아쉽게 작별하였다. 우리는 노부인과 시목사께서 하나님의 도우심으로 수만리 여행길에 무사히 고국에 가셨다가, 1년 후에 다시 한국에 돌아오셔서 이곳의 형제자매들의 마음을 위로하실 뿐만 아니라, 큰 교회도 설립하며 전도를 널리 하여 많은 사람들을 구원할 수 있기를 바란다."[13]

"그동안 스크랜톤 부인은 뛰어난 추진력과 자기를 돌보지 않는 헌신, 불타는 열정과 친절함, 사려 깊은 인내심을 가지고 사역에 임하였으며, 그 결과 한국의

---

13) "부인이 고국에 돌아가심", 『대한크리스도인회보』, 1898. 11. 8

많은 여성들은 지금까지 만나보지 못했던 가장 좋은 친구를 얻게 되었습니다. 그녀가 출국하는 장면은 참으로 장관이었습니다. 수많은 남녀 교인들이 3마일을 걸어서 강까지 나와 배를 타고 모래사장에 운집하였는데, 그 광경은 마치 사도 바울을 환송하러 온 에베소 교회의 장로들과 같아서, 그들이 무릎을 꿇고 기도하면서 눈물을 흘리며 슬퍼하는 모습이 마치 저들을 다시는 보지 못할 것처럼 여기는 것 같았습니다. 바라기는 스크랜톤 부인이 여행을 무사히 마치고 푹 쉬신 후에, 빨리 돌아와 하시던 일을 다시 하게 되기를 바랍니다."[14]

11) 노블 선교사 부부를 위한 사역 (1898년)

스크랜톤은 비록 안식년으로 한국을 떠나 미국과 스위스를 오가며 생활하고 있었지만 그 기간 중에도 사역을 쉬지 않았다. 그는 미 해외선교부와 한국에서 사역하는 선교사들의 가교역할을 담당하였다. 1898년 11월, 자신의 뒤를 이어 한국 선교를 책임지고 있던 존스 선교사로부터 노블 선교사의 부인이 폐결핵으로 고통을 당하고 있다는 소식을 접하자, 스크랜톤은 스위스 로잔에서 해외선교부에 이 상황을 설명하면서 노블 선교사 부부를 도와줄 것을 요청하였다:

"존경하는 스미스 박사님, 저는 방금 한국에 있는 존스 선교사로부터 연락을 받았습니다. 노블 선교사 부인이 의사 두 명으로부터 검진을 받았는데, 그녀의 폐가 심하게 감염된 상태라고 합니다. 아마 박사님은 이 사실을 잘 모르실텐데 약 5년 전에 노블 선교사 부부는 노블 부인의 병환으로 인하여 미국으로 돌아가야 했었습니다. 당시에도 노블 부인은 같은 증세였는데 감사하게도 그녀는 본국의

---

14) "Mrs. M.F. Scranton", *The Korean Repository*, 1898, p.479

좋은 환경에서 치료를 받으며 빠른 회복세를 보였습니다. 그리고 채 일 년도 되지 않아 본국의 의사들은 그녀의 건강 상태가 한국으로 돌아가도 괜찮을 정도로 좋다고 하였습니다.

이런 소식이 박사님과 해외선교부를 심난하게 만들 것이라는 점을 잘 압니다. 그것은 늘 인력의 부족으로 허덕이는 이곳 한국 선교회도 마찬가지입니다. 하지만 저는 박사님이 이 문제를 해외선교부와 상의하시면 그들은 기꺼이 노블 선교사의 애로사항을 이해하고, 노블 부인이 치료를 받고 회복될 수 있도록 도와주실 것이라 확신합니다. 저는 이미 노블 선교사에게 한국 선교회와 해외선교부가 그의 사정을 충분히 이해하고 도와줄 것이라는 위로의 편지를 보냈습니다. 노블 선교사 부부는 이 땅의 소금과 같은 존재이며, 우리 선교회에도 꼭 필요한 사람들입니다. 그들은 한국에서 열심히, 신실하게 그리고 효율적으로 사역을 감당해 왔습니다. 그들은 우리와 함께하는 기간 내내 그렇게 일을 했습니다. 그들은 정말로 일을 열심히 하는 사역자들입니다. 노블 부인은 한국어를 그 어떤 선교사들 보다 유창하게 구사합니다. 또한 평양에서의 사역도 자신들의 능력 이상으로 훌륭하게 감당하고 있습니다.

물론 저도 그들이 선교지를 떠나게 되면 해외선교부에 큰 손실이 생기고, 그들이 본국으로 귀환하는 비용 등 여러 가지가 박사님께 큰 부담이 되리라는 점을 잘 알고 있습니다. 하지만 저는 박사님께서 이 문제를 다른 관점에서 생각해 주셨으면 합니다. 선교현장에서 열심히 그리고 신실하게 영적인 전투를 하느라 자신들의 모든 힘을 소진한 어머니와 자매 같은 동역자를 도와준다고 생각하시면 좋을 것 같습니다. 그리고 그것은 사실입니다.

저는 지금 노블 선교사가 어떤 계획을 가지고 있는지 잘 알지 못합니다. 저는 그에게 본국으로 속히 귀환하여 콜로라도나 남부 캘리포니아에서 요양하라고 권면하려고 합니다. 저는 박사님께서 그들의 형편을 아셨으니 이제 그들에게 해외선교부에서 할 수 있는 한 최선을 다하여 고난가운데 있는 선교사들을 도와줄 것이라는 위로와 확신의 편지를 보내주셨으면 합니다. 또한 그들에게 본인들이 그렇게 하기를 원한다면, 속히 본국으로 귀환하여 새로운 변화의 시간을 가지라고 권면해 주시기를 소망합니다. 저는 지금 가족들과 추수감사절을 포함하여 2주 정도 시간을 함께 보내고 있습니다. 아마 앞으로 3년 정도는 그들을 다시 보지 못할 것입니다. 저는 박사님께서 금년에 한국 선교회로부터 사역의 진전에 관한 놀라운 보고를 받으시기를 기대하고 있습니다."[15]

윌리엄 아서 노블 선교사와 메티 윌콕스 노블 부부

스크랜톤의 편지를 받은 해외선교부에서는 노블 부부가 본국으로 돌아와 병을 치료받을 수 있도록 허락해 주었다. 비록 몸은 떠나 있어도 스크랜톤의 마음은 선교지와 자신의 동료들과 늘 함께 있었다. 그는 어디에서든 선한 사마리아인의 심정으로 어려움을 당한 사람들을 자신이 할 수 있는 최선을 다하여 도와주었다.

---

15) *W.B. Scranton's letter to Dr. Smith.* November 28, 1898

12) 스크랜톤 가족에 대한 보도 (1899년)

안식년을 맞아 한국을 떠난 스크랜톤 모자는 우선 가족이 있는 스위스 로잔으로 갔다. 그곳에는 스크랜톤의 아내와 자녀들이 머물고 있었다. 3년 전 자녀들의 교육 문제로 루이즈가 아이들을 데리고 로잔으로 온 이후, 서로 만나지 못하였으니 온 가족이 오랜만에 재회를 한 것이다. 스크랜톤은 시간의 대부분을 가족과 함께 스위스에서 보냈으나, 어머니의 병 치료를 위해 미국도 몇 차례 방문하였다. 당시 그들이 긴 여정 끝에 스위스에 무사히 도착했다는 소식이 국내 신문에 실리기도 하였는데, 이것은 그들의 일거수일투족이 한국 교인들에게 얼마나 큰 관심사였는가를 단적으로 보여주는 것이다:

"시목사와 대부인께서 무사히 유럽 스위스에 도착하셨습니다. 시목사의 부인께서는 이미 3년 전에 딸 4명을 데리고 그곳에 가서 거주하고 계셨습니다. 모두 평안하시고 시목사 모자(母子)분도 무사히 도착하셔서, 온 집안 식구들을 기쁘게 만나셨으니 감사를 드립니다."[16]

13) 메리 스크랜톤의 발병 (1901년)

스크랜톤 모자(母子)가 2차 안식년을 마치고 한국에 돌아온 것은 1900년 2월이었다. 서울로 귀환한 직후 그는 어머니와 함께 상동교회의 미드기념예배당을 건축하고 의욕적으로 사역을 이어나갔다. 그러나 예상치 않았던 돌발사

---

16) "시목사 소식", 『대한크리스도인회보』, 1899. 3. 8

고가 발생하였는데, 그것은 어머니의 건강이 급속도로 악화가 된 것이다. 메리 스크랜톤은 이제 70세를 바라보는 고령이었으며, 병약한 몸으로 선교지의 사역들을 감당하기에는 역부족이었다. 2차 안식년을 마치고 한국에 돌아왔을 때도, 그녀의 건강이 완전히 회복된 상태가 아니었는데 결국 그녀의 병은 재발하고 말았다. 스크랜톤은 에비슨 박사에게 어머니의 치료를 맡겼으나 병세는 호전되지 않았고, 결국 주치의인 에비슨 박사는 메리 스크랜톤이 미국으로 돌아가 치료를 받는 것이 필요하다는 진단을 내렸다. 그는 스크랜톤에게 다음과 같이 말하였다:

"박사님의 어머니 스크랜톤 부인에 대한 저의 진단 결과를 말씀드리자면, 부인께서 여기 한국의 이런 기후에서 이만큼이나마 병세가 호전된 것은 놀라운 일입니다. 하지만 지금 부인의 만성 설사병은 지속적인 관찰을 필요로 하며, 한국에서는 완치가 어렵습니다. 이곳에 계속 계시면 또 다시 위험한 상황에 이를 수 있다고 판단됩니다. 따라서 부인께서 고향으로 돌아가 치료를 받으시는 것이 바람직하다고 생각하여 귀국 치료를 권면하는 바입니다."[17]

이러한 에비슨 박사의 진단을 받은 스크랜톤은 어쩔 수 없이 해외선교부에 다음과 같이 어머니의 상황을 전하며 안식년을 신청하였다. 불과 1년 여 전에 안식년을 다녀왔기 때문에, 어머니의 병 치료를 위해 또 다시 특별 휴가와 같은 형식의 안식년을 요청하는 스크랜톤의 심정은 참으로 착잡했을 것이다. 그러나 그에게 다른 방법은 없었다:

---

17) *O.R. Avison's letter to Dr. W.B. Scranton*, July 6, 1901

"친애하는 레너드 박사님, 저희는 지금 아주 심각한 상황에 봉착해있습니다. 어머니가 지난겨울 내내 편찮으셨는데, 아주 위험한 단계에 까지 이르기도 하셨습니다. 저를 비롯한 몇 몇 의사들은 어머니가 올해 봄을 넘기기 어려우실 것이라고 생각했을 정도였습니다. 날씨가 조금 풀리면서 겨우 거동을 할 수 있는 정도까지 회복이 되었습니다. 북장로회 선교사 에비슨 박사께서 저와 함께 어머니를 치료하였는데, 그는 이곳 기후에서 이만큼 회복된 것만도 다행이라며 제게 어머니를 모시고 미국으로 돌아가, 옛 집과 고향 기후에서 치료를 받도록 하는 것이 나을 것이라고 권면하였습니다. 어머니도 그걸 원하고 계십니다. 저는 질병을 앓고 계시는 어머니를 뵐 때마다, 고향으로 모시고 가서 보다 나은 환경에서 치료를 해드리는 것이 자식 된 도리라 생각합니다.

지금 어머니는 '스푸르'(spur)라는 특이한 설사병을 앓고 계시는데, 통상적으로 이 병은 동양에서 사는 한 완치가 불가능하고, 동양의 기후를 떠나야만 치료가 되는 병으로 알려져 있습니다. 결국 저로서는 선교지를 떠나 어머니를 모시고 고향으로 돌아가야만 하는 처지에 놓였습니다. 어머니의 귀환 비용은 물론 해외여선교회에서 부담할 것입니다. 저도 해외선교부에 한국을 떠나는 것과 귀환 비용에 대하여 승인을 요청하는 바입니다. 얼마동안이나 선교지를 비워두어야 할지는 지금으로서는 말씀드릴 수가 없습니다. 저로서는 가능한 한 빨리 돌아오고 싶습니다. 아무래도 한국을 떠나기 전에 감독님의 허락을 받아야 할 것 같아, 이 편지 복사본을 무어 감독님께도 보냈습니다. 저는 가능하다면 한 달 내에 일본으로 떠나고 싶습니다. 박사님께 이런 요청을 드리게 되어 대단히 송구하고 유감스럽습니다."[18]

---

18) *W.B. Scranton's letter to Dr. A.B. Leonard*, July 6, 1901

14) 3차 안식년 병가 (1901. 7. 26-1904. 9)

스크랜톤의 편지를 받은 해외선교부에서는 그들의 본국 귀환을 허락하였다. 그러나 메리 스크랜톤의 발병으로 인해 그들이 미국으로 돌아간다는 소식이 전해지자, 한국 교인들은 큰 충격에 빠졌다. 당시 신학월보에서는 스크랜톤의 약력까지 소개하면서, 어머니와 아들 선교사가 한국에 와서 어떻게 사역을 하며 수고하였는지를 자세히 설명하였다. 그들은 메리 스크랜톤이 미국에 가서 치료를 잘 받고, 속히 회복되어 다시 한국으로 돌아올 수 있기를 기원하였는데, 그 내용의 간절함이 구구절절 가슴에 와 닿는다:

"시장로사님은 1856년 미국에서 출생하셨습니다. 1878년에 일류 명문대학교(*예일대학교)를 졸업하고 곧 바로 유명 의학교(*콜럼비아 의과대학)에 들어가 3년 만에 공부를 마치고 의학사 졸업장을 받았습니다. 그 후 1884년 한국에 선교사로 나오시기로 작정하여, 미 감리교회 감독(*파울러 감독)에게 집사와 장로 목사의 안수를 받고 한국에 오셨습니다. 당시에 한국 여성들에게 복음을 전하는 사람이 한 명도 없었는데, 시장로사님의 어머니이신 대부인(*메리 스크랜톤)께서 고령에도 불구하고, 바다의 험한 항로와 수만리 여행길의 고생을 마다하지 아니하시고, 한국의 여성들을 극진히 사랑하는 마음으로 (복음을 전하기 위하여) 당신의 아들과 같이 한국에 나오셨습니다.

그 때가 1885년이었는데, 당시 한국에는 예수교인이 없었습니다. 그리고 온 백성이 흑암가운데 거하며, 예수교는 믿어서는 안 되는 것으로 알아 (한국 사람들은 선교사들이 전하는) 복음을 듣는 것도 두려워하였습니다. 교인만 없는 것이 아니라, 시장로사와 대부인 그리고 그들과 같이 한국에 온 선교사들이 거쳐

할 집도 없었습니다. 처음에 그들은 한국말을 할 줄도 몰랐고, 한글로 번역된 성경이나 신앙 서적이 전무하였습니다. 또한 그들을 도와줄 사람도, 도와줄 일도 도무지 없었으니, 그들의 고생은 말로 다 표현할 수 없을 정도로 극심하였습니다. 그러나 시장로사님과 대부인께서는 육신의 괴로움을 돌아보지 아니하시고, 다만 하나님과 이 나라 백성을 극진히 사랑하시는 마음으로 그 고생을 다 견디어 내셨습니다. 그들은 이 땅의 백성들이 예수를 믿고, 하나님의 사람이 되기를 원하여 밤과 낮으로 전도하며 세월을 보내셨습니다.

우리가 시장로사님의 행적을 다 기록하려면, 여러 권 책으로도 오히려 부족할 터이니 어찌 다 기록할 수 있겠습니까! 그러나 하나님께서 일일이 다 기록하셨을 것이니, 이는 사람이 기록한 것보다 더 영원히 있을 것입니다. 지난 7월에 대부인의 병환이 위중하여 모자(母子)분이 미국으로 귀국하셨으니, 우리도 참으로 슬프고 섭섭합니다. 다만 대부인께서 먼 여정에 무사히 미국에 도착하신 후, 병환이 속히 나으셔서 다시 한국에서 반갑게 뵈옵기를 간절히 바라며 기도하는 바입니다.

시장로사님께서 어머니의 병환으로 크게 근심하시고, 비통하신 마음으로 대부인을 모시고 미국으로 돌아가셨으니, 우리의 마음도 비참하고 송구합니다. 하나님께서 무한하신 사랑으로 시장로사님의 마음을 위로하여 주시고, 또한 그 효성을 생각하사 대부인의 병환을 속히 고쳐주시고, 한국에 다시 나오셔서 복음전파하시는 것을 볼 수 있기를 간절히 기도드립니다. 그동안 시장로사님께서 돌보시던 사무가 심히 많은데, 교회의 여러 형제자매들이 장로사께서 아니 계신 동안에 전보다 더욱 열심으로 하나님의 사역을 감당할 수 있기를 바랍니다."[19]

---

19) "시란돈 장로사와 그 대부인 귀국하심", 『신학월보』 1권 9호, 1901. 8.

15) 뉴욕 클리프톤 스프링스 요양원 (1901년)

스크랜톤 모자는 1901년 7월 한국을 떠나 인도양과 대서양을 건너 그해 9월 캐나다 몬트리올에 도착하였다. 스크랜톤은 어머니가 긴 항해로 인하여 병세가 더 악화되었음을 뉴욕에 있는 해외선교부에 알리며, 그들이 미국에 도착하자마자, 뉴욕 주 클리프톤 스프링스 (Clifton Springs)에 있는 요양원에서 치료를 받을 수 있도록 주선을 해달라고 요청하였다.

클리프톤 스프링스는 뉴욕 주에 있는 작은 도시로 유황온천이 유명하여 많은 사람들이 휴식과 치료를 위해 찾는 곳이었다. 이곳에 1892년 요양원이 건축되었는데, 현대적인 설비를 갖춘 5층 건물이었다.

클리프톤 스프링스 요양원

스크랜톤은 1901. 9. 3일 몬트리올에서 해외선교부의 캐롤(I. Carroll) 박사와 볼드윈(S.L. Baldwin) 박사에게 다음과 같은 서신을 보냈다:

"존경하는 캐롤 박사님, 저는 어머님을 모시고 이렇게 멀리까지 왔습니다. 저희들은 이곳에서 이틀 동안 휴식을 취하고 있습니다. 어머님은 이번 여행으로 인하여 기력이 많이 소진되셨고, 저희들이 기대한 만큼 상태가 회복되지 않고 있습니다. 어머니는 즉시, 할 수 있는 대로, 최대한의 치료를 받으셔야 할 정도로 위중한 상태이십니다. 어차피 그 주변을 지나가야 하기 때문에, 저는 어머님을 모시고 클리프톤 스프링스로 가려고 합니다. 제 주소는 당분간 그곳이 될 것입니다. 저에게 오는 모든 우편물을 아래 주소로 보내주시면 대단히 감사하겠습니다. 박사님께서도 강건하시고 즐거운 여름 보내시기를 바랍니다. 제가 계획했던 만큼 빨리 박사님을 만나 뵙지 못해 유감입니다. 윌리엄 스크랜톤 드림"[20]

"존경하는 볼드윈 박사님, 저는 어머님을 모시고 한국에서 돌아왔습니다. 지금 어머님은 스푸르라는 설사병으로 인하여 아주 위중한 상태에 계십니다. 저희들은 뉴욕 주로 간 다음에 친척들을 방문할 예정입니다. 하지만 어머니께서 기력이 약하셔서 저희는 할 수 있는 한, 즉시 어머니로 하여금 치료를 받으시게 해야 할 상황입니다. 그래서 저희들은 일정을 수정해서 내일 아침 클리프톤 스프링스의 요양소로 갈 예정입니다. 저는 그곳에 선교사들을 돕는 시설이 있는 걸로 알고 있습니다. 물론 자세한 것은 잘 모릅니다만, 방 같은 것도 제공하는 것 같습니다. 박사님도 이해하시겠지만 저희는 전문적인 의학치료와 재정적인 후원을 포함해서 무엇이든 저희에게 필요한 도움을 받았으면 좋겠습니다. 박사님께서 저를 도와주실 수 있으신지요 아니면 제가 다른 곳을 알아볼까요? 사실 저는

---

20) 『윌리엄 B. 스크랜턴 서신자료집』, 한국기독교역사연구소, p.339

어디에 도움을 청해야 할지 잘 모르겠습니다. 금년 여름 박사님과 박사님의 가족 모두 평안하기를 바랍니다. 레너드 박사님은 앞으로 한 달 후에나 유럽에서 돌아오실 걸로 압니다. 박사님과 볼드윈 부인께도 안부를 전합니다. 윌리엄 스크랜톤 드림"[21]

스크랜톤의 이러한 요청을 받은 해외선교부에서는 뉴욕 클리프톤 스프링스 요양원의 책임자인 포스터 부인에게 다음과 같은 편지를 보내 메리 스크랜톤이 누구인지를 설명하며, 그녀의 치료를 위한 준비를 요청하였다:

"친애하는 포스터 부인께, 방금 우리 선교회 소속 스크랜톤 박사로부터 어머니를 귀 요양원에 모시고 가겠다는 전갈을 받았습니다. 이 편지가 도착하기 전에 귀하는 스크랜톤 박사를 만나게 될 것입니다. 귀하도 아시다시피, 그의 어머니는 우리의 가장 보배로운 선교사이며, 한국의 감리교 해외여선교회 설립자로서 모든 교회로부터 높은 칭송을 받는 분입니다. 그 분은 최상의 치료를 받을 만한 충분한 자격이 있는 분으로서, 귀하도 최선을 다해 그 분을 돌봐줄 것으로 기대합니다. 그 분의 건강이 심각한 상황에 처해 있는 것은 아닌지 걱정이 되지만, 스크랜톤 박사께서 클리프톤 스프링스 요양원으로 모시고 가서, 치료를 받도록 한 것은 현명한 결정이라 생각됩니다. 그 분이 기력을 회복하고 당신과 대화를 나눌 수 있게 된다면, 당신은 그 분이 얼마나 친절하고 다정한 분이시며, 그 오랜 세월 자신의 삶을 바쳐 한국에서 사역한 그 고귀한 목적과 정신이 어떠한 것인지 알게 될 것입니다."[22]

---

21) 『윌리엄 B. 스크랜턴 서신자료집』, 한국기독교역사연구소, p.340
22) *H.K. Carroll's letter to Mrs. Henry Foster*, September 4, 1901

뉴욕 주 클리프톤 스프링스 요양원에 어머니를 모시고 도착한 스크랜톤은 약 한 달 반 후인 1901. 10. 23일 해외선교부 총무인 레너드 박사에게 어머니의 상태가 호전되고 있으며, 요양원이 지내기에 좋다는 안부 편지를 보냈다:

"존경하는 레너드 박사님, (스위스 로잔에 있는) 제 아내의 10월 13일자 서신에 의하면 4분기 급여가 아직 지불되지 않았다고 합니다. 아마도 이 편지가 박사님께 도착하기 이전에 분명히 그 문제가 처리될 것으로 압니다. 제 아내에게 확인을 한 후에 다시 연락드리겠습니다. 저희 어머니의 건강이 조금씩 차도를 보이고 있음을 알려드리게 되어 기쁩니다. 이곳 클리프톤 스프링스 요양원은 쉬기에 좋고, 건강 회복에 큰 도움이 되는 장소입니다. 윌리엄 스크랜톤 드림"[23]

뉴욕 요양원에서 치료를 받고 어느 정도 기력을 회복한 메리 스크랜톤은 좋은 환경에서 장기요양이 필요하다는 의사의 권고에 따라 1901년 11월 코네티컷 주 나이앤틱으로 갔다. 그곳에는 그녀의 오빠 조시아 벤톤 목사가 은퇴한 후 살고 있었다. 어머니가 오빠와의 재회로 인하여 큰 기쁨을 누리며 건강이 나아지는 것을 보고, 스크랜톤은 스위스에 있는 아내와 딸들을 미국으로 데려왔다. 참으로 오래간만에 온 가족이 함께 모여 서로의 정을 나눌 수 있게 되었다.

16) 스크랜톤 모자의 한국 귀환 (1905년)

메리 스크랜톤의 투병생활은 생각보다 훨씬 장기화되었다. 결국 긴 고심 끝

---

23) 『윌리엄 B. 스크랜턴 서신자료집』, 한국기독교역사연구소, p.342

에 스크랜튼 선교사는 어머니를 간호해야 하는 개인적인 사정으로 인하여, 한국 선교사역에 지장을 주어서는 안 된다는 결론을 내리고, 1903년 해외선교부에 사임의사를 전달하였다. 어쩔 수 없이 선교사직을 그만두기는 하였지만, 스크랜튼은 1903. 5. 1~5. 7일까지 정동교회에서 개최된 연회에 참석한 연회원들에게 다음과 같은 안부 편지를 발송하였다:

"스크랜튼 박사가 보낸 안부 인사 – 연회에 참석하신 여러분들에게 안부를 묻지 않고는 견딜 수 없어 이 편지를 드립니다. 여러분들도 마찬가지이시겠지만, 저는 한시도 여러분들을 잊은 적이 없습니다. 연회에 참석하신 여러분들 모두에게 문안 인사를 드립니다. 이번 연회가 유익하고 유쾌한 가운데 진행되기를 기도합니다. 저도 여러분께 달려가서 함께 연회에 참석할 수만 있다면 더 없이 기쁠 것입니다. 더욱이 여러분과 함께 누렇게 변한 추수 밭에 나가, 충실하게 익은 알곡들을 거둬들이는 일을 함께 할 수만 있다면, 그 기쁨은 수백 배 더 클 것입니다.

현지인 교인들에게도 한 말씀 드리겠습니다. 지금 여러분이 겪는 시련과 혼란은 이미 앞서 살았던 선조들이 겪었던 것과 다를 바 없으며, 선조들이 이를 어떻게 성공적으로 극복해 냈는지를 배움으로서, 그것으로부터 지혜와 용기를 얻을 수 있기를 바랍니다. 그리고 또한 시야를 지금보다 한 세기 혹은 두 세기 앞서 내다보고, 오늘을 볼 수 있기를 기대합니다. 거기서 얻은 영감이 얼마나 큰지 아실 겁니다. 저는 때때로 힘들고 어려울 때 멈춰 서서 이런 생각을 했습니다. '외국인 선교사들이 모두 떠난 후에도 과연 기독교는 이 땅에 살아남을 수 있을 것인가?' 하고 말입니다.

한국에서 교회를 대적하는 세력이 지옥의 문을 열어놓고, 모든 군사를 풀어 놓을지라도 결코 교회를 무너뜨릴 수는 없을 것입니다. 주님의 천사들이 교회를 둘러싸고 있기 때문입니다. 주님의 군대를 총지휘하시는 그분께서 우리를 인도하고 계십니다. 강한 손을 펼치심으로 그 대적들은 돌처럼 굳어버릴 것이지만, 주님께서 값 주고 사신 주님의 백성은 안전하게 건널 것입니다. 때로는 힘들어 쓰러질 것 같은 때도 있을 것이지만, 주님 안에서 일하시는 여러분의 수고는 결코 헛되지 않을 것입니다.

어머니 건강은 아주 많이 좋아졌습니다. 날씨가 좋으면 저를 부르셔서 저와 함께 차를 타고 여기저기 다니십니다. 이곳 바깥 공기가 어머니에게 적당합니다. 그렇다고 완전히 건강을 회복하신 것은 아닙니다. 오래 서 계시지도 못합니다. 그런데도 종종 선교사 모임에 나가 말씀을 전하고 계십니다. 현재 상태는 괜찮습니다. 어제는 교회를 두 번이나 가셨는데 바로 영광스러운 날, 부활절이었기 때문입니다. 아내도 가끔 선교사 모임에 나가 강연하였습니다. 어머님 대신 나가는 경우도 있지만 어떤 때는 직접 초청을 받고 나가기도 합니다. 한국을 떠난 지 여러 해가 되었는데도 제 아내의 한국에 대한 관심이 줄어들기는커녕 오히려 커지고 있습니다."[24]

이처럼 모든 일이 정리되는 듯 보였다. 그러나 하나님의 은혜로 메리 스크랜톤의 건강이 3년 가까운 요양생활을 통하여 어느 정도 회복되자, 그녀는 다시 한국으로 돌아가겠다는 뜻을 아들에게 밝혔다. 주위에서는 그녀의 한국행을 적극적으로 말렸지만, 그녀는 자신의 소신을 굽히지 않았다. 특별히 해외선교부의 서기로 근무하고 있던 메리 스크랜톤의 조카인 스티븐 벤톤(Stephen O. Benton) 목사는 노년의 고모가 다시 선교지로 돌아가는 것을 적극 반대하였다. 그는 사촌인 스크랜톤 선교사에게 다음과 같은 편지를 보냈다:

---

24) "Greetings from Dr, Scranton", *Official Minutes of Annual Meeting of the Korea Mission of the Methodist Episcopal Church*, 1903, pp.73-74

"가까운 시일 안에 한국에 다시 가기로 했다는 말을 듣고 적잖이 놀랐습니다. 한국을 방문했던 감독님들 그리고 해외선교부 직원들과 함께 그 문제에 관해 이야기를 나누었습니다. 한국이 아주 중요한 선교지임에는 틀림이 없습니다. 하지만 고모(*메리 스크랜톤)가 다시 한국에 가면 또 건강을 잃지 않을까 걱정이 됩니다. 이 점에 대해 심사숙고해주시기 바랍니다. 메리언과 캐서린은 미국에서 보살핌을 받을 필요가 있습니다. 그래서 고모는 미국에 남아서 아이들을 돌보는 것이 어떠할른지요? 두 아이가 볼티모어 여자대학에 입학하려는 계획이 있는 줄 압니다. 이미 루이즈(*스크랜톤 선교사의 부인)가 이 문제로 가우처 박사(*볼티모어 여자대학의 총장)와 대화를 나누었다고 들었습니다. 하나님께서 잘 인도해 주시리라 믿습니다."[25]

그러나 어머니의 뜻이 완강하고, 한국 선교현장에서도 자신의 귀환을 고대하고 있다는 소식을 들은 스크랜톤은 한국으로 돌아가기로 결정하고, 해외선교부에 선교사직 복귀 신청을 하였다. 해외선교부에서는 그의 복귀 신청에 크게 기뻐하였지만, 그가 여러 가지 면을 종합적으로 고려해서 결정해 주기를 바라며, 해외선교부의 레너드 총무는 스크랜톤에게 다음과 같은 편지를 보냈다:

"스크랜톤 박사님, 당신과 당신의 어머니가 한국으로 돌아가겠다는 의사를 접한 것보다 더 큰 기쁨은 없습니다. 한국에 있는 선교사들도 모두 이 소식을 기뻐할 것입니다. 저는 한국선교위원회와 해외선교부 실행부위원회에서 박사님의 문제를 진지하게 논의할 것이고 좋은 결과가 나오기를 기대합니다.
박사님의 한국 귀환은 대단히 중요한 일이지만, 박사님의 가정 형편과 미국에

---

[25] S.O. Benton's letter to W.B. Scranton, December 4, 1903

서 대학 교육을 받아야 하는 두 딸의 문제도 충분히 고려해서 결정을 해주시기 바랍니다. 박사님과 부인이 한국으로 돌아간다면, 그보다 더 소중한 것은 없다고 생각합니다. 제가 아는 한, 한국에 박사님 내외분보다 더 필요한 인물은 없다고 봅니다. 박사님께서도 한국으로 돌아가는 것이 하나님의 뜻이라는 확신을 가지실 필요가 있습니다."[26]

스크랜톤 모자는 한국으로 다시 돌아갈 만반의 준비가 되었지만, 그들의 발목을 붙잡은 전혀 예상하지 못한 사건이 발생하였으니, 그것은 다름 아닌 러일전쟁(1904년)이었다. 전쟁으로 인하여 그들의 한국 귀환이 지체되자, 스크랜톤은 1904. 1월에 연회원들에게 다시 한번 다음과 같은 문안 편지를 보냈다:

"스크랜톤 박사가 보낸 안부 인사 – 친애하는 (무어)감독님과 형제 여러분, 정확하게 19년 전 이번 달(1월)에 저는 한국으로 첫 여행을 떠나기 위해 가족과 함께 미국 대륙을 횡단하고 있었습니다. 여러분이 다시 연회로 모일 것을 생각하니 전에 제가 거기 있었을 때, 연회에서 서로 얼굴을 대하면서 회의를 했던 것이 떠오릅니다. 지금은 여러분을 만나고 싶어도 만날 수 없지만, 마음만이라도 여러분과 함께 하고 싶습니다. 하나님의 뜻이라면 저는 그렇게 되리라 확신합니다만, 선교본부에서 저를 다시 한국으로 보내기로 결정만 해주신다면, 잠시 떠나 있었던 사역을 다시 하기 위해 우리 가족은 다시 한 번 기쁜 마음으로 동방을 향하여 출발 할 수 있을 것입니다. 지금도 영원한 것을 성취하기 위해 고군분투하는 여러분 선교사들의 사역으로 인해, 지금 문제를 일으키고 있는 일본이나 러시아에서 이루어진 것보다 훨씬 강하고도 뛰어난 결과가 그곳에서 나타나고 있습니다.

---

26) *A.B. Leonard's letter to W.B. Scranton*, December 2 & 12, 1903)

지금 제가 있는 곳을 밧모 섬이라고 하지는 않겠습니다. 왜냐하면 계시를 받지 못했기 때문입니다. 그러나 사막에 유배되었다고는 할 수 있을 것 같습니다. 선교지에 있을 때는 여러 선교사들과 부대끼면서 일상의 복잡한 일들을 처리하느라 여유를 얻지 못했는데, 여기에 와서 비로소 선교에 대하여 많은 생각을 할 기회를 얻었습니다. 복음이 전 세계에 퍼지고 있는 것을 생각할 때, 그 결과로 얼마나 많은 사람들이 기쁨과 감격을 얻었는지를 기억하고 얼마나 많은 가정에 삶의 변화가 이루어졌고, 얼마나 많은 단체들이 생겨나 선한 일을 하게 됨으로, 모든 나라에 하나님의 나라가 다가오고 있음을 보여주는 분명한 증거들이 나타나는 것을 보면서, 저는 새롭게 깨달았습니다. 하나님께서 우리를 어떻게 쓰셨는지 그리고 우리 힘으로는 도저히 감당할 수 없는 엄청난 일을 이루시기 위해, 당신과 함께 사역하도록 우리를 이끄셨는지를 비로소 깨달았습니다.

어느 누구도 우리가 받은 소명을 과소평가할 수 없습니다. 비록 우리가 때로 현지인들에게 상류계급으로, 서구문명의 소개자로, 상업의 길잡이로 보일지라도 말입니다. 우리는 보이지 않는 하나님 나라의 전령입니다. 그 다함이 없는 영적인 나라를 위해 일하는 우리를 통해, 하나님의 축복이 임하리라는 것에 대해 어느 누구도 비난하거나 거역할 수는 없습니다. 우리가 받은 소명이 얼마나 소중하며, 우리에게 맡겨진 권한이 얼마나 귀중한지, 천사도 아닌 우리를 택하여 쓰시는 하나님의 그 측량할 수 없는 마음!

저는 마치 사도 바울이 '이는 그리스도 예수 안에서 우리에게 자비하심으로써, 그 은혜의 지극히 풍성함을 오는 여러 세대에 나타내려 하심이라. 우리는 그가 만드신 바라. 그리스도 예수 안에서 선한 일을 위하여 지으심을 받은 자라 (에베소서 2:7, 10)' 하신 말씀을 듣는 것 같습니다. 그래서 제가 날이 갈수록 간절히 사모하는 것은 다시 한번 해외선교회 일원으로서 위대한 전장에 파견되어, 전에 그러했던 것처럼 다시 여러분과 손을 잡고 최전방에 투입되는 것입니다.

저와 함께 어머니와 아내도 여러분께 안부를 전합니다. 우리 모두는 건강합니다. 여러분 모두 안전하고 평안하시기를 기도합니다. 그리고 이번 연회에 참석하시는 여러분 모두에게 충만하신 은총이 함께 하시길, 특히 한국 감리교회에 주님의 은총이 함께 하시길 기도합니다."[27]

또한 스크랜톤은 러일 전쟁으로 인하여 고난 받고 있는 한국 성도들을 생각하며, 김창식에게도 개인적으로 편지를 보내 위로하고 권면하였다. 후일 그의 편지는 신학월보에 게재되기도 하였는데 그 내용은 다음과 같다:

"최근 이곳 김목사에게 보낸 시목사의 편지 중에 특별히 좋은 말씀 한 마디를 기록합니다. 그 말씀이 무슨 말씀인가 하면, 요즘 대한에 난리가 난 것이 대단히 섭섭한 일이지만, 큰 바람이 있었으니 환란 후에는 교회가 흥왕할 것입니다. 갑오년(1894년)에 발생한 청일전쟁 후에도 그러했습니다. 대한을 일본과 러시아 그리고 천국 세 나라가 서로 먹으려 하니, 비록 지금은 일본과 러시아가 먹는다 하여도, 결국에는 천국이 다 먹을 줄로 압니다."[28]

스크랜톤의 편지 내용은 참으로 흥미롭기 그지없다. 그는 과거 청일전쟁 때에도 한국인들과 한국 교회가 말로 다할 수 없는 고난을 겪었으나, 그 후에 교회가 크게 부흥한 것을 예로 들면서, 이번 러일전쟁 후에도 같은 일이 일어날 것이라고 말한다. 그리고 지금은 비록 러일 전쟁으로 인하여 두 나라 중 어느 한 나라가 한국을 차지한다고 하더라도, 결국에는 천국(하나님의 나라)가 최후

---

27) "Greetings from Dr. Scranton", *Official Minutes of Annual Meeting of the Korea Mission of the Methodist Episcopal Church*, 1904, p.67
28) "시목사 편지", 『신학월보』 4권 7호, 1904. 7월

승리를 할 것이라고 확신하고 있다. 이러한 그의 편지는 한국 성도들에게 큰 힘이 되었을 것이다.

스크랜톤 모자의 귀환이 비록 늦어지고는 있었지만, 그들이 다시 한국으로 돌아온다는 소식은 재한 선교사들과 한국 교인들에게는 너무나 기쁘고 환영할 만한 일이었다. 당시 장로사 역할을 하고 있던 노블은 다음과 같이 말하였다:

"우리 선교회가 존스 형제의 빈자리를 아직 메우지 못한 것은 대단히 유감스러운 일입니다. 우리는 그의 건강이 회복될 것으로 믿으며, 머지않아 돌아와서 그가 맡았던 일을 다시 하게 될 것으로 기대합니다. 스크랜톤 박사께서 선교지로 돌아오실 것이라는 소식을 들은 우리는 대단히 기쁩니다. 지금 우리 사역은 위기를 겪고 있는데, 18년 선교 경력을 지닌 그야말로 우리에게 부족한 것을 채울 수 있는 적합한 분이라 생각됩니다."[29]

특히 당시 이화학당에서 사역을 하던 프라이 선교사는 감격에 겨워, 다음과 같은 기사를 선교잡지에 기고하였다:

"3년 전 스크랜톤 부인이 너무 편찮아서 선교 사역을 그만두고 우리를 떠나야만 했을 때, 우리 모두는 그 분의 얼굴을 다시는 보지 못할 것이라 생각하며 가슴 아파하였습니다. 그런데 모국에 돌아가서 정성스런 치료를 받으신 후에 이제 기력을 회복하여 우리에게 다시 돌아오셨으니, 영적 어머니를 사모하였던 우리 모두의 기쁨은 말로 다할 수 없었습니다. 새로운 각오로 아낌없이 헌신하

---

[29] W.A. Noble, "Superintendent", *Official Minutes of Annual Meeting of the Korea Mission of the Methodist Episcopal Church*, 1904, p.26

겠다는 신념으로 돌아오셨으니, 그 분을 통해 수없이 많은 한국의 잃은 양들이 살 길을 찾게 될 것이 분명합니다. 주님께서 앞으로도 오래 동안 주어진 복된 사역을 잘 감당할 수 있도록, 스크랜톤 부인에게 힘을 부어주시기를 소망합니다."[30]

그러나 그 누가 세월의 흐름을 막을 수 있으며, 쇠락해가는 육체를 젊은 시절의 모습으로 유지할 수가 있단 말인가! 메리 스크랜톤은 이미 70을 훌쩍 넘긴 고령의 나이였고, 모든 면에서 예전과는 확연하게 달랐다. 본인도 그런 점을 잘 알고 있었다. 그러나 그녀는 마지막 순간까지 하나님이 주신 사명을 이 땅에서 완수하고자 하였다:

"저는 앞으로 이 세상에 사는 동안 9개월 전에 한국으로 다시 돌아왔을 때 보다 더 행복한 날들을 경험할 것 같지는 않습니다. 저는 한국의 선교현장과 여러분들에게로 다시 돌아왔습니다. 저는 '그는 늙어도 여전히 결실하며 진액이 풍족하고 빛이 청청하니(시편 92:14)' 라는 시편기자의 말씀이 저에게도 이루어지기를 간절히 소망하며 계속해서 기도하고 있습니다. 저의 귀환이 사람들에게 큰 도움이 될지는 확실히 모르겠습니다. 다만 제가 아는 것은 매일같이 주어지는 일을 조금씩 해나가면서, 자비하신 하나님께 그 결과를 맡기는 것뿐입니다. 하나님은 우리의 노력이 가장 미약할 때에도, 그것으로 어떤 식으로든 선을 이루실 수 있는 분입니다. … 저에게 주어지는 일이 보잘 것 없고, 별로 중요하지 않은 것이라고 느껴지는 때도 있습니다. 종종 제 자신이 기브온 사람들과 같이 '나무를 패며 물을 긷는 자'(여호수아 9:27)중에 하나라고 생각될 때도 있습니

---

[30] L. Frey, "Mrs. M.F. Scranton", *The Korea Methodist*, March 1905, p.50

다. 여러분들도 아시겠지만 이런 일은 사람을 쉽게 지치고 낙담하게 만듭니다. 하지만 이런 경험을 통해 하나님께서는 저의 연약함에 대해서 알려주셨습니다. 그것은 제가 아주 쉽게 낙담하고, 완벽주의자 이면서도, 저의 인내심은 완벽과는 거리가 멀다는 사실이었습니다."[31]

17) 메리 스크랜톤의 서거 (1909년)

한국으로 돌아온 메리 스크랜톤의 건강은 곧 다시 악화되었고, 이번에는 다시 회복하지 못하였다. 결국 많은 사람들의 기도와 위로의 서한에도 불구하고, 메리 스크랜톤은 1909년 10월 8일 영원한 본향을 향한 여정을 시작하였다. 그녀의 서거 소식을 가장 먼저 알린 것은 대한매일신보였는데, 그녀가 세상을 떠난 이틀 후 다음과 같은 부고 기사를 실었다.

*대한매일신보 부고 기사

"슬프다. 부인의 열성과 인내하는 마음이며 그 짝이 실로 드물도다. 이런 열성과 이런 인내의 마음으로 인하여 한국 여자의 학문계에 밝은 빛이 비로소 드러나서, 안방 깊은 구석에서 술과 밥이나 짓는 법을 논하던 여자들의 지식이 자라며, 구습을 버리고 진리를 깨달아 장래 여자의 모범이 되었으니 이는 부인의 사업이라. 어찌 다만 여자뿐 이리요. 곧 남자라도 무릇 한국인 된 자는 부인을 향하여 절을 하고 치하하지 않을 수 없으리라."[32]

---

31) M.F. Scranton, 'Evangelistic Work, Mead Memorial Church, Seoul', *Minutes and Reports of the Korea Woman's Conference of the Methodist Church* 1905, p.7
32) "스크랜톤 씨의 대부인 상사를 조상함", 『대한매일신보』, 1909. 10. 10

메리 스크랜튼의 묘
(양화진)

*미 감리교 선교잡지 "시온의 전령사"(Zion's Herald)

　미국 언론 가운데 메리 스크랜튼의 부고를 가장 먼저 알린 것은 "시온의 전령사"였다. 이 잡지는 미 감리교의 가장 오래되고 권위가 있는 소식지(*1823년부터 간행됨)로서 보스턴에서 매주 발행되는 주간지였다. 여기에 1909. 10. 13일 다음과 같은 사망 소식이 실렸다:

　"해외여선교회 파송 선교사인 메리 벤톤 스크랜튼 부인이 10월 8일, 서울에서 뇌졸중(apoplexy)으로 소천하였습니다. 그녀의 부친과 오빠 역시 감리교 목회자였습니다. 그녀는 미 감리교 해외선교부의 서기인 스티븐 벤톤 목사의 고모이기도 합니다. 그녀의 아들 스크랜튼 박사 역시 1907년까지 한국에서 선교사로 사역을 하였습니다. 그녀는 1853년 윌리엄 T. 스크랜톤과 결혼하여 아들 하나를 낳고, 1872년 남편이 사망함으로 홀로 되었습니다. 1884년 그녀의 아들이 한국 선교사로 임명되자, 그녀는 아들과 동행하기로 마음을 먹었습니다. 그러자 해외여선교회의 뉴잉글랜드 지부와 뉴욕 지부가 그녀를 선교사로 파송하기로 결정하였습니다. 그녀는 한국에서 24년 동안 머무르면서 주로 서울에서 사역을 했습니다. 또한 한국에서 사역을 하면서 단지 두 차례 안식년(1891-1892, 1901-1904)을 가졌을 뿐입니다."[33]

— Mrs. Mary Benton Scranton, missionary of the Woman's Foreign Missionary Society in Korea, died in Seoul, of apoplexy, Oct. 8. Her father and a brother were Methodist preachers. She is the aunt of Rev. Dr. S. O. Benton, recording secretary of the Board of Foreign Missions. Her son, Dr. William B. Scranton, was, until 1907, a missionary of the Board in Korea. Having been married in 1853 to William T. Scranton, she was left a widow in 1872, with an only son. When, in 1884, her son was appointed to Korea as a medical missionary, she determined to accompany him. The New England Branch and the New York Branch of the Woman's Foreign Missionary Society then appointed her jointly as one of their missionaries. Her work was carried on chiefly in Seoul, during the twenty-four years of her residence in Korea. Throughout this time she spent only two furloughs in this country — 1891 to 1892, and 1901 to 1904.

Zion's Herald에 실린
메리 스크랜톤의 소천 소식

위 보도 내용 중 안식년 부분에 있어서는 다소 오류가 있다. 왜냐하면 스크랜톤 모자는 1898. 11. 5.-1900. 2 까지 또 한 차례의 안식년을 가진 적이 있었다.

---

33) *Zion's Herald*, October 13, 1909

*메리 힐먼 선교사의 간증

우리는 메리 스크랜톤의 마지막 순간을 힐먼 선교사의 기록을 통해 알 수 있다. 힐만은 그녀가 극심한 고통 중에도 얼마나 품위 있게 죽음을 맞이했으며, 특히 그녀의 서거 소식이 전해지자 얼마나 많은 한국인들이 애도를 표하며 슬퍼하였는지를 들려주고 있다. 힐먼은 메리 스크랜톤이 한국인들의 마음속에 왕비와 같은 존재로 남아있다고 하였다. 진정 그녀는 한국인들에게 사랑의 왕비였다:

"그녀의 마지막을 돌보았던 간호사는 부인이 고통을 참아내는 것을 보고 감탄을 금치 못하였습니다. 그녀는 역겨운 약과 토할 것 같은 음식을 기도하고, 찬송 한 절 부르고, 성경을 읽으면서 목으로 넘겼습니다. 자신을 섬겼던 사람들에 대한 그녀의 사랑은 그들을 위한 물질적인 그리고 영적인 배려에 잘 나타나 있습니다. 마비가 오기 3일 전, 그녀의 요청에 따라 집안에서 일하는 사람들과 그녀와 가장 가까이 지내던 한국인 성도 몇 명이 함께 성찬식을 거행하였습니다. 그리고 며칠 후 그녀는 1909년 10월 8일 이른 아침 하나님의 부르심을 받았습니다.

스크랜톤 부인은 모든 종류의 사람들에게 사랑을 받았습니다. 장례식 날 시신이 옮겨지기 한 시간 전에 궁중에서 나온 관리는 그녀의 관 앞에서 세 번 큰 절을 함으로서 마지막 예의를 표하였습니다. 한국인들은 스크랜톤 부인이 본국에서는 왕비였을 것이라고 생각합니다. 그녀에게 왕비 같은 기품이 있었습니다. 그들의 마음속에 그녀가 왕비와 같은 존재였다는 것은 성별과 나이 그리고 모든 것을 초월하여, 수천 명의 사람들이 한강이 내려다보는 장소에 마련된 그녀의 무덤까지 5마일이나 따라간 것을 보면 알 수 있습니다.

장례식에서는 개척 선교사중의 한 사람이 스크랜톤 부인과 함께 했던 한국에서의 어느 주일에 있었던 이야기를 들려주었습니다. 그 날 몇 명 되지 않았던 개척선교사들은 함께 아름다운 남산에 올라갔습니다. 그곳에서는 발아래 펼쳐진 서울시내의 모습을 볼 수 있습니다. 스크랜톤 부인은 선교사들에게 하나님께서 복음의 문을 열어주시도록 기도하자고 하였습니다. 하나님은 그들이 요청하고 생각했던 것보다 훨씬 더 많은 것으로 응답하셨습니다!

해리스 감독은 개인적으로 보낸 편지에서 이렇게 말하였습니다: '그녀의 이름은 한국 교회의 역사적인 기록에서 영원히 사라지지 않을 것입니다. 진정한 의미에서 그녀는 한국 교회의 어머니이자 설립자이며 건축자입니다. 그녀는 한국의 영을 새롭게 하는데 많은 일을 하였습니다.'

필자는 주님 다음으로 스크랜톤 부인을 사랑했던 신실한 전도부인인 사라의 슬퍼하는 모습을 잊을 수가 없습니다. 사라를 하나님께 인도한 사람이 바로 스크랜톤 부인이었습니다. 기쁨의 안식에 들어간 스크랜톤 부인에 대해 사라는 이렇게 말하였습니다: '부인을 생각하면 저도 기쁘지만 한국 사람들에게는 그녀가 너무나 필요합니다! 우리의 마음은 너무나 너무나 어둡습니다!' 미국에 계신 독자여러분, 이런 사라의 말이 어둠속에 있는 사람들에게 빛을 전해야 한다는 여러분을 향한 하나님의 부르심으로 들리지 않는가요?"[34]

*미국 선교 잡지의 반응

한국의 선교소식을 대변하는 "코리아 미션 필드"에서도 메리 스크랜톤의 서거소식을 전하며 그녀가 한국 선교의 독보적인 존재였다고 평가하였다:

---

34) M.R. Hillman, "Mrs. M.F. Scranton", *The Korea Mission Field*, January 15, 1910, pp.13-14

"1909년 10월 8일, 한국에 온 첫 번째 선교사중 한 명인 스크랜톤 부인이 영광의 문으로 들어갔습니다. 그녀는 지치지 않는 에너지의 소유자였을 뿐 만 아니라, 보기 드물게 영성과 실천력을 골고루 갖춘 여성이었습니다. 그녀는 지난 25년 동안 기독교인이든 불신자든 가리지 않고, 모든 사람들로부터 존경과 사랑을 받은 독보적인 존재였습니다. 비록 그녀가 더 높은 곳으로 불리어 올라갔지만 그녀는 쉽게 잊히지 않을 것이며, 또한 그녀가 이룩한 업적과 그 영향력은 오랫동안 남아 그녀를 고귀하고도 존귀한 여성으로 기억하도록 만들 것입니다."[35]

*미 감리교 여선교회의 이어지는 추모사

메리 스크랜톤의 죽음에 대한 추모는 해가 바뀌어도 계속되었는데, 그만큼 그녀의 빈자리는 컸다. 1910년 그녀의 죽음에 대한 상처가 채 아물기도 전에 또 다른 비보가 미 감리교 여선교회를 강타하였으니, 그것은 박 에스더의 부고 소식이었다. 사실 박 에스더는 메리 스크랜톤과 로제타 홀 선교사의 결실이라고 할 수 있다. 메리 스크랜톤이 그녀를 이화학당에서 양육하였다면, 로제타 홀은 그녀를 미국에 유학 보내 한국 최초의 여의사가 되게 했다.

미 감리교 여선교회는 메리 스크랜톤의 추모사에서 페인 선교사와 박 에스더의 죽음 소식을 전하며 애통함을 금하지 못하였다. 그러나 그런 슬픔가운데에서도 그들이 남긴 귀한 선교의 유산을 계속 이어가야 한다고 역설하고 있다:

"전능하신 하나님께서 우리들 가운데 우리 사역의 선구자일 뿐 아니라 한국에

---

35) "Personals and Notes", *The Korea Mission Field*, November 1909, p.192

서 이루어진 모든 여성사역의 선구자이신 스크랜톤 부인을 불러 가시고, 지난 17년 동안 우리 선교회 안에서 지도자로서 훌륭하게 사역하신 페인 선교사를 불러 가시고, 한국여성으로서 최초의 여의사가 되어 지난 10년간 자신을 돌보지 않고 질병과 싸우면서, 자기 조국의 수많은 여성들을 치유하고 가르치던 박에스더 박사를 불러 가셨음으로 인하여, 우리는 이 분들과 더 이상 함께 사역할 수 없게 된 것에 대하여 깊은 슬픔을 느낍니다. 동시에 이 분들이 하시던 사역이 너무도 소중하고 막중하기 때문에, 우리 모두는 한 마음으로 이 분들이 떠나면서 생긴 인력의 공백을 신속하게 보충할 수 있게 되기를 간청하는 바입니다."[36]

또한 "코리아 미션 필드"에서는 메리 스크랜톤의 서거 후, 1910년 1월호에 메리 힐먼 선교사의 글을 실은 적이 있었는데, 그 다음 해인 1911년 6월호에 다시 메리 스크랜톤에 관한 기사를 표지 사진과 함께 실음으로 그녀에 대한 존경을 표하였다:

"우리는 독자 여러분들에게 이미 고인이 되신 스크랜톤 부인의 탁월한 모습에 대해 알려드릴 수 있게 되어 아주 기쁩니다. 스크랜톤 부인은 이번 호 겉표지 인물입니다. 이미 1910년 1월호에 그녀의 삶과 사역에 대해 간략하게 설명을 하였고, 우리 독자들도 이 사실에 대해 잘 알고 있기 때문에 같은 내용을 반복하지는 않을 것입니다. 다만 그녀를 알고 사랑하는 사람들에게 큰 영감을 주었던 그녀의 두드러진 모습에 대해서만 살펴볼 것입니다. 그녀의 헌신과 지칠 줄 모르는 열정에 대한 추억은 우리에게는 축복입니다. 그녀는 한국에서 대부인이라 불렸고, 한국인들에게는 위대한 여인이었습니다. 그리고 한국에 왔던 개척선교

---

36) *Minutes and Reports of the Korea Woman's Conference of the Methodist Church* 1910, pp.7-8

사들의 어머니이기도 했습니다. 우리는 그녀가 영원한 안식에 들어가기 이전에 자신의 사역의 열매를 볼 수 있게 하시고, 동료사역자들과 함께 그것을 기뻐할 수 있는 기회를 주신 하나님께 감사를 드립니다."[37]

18) 윌리엄 스크랜톤의 아내와 네 자녀들

(1) 루이즈 스크랜톤

(Louise Wyeth Arms Scranton, 1860. 12. 23~1944. 10. 22)

---

37) "Mrs. M.F. Scranton", *The Korea Mission Field*, June 1911, p.171

윌리엄 스크랜톤의 부인인 그녀의 이름은 루이즈(Louise), 루이자(Louisa), 룰리(Loulie), 줄리아(Julia), 루루(Lulu) 등으로 다양하게 사용되고 있는데, 본서에서는 루이즈로 통일하기로 한다. 그녀의 집안은 1670년대 영국에서 미국 뉴잉글랜드로 이주한 초기 청교도 가문으로서, 특히 회중교회 목회자들을 많이 배출하였다. 그녀의 할아버지 하이람 암즈는 예일대학의 이사를 역임하였고, 시대를 대표하는 탁월한 신학자이자 명설교가였다.

루이즈는 1860년 알라바마 주에서 토목기사였던 아버지 조지 암즈와 어머니 헨리에타 암즈 사이에서 출생하였다. 그녀는 3남 2녀 중 둘째 딸이었다. 아버지가 남북전쟁(1861-1865)에 참전한 이후 전쟁후유증에 시달리다 일찍 세상을 떠났기 때문에, 그녀는 어머니의 손에서 자랐다. 그녀의 어린 시절에 대한 기록은 거의 남아 있지 않으며, 1882년 스크랜톤과 결혼할 당시의 직업은 학교

처녀 시절과 장년 시절의 루이즈 스크랜톤

루이즈 스크랜톤의
가족 친지 사진

가운데 인물이 루이즈의
친할아버지인
하이람 암즈 목사

교사였다. 루이즈의 외모에 대해서는 윤치호와 로제타 홀이 언급한 기록이 있다. 윤치호는 자신의 일기에 루이즈가 아름다운 여인이었다고 썼고, 로제타는 다음과 같이 말하였다:

"스크랜톤 여사(*루이즈를 지칭)는 눈이 파랗고 머리카락이 회색인 미인이다. 그녀는 매우 친절하고 좋은 사람이어서 모두가 그녀를 사랑한다."[38]

*이화학당교사

1885년 한국에 온 루이즈는 네 자녀를 양육하면서, 시어머니 메리 스크랜톤과 남편의 사역을 조용히 내조하였다. 그녀는 이화학당에서 학생들을 가르치

---

38) 셔우드 홀, 『닥터 홀의 조선회상』, p.75

기도 하였는데, 메리 스크랜톤은 자신의 사역을 소개하면서 며느리에 대해 다음과 같이 언급하고 있다:

"열 두 살 소녀 음전이는 아주 착한 아이로서 시작 때부터 공부를 잘하고 있습니다. 학생 모두가 시작할 때는 진도가 늦었지만, 학교 선생으로 봉사를 하고 있는 며느리(*루이즈)의 말에 의하면, 여기 학생들도 본국(*미국) 학생들에게 뒤지지 않는 진척을 보이고 있다고 합니다."[39)]

*자녀교육을 위해 스위스 로잔 거주

이화학당에서 학생들을 가르치며 시어머니와 남편의 사역을 조용히 내조하던 루이즈는 어린 자녀들의 교육문제로 인하여, 스크랜톤 모자(母子)만 서울에 남겨둔 채 1895년 12월 한국을 떠나 스위스 로잔으로 가게 된다. 한국에 온 지 10년 만에 드디어 이산가족의 생활이 시작된 것이다. 그녀는 스위스에서의 생활에 행복해 하면서도, 서울에 있는 가족을 그리워하였다. 그녀는 스위스 로잔에서 해외선교부의 레너드 박사에게 다음과 같은 편지를 보냈다:

"친애하는 레너드 박사님, 저희들은 모두 아주 잘 있습니다. 아이들은 신선한 음식과 좋은 우유를 먹어서 그런지 건강이 뚜렷하게 회복되었습니다. 아이들은 모두 열심히 공부하고 있으며, 저도 최선을 다해 그들의 뒷바라지를 하고 있습니다. 앞으로 4-5년 내에 두 딸(*메리언과 캐서린)이 볼티모어 여자대학에 입

---

39) *Heathen Woman's Friend*, July 1887, pp.11-12

학할 준비가 되기를 바라고 있습니다. 저의 오빠가 볼티모어에 살고 있기 때문에, 딸들을 어느 정도 도와줄 수 있을 것이라 생각합니다. 한국에서 오는 편지를 보면 스크랜톤 박사의 향수병이 대단히 심각한데, 그에게 '향(鄕:그리움)'은 저와 아이들입니다. 저희도 서울로 돌아가고 싶은 생각이 들 때면 아주 힘들지만, 저는 하나님이 허락하신다면 앞으로 몇 년 간은 이곳에 머물며, 아이들을 위해 헌신할 예정입니다. 저는 한국인들의 상황이 많이 안정되었다는 소식을 듣고 아주 기뻤습니다. 그들은 고난 중에 기독교에서 위로를 찾고 있으며, 한국의 정치적인 혼란이 복음전파의 걸림돌이 아니라 오히려 디딤돌이 될 것이라고 믿고 있습니다."[40]

한국을 떠난 이후 3년 여 동안 남편을 만나지 못했던 루이즈는 1898년 스크랜톤이 안식년 휴가를 맞이하여 스위스로 오게 된다는 소식을 들은 후, 미 해외 선교부에 다음과 같은 감격의 편지를 보냈다:

"친애하는 스미스 박사님, 저는 월드 와이드 미션즈(World Wide Missions: 전 세계 선교)를 통해서 스크랜톤 박사가 1년 동안 안식년을 승인받았다는 소식을 접했고, 이로 인해 저희 가족 모두는 커다란 흥분과 기쁨에 빠져 있습니다. 그러나 만일 제가 남편의 안식년이 끝나고 내년에 한국으로 돌아가야 한다면, 학업을 마치기 위해 이곳에 남아 있어야 하는 세 명의 딸들(*어거스타, 메리언, 캐서린)과의 헤어짐을 의미하기 때문에, 우리들의 기쁨 속에는 이런 이별의 슬픔도 깃들어 있습니다. 현재 스크랜톤 박사는 내년에 아이들을 모두 한국으로 데리고 가려고 하지만, 아이들이 이곳에 머무는 것이 얼마나 더 좋은지를 보게 된다면, 그가 마음을 바꿀 것이라고 확신합니다. 제가 아이들의 교육을 서울에서 끝

---

40) *Louise A. Scranton's letter to Dr. A.B. Leonard*, May 4, 1896

내기에는 학업진도가 너무 진척되어 있어서, 저 혼자서는 감당할 수가 없습니다.

 아이들은 금년에 공부를 아주 잘 하였습니다. 그들은 자신의 학급에 있는 같은 또래의 스위스 소녀들과 비교할 때 더 좋은 점수를 받았습니다. 특히 어거스타는 음악원에서 모든 분야를 최고의 성적으로 통과하였으며, 캐서린은 바이올린으로 학생들을 사로잡기도 하였습니다.

 우리 아이들은 여기 생활에 아주 만족해합니다. 열다섯 살 난 소녀가 하루 종일 20마일을 지친 기색 없이 걷는 것을 어디에서 볼 수 있겠습니까? 첫째 딸 어거스타가 바로 그런 건강한 모습을 보여주고 있습니다. 한국에서 2년 동안 열병을 앓았던 어거스타를 보고, 많은 의사들은 그녀가 정상적으로 성장하지 못할 것이라고 말하지 않았습니까! 오늘은 아이들이 저녁 식사를 위해 야생 딸기를 따왔는데, 내일은 들판에 나가 석류를 따오겠다고 하였습니다. 우리는 자비하신 하나님의 은혜가운데 이곳에서 행복하게 지내고 있습니다. 참으로 감사할 따름입니다. 우리가 세 들어 살고 있는 집 주인 할머니도 아주 인자하신 분으로 우리에게 너무나 잘해 주고 계십니다. 그 분은 자신의 기도 응답으로 저희들이 자기 집에 오게 된 것이라고 말합니다."[41]

"친애하는 스미스 박사님, 저는 스크랜톤 박사가 12월 초 여기에 도착하기를 바라고 있습니다. 아이들은 상태가 많이 나아져서, 저는 더 이상 메리언과 캐서린의 건강에 대해 걱정하지 않습니다. 그들은 학교에서 가공할만한 열정으로 공부를 열심히 하고 있으며, 높은 점수를 받고 아주 행복해하고 있습니다. 음악원에서 어거스타의 시험성적은 모든 면에서 완전하며, 학교에서는 소묘와 수학에서 만점을 받았습니다. 프랑스어 받아쓰기가 평균보다 아래이지만 점차 점수가 올라가고 있습니다. 캐서린은 모든 과목에서 9점 이하(*10점이 만점)를 받

---

41) *Louise A. Scranton's letter to Dr. Smith*, July 11, 1898

루이즈 스크랜톤과 스위스 로잔에서 유학 중이던 네 딸이
몽트뢰의 알프스를 등반하는 모습

지 않고 있는데, 그녀의 학교는 엄격하기로 유명합니다. 메리언은 빨리 배우는 스타일은 아니지만 대단히 성실하게 공부를 하고 있어서, 교사들로부터 큰 칭찬을 받고 있습니다. 저는 아이들의 이런 모습을 보면서 큰 기쁨을 누리고 있습니다."[42]

남편이 스위스에 와서 꿈같은 안식년 휴가를 마치고 다시 한국으로 돌아간 이후, 1900년 4월 루이즈는 미국 코네티컷 주 하트포드에 사는 친정어머니가 위독하다는 소식을 받는다. 당시 어머니는 "톰 아저씨의 오두막"(Uncle Tom's Cabin)으로 유명한 미국의 여류작가 해리엇 스토우(Harriet B. Stowe) 부인의 개인 간호사로 지내고 있었다. 당시 하트포드에서 발행되던 "더 코네티컷 매거진"(The Connecticut Magazine)의 편집장으로 있던 오빠 펠프스(H. Phelps

---

42) *Louise A. Scranton's letter to Dr. Smith*, October 3, 1898

Arms)로 부터 어머니가 급성 폐결핵으로 인하여 사경을 헤맨다는 전갈을 받은 그녀는 미 해외선교부에 귀국 신청을 하였고, 막내 딸 헬렌만 데리고 미국으로 갔다.

이 과정에서 그녀의 미국행을 적극적으로 도와준 사람이 있었으니, 그는 얼 크랜스턴(Earl Cranston) 감독이었다. 그는 당시 프랑스 파리에 체류하면서 루이즈의 근황을 해외선교부의 스미스 박사에게 알리며, 그녀를 도와줄 것을 요청하였다. 우리는 그의 편지에서 그가 스크랜톤 박사를 얼마나 높이 평가하고 있는지를 확인할 수 있다:

"친애하는 스미스 박사님, 스크랜톤 부인(*루이즈)은 유럽에 3년 동안 있으면서 4명의 딸을 교육시키는데 혼신의 힘을 다해 노력하였습니다. 최근 (안식년을 마치고 한국으로 돌아간) 스크랜톤 박사와 또 다시 헤어졌는데, 그 와중에 (미국에 계신) 어머니가 투병 중에 있다는 소식을 듣고, 그녀는 대단히 힘들어하고 있습니다. 지금 어머니의 건강은 빠르게 악화되고 있으며, 그녀의 오빠는 결핵으로 인해 생존 가능성이 희박한 상태입니다. 저는 그녀와 가족들이 즉시 미국으로 가야한다고 생각합니다.

저는 스크랜톤 박사의 능력과 헌신 그리고 향후 사역의 가능성을 고려할 때, 그가 한국에서 우리 감리교 선교의 절반 이상을 차지하고 있다고 믿습니다. 제가 그의 가족이 미국으로 돌아가는데 필요한 금액 300 달러를 박사님께 요청한 것은 적절하다고 봅니다. 스크랜톤 박사는 아직 저의 이러한 계획에 대해 아무것도 모르고 있지만, 만일 그의 가족이 미국으로 간다면 그는 더 행복해하며 한국에서 혼자 지내는 어려움을 잘 견뎌낼 수 있으리라 확신합니다.

또한 스크랜톤 부인에게는 친구가 필요합니다. 그동안 그녀의 부담은 너무 컸으며, 어머니와 오빠가 위독한 상황에서 그녀 혼자 모든 것을 감당하기에는 무리입니다. 저는 박사님께서 이러한 그녀의 상황을 즉각적으로 고려해서, 스위스 로잔에 있는 그녀에게 (미국으로 돌아오는 것을) '허가함'이라는 전보를 보내주실 것을 촉구하는 바입니다. 이 일에 대해 해외선교부가 알아서 처리하겠지만, 그때까지 기다리기에는 너무 오랜 시간이 걸릴 것 같아 이 편지를 씁니다. 안녕히 계십시오. 얼 크랜스턴."[43)]

얼 크랜스턴 감독의 이러한 도움으로 인해 루이즈는 어머니를 만나기 위해 급히 미국으로 돌아왔지만, 안타깝게도 그녀가 뉴욕에 도착하였을 때 이미 그녀의 어머니는 돌아가시고 난 후였다. 비통한 심정으로 장례식을 치른 후, 그녀는 자녀들을 위하여 다시 스위스로 돌아와야만 했는데, 그녀는 당시 자신의 고민과 번민을 미 해외선교부에 다음과 같이 전달하고 있다:

"친애하는 스미스 박사님, 남편 스크랜톤 박사의 전보를 받으시고 저에게 $51.5의 수표를 보내 주셔서 너무나 감사드립니다. 더 이상 어려운 문제가 발생하지 않기를 소망합니다. … 아이들은 이곳에서 잘 지내고 있습니다. 저는 항상 양쪽(*스위스에 있는 자녀들과 한국에 있는 남편)으로 신경을 써야 하지만, 우선 이곳에 있는 아이들이 먼저입니다. 남편과도 너무 오랫동안 떨어져 살았고, 이로 인해 건강이 나빠진 스크랜톤 박사를 생각하면 마음이 아픕니다. 남편도 자기 일을 잘 하고 있고, 저도 아이들 돌보느라 늘 분주하게 지내기는 하지만, 가족이 헤어져 산다는 것은 우리 모두에게 참으로 힘든 일입니다."[44)]

---

43) *Earl Cranston's letter to Dr. William T. Smith*, February 28, 1900
44) *Louise A. Scranton's letter to Dr. A.B. Leonard*, November 6, 1900

이처럼 어머니를 여의고 힘들어 하던 그녀에게 감사한 일이 생겼으니, 그것은 안식년 휴가를 얻어 유럽을 여행 중이던 아펜젤러 부부가 1900년 11월 스위스로 그녀를 찾아와 위로를 해주었다. 또한 서울에서 사역하는 미 장로교 선교사 게일(J.S Gale)의 부인이 역시 자녀들의 교육을 위하여 로잔으로 와서 함께 지내게 되었다. 이런 일들이 루이즈에게는 큰 힘이 되었다.

　1895년 12월 자녀 교육을 위해서 한국을 떠났던 루이즈는 10여 년 만인 1904년 9월 다시 한국에 돌아오게 된다. 이번 한국 귀환 여행에는 그동안 신병 치료차 미국에 머물렀던 메리 스크랜톤과 그녀의 남편 스크랜톤 박사 그리고 첫째 딸 어거스타와 막내 헬렌이 동행하였다. 당시 메리언과 캐서린은 볼티모어 여자대학에 다니고 있었기 때문에 미국에 머물렀다. 특별히 어거스타는 서울외국인학교의 교사로 채용되어, 부모님의 선교지에서 사역을 하는 첫 번째 2세 선교사가 되었다.

***상동청년학원 교사**

　스크랜톤은 미국에서 돌아온 직후, 1904년 10월에 상동교회 엡윗청년회 부속기관으로 상동청년학원을 설립하고, 초대 교장으로 이승만을 초빙하였다. 이 때 루이즈는 자원봉사로 상동청년학원의 교사로 일하며 영어를 가르쳤다. 이 학원은 원래 직장인과 노동계층을 위한 야학교로 시작하였으나, 주간에 와서 공부하겠다는 학생들이 늘어나 주간반도 설치하였다. 그리고 그들 가운데 영어를 배우고 싶어 하는 학생들이 증가함에 따라, 루이즈는 이들을 위한 "영어강독반"(English Reader's Class)을 만들어 지도하였다. 루이즈는 학생들이 영어로 쓴 글을 감리교 선교잡지에 "나쁜 것을 버리고 좋은 것을 취하자"(Leave the Bad and take the Good)라는 제목으로 소개하기도 하였다. 학생들이 쓴 몇 편의 글은 다음과 같다:

- "한국은 지금 마치 장마철의 연못처럼 어둡고 혼탁합니다. 그래서 그 연못 안에 얼마나 많은 물고기들이 맑은 물을 사모하며 살아가는지 알지 못합니다. 이런 상황에서 어떻게 하면 이들이 맑은 물 가운데서 큰 기쁨을 얻을 수 있도록 도울 수 있겠습니까? 연못 안에 있는 모든 물을 퍼내고, 거기에 샘에서 길어온 맑은 물을 조금 넣어주면 될까요? 아닙니다. 그러면 장마가 끝나 물이 다시 맑아지기를 기다려야 할까요? 그것도 아닙니다. 거기 있는 물고기들을 연못으로 통하는 강으로 이끌어내야 합니다. 그래서 더러운 물로 가득한 연못에서 살지 말고, 우리 학교와 같이 맑은 물에서 살도록 해야 합니다. 우리 모두 어둠에서 벗어나 빛 가운데 살 수 있도록, 우리를 이끌어 주실 하늘에 계신 아버지께 기도합시다."
- "우리나라를 개화하는데 있어 가장 근본적인 일은 사람들을 교육시키는 것입니다. 어떤 나라든 자국(自國)을 높은 수준의 문명국가로 만들기 원한다면, 국민들을 올바른 법이나 강력한 수단을 가지고 교육시켜야만 합니다."
- "누구든 깨끗한 물을 얻기 원한다면, 먼저 물의 근원을 깨끗하게 해야 합니다. 물의 원천이 깨끗하면, 맑은 물이 흐를 것입니다. 만일 국민들이 교육을 받는다면, 그 나라는 문명국가가 될 것입니다. 진정한 문명화(文明化)는 교육의 결실입니다."[45]

---

45) Mrs. W.B. Scranton, "Leave the Bad and take the Good", *The Korea Methodist*, Feburary 10, 1905, pp.43-44

이렇게 한국에 다시 돌아온 스크랜톤 가족은 각각 자신이 맡은 사역에 충실하고 있었다. 그러나 1905년 5월 새로운 변화가 생겼다. 그것은 어거스타가 서울 주재 영국 외교관 해롤드 포터와 결혼을 하고, 남편을 따라 중국으로 떠나게 된 것이다. 루이즈는 서울외국인학교와의 계약이 아직 만료되지 않은 상태에서 어거스타가 한국을 떠났기 때문에, 그녀 대신 서울외국인학교 교사로 몇 개월 봉사를 하였다. 어거스타가 떠나고 난 후, 막내 딸 헬렌의 교육 문제가 새롭게 대두되었다. 루이즈는 어쩔 수 없이 또 다시 헬렌을 데리고, 1906년 2월 스위스 로잔으로 떠났다.

루이즈는 1909년 11월 다시 한국에 돌아와 남편이 시작한 서울요양원 사역을 돌보기도 하였다. 후일 루이즈는 1916년 남편과 함께 한국을 떠나 중국 대련을 거쳐, 일본 고베에 살다가 말년에는 자녀들이 있는 영국으로 이주하였다. 그리고 마지막에는 스코틀랜드의 일라이(Elie, Scotland)에서 둘째 딸 메리언과 함께 지내다가, 1944년 하나님의 부르심을 받았다.

월리엄 스크랜톤이 1922년 고베에서 사망한 이후 3년 만에
루이즈 스크랜톤이 네 딸과 함께 고베에서 촬영한 사진
(왼쪽부터 메리언, 헬렌, 캐서린, 루이즈, 어거스타)

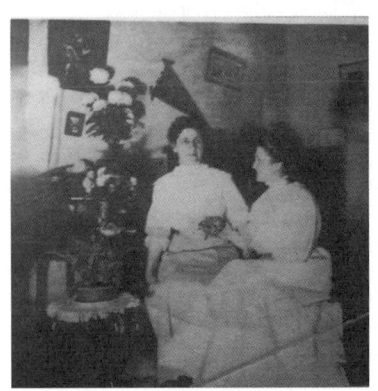

루이즈 스크랜톤과 둘째 딸 메리언

루이즈 스크랜톤의 말년의 모습

80대의 루이즈는 이 당시 둘째 딸과 함께
스코틀랜드에 살고 있었다.

루이즈 스크랜톤이 말년에 살던 집

이 집은 영국 외교관 출신들이었던 사위들과 딸들이 루이즈를 위하여 임대해 준 저택으로 제2차 세계대전 중에는 어린아이들을 보호하는 장소로도 사용되었다.

루이즈 스크랜톤이 노년에 딸과 함께 다녔던 스코틀랜드에 있는 '성 미가엘과 모든 천사들의 교회'

루이즈 스크랜톤이 말년에 죽기까지 살았던
스코틀랜드 일라이에 있는 저택

루이즈 스크랜톤이 화장된 브라이튼 화장터에 있는
사망자들에 대한 기록을 보관한 책

루이즈 스크랜톤이 죽은 후 이 화장터에서 화장되었고,
재는 화장터 안의 추모공원에 뿌려졌다.

Surname	Forename	Age at death	Mother's Maiden Name	Year	Ref	RD Name
SCRANTON	LOUISE ARMS	83		1944	427/1	Elie

루이즈 스크랜톤 소천 기록 (www.scotlandspeople.gov.uk)

(2) 어거스타 스크랜톤 (Augusta Scranton, 1883. 6. 14~1950)

윌리엄과 루이즈 스크랜톤 부부의 첫째 딸인 어거스타는 미국 클리블랜드에서 출생하여, 1885년 부모와 함께 한국으로 왔다. 당시 그녀의 나이는 두 살이었다. 어거스타는 어린 나이에 선교지 한국에 와서 말라리아 등 여러 가지 질병에 걸려 힘든 생활을 하였다. 그녀에 대한 이야기가 많이 전해지지는 않지만, 몇 가지 아름다운 에피소드들이 남아 있다.

*어거스타와 평양 개척선교를 위한 모금

어거스타가 10살에 불과했던 1893년, 평양 선교를 준비하던 윌리엄 홀 박사는 평양 개척에 대한 보고서를 낸 후, 선교기지용 건물과 가옥을 구입하기 위해 서울에서 모금을 시작하였다. 이때 가장 먼저 반응을 보이고 용기를 준 사람들은 놀랍게도 선교사들의 자녀들이었다. 당시의 일을 홀 박사는 다음과 같이 회상하고 있다:

"내가 평양에 관한 상황을 설명하자, 한 어린아이가 나서 이렇게 말하였다. '그런 일이라면 우리는 하나님께 집을 달라고 기도하겠습니다.' 나는 이 어린아이들의 기도를 결코 잊지 못할 것이다. 이들은 하나님께 직접 청원을 드렸고 곧 응답이 왔다. 기도회가 끝나자 버티 올링거(Bertie Ohlinger)가 반짝이는 은화 1달러를 가지고 내 방에 왔다. '닥터 홀, 여기 이 1달러를 평양의 집을 사는 데 보태 주세요. 더 드리고 싶지만 제가 가진 돈은 이것뿐입니다.' 그 다음에는 그녀의 누이동생인 아홉 살짜리 귀여운 꼬마 소녀 윌라(Willa)가 10센트를, 뒤를 이어 어거스타 스크랜톤(Augusta Scranton)이 50센트를 가지고 왔다. 이때 하나님의 자녀들인 이 꼬마들이 가져온 돈은 총액이 불과 1달러 60센트에 지나지 않았지만, 빵 다섯 개와 두 마리의 생선으로 5천명의 군중을 먹이신 하나님은 이 아이들의 선물을 늘려 8개월 후에는 1천4백79달러 99센트가 모금되게 해 주셨다. 오늘날 우리가 평양의 좋은 장소에 병원과 진료소를 갖게 된 것은 이러한 연유로 이루어진 것이다."[46]

*어거스타와 정동제일교회 건축 헌금

어거스타가 11살이던 1894년에는 정동제일교회를 건축하기 위한 모금이 시작되었는데, 당시의 과정을 아펜젤러 선교사는 다음과 같이 설명하고 있다:

"현 예배당(*정동제일교회)에 들어온 것은 1897년 10월 3일입니다. 머릿돌은 1895년 9월 9일 선교부 감리사인 스크랜톤 목사가 놓았습니다. 1896년에 지붕을 얹었고, 1897년에야 모든 일이 끝났습니다. 1894년 12월 28일 정동과 이화학당 그리고 종로 구역의 지도자 및 유사(Steward)들이 처음으로 모여, 향후 남녀가 같이 예배를 드릴 수 있는 교회를 정동에 건립하는 문제에 대해 논의하였습니다. 그리고 이 교회를 건축하기 위하여 다음과 같은 사람들이 이름 맞은 편에 쓴 만큼의 금액을 기부하기로 약속하였습니다."[47]

---

46) 셔우드 홀, 『닥터 홀의 조선회상』, p.101
47) 헨리 아펜젤러, 『자유와 빛을 주소서』, pp.146-147

이 름	은화(엔)
루이자 로드와일러(Louisa C. Rothweiler)	100.00
룰루 프라이(Lulu E. Frey)	100.00
메리 해리스(Mary W. Harris)	50.00
엘라 루이스(Ella A. Lewis)	100.00
메리 커틀러(Mary Cutler)	100.00
페인(J. D. Paine)	50.00
엘라 아펜젤러(Ella D. Appenzeller)	100.00
독일인 친구들로부터(로드와일러 선교사를 통하여)	50.00
어거스타 스크랜톤(Augusta Scranton)	50.00
맥길 박사(Dr. W. B. McGill)	100.00

이 기록을 보면 성전건축을 위한 헌금 약정 명단에 어린아이로는 유일하게 어거스타 스크랜톤의 이름이 들어 있다. 아버지인 스크랜톤 박사는 장로사로서 정동제일교회의 머릿돌을 놓았고, 어린 딸은 성전건축헌금을 한 것이니 참으로 아름답고 감동적인 일이 아닐 수 없다. 여기에서 우리는 스크랜톤 선교사 가정의 자녀교육에 대한 면모를 알 수 있다. 어릴 때부터 하나님의 나라를 위한 헌신의 중요성을 가르쳤던 것이다.

*어거스타와 서울외국인학교 사역

메리 스크랜톤의 발병으로 인하여 1901년 미국으로 돌아갔던 스크랜톤 가족은 우여곡절 끝에 3년 만에 선교지에 복귀하였다. 한국에 돌아온 메리 스크랜톤은 상동교회 사역, 감리교부인성경학원, 그리고 지방전도여행 등으로 바쁜 나날을 보냈다. 또한 스크랜톤 박사는 한국감리교 선교 전체를 관할하면서 지방전도여행을 자주 다녔으며, 그의 아내인 루이즈 스크랜톤은 상동청년학원 영어교사로 봉사를 하였다.

두 살 때 부모님을 따라 한국에 온 첫째 딸 어거스타 스크랜톤은 이제 스물두 살의 청년이 되어 가족들과 함께 선교지로 돌아와, 서울외국인학교 교사로 일을 하게 되었다. 혹자는 어거스타가 존 가우처 박사가 세운 볼티모어 여자대학(*현 가우처 칼리지)을 졸업하고 한국에 왔다고 주장하는데 이것은 사실이 아니다. 필자가 가우처 칼리지에 문의해서 확인한 바에 의하면, 어거스타는 이 학교에 다닌 적이 없고 졸업을 하지도 않았다. 어거스타는 대학에 진학하지 않은 것으로 보이는데, 그 사실은 루이즈가 미 해외선교부 레너드 박사에게 보낸 편지에서 확인이 된다:

"친애하는 레너드 박사님, 그동안 저는 급성 류머티즘과 감기에 걸려 대단히 아팠습니다. 아이들은 잘 지내고 있습니다. 캐서린은 반에서 1등을 하였으며, 아주 열심히 공부를 하고 있습니다. 캐서린은 놀랍게 성장을 하고 있는데, 제가 돌보지 않으면 과로를 하는 경향이 있습니다. 큰 딸(*어거스타)은 곧 졸업하게 되는데, 그 후에는 스스로 생계를 유지하며 동생들의 학업을 도울 것입니다. 저는 할 수만 있다면 나머지 두 딸(*메리언과 캐서린을 말함)을 대학에 진학시키고 싶습니다."[48]

---

48) *Louise A. Scranton's letter to Dr. A.B. Leonard*, January 15, 1901

주로 선교사와 외교관 자녀들이 다녔던 서울외국인학교는 1901년 헐버트 선교사 부인이 시작하였는데, 교사의 부족으로 인하여 문을 닫았다가 어거스타가 와서 다시 문을 열게 되었다. 서울에 거주하는 외국인들은 스크랜톤 가족의 귀환, 특히 어거스타가 서울외국인학교 교사로 부임한 것을 크게 환영하였다. 헐버트 선교사는 감격에 젖어 자신이 발행하던 영문 잡지 코리아 리뷰(The Korea Review)에 다음과 같이 썼다:

"스크랜톤 박사와 그의 가족이 서울로 돌아왔다는 사실을 확인하고 크게 기뻐하였다. 그의 어머니 메리 스크랜톤 역시 여성 사역을 재개하기 위해서 돌아왔다. 이와 같은 기쁜 일이 한국에 있는 외국인공동체, 특별히 한국 교회에 일어난 것을 크게 축하한다. 외국인 자녀들을 위한 학교가 어거스타 스크랜톤 양에 의해서 다시 시작되었는데, 이전보다 더 큰 관심을 모으고 있다. 현재 학생 수는 21명에 이른다."[49]

그러나 어거스타는 1년 계약으로 서울외국인학교 교사직을 시작하였지만, 결혼으로 인하여 8개월 만에 사임을 할 수 밖에 없었고, 나머지 기간은 그녀의 어머니 루이즈 스크랜톤이 채웠다. 비록 짧은 기간이었으나 어거스타의 봉사는 선교사 2세로서는 처음으로 부모님의 선교지에 와서 선교사역을 하였다는데 그 의의가 크다.

어거스타의 사역은 서울외국인학교의 역사에도 기록으로 남게 되는데,

---

49) 'News and Calendar', *The Korea Review*, September 1904, p.416

1924년 "서울외국인학교의 성장"이라는 글을 쓴 버터필드는 다음과 같이 말하고 있다:

"서울외국인학교는 1901년 가을에 조선호텔 인근에 위치한 '헐버트 하우스'라 불리는 곳에서 15명의 학생으로 시작하였습니다. 1902년 가을에는 학교가 옛 벨기에 영사관 자리로 옮기게 되는데, 그때에도 등록한 학생의 수는 거의 같았으며, 헐버트 부인이 교사로 봉사하였습니다. 1903년에는 조선은행 근처에 있는 무어하우스로 이전을 했는데, 이때에는 중국 지푸에서 온 그레이스 콜버트 양이 교사로 봉사하였습니다. 그 후에는 어거스타 스크랜톤 양이 미국에서 돌아와 교사로 가르쳤는데, 1905년 그녀의 결혼으로 인해 서울외국인학교의 모든 활동이 마비되어 버린 듯 하였습니다. 그녀가 결혼을 하고 한국을 떠난 후, 어거스타의 빈자리를 그녀의 어머니가 메꾸기는 하였지만, 그 후로는 1912년까지 서울에서 외국인학교를 운영할 수 없었습니다."[50]

*어거스타의 결혼

어거스타는 1905. 5. 11일 서울 주재 영국 공사 해롤드 포터와 결혼을 하고, 남편을 따라 한국을 떠나게 된다. 당시 그녀의 결혼식은 많은 사람들의 주목을 받았고 축복 속에 거행되었다. 서울에서 이루어진 선교사 2세의 첫 번째 결혼식이었기 때문에 더욱 그러하였다. 당시 결혼식은 서울의 영국 성공회 대성당에서 거행되었는데, 헐버트 선교사의 부인은 결혼식 장면을 다음과 같이 상세하게 기록하여 미국에 있는 딸 헬렌에게 보내주었다:

---

50) M. Butterfield, "The Growth od the Seoul Foreign School", *The Korea Mission Field*, May 1924, p.98

"사랑하는 헬렌, 어거스타가 결혼을 하는 그 날은 모든 것이 완벽했단다. 두 사람은 오후 2시에 영국 성공회 대성당에서 결혼을 했어. 주례를 맡은 코르프 주교는 매듭이 지어진 하얀 공단 모자를 썼고, 스크랜톤 박사는 어거스타를 데리고 계단을 올라갔단다. 맥스(*스크랜톤의 막내 딸)는 온통 하얗게 장식한 꽃을 들었고, 어거스타는 아름답고 당당한 모습의 신부였단다. 그녀는 꽤 키가 컸고 하얀 실크 자수와 드론워크로 장식한 흰색 실크 드레스를 입었어. 많은 사람들이 참석을 했단다. 신랑 신부 두 사람은 교회 결혼식후에, 영국 공사관에서 또 간단한 결혼식을 했단다. 결혼식이 끝난 후 피로연이 있었고, 그 후 알렌 박사의 집에서 환영회가 이어졌단다. 나는 벙커 부인, 언더우드 부인과 함께 알렌 부인을 도와주었어. 무척이나 소란스러웠단다. 하얀 등나무는 아주 아름다웠고, 신부가 서있는 곳의 천장은 영국과 미국의 국기들로 꾸며져 있었어. 우리 모두는 케익과 아이스크림을 먹었고, 피로연은 오후 4시쯤 끝났단다."[51]

*어거스타와 해롤드 포터

해롤드(Harold Porter, 1879~1938)는 영국에서 출생하였으며, 1900년대 중반부터 주로 중국 주재 영국 외교관으로 활동하였다. 그는 1904년 서울의 영국 공사관에 부임하였으며, 1905년 어거스타와 결혼하였다. 1907년에는 중국 후베이 성 한커우[漢口]의 부영사로 부임하였으며, 이어 1909년 광둥의 부영사, 1910년 톈진의 대리 부영사, 1917년부터 1922년까지는 하얼빈의 총영사가 되었다. 그는 1918년 9월부터 1919년 4월까지 시베리아의 상업위원으로도 활동하였으며, 1923년에는 쓰촨성 청두(成都)의 총영사로 임명되었다. 그리

---

51) 1905. 5. 12일 편지, www.koreanhistory.or.kr/srchservice

고 1927년 8월부터 1929년 1월까지 한커우의 총영사로 활동하였다. 이후 그는 북경을 거쳐 상하이에서 근무를 하였는데, 1938년 포동의 왕푸 강에서 의문의 시신으로 발견되었다. 그의 사인(死因)은 아직까지 밝혀지지 않고 있다. 어거스타는 런던에서 살다가 1950년 유방암으로 세상을 떠났다. 그녀와 해롤드는 세 명의 자녀를 낳았으며, 모두 중국에서 출생하였다.

· 메리온 포터(Marion Royston Porter, 1906. 2. 25 출생)
· 리차드 포터(Richard Royston Porter, 1910. 10. 24 출생)
· 존 포터(John Francis Felix Porter, 1922. 1. 26 출생)

1886년 12월 31일 제야 기도회(스크랜톤 촬영) 사진
왼쪽 위부터 아펜젤러 부부, 스크랜톤 부인, 언더우드, 헤론 부부
메리 스크랜톤, 엘러즈, 어거스타 스크랜톤, 알렌,
엘리스 아펜젤러, 알렌 부인

윌리엄 스크랜톤의 생애와 사상 **449**

어거스타 스크랜톤

윌리엄 스크랜톤의 첫째 딸 어거스타가 남긴 작품

헤롤드 포터

어거스타와 자녀들

(3) 메리언 스크랜톤 (Marian Fitch Scranton, 1885. 12. 10~1976)

메리언은 서울에서 태어났으며, 한국에서 첫 번째로 세례를 받은 서양 아기였다. 10살 때 까지 서울에 살다가 스위스 로잔의 외국인 학교를 거쳐, 존 가우처 박사가 세운 미국 볼티모어 여자대학을 졸업하였다. 그리고 다시 한국에 돌아와, 1914. 6. 3일 서울에서 미국 영사로 근무하던 레이몬드 커티스(Raymond Scofield Curtice, 1887. 10. 31 ~ 1922. 2. 15)와 결혼하였다.

레이몬드는 코네티컷 주의 미들필드 센터에서 태어났으며, 1908년 웨슬리언 대학교를 졸업하였다. 그 후 1910년까지 펜실베이니아 주 솔츠버그(Saltsburg)의 키스키미네타스 스프링스 학교(Kiskiminetas Springs School)에서 교사로 근무하다가, 1910-1912년까지 일본 도쿄 주재 미국 대사관의 통역관으로 활동하였다. 그리고 1912-1913년까지 중국의 대련에서 부영사로, 이어 1913년에는 요코하마의 대리 총영사로 활동하다가 서울에 부임하였다. 1918년에는 총영사로 승진하였으며, 1919년 나가사키로 전근되었다. 그 후 그는 공금횡령혐의로 미 국무성의 조사를 받기 위해 귀국했다가, 1922년 메릴랜드 주의 한 호텔에서 스스로 목숨을 끊었다.

메리언은 레이몬드와의 사이에서 세 딸을 두었다. 1922년은 그녀의 인생에서 가장 힘든 한 해였다. 사랑하는 남편과 아버지 스크랜톤 박사가 같은 해에 세상을 떠난 것이다.

- 마거릿 커티스 (Margaret Curtice, 1915-2006) – 서울 출생
- 제인 커티스 (Jane Curtice, 1918-2015) – 서울 출생
- 사라 커티스 (Sarah Curtice, 1920-2015) – 나가사키 출생

레이몬드의 비극적인 죽음 이후에도 그녀는 일본을 떠나지 않고, 고베 야마모토도리에서 계속 살았다. 그리고 1926년에는 고베의 은행에 근무하고 있던 영국인 알렉산더 존스(Alexander Wallace Jones, 1877~1942)를 만나 재혼하였다. 후일 그녀는 남편을 따라 스코틀랜드로 이주하였으며, 존스가 세상을 떠난 후에는 어머니 루이즈를 모시고 살았다.

메리언 스크랜톤

대학시절 메리언(오른쪽)과 캐서린

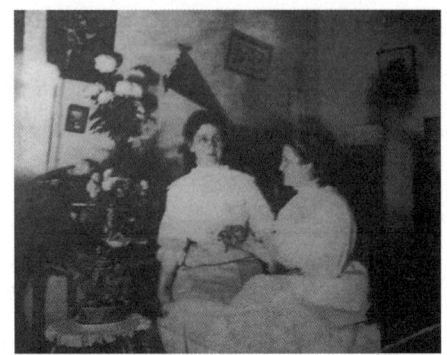

루이즈 스크랜톤과 둘째 딸 메리언 (오른쪽)

레이몬드 커티스

알렉산더 존스와
메리언

레이몬드 커티스와
메리언 가족

(4) 캐서린 스크랜톤 (Katherine Arms Scranton, 1887. 5. 13~1980)

캐서린은 서울에서 태어나 자랐으며, 8살 때 한국을 떠나 스위스 로잔의 외국인학교에서 공부하였다. 어머니 루이즈의 기록을 보면, 캐서린은 공부를 잘하고 똑똑하였으나 건강이 좋지 않았던 것 같다:

"친애하는 레너드 박사님, 우리 아이들은 잘 지내고 있으며, 이곳에서(*스위스 로잔) 활기차게 바쁜 일정을 보내고 있습니다. 캐서린은 자기 반에서 가장 우수한 성적을 내고 있는데, 볼티모어 여자대학에 진학해서 의학을 공부할까 생각 중에 있습니다. 그런데 건강이 좋지 않아 좀 더 세심히 돌봐 주어야 합니다."[52]

후일 캐서린은 언니 메리언과 함께 미국 볼티모어 여자대학에서 수학하였다. 그 후 한국으로 돌아와 서울 주재 영국 외교관이었던 조지 페이튼(George P. Paton, 1882~1975)을 만나 1911. 12. 28일 결혼하였다.

조지는 스코틀랜드에서 태어나, 1909년 일본 도쿄 주재 영국 대사관의 통역관으로 활동하였으며, 1911년 서울 주재 영국 부영사로 임명되었다. 그 후 1914년 나가사키 주재 영국 부영사, 1917년 도쿄 주재 영국 대사관의 제1 부상무관(First Assistant Commercial Attache), 1919-1921년까지 고베 부영사, 그리고 1922년에는 러시아 블라디보스토크의 영국 총영사로 활동하였다. 1928-1929년 타이완의 단수이[淡水] 주재 영국 영사, 1930-1937년 러시아 주재 대

---

[52] *Louise Arms Scranton's letter to Dr. A.B. Leonard*, November 6, 1900

사관 참사관, 그리고 1937-1942년까지 이스탄불의 총영사로 근무하다가, 은퇴 후에는 남아프리카 공화국의 더반으로 이주하여 그곳에서 생을 마감하였다. 캐서린 역시 남편과 함께 더반에 잠들어 있다. 캐서린과 조지는 슬하에 두 형제를 두었다.

*도널드 페이튼(Donald Pearson Paton, 1914-1998) - 서울 출생
*아서 페이튼(Arthur William Paton, 1916-2005) - 서울 출생

볼티모어 여자대학교 졸업앨범에 있는
메리언(맨 아래)과 캐서린(중간)

헬렌과 캐서린 (오른쪽)

(5) 헬렌 스크랜톤 (Helen Maxima Scranton, 1893. 11. 11~1972. 1. 13)

헬렌은 서울에서 태어났으나, 두 살 때 어머니 그리고 언니들과 함께 스위스 로잔으로 가서, 그곳에서 교육을 받고 성장하였다. 후일 서울 주재 영국 외교관인 폴 버틀러(Paul Dalrymple Butler, 1886. 3. 2~1955. 2. 2)와 결혼하였다. 영국 햄프셔에서 출생한 폴은 베드포드 학교에서 교육을 받았으며 1908년 외교관이 되었다. 1910년 도쿄 주재 영국 대사관의 통역관으로 활동하다가, 서울 주재 영국 영사관에 부임하였다. 이 시절 그는 선배이자 동료였던 조지 페이튼의 소개로 헬렌을 만나게 되었다.

그는 1920-1922년 타이베이[臺北] 영사로, 1925년에는 다시 서울에서 근무하였다. 1928-1934년 도쿄 주재 영국 영사, 1936-1937년 당시 만주국 봉천에서 영사로 활동하였다. 이후 1938-1941년 샌프란시스코 주재 영국 총영사, 1942-1943년 인도 뉴델리의 극동 아시아 정보국의 책임자, 1944년 영연방 사무국의 자문, 1944-1946년까지 국제연합 구호 및 복구 기구의 극동지역위원회의 공사 등을 역임하였다. 그는 1946년 외교관직에서 은퇴하였으며, 1955년 2월 영국 브리스톨에서 사망하였다. 영국 정부에서는 그의 탁월했던 외교관 생활을 기념하기 위해서 후일 그에게 기사 작위를 수여하였으며, 그는 폴 버틀러 경(Sir Paul Butler)이라 불리웠다. 헬렌은 남편이 죽은 후, 아서 왕의 무덤이 있는 장소로 유명한 영국 남서부 서머셋 주의 글래스턴베리(Glastonbury)로 이주하여, 그곳에서 생을 마감하였다. 헬렌과 폴은 슬하에 1남 2녀를 두었다.

*조안 버틀러 (Joan D. Butler, 1915년) – 서울 출생
*데이비드 버틀러 (David Butler, 1918년) – 고베 출생
*데프니 버틀러 (Daphne Butler, 1920–2015년) – 대만 출생

헬렌 스크랜튼

헬렌 (12살)

루이즈와 헬렌 (2살)

폴 버틀러

헬렌, 데프니, 폴

헬렌 스크랜톤과 폴 버틀러 부부

윌리엄 스크랜톤의 생애와 사상 **459**

헬렌이 말년에 살았던 집 (Glastonbury, UK)

헬렌이 출석했던 성당 (Glastonbury, UK)

윌리엄 스크랜톤의 생애와 사상

19. 윌리엄 스크랜톤: 망각의 세월 그리고 부활

19세기 말에 시작된 한국 개신교의 선교역사에 있어 불멸의 흔적을 남긴 하나님의 사역자들 가운데, 메리 스크랜톤과 그의 아들 윌리엄 스크랜톤은 빼놓을 수 없는 인물이다. 메리 스크랜톤은 1885년 한국에 와서 24년간의 사역을 마치고, 1909년 양화진에 묻혔다. 그녀의 사후, 그녀가 설립한 이화학원(*이화여고와 이화여대)을 중심으로 그녀를 기념하는 사업은 꾸준히 진행되어 왔다. 참으로 감사하고도 귀한 일이다.

그러나 윌리엄 스크랜톤의 경우는 판이하게 달랐다. 그가 지극히 친일적인 성향이었던 해리스 감독에 대한 반대와 동료 선교사들과의 갈등으로 인하여 1907년 한국 감리교 선교사직과 목사직을 내려놓은 후, 그는 어떤 의미에서는 한국 감리교회에서 잊혀진 존재가 되었다. 물론 그가 설립한 아현, 상동, 동대문 교회 등에서 매년 창립기념 주일을 지키거나 학술 심포지움을 열어 그를 기억하기는 하였지만, 이것은 개교회의 행사에 불과하였다. 1907년 이후로 한 두 차례 감리교단 차원에서 그를 기념하는 행사가 있기는 하였지만, 그것은 그 때 뿐이었다.

1922년 정동교회에서 개최된 한국연회에서 스크랜톤의 추도식이 있었지만, 그것은 스크랜톤 만을 위한 특별한 추모행사는 아니었다. 매년 연회가 열릴 때마다 지난 1년 동안 하나님의 부르심을 받은 별세자들을 추모하는 순서는 항상 있어왔다. 1922년 추모행사 명단에는 미국에서 사망하였지만 한국 선교에 지대한 공헌을 하였던 존 가우처 목사, 맥길 선교사 부인, 한국인 김응태 목사 그리고 일본에서 별세한 스크랜톤이 들어 있었다. 스크랜톤은 1922. 3. 23일 고베에서 사망했는데, 당시 국내 신문에서는 그의 죽음에 대한 보도 기사가 전무하였다.

    한국교회가 그를 기억한 두 번째 행사는 1934년의 일이다. 그 해 감리교회에서는 1884. 6. 24일 로버트 매클레이 선교사가 한국에 들어와, 고종으로부터 선교 윤허를 받아 한국선교가 시작된 것을 축하하는 "선교 50주년 기념대회"가 열렸다. 이 기념식에서 노블 선교사는 한국감리교 선교의 개척자였던 윌리엄 스크랜톤, 헨리 아펜젤러, 그리고 메리 스크랜톤을 소개하는 글을 발표하였다. 그는 여기에서 자신이 스크랜톤과 함께 사역했던 세월들을 회상하며 다음과 같이 말하였다:

    "스크랜톤 박사를 아는 사람이라면 누구나 그를 신사로 기억할 것입니다. 그는 어떤 상황에서도 예의바르고 친절했습니다. 그의 저력은 놀라울 정도의 침착함과 자기절제 능력에서 비롯된 것인데, 지나치게 냉철한 것이 오히려 주변 사람들로부터 동정심을 얻고 친교를 나누는데 걸림돌이 되기도 하였습니다. 그는 학구열에 불타는 의사였으며, 쓸데없는 것을 읽는 것으로 시간을 낭비하지 않았습니다. 그는 연구하고, 사색하고, 경험해서 터득한 지식을 바탕으로 대화를 이끌었는데 그와 함께 대화하다 보면 언제나 새롭고 흥미로운 것을 얻을 수 있었습니다. 그는 어떤 경우에서든 험담과 잡담을 싫어했고 남을 평가하는 말을 삼갔습니다.

스크랜톤 박사는 참으로 신비를 추구하는 인물이었습니다. 이런 점에서 그는 진정한 존 웨슬리의 후예였습니다. 그는 영적인 가치가 있는 서적들을 즐겨 읽고 묵상하였으며, 보이지 않는 세계도 그에게는 현실로 바뀌었습니다. 그는 교회 예전(禮典)에 참석하는 것을 즐겨하였으며, 그것이 신앙생활에 큰 도움이 된다고 믿었습니다. 그는 예전의 이런 점을 중요시했습니다. 또한 그는 한국인들이 예법과 전례를 좋아하기 때문에, 선교사들은 개종자들의 이러한 습성을 잘 활용해서 최상의 감리교 예전의식을 개발해야 한다고 강조하였습니다. 스크랜톤 박사는 늘 (기독교와) 동양철학과의 접점을 찾으려고 노력하였습니다. 그러나 그가 지속적으로 강조한 것은 예수 그리스도의 신앙으로 동양인의 성품을 바꾸어야 한다는 점이었습니다. 의복 면에서도 그는 항상 성직자 복장을 하고 지냈는데, 그 점에서 그는 우리들과 구별되었습니다.

그와 함께 혹은 그를 도와 일하던 사람들은 그의 신앙과 일상생활을 지켜보면서 자연스럽게 그에게 순종하는 마음을 갖게 되었습니다. 스크랜톤 박사가 훈련시켰던 뛰어난 한국인 목사가운데 한 사람이 어느 날 나를 찾아와서 눈물을 흘리며 이런 말을 하였습니다. '저는 스크랜톤 박사님이 시키시는 일이면 무엇이든 할 것입니다. 저도 그 분처럼 되고 싶습니다.' 스크랜톤 박사의 집에서 몇 년 동안 요리사로 일했던 그는 스크랜톤 박사 부부의 가족생활을 지켜보며 개종을 결심하였고, 당대 서울에서 가장 유명한 설교자가 되었습니다. 나는 우리 감리교회에서 그만한 인물은 없다고 생각합니다. 그 주인공인 전덕기 목사의 이름을 모르는 사람은 없습니다."[1]

---

[1] W.A. Noble, "Pioneers of Korea", *Within the Gate*, pp.28-29

노블 선교사의 스크랜톤에 대한 추모와 평가는 참으로 감동적이었다. 그러나 이처럼 두 차례에 걸쳐 한국교회에서 스크랜톤을 기념하는 행사가 있었지만, 그 이후에 그에 대한 기억은 다시 깊은 침묵속으로 가라앉고 말았다. 안타깝게도 윌리엄 스크랜톤에 대한 폭넓은 학문적인 연구나 그의 선교정신을 기리는 일들은 참으로 미미하였으며, 그의 거대한 업적에도 불구하고 그는 한국교회에서 제대로 평가를 받지 못하고 있었다. 하지만 하나님께서 그를 다시 역사의 수면위로 끌어 올리시는 일을 준비하셨다. 그것은 2009년 메리 스크랜톤의 서거 100주년 기념행사였다.

윌리엄 스크랜톤이 살았던 일본 고베의
슈우케 저택을 방문한 스크랜톤의 후손들
(2009년)

1934년 감리교의 한국선교 50주년 기념대회 이후 윌리엄 스크랜톤에 대한 행사는 개 교회별로 그 명맥을 유지하고 있었다. 그러다가 2008년 9월, 상동, 아현, 동대문, 수원종로와 여주중앙교회가 모여 "스크랜톤 기념 사업회"(Scranton Memorial Foundation)를 조직하였다. 그 계기는 2009년에 있을 메리 스크랜톤의 서거 100주년을 준비하기 위해서였다.

스크랜톤 기념 사업회는 2009. 10. 8일 이화여자고등학교 그리고 이화여자대학교와 공동으로 메리 스크랜톤 서거 100주년 행사를 성황리에 개최하였다.

이 행사에는 그동안 행적을 알 수 없었던 스크랜톤 선교사의 후손들과 연락이 닿아 그들도 참석하였는데, 이들 후손들의 행적을 찾는 일은 미국에 거주하는 재야 사학자 앨런 스완슨(Ellen Swanson)의 노고가 컸다. 후손들은 영국, 프랑

메리 스크랜톤 서거 100주년을 맞이하여 한국을
방문한 스크랜톤의 후손들이 일본 고베 시립
외국인묘지 안에 있는 윌리엄 스크랜톤 선교사의
묘지를 참배하는 모습

윌리엄 스크랜톤의 묘비 앞에서 기념촬영을 한
후손들과 스크랜톤 기념사업회의 임원들

2009년 메리 스크랜톤 서거 100주기를 맞이하여
한국을 찾은 후손들의 이화여자대학교 방문

윌리엄 스크랜톤 선교사의 손녀
데프니 램(넷째 헬렌 스크랜톤의 딸)과
제인 페이튼(스크랜톤 선교사의 셋째 딸 캐서린의 며느리)

윌리엄 스크랜톤의 증손녀와 고손녀의 경복궁 방문

스, 캐나다 등에 거주하고 있는데, 이 행사에 모든 후손들이 참석하지는 못하였지만, 그들은 자신들의 조상이 한국에 와서 어떠한 흔적을 남겼는지 스스로 확인하며 감격의 눈물을 흘리기도 하였다. 후손들은 양화진, 메리 스크랜튼이 설립한 학교, 윌리엄 스크랜튼이 세운 교회들을 방문하였고, 일본 고베에 있는 윌리엄 스크랜튼의 묘지도 참배하였다.

이 뜻깊은 행사를 계기로 메리 스크랜튼에 대한 사람들의 관심도 급증하였으며 사회적 여론도 환기되었다. 이런 분위기속에서 2009년 12월 대한민국 정부에서는 메리 스크랜튼에게 "개화기 한국 여성교육과 한국 사회 계몽에 지대한 공헌을 하였다"는 평가와 함께, 정부가 일반인에게 수여하는 최고의 훈장인 "무궁화훈장"을 추서하였다.

스크랜톤 기념 사업회에서는 메리 스크랜톤이 별세한 10월 8일을 "메리 스크랜톤의 날"로 지정하였고, 매년 대규모 학술 심포지움을 개최하였다. 지금까지 학술 심포지움에서 발표된 논문들을 다음과 같다.[2]

회	일자	장소	주제	논문제목	발표자	논찬자
1	2009. 10.8.	이화여대	메리 F. 스크랜턴 선생님의 여정과 여성교육 정신	Finding Mary: Retracing the Path of a Truely Remarkable Woman	Ellen Swanson	최재건
				메리 F. 스크랜턴의 선교사역	이덕주	서영석
				메리 F. 스크랜턴 선생님의 여성교육 정신과 이화여대의 미래비전	이경숙	김흥수
2	2010. 10.8.	감신대	스크랜턴 선교사 모자의 선교와 신학	'선한 사마리아인' 윌리엄 B. 스크랜턴의 선교와 신학	이덕주	서기종
				한국을 사랑한 파란 눈의 어머니: 메리 스크랜턴의 생각과 마음 읽기	하희정	김정숙
3	2011. 10.5.	목원대	선교사 스크랜턴의 의료활동	시(施)의 사람 윌리엄 B. 스크랜턴의 의료선교	고성은	송현강
				윌리엄 B. 스크랜턴의 선교사 사임과 대한의원 교관 고빙	한규무	서영석
4	2012. 10.11.	협성대	스크랜턴 선교에 대한 선교학적 검토	'하나님의 여행'의 동행자들: 스크랜턴 모자의 선교동기, 목적 그리고 방법에 대한 선교학적 고찰	이후천	고성은
				강도만난 조선인의 친구 선한 사마리아인 스크랜턴	박창현	성백걸

---

[2] 이덕주, 『스크랜턴』, p.843

스크랜톤 기념 사업회에서는 학술 심포지움 뿐만이 아니라, 스크랜톤 선교사의 정신으로 해외선교지에서 복음의 씨앗을 뿌리며, 사랑을 전하는 감리교 선교사 중에 매년 한 명을 선정하여 "스크랜톤 선교대상"을 시상하고 있다. 2012년 제1회 선교대상은 네팔의 오지인 도티에서 의료선교사역을 펼치고 있던 김안식 선교사에게 수여되었다.

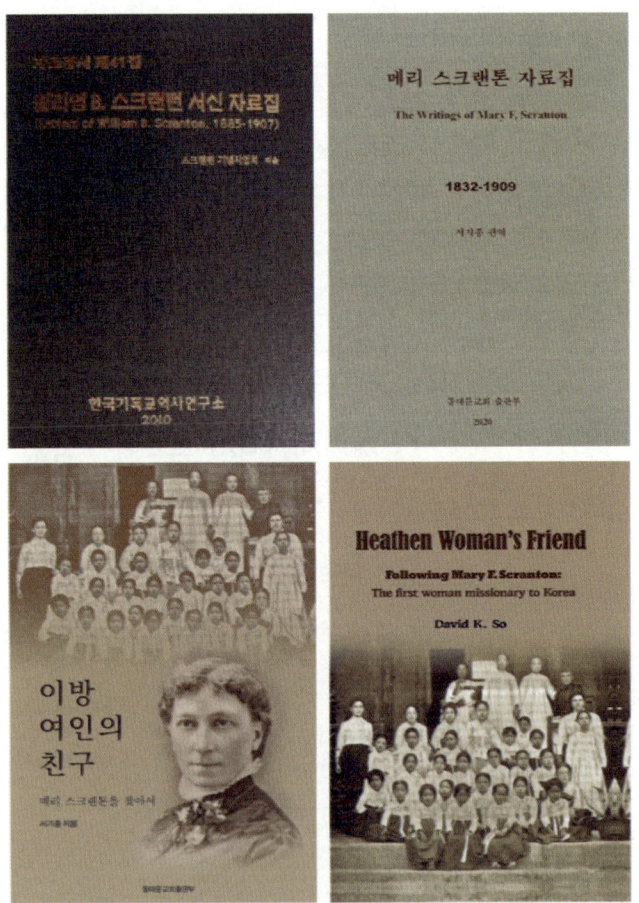

또한 스크랜톤 기념 사업회에서는 "윌리엄 B. 스크랜톤 선교사의 서신자료집"(한국기독교 역사연구소)을 간행하였고, 동대문교회에서는 메리 스크랜톤의 생애를 다룬 "이방 여인의 친구"(한글본과 영문본)와 "메리 스크랜톤의 자료집"(동대문교회 출판부)을 출간하기도 하였다. 이와 더불어 스크랜톤 기념 사업회에서는 매년 10월 8일을 즈음하여 교회 연합으로 "스크랜톤의 날" 기념 예배를 드리고 있다.

향후 한국교회가 스크랜톤 모자(母子)의 선교정신을 기리고, 그들에 대한 학술적인 연구와 기념행사가 보다 더 활성화될 수 있기를 간절히 소망한다. 그들의 육체는 한 줌 흙으로 돌아갔으나, 그들은 아직 이 땅의 교회들과 성도들의 삶속에 여전히 살아 숨쉬고 있음을 확신한다.

> "많은 사람을 옳은 데로 돌아오게 한 자는
> 별과 같이 영원토록 빛나리라"
> (다니엘 12:3)

윌리엄 스크랜톤의 생애와 사상

20. 윌리엄 스크랜톤 연보

1609-1881: 스크랜톤가(家)의 역사

- 1637　　　　존 스크랜톤(1609-1671): 영국 길포드에서 미국으로 이주
- 1660　　　　데니스 스크랜톤: 코네티컷 주 뉴 헤이븐에 정착
- 1832.12.9　　메리 스크랜톤: 메사추세츠 주 벨처타운에서 출생
- 1853.9.7　　 메리 스크랜톤 결혼
- 1856.5.29　　윌리엄 스크랜톤 출생
- 1860-1865　 남북 전쟁
- 1871　　　　홉킨스 학교 입학
- 1872　　　　윌리엄 T. 스크랜톤 별세
- 1874　　　　예일대학교 입학

1882: 윌리엄 스크랜톤의 결혼과 국제 정세

- 1882   윌리엄 그리피스 "한국, 은자의 나라" 출판
- 1882.5.22   조미수호통상조약체결
- 1882.6.6   루이즈 암즈와 결혼
- 1882.6.9-7.13 1882.6.9-7.13 임오군란

1883: 하나님의 한국선교를 위한 준비작업

- 1883.2   그레이시 부인 "한국의 여성"이라는 글을 발표
- 1883   이수정의 일본에서의 활동
- 1883.5   미국공사 푸트 내한
- 1883.7.15   보빙사절단 인천 출발
-     8.15   샌프란시스코 출발
-     9.2   워싱톤 도착
-     9.18   뉴욕에서 체스터 아서 미 대통령 면담
- 1883.9   볼드윈 부인과 존 가우처의 한국 선교 촉구
- 1883.10   커리 박사 한국 선교 시작 요청
- 1883.11.6   존 가우처 박사 한국선교 재촉구 및 2천 달러 기부

1884: 로버트 매클레이의 방한과 스크랜톤 모자의 선교사 파송 결정

- 1884.1.31   존 가우처 목사가 일본의 매클레이 선교사에게
              한국 방문 요청
- 1884.6.23   매클레이 선교사 인천 도착
- 1884.7.3   고종의 선교 윤허
- 1884.7   윌리엄 스크랜톤과 어거스타가 질병에 걸리며
              한국 선교 결심
- 1884.10   고종의 선교 윤허 소식이 감리교 선교잡지에 실림
- 1884.10   와일리 감독이 윌리엄 스크랜톤을 최초의 한국 선교사로 임명
- 1884.11   해외여선교회가 메리 스크랜톤을 한국 선교사로 임명
- 1884.12.4   파울러 감독이 뉴욕 파크 애비뉴 교회에서 윌리엄 스크랜톤
              에게 목사 안수
- 1884.12.4-6 갑신정변

1885.1-1885.4: 스크랜톤 모자의 파송예배와 일본에서의 준비기간

- 1885.1.5   모교회인 뉴헤이븐 제일감리교회에서의 환송예배
- 1885.2.3   스크랜톤 가족이 아펜젤러 부부와 함께 샌프란시스코 출발
- 1885.2.27   일본 요코하마 도착
- 1885.4.20   스크랜톤 혼자 한국으로 출발

1885.5-1885.12: 스크랜톤 모자의 한국 도착과 정착 기간

- 1885.5.6　　　　　스크랜톤 정동에 안착
- 1885.5.22-6.24　　알렌의 제중원에서 진료
- 1885.6.11　　　　 메리, 루이즈, 어거스타 스크랜톤 요코하마 출발
- 1885.6.20　　　　 제물포를 거쳐 정동에 도착
- 1885.9.10　　　　 스크랜톤 정동 사택에서 진료 시작
- 1885.10.28　　　　메리 스크랜톤: 정동에 여학교 부지 구입
- 1885.12.10　　　　둘째 딸 메리언 출생

1886: 이화학당과 정동 미국인 의사 진료소의 시작

- 1886.2　　　　　　메리 스크랜톤: 정동에 여학교(이화학당) 건축 시작
- 1886.4.25　　　　 메리언 스크랜톤과 엘리스 아펜젤러의 세례식
- 1886.5　　　　　　이화학당 첫 여학생 받아 학교 시작
- 1886.6.15　　　　 스크랜톤 정동에 미국인 의사 진료소 시작
- 1886.11　　　　　 정동 이화학당 건축 완료

1887: 보구여관의 시작과 선한사마리아인 병원에 대한 비전

- 1887.1　　　메리 스크랜톤: 조선정부 외무아문 관료들을 위한 초청 만찬
- 1887.3　　　고종이 이화학당과 시병원이라는 이름을 하사
- 1887.5.13　　셋째 딸 캐서린 출생
- 1887.10.16　첫 한국인 여성 세례
- 1887.10.28　메타 하워드와 로드와일러의 서울 도착
- 1887.11　　정동에 최초의 여성병원인 보구여관 설립
- 1887.11　　스크랜톤: 선한 사마리아인 병원 계획을 승인받음

1888: 영아소동과 선한 사마리아인 병원의 시작

- 1888.1　　　메리 스크랜톤: 첫 주일학교 시작
- 1888.2　　　메리 스크랜톤: 첫 여성 집회 시작
- 1888.5　　　영아소동으로 선교중단, 윌리엄 스크랜톤이 성서 번역 위원으로 활동
- 1888.5　　　메리 스크랜톤: 휴양차 일본 방문
- 1888.9　　　영아소동 후 처음으로 이화학당에서 여성 세례
- 1888.12　　서대문(애오개) 진료소 설립

1889-1890: 동대문 진료소와 남대문 진료소

- 1889.8 　　　동대문 진료소 부지 구입
- 1890.10 　　남대문(상동) 진료소 개설

1891.3.18-1892.5.21: 1차 안식년

1892: 동대문에 볼드윈 채플과 진료소 건축

- 1892.8 　　　스크랜톤이 장로사에 임명됨
- 1892.12.25 　볼드윈 채플 봉헌예배

1893: 막내 딸의 출생과 환갑연

- 1893.11.11 　넷째 딸 헬렌 맥시마 출생
- 1893.12.9 　　메리 스크랜톤의 환갑연
- 1893.12.13 　장지내 선교

1894: 청일전쟁에 즈음하여

- 1894.2 　　　윌리엄 홀의 사역지 평양 방문
- 1894.7 　　　청일전쟁 발발

1895: 국왕 부부 알현

- 1895.1.31   스크랜톤 모자(母子): 경복궁에서 왕과 왕비 알현
- 1895.5   남대문 달성궁에 부지 구입: 사택과 예배당 건축
- 1895.6.6   외무아문에서 주최한 창경궁 연회에 참석
- 1895.9.3   상동 시병원 개관 예배
- 1895.10   남감리교 선교 개척을 도와줌
- 1895.11   스크랜톤 평양 방문: 전삼덕에게 휘장세례
- 1895.12.28 아내 루이즈가 자녀 교육 때문에 스위스 로잔으로 출국

1896-1897: 선교 사역의 부흥

- 1896.5   스크랜톤의 원산 방문
- 1896.7.9   스크랜톤 모자의 평양 방문
- 1896.9-10   메리 스크랜톤의 중국 방문
- 1897.2   스크랜톤 모자의 경기남부지역 방문
- 1897.5   스크랜톤 모자의 원산지역 방문
- 1897.10.3   정동제일교회 입당식
- 1897.12.26 정동제일교회 봉헌식

1898.11.5-1900.2: 2차 안식년

- 1898.1　　한국을 방문하는 미 해외선교부의 볼드윈 부부 영접
- 1898.5　　동대문에 독신 여선교사 숙소 "메리 스크랜톤 기념관" 건축
- 1898.11.3　2차 안식년 출발 전 송별회 참석
- 1898.11.5　서울 출발, 로잔으로 가서 가족 만남
- 1899.5　　메리 스크랜톤: 주한 감리교 여선교사회 초대 회장에 피선

1901: 확장되는 선교 사역

- 1901.3 동대문거리 전도소 개설
- 1901.5.12 상동교회 미드기념예배당 봉헌

1901.7.26.-1904.9 메리 스크랜톤의 발병으로 인하여 미국에서 거주

- 1901.6　　메리 스크랜톤: 완치가 어려운 특이 설사병 스푸르(spur)에 걸림
- 1901.7.26　어머니 병으로 인하여 특별휴가를 얻어 출국
- 1902.2　　하트포드에서 어머니 요양 생활 시작
- 1902.6.11　헨리 아펜젤러 선교사 순직

- 1903.3　　어머니의 회복이 늦어지자 해외선교부에 선교사직
　　　　　　사임 의사 전달
- 1903.5　　서울에서 개최된 한국선교연회에 문안 편지 발송
- 1903.6　　건강악화로 귀국한 존스 선교사를 하트포드에서 만나
　　　　　　한국선교에 대한 대화를 나눔
- 1903.11　스크랜톤 모자가 해외선교부와 해외여선교회에 선교지 복귀
　　　　　　의사 전달

1904: 러일전쟁 발발과 서울 귀환

- 1904.2　　러일 전쟁 발발로 귀환 일정이 늦어짐
- 1904.8　　스크랜톤 가족 미국 출발
- 1904.9　　서울 도착
- 1904.9.22　한국선교 20주년 기념 선교대회 참석
- 1904.10　상동청년학원의 설립
- 1904.11　아펜젤러를 회고하는 글을 발표

1905-1906: 깊어지는 갈등

- 1905.5.11　맏딸 오거스타가 영국 외교관 해롤드 포터와 결혼
- 1905.5　　처음 방한한 해리스 감독의 노골적인 친일 행동에 실망

- 1905.6　　미 감리회 한국선교연회에서 경기지방 장로사 겸 총리사로 선임, 초교파 연합운동의 방향과 방법론에서 해리스 감독은 물론 다른 선교사들과 이견 노출
- 1905.9　　미국 대통령 딸 앨리스 루즈벨트 방문단 서울 안내
- 1906.6　　해리스 감독: 한국선교연회에서 총리사직을 없앰

1907: 스크랜톤의 선교사직 사임

- 1907　　　상동 여자중학교 설립
- 1907.6　　메리 스크랜톤: 미 감리회 해외여선교회 연례회에서 마지막 사역 보고
- 1907.6.16　스크랜톤: 대한의원 촉탁의사 겸 교육부 교관으로 고빙 계약 체결
- 1907.6.21　한국선교연회에서 마지막 장로사 보고를 한 후 감리교 선교사직 사임
- 1907.12　　한국 의료선교사회 조직

1908: 프리메이슨 (Free Mason) 설립

- 1908.3   한국선교연회 참석자들이 메리 스크랜톤의 건강회복을 위해 기도함
- 1908.5.31   메리 스크랜톤: 이화학당 초대 메이퀸(May Queen)에 추대됨
- 1908.11   스크랜톤: 프리메이슨 한국지부 설립에 참여

1909: 메리 스크랜톤의 투병과 죽음

- 1909.6   한국선교연회 참석자들이 투병중인 대부인을 위한 위로 서한을 채택
- 1909.9   스크랜톤: 서울 요양원 설립 준비, 구세군 사관으로 봉사
- 1909.10.8   메리 스크랜톤 별세
- 1909.10.10   상동교회에서 장례식 거행
- 1909.12   어머니 장례식 치룬 후 미국 방문

1910: 서울 요양원 사업 시작

- 1910.5   미 감리회 한국연회에서 메리 스크랜톤의 추도식 거행
- 1910.6   스크랜톤: 서울에 귀환, 서울요양원 사업을 하면서 성공회 교구의회 위원으로 활동

1911: 평북 운산

- 1911.3   평북 운산금광 부속병원 의사로 근무
- 1911.4   투병중인 상동교회 전덕기 목사를 운산에 데려다가 치료함

1912.12: 서울 달성궁에 "시란돈 병원" 개업

1913.12-1916: 충남 직산금광 부속병원 의사

1916-1917: 중국 대련에서 개업

1917.11-1922.3 일본 고베

- 1917.11   중국 대련에서 일본 고베로 이주
  고베 국제병원 및 미 영사관 자문 의사로 활동
- 1922.3.23   고베 자택 (슈우케 하우스)에서 별세
- 1922.3.26   성공회 올 세인츠 교회에서 장례식 치른 후 카스가노 외국인 묘지에 안장, 후에 롯코산에 있는 고베 시립 외국인 묘지로 이장됨

2부

윌리엄 스크랜톤의
글 모음

William Benton Scranton

1. 한국을 향한 길목에서: En route for Korea
(The Christian Advocate, New York, April 9, 1885)

[*미국 샌프란시스코를 출발하여 1885. 2. 27일 일본 요코하마에 도착한 윌리엄 스크랜톤 선교사는 그의 어머니 메리 스크랜톤과 함께 한국에 들어갈 날을 기다리며 한국어 공부에 매진하였다. 또한 1884년 갑신정변이 실패한 이후, 일본에 망명해 와있던 개화파 인사들과 접촉하며 한국의 정세를 파악하였다. 그중에 박영효는 스크랜톤 모자(母子)에게 한국어를 가르쳐주고, 대신 그들에게 영어를 배웠다. 그들은 지금 당장 한국에 들어갈 수 없어도, 자신들의 선교지인 한국을 미국보다 훨씬 더 가까운 일본에서 바라보며 기쁨에 잠겼다. 또한 장차 한국에서 행할 선교사역의 청사진을 그려보며 부푼 기대감에 들떠 있었다. 당시의 이런 상황을 스크랜톤은 "한국을 향한 길목에서"라는 제목으로 기사를 써서 기고하였다. 이 글은 1885. 3. 11일에 요코하마에서 쓴 것이다.]

스크랜톤 박사가 요코하마에서 3월 11일에 다음과 같은 편지를 보내왔습니다:

아펜젤러 목사로부터 우리가 안전하게 일본에 도착했다는 소식을 들었을 것입니다. 우리는 오전에는 한국인으로부터 한국어를 배우고 있고, 오후에는 그에게 영어를 가르쳐 주고 있습니다. 이런 식으로 우리는 하루 생활을 유용하게 보내고 있습니다. 이 그룹(*일본에 망명한 개화파 인사들)이나 도쿄에 영사관을 가지고 있는 반대파 사람들이나, 이 두 파는 서로 아주 적대적이긴 하지만, 우리가 지금 한국에서 교육사역과 의료사역을 시작하면 안전하겠느냐고 물으면 그들은 길은 아직도 열려 있고, 매클레이의 방문이후 언제든 기회는 있다고 말합니다.

우리는 필요한 모든 것들을 일본으로부터 가지고 가야 합니다. 정말로 소고기와 생선을 제외한 모든 식품을 가지고 가야 합니다. 한국인들은 늙거나 병든 가축만을 죽여서 먹기 때문에, 우리들의 식성을 만족시켜줄 수가 없습니다. 또한 우리는 필요한 가재도구들을 현지에서 구할 수 없다는 사실도 알게 되었습니다. 한국인들은 여행용 휴대품이 아닌 것에 대해서는 모두 관세를 부과합니다. 중고품이나 오래된 물건도 예외가 아닙니다. 그러나 책은 무료통관이 된다고 들었습니다. 그러나 우리의 선교현장을 이렇게 가까이에서 볼 수 있다는 것은 아주 기쁜 일이고, 우리 자신들이 이곳에서 할 사역의 가능성을 생각해 보는 것은 더 즐거운 일입니다. 우리들의 사역에 대한 구체적인 계획과 그 결과에 대해서 곧 보고할 수 있을 것이라 확신합니다.

2. 개인 상황: Personals
(The Christian Advocate, New York, June 25, 1885)

[*미 감리교 선교기관지인 크리스천 애드보킷에서는 한국에 파송된 선교사들의 근황을 종종 실어주었다. 그들은 메리 스크랜톤의 편지를 통하여, 윌리엄 스크랜톤이 한국에 무사히 도착하였음을 알리고 있다. 그녀가 1885. 5. 25일 해외선교부 총무인 리드 박사에게 보낸 편지의 내용은 다음과 같다: "제 아들 스크랜톤 박사가 나가사키에 도착할 즈음에 당신에게 미리 편지를 보냈는지 모르겠습니다. 저희는 스크랜톤 박사가 서울에 무사히 도착했다는 이야기를 들

었습니다. 그리고 서울에 도착한지 이틀 만에 편지를 보내왔습니다. 그는 한국 정부병원에 근무신청서를 제출했고, 왕의 허락을 기다리고 있습니다. 그는 만일 병원에서 일을 할 수 있게 된다면, 그 어떤 것보다 가장 좋은 출발의 계기가 될 것이라고 믿고 있습니다." (*The Gospel in All Lands*, July 1885) 일손이 부족했던 알렌은 스크랜톤이 서울에 도착한 직후, 그가 자신이 세운 제중원에서 일할 수 있도록 허락해 달라고 한국 정부에 요청하였다.]

의사이자 목사인 윌리엄 스크랜톤 박사님은 지금 한국의 오래된 수도인 서울에 있습니다. 그의 어머니 메리 스크랜톤 부인이 보낸 편지에 그가 한국에 안전하게 잘 도착했다는 내용이 들어 있습니다. 그는 도착 즉시 한국의 왕에게 정부 병원(제중원)에서 일할 수 있도록 신청을 하였습니다. 비록 왕의 답변이 일시적으로 지체되고 있지만, 그의 허락이 있을 것으로 봅니다. 저희가 그렇게 기대하는 여러 가지 이유가 있습니다. 만일 그렇게 된다면 이 고귀한 마음을 가진 선교사(*윌리엄 스크랜톤을 말함)가 고립되고 의심이 많은 한국인들에게 다가갈 수 있는 가장 좋은 방법이 될 것입니다.

3. 감리교 선교지로부터 온 서신:
Correspondence from Methodist Episcopal Missions
(The Gospel in All Lands, July 1885)

[*미 감리교 선교사들 중 먼저 한국 입국을 시도한 사람은 아펜젤러 부부였다. 하지만 그들은 제물포에 도착한 이후, 여성이 서울에 들어가는 것은 위험하다

는 말을 듣고, 서울로 올라가지 못하고 나가사키로 철수를 해야만 했다. 그 후 스크랜톤 박사 혼자 먼저 서울로 오게 되는데, 그는 한국으로 떠나기 전에 미국 무역회사 직원인 타운센드를 만나 한국의 상황에 대해 자세한 이야기를 들었다. 스크랜톤은 일본에 있는 동안 망명중인 개화파 인사들을 만나 교류를 하였고, 특별히 박영효에게 한국어를 배웠다. 이들과의 만남은 후일에도 지속되었으며, 스크랜톤은 이들 젊은 한국인 지도자들에게 큰 희망과 기대를 가지고 있었다.]

윌리엄 스크랜톤 박사가 4월 23일 나가사키에서 다음과 같은 서신을 보냈습니다:

아펜젤러 선교사가 떠나고 하루 이틀 후에, 저는 한 미국 신사가 한국으로부터 방금 돌아왔다는 소식을 접했습니다. 그래서 저는 정보를 얻기 위해서 그를 방문하였습니다. 타운센드(Townsend) 씨는 지난 12월, 서울에서 갑신정변이 일어났을 때에 그곳에 있었습니다. 그리고 폭동 이후에도 대부분의 시간을 서울에서 보냈습니다. 그가 운영하는 회사는 한국의 망명객들과 밀접한 관계를 맺어 왔습니다. 그들은 친일적인 급진 개화파들로서, 지난 12월에 정변이 성공하여 권력을 잡았었는데 3일 천하로 끝나고 말았습니다. 그들은 지금 정권을 잡고 있는 반대파에 밀려 현재 일본에 망명을 와 있습니다.

이곳에 있는 망명자들은, 그 누가 어떤 시각에서 평가를 하든, 한국인들 중에서 가장 깨어있고 식견이 넓은 사람들이라는 인정을 받습니다. 물론 그들이 가장 진보적이지 않을 수는 있습니다. 저는 "이들이야말로 일본에 있는 한국의 두뇌다."라고 말하는 것을 여러 번 들었습니다. 저는 그들 대부분을 만났고, 그들에 대해 본 것보다 더 많이 들었습니다. 그리고 가장 높은 지위에 있는 사람(*박영효를 말함)이 제 한국어 선생님이기도 합니다. 저는 그들을 알게 된 것이 그지없이 기쁘며, 그들은 말과 태도에 있어서 모두 완벽한 신사들입니다. 그들은 아주 사교적이며, 총명하고, 민첩합니다. 그리고 배우려는 열정으로 가득합니다.

한국 정세의 변화에 대해 말씀드리자면, 이미 군중들의 폭동은 일상사가 된 것 같고 외국인들을 아주 어렵게 보호를 받고 있습니다. 이것은 한국 정부가 조약을 지키려고 하지 않기 때문이 아니라, 자국민을 통제할 수 있는 능력이 없기 때문입니다. 한국 정부의 이러한 무능력은 서로 앙숙인 일본군과 청나라 군대가 한국에 상주하면서, 다른 요인들로 인해 더욱 악화되고 있습니다. 한국인들은 옛날부터 일본인들을 싫어했습니다. 그들은 일본인과 서양 사람들을 잘 구별하지 못하는데, 그 이유는 일본인들이 보통 외국인 복장을 하고 있기 때문입니다. 서울에 있는 미국 영사관에 대한 위험이 너무 크기 때문에, 적어도 그들의 안전이 매우 불확실한 상태에서, 만일의 사태에 대비하여 미 군함이 항상 제물포에 대기 중 입니다.

저는 일본에 도착한 2주 후부터, 요코하마에 머무르는 동안 한국어를 배우는데 최선을 다하였습니다. 저는 미국성서공회의 헨리 루미스(Henry Loomis) 목사님의 배려로 한국 망명자들 중의 한 사람으로부터 한국어를 배웠습니다. 그가 어떤 인물인지 루미스 목사님이 저에게 말한 대목을 그대로 인용해 드리

겠습니다: "박영효, 나이 25세, 가장 높은 지위에 있는 왕족, 그는 현재 왕의 조카이자 전직 왕의 딸인 여인과 결혼하였고, 1881년 일본에 한국 정부 대표로 부임하였음. 그리고 새로 조직된 한국 정부에서 전쟁을 담당하고, 남과 북의 한국군을 통솔하는 총사령관으로 임명됨."

한국인들은 그가 우리에게 한국어를 가르쳐 주는 것은 자신의 조국을 위하는 일이라고 말합니다. 물론 그는 아무런 대가를 바라지 않습니다. 그러나 그가 오전에 우리에게 한국어를 가르치면, 오후에는 우리가 그에게 영어를 가르쳐 줍니다. 제가 얼마 전에 한국어를 배우기 시작했다고 말씀드렸는데, 우리에게는 한국어 교재가 전혀 없고, 책과 사전도 전부 우리가 만들어야 합니다. 우리가 사용할 수 있는 한국어 교재는 프랑스어로 된 것 뿐이어서, 우리는 이중으로 번역을 해야 합니다. 그러나 저는 곧 우리의 필요를 충족시킬 수 있는 방법을 찾을 수 있을 것으로 확신합니다.

물론 한국에서는 언제든 폭동이 일어날 가능성이 있습니다. 한국은 지금 옛 것을 뒤집어엎고, 새로운 제도를 만드는 시련의 시기에 직면해 있습니다. 일본에서와 마찬가지로, 한국에서도 감추어져 있는 누룩이 전국 각지로 스며들기까지는 많은 시간이 필요할 것입니다.

4. 서울의 상황: Affairs in Seoul
(The Christian Advocate, New York, August 26, 1886)

[*한국에 온지 약 1년여의 시간이 흐른 후에, 스크랜톤 선교사는 파울러(Fowler) 감독의 조속한 방한을 기대하며, 그동안 자신이 경험한 한국의 상황에 대해 비교적 상세하게 보고를 하였다. 파울러 감독은 스크랜톤과 아펜젤러에게 목사 안수를 주었을 뿐만 아니라, 한국 선교에 대해 지대한 관심을 가지고 있었다. 스크랜톤은 한국의 황폐한 산과 들판의 모습과 한국인들의 가난, 일본에서 출발하여 나가사키와 부산을 거쳐 제물포에 도착하는 힘든 여정에 대해 자신의 경험담을 들려주었다. 또한 제물포의 현재 상황은 그리 좋지 않지만, 향후 아주 중요한 항구가 될 것이라 예견하였는데 후일 그의 말대로 되었다.

스크랜톤 선교사는 한국에서 천주교회가 개신교회보다 여러 면에서 앞서 나가고 있으며, 과부들을 위한 집과 고아원을 운영하는 등 한국인들을 위해 좋은 사역을 하고 있다고 칭찬하였다. 그러나 의료사역에 있어서는 개신교가 천주교회보다 더 뛰어나며, 이것을 통하여 그들과 선의의 경쟁을 할 수 있다고 보았다. 한국 기독교의 역사를 살펴보면, 천주교회는 개신교회보다 약 100년 정도 앞서 한국에서의 선교를 시작하였다. 그들에 대한 심한 핍박이 있었고 무수한 순교자들이 발생하였다. 따라서 스크랜톤 선교사가 한국에 도착했을 당시, 이 두 교회의 교세에 현격한 차이가 있는 것은 당연한 일이었다.

또한 스크랜톤은 장로교 선교부가 제중원의 원장이었던 알렌(Allen) 박사와 고종의 외교고문이었던 데니(Denny) 판사와 같은 인물들의 도움으로, 감리교보다 앞서 나가고 있다고 진단하였다. 이것은 어느 정도는 사실이지만 한국 개신교회의 선교 역사를 볼 때, 감리교와 장로교는 우열을 가리기 어려울 정도로 때로는 서로 돕고, 때로는 아름다운 경쟁을 이어가면서 함께 성장해왔다.

마지막으로, 스크랜톤은 정동에 있었던 자신의 미국인 의사 진료소 (*후일의 시병원)의 열악한 환경에 대해 설명하고 있다. 그는 비록 시설은 좋지 않지만, 많은 환자들을 치료하고 있고, 집 주변의 건물을 매입하여 병원을 늘릴 계획을 가지고 있다고 말한다.]

(*서울에 계신 윌리엄 스크랜톤 박사가 파울러 감독에게 다음과 같은 매우 흥미로운 편지를 보냈습니다. 허락을 받고 여기에 그 편지를 게재합니다.)

저는 금년에 감독님이 우리 한국 선교사역의 지도자로서, 이곳을 방문할지도 모른다는 생각에 명단을 찾아보았지만 헛수고였습니다. ... 지금 자세히 말씀드리지는 못하지만, 저는 감독님이 조만간 한국을 방문해 주시리라 믿습니다. 감독님의 방문 일정이 정해지면 어떻게 이곳에 오시는지 그리고 언제가 가장 좋은 때인지 알려드리도록 하겠습니다. 감독님은 지금 나가사키에 계신 것으로 알고 있습니다. 일본에 있는 제 친구들이 이 작은 그림처럼 아름다운 나라에 대해 저보다 더 잘 설명해 드릴 겁니다. 아마 한국에 오시는데 가장 큰 어려움은 나가사키에서 일본과 중국을 오가는 편안한 기선에서 내려, 조그마한 배를 타고 제물포(인천)에 오시는 여정일 겁니다. 감독님이 아주 훌륭한 선원이 아니라면 배를 타고 일본과 한국 남쪽 사이의 해협을 건너오는 한 두 시간 동안은 감독이라는 직책 또는 한국 방문의 목적 같은 것은 잊으시는 것이 좋습니다. 그곳은 제가 바다의 두려움을 느낀 유일한 장소이기도 합니다.

제가 다녀 본 한국의 모습은 어디를 가나 대동소이합니다. 나무를 모두 베어내서 황량하게 되어버린 언덕들이 도처에 있습니다. 그런 모습을 보는 것은 마치 거센 물결을 가로질러 천신만고 끝에 목적지에 도착한 후, 그곳에서 최악의 극심한 고통만을 느끼는 것과 같습니다. 이곳의 땅은 붉은 색으로 미국 켄터키의 토양과 유사한데, 조금 더 돌이 많습니다. 나무는 보기 드물고 잘 자라지도 않는 듯합니다. 제물포에는 그야말로 나무가 전혀 없습니다. 그래서 아주 더운 날에 서울로 여행을 하게 된다면, 감독님은 아마도 나뭇잎이 만들어 주는 그늘이 그리울 것입니다. 모든 산들은 마치 나무가 한 그루도 없었던 것처럼 벌거벗었습니다. 서울 주변에만 유일하게 나무들이 있는데 그 이유는 아마도 건강문제와 연관이 있거나, 이 땅의 사람들을 괴롭혀왔던 수많은 귀신들과 악령들을 어느 정도 달래주는 효과가 있다고 믿기 때문으로 보입니다.

　요코하마에서 나가사키로의 항해는 요정의 나라의 물길을 지나는 것과 같습니다. 나가사키에서 제물포로 가는 길도 만일 감독님이 첫 번째 풍경을 보지 않으셨다면 마찬가지라고 생각할 겁니다. 한국의 가장 남쪽에 위치해 있는 부산에는 아주 훌륭한 자연적인 항구가 있습니다. 그곳에서 가장 먼저 눈에 띄는 것은 일본식 건물들입니다. 부산 거리를 산책하다보면 처음으로 한국인들의 모습과 약 3마일 정도 되는 성벽으로 둘러 쌓인 도심을 볼 수 있습니다. 부산을 떠나 남해와 서해상의 섬들 사이로 하루 반나절 정도 항해를 하면 제물포에 도착을 합니다. 제가 확신하건데 제물포에 닻을 내리고 나면 (그곳에는 항만시설이 없습니다), 감독님은 한국에 대해서 가장 불편한 인상을 갖게 될 것입니다. 해군이라면 누구나 말하기를 제물포는 최악의 항구라고 합니다. 썰물 때에는 수 마일에 걸쳐 갯벌이 나타나고, 넓게 펼쳐진 풍경 속에 꾸밈이라고는 전혀 없는 소박한 마을들이 희미하게 보입니다. 제물포 뒤쪽으로는 멀리 산과 언덕 그리고 완만한 평지가 눈에 들어옵니다.

　제물포는 전혀 매력적이지 않습니다. 제물포는 외국과의 조약이 체결되면서 문호가 개방된 항구입니다. 서양에는 이것과 유사한 모습의 모조품과 같은 장소들이 많이 있습니다. 제물포에는 현재 2-3채의 괜찮은 건물이 있는데 모두 외국공사관 소유입니다, 이곳에서는 모든 스타일의 건축물들이 마치 버섯이 피어나는 것처럼 빠르게 증가하고 있는데, 모양새는 없고 조악하며 매혹적이지 않습니다. 나무와 보도는 없고, 먼지와 진흙, 거친 땅과 절반쯤 잘려 나간 모습의 언덕들뿐입니다. 제물포에서 서양 사람들은 보기 힘들고, 외국 사람은 대부분 일본인들이며, 가끔 중국 사람들을 볼 수 있는 정도입니다. 또한 여러 종류의 한국인들을 만날 수 있습니다. 제가 믿기로는 감독님이 만일 이런 장면을 보신다면, 딱 두 가지 질문만 생각하실 겁니다. 첫째, 무엇 때문에 이들이 제물포에 왔으며, 한국에서 무슨 사업을 하느냐 하는 질문입니다. 제가 지금까지도 별로 좋아하지 않는 사람이 한 명 있습니다. 그러나 그는 거기에서 아주 행복하게 지냅니다. 둘째, 왜 제물포에 있는 한국인들은 다른 지역에 비해 더 불결하냐는 것입니다. 감독님이 한국에서 1년만 살아보시면, 감독님의 마음을 사로잡는 중요한 다른 일들처럼, 이런 질문들이 생기기 시작하실 겁니다.

비록 제물포가 지금은 매력적이지는 않지만, 그러나 중요한 장소임에는 틀림이 없습니다. 그리고 선교사들은 필연적으로 어느 시점에 가서는 그곳에 정착을 해야만 할 것 입니다. 제물포는 발전하고 있고, 다른 항구들과 마찬가지로 아주 긴요한 장소가 될 것입니다. 제물포와 부산에서는 한국 사람들이 항구에서 상당히 떨어진 거리에 삽니다. 항구는 외국인들을 위한 지역입니다. 외국인들이 들어오기 전에는 다 쓰러져가는 초가집을 제외하고는 거의 사람들이 살지 않았습니다. 제 생각에는 앞으로 제물포는 (한국과 일본 두 나라의 관계를 고려해볼 때) 선교사들에게 일본의 요코하마와 같이 중요한 장소가 될 것입니다. 이곳에는 강직하고, 무엇보다 모든 사람들의 존경을 받을 수 있는 선한 성품을 갖추고, 일본어를 구사할 수 있는 그런 사람이 필요합니다. 만일 중국어까지 조금 구사할 수 있으면 더욱 좋습니다. 이런 사람들에 대한 수요가 많은 데 찾기는 그리 쉽지 않습니다. 저는 향후 제물포에서는 의료사역이 필요하고, 큰 일을 할 수 있을 것이라 생각합니다. 지금은 한국인들을 대상으로 사역을 하기에는 그 수가 너무 적습니다. 그러나 조만간 의사들은 이곳에서 다양한 국적의 사람들을 대상으로 상당한 의료행위를 할 수 있으리라 봅니다. 한국인들만을 위한 의료사역은 아주 중요한 일인데, 아직은 외국인들에게 이 일이 허락되지 않습니다. 하지만 몇 년 내에 가능할 것입니다. 제물포 인근 마을에는 12명의 천주교 신자들과 한 명의 신부가 있습니다.

천주교회는 한국에서 아주 넓고 견고한 발판을 가지고 있습니다. 그들은 칭찬받을 만하고, 한국인들의 호감을 받을 좋은 일들을 많이 하고 있습니다. 그들은 가난한 사람들과 과부 그리고 고아들을 돌봅니다. 가난한 사람들에게 기도서를 나누어 주기도 합니다. 그들은 자선사업에 많은 재정을 사용하고 있고, 그렇게 함으로서 특별히 하류층 사람들에게 좋은 반응을 얻고 있습니다. 저는 상류층 사람들 중에 얼마나 많은 천주교인들이 있는지 모르지만, 그렇게 많을 것이라고는 생각하지 않습니다. 그러나 그들은 꾸준히, 보다 더 견고하게 그리고 칭찬할만한 일들을 하면서 자신들의 영역을 넓혀 가고 있습니다. 저는 만일 한국에서 자유롭게 예배를 드릴 수 있는 법이 마련되지 않는다면, 언젠가 천주교와 개신교사이에 충돌이 있을 것이라고 조심스럽게 전망해봅니다. 천주교인들은 이 법에 반대하며 싸우고 있고, 묄렌도르프라고 하는 사람의 지지를 받고 있습니다. 그는한때 막강한 힘을 가지고 있었지만, 지금은 솔직히 한국의 정치 무대에서 축출된 상태입니다. 그는 양심이 아니라 정치적인 목적 때문에 천주교인들을 선호합니다.

서울에 있는 독일공사도 천주교인인데, 그 역시 자유롭게 예배를 드리는 법에 대해 호의를 가지고 있는 외국인들을 강력하게 반대합니다. 러시아 대표도 천주교인입니다. 러시아는 영구히 그렇지는 않다고 하더라도, 당분간 이 나라에서 중국 다음으로 큰 힘을 발휘할 것입니다. 천주교인들은 서울의 주요 거리에 땅을 소유하고 있습니다. 그들은 한국과 프랑스 사이에 조약이 비준되면, 서울에 성당을 건축하려고 좋은 기회만 엿보고 있습니다. 그렇게 유리한 고지를 점하고 있는 천주교인들은 고삐를 늦출 것 같지 않습니다.

저는 이곳에 있는 천주교인들에 대해 가급적 호의적으로 이야기 하려고 합니다. 저는 만일 마귀가 선을 행한다면, 그에게도 정당한 보상을 해주려고 합니다. 왜냐하면 그들이 행하는 좋은 일은 언제나 선하신 하나님이 명령하시는 것이라고 믿기 때문입니다. 최종 결과에 대한 평가는 다른 사람들의 몫으로 남겨 두려고 합니다. 저는 지금 표면적으로 나타나는 좋은 면만 이야기 하고 있는 것입니다. 한국은 빈곤이 심하고, 고통 받는 사람들이 많습니다. 우리는 가난의 어려움을 어느 정도 해결하고, 그들의 고통을 줄여주려고 애를 쓰고 있습니다.

과부들의 문제는 영구적인 것 같고, 그로 인해서 가난은 계속됩니다. 천주교에는 과부들을 돌보는 집이 있다고 합니다. 그런 이유 때문인지 천주교로 개종하는 사람들은 대부분 여성들입니다. 천주교인들은 고아들을 먹이고 돌보는 좋은 일도 하는데, 반면에 나쁜 점도 있습니다. 한국의 천주교는 다른 나라의 천주교와 조금도 다르지 않습니다. 그들은 모든 수단을 사용하여 영향력을 행사하며, 관용을 베풀지 않습니다. 최근에 제가 데리고 있던 천주교를 믿는 하인 한 명이 천주교 주교에 의해 저를 돕지 말라는 금지 명령을 받았습니다. 알렌 박사와 언더우드 선교사도 천주교를 믿는 하인들이 있는데, 그들 역시 같은 지시를 받았습니다. 그러나 이처럼 가난한 나라에서 그들은 자신들의 좋은 직장을 잃고 싶어 하지 않았습니다. 결국 그들은 성찬식에서도 제외되었습니다.

이제 조금 더 유쾌한 주제로 이야기를 바꾸어 보겠습니다. 알렌 박사로 인해 장로교 선교부가 이곳 선교사 세계에서는 두 번째 자리를 차지하고 있습니다. 그는 한국정부 병원(제중원)을 맡고 있습니다. 이 자리는 그에게 상당한 영향력을 행사할 수 있게 해줍니다. 서울에 있는 공사관들도 우호적인 혜택을 받고 있고, 장로교 선교부는 그로 인하여 조그마한 힘이라도 사용할 수 있게 되었습니다. 알렌 박사의 동료인 언더우드 선교사는 고아 사역을 하고 있는데, 그는 고아원을 짓기 위하여 부지를 매입하고 있습니다. 알렌 박사는 시종일관 서울에 있는 미국 사람들을 최선을 다하여 도와주고 있습니다. 이것은 결코 사소한 일이 아닙니다. 만일 어떤 사람이 외국인이라면, 그가 한국인들에게 제시할 수 있는 최상의 카드는 자신이 미국인이라는 사실입니다. 이곳에 있는 우리 미국 공사관은 작년에 모든 다른 공사관 보다 그 영향력이나 한국정부의 호감도 면에서 훨씬 더 중요한 자리를 차지했습니다.

장로교 선교부가 영향력을 행사할 수 있는 또 다른 가능한 수단은 왕의 미국인 고문을 통해서 입니다. 그는 지금 한국을 향해 오고 있습니다. 그는 데니스(Dennis) 또는 데니라고 불리는 판사입니다. 장로교 선교부 총무인 엘린우드는 한국 선교에 있어 그의 역할이 지대하다고 판단하여, 그에게 편지를 보내 선교사역에 대한 그의 생각이 어떠한지를 확인하였습니다. 그는 엘린우드 총무에게 자신은 선교사역이 아주 좋은 일이라고 확신하기 때문에, 자기 신분에 맞는 최대한의 영향력을 발휘하여 선교사역이 더 발전할 수 있도록 도울 것이라고 하였습니다. 저는 이런 상황을 보면서, 몇 차례 본국에 있는 우리 감리교 선교부에서는 한 사람만이라도 자신의 선한 의도를 데니 판사와 같이 완곡하게 표현하거나, 아니면 적어도 서울에 있는 감리교 선교사들이 그렇게 해주기를 바라는 소망을 가진 적이 있는지 의구심을 가졌습니다. 데니 판사는 앞으로 자신의 집을 왕궁 안에 마련할 것이며, 왕과 정부 관료들을 자주 만나면서 그들에게 큰 도움이 될 것입니다.

저는 언더우드 선교사가 고아원을 운영하려는 계획은 아주 훌륭하다고 생각합니다. 현재 한국에서는 자선사업과 더불어 교육을 곁들인 사역들이 한국인들에게 가장 큰 호응을 받고 있습니다. 그들은 가난과 무지로 인하여 신음하고 있습니다. 그들의 마음을 얻기 위해서는 먼저 가난의 문제가 해결되어야 합니다.

한국 정부도 곧 서울에 학교를 시작하려고 합니다. 한국의 왕은 오래 전에 우리 정부에 미국인 교사들을 요청하였습니다. 이에 미국 정부에서 교사들을 파견할 예정입니다. 그런데 이 정부 학교가 우리 선교부에서 엎어지면 코가 닿을 정도로 가까운 거리에 있습니다. 이제 한국 정부가 처음에 제안한대로, 이 학교(*조선 후기 최초의 근대식 공립교육기관인 육영공원을 말함)를 미국식으로 모든 계층에게 개방할 것이냐 아니면 관료들을 양성하는 목적으로 하층민을 제외하고 운영할 것이냐 하는 문제가 남아 있습니다. 만일 한국 정부가 후자를 선택할 경우, 우리 학교는 영향을 받지 않을 것입니다.

저는 천주교인들이 한국인들이 당면하고 있는 고통을 경감시키기 위해, 처음부터 고아들과 과부들을 위한 집을 운영한 것은 아주 잘한 일이라고 믿습니다. 그러나 저는 우리가 천주교에 비해서 더 우위에 있다고 확신하는 것이 있는데, 그것은 바로 의료사역입니다. 저는 우리가 의료사역을 통하여 사람들의 마음을 얻을 수 있다고 믿기 때문에, 곧 천주교와 동등한 힘을 얻을 수 있으리라 생각합니다. 지금 우리가 무엇을 하고 있느냐구요? 저는 병원 일을 시작하기 위해서, 우리 집 옆의 부지를 매입하려고 시도 중입니다. 저는 그 부지를 반드시 소유하기를 원합니다. 하지만 만일 다른 사람이 그 땅을 구입하지만 않는다면, 서두를 필요는 없다고 생각하고 있습니다. 어차피 건물을 수리하려면 날씨가 더 따뜻해져야 하는데, 그러려면 적어도 한두 달 정도의 시간이 더 필요합니다.

지금 제 진료소는 집의 한 구석에 있는데, 너무 협소하고 적절치가 않습니다. 수술을 할 여유 공간도 없습니다. 저는 1월 1일까지는 약 250명의 환자를 보았고, 1월에는 67명을 진료하였습니다. 환자 수는 느리지만 서서히 증가하고 있고, 보다 쾌적한 큰 공간이 마련되고 날씨가 따뜻해지면, 저는 아주 바빠질 것입니다. 모든 종류의 환자들이 치료를 받기 위해 저희 집에 오는 것이 때로는 위험하다기 보다는 아주 불편합니다. 왜냐하면 서울에는 전염병(*홍역)이 돌고 있기 때문입니다. 저는 제 의료사역이 주는 희망이 더할 나위 없이 만족스럽습니다. 저는 이 집에 정착한 이후로 매일 같이 환자를 진료하느라 아주 바쁩니다. 이전에 제가 정부 병원에서 한 달 반가량 일했던 것을 여러분들은 알고 계실 것입니다. 한국과 연관된 두 가지의 정치적인 주제가 여러분들을 흥미롭게 할 수도 있습니다. 첫째, 백성들이 큰 고통을 겪고 있다는 소식을 접한 왕이 백성들을 먹이기 위해 무엇인가를 하고 있다는 것입니다. 그런데 저는 왕이 어떻게 그 일을 할 수 있을지 잘 알지 못합니다. 매년 겨울, 많은 한국인들이 기근과 추위로 죽어갑니다. 연료 값은 너무 비쌉니다. 둘째, 개화라는 것이 한국을 위해서 무엇을 할 수 있는지와 다른 나라들과의 접촉에 관한 것입니다. 이번 달 5일에 왕은 노비로 태어난 모든 아이들에게 자유를 허락하였습니다. 그리고 그들의 부모에게도 본인들이 원한다면 해방을 시켜 주었습니다. 그러나 많은 이들이 이것을 원치 않았습니다. 왜냐하면 그들은 음식과 옷을 얻고, 억압으로부터 보호를 받기 위해서 스스로 노예가 되었기 때문입니다. 하지만 이 법으로 인해, 그들의 자녀들은 더 이상 노예로 살지 않게 되었습니다. 이 법의 시행으로 인해, 한국의 왕은 미국의 아브라함 링컨 그리고 러시아의 알렉산더 3세와 같은 반열에 오르게 되었습니다. 그것은 분명히 위대한 일이었고, 어떤 면에서는 놀라운 진보였습니다.

저는 지금까지 다른 중요한 주제에 관해 말씀을 드리다가, 제물포에서 서울로 오는 여정에 대해서는 말씀을 드리지 못했습니다. 그 여정은 한국의 대표적인 작물인 쌀을 재배하는 평야를 보는 것을 제외하고는 아무런 재미가 없습니다. 서울까지는 30마일 정도의 거리입니다. 절반이나 2/3 정도 오게 되면 산길이 나오는데, 그 곳을 통과해 가다보면 멀리서 서울 주변의 산들이 남과 북쪽으로 펼쳐져 있는 것을 보게 됩니다. 제물포에서 서울 방향으로 24마일 정도 지점에 오면, 감독님은 넓이가 2마일에 이르는 한강의 모래사장을 건너게 될 것입니다. … 한강 너머가 서울 외곽의 시작입니다. 거기서 부터는 서서히 서울로 올라가는 길이 펼쳐지고, 성벽들을 만나게 될 것입니다.

서울은 약 400년 전에 아주 주도면밀하게 전국을 탐색한 후에 선택된 수도입니다. 서울은 놀라운 지리적 위치에 자리 잡고 있습니다. 산에 둘러싸인 둥지와 같고, 동쪽으로는 평야지대로 접근하기가 쉬우며, 한강 너머로는 우리가 제물포에서 왔던 그 평야지대로 나가기가 용이합니다. 서울은 거의 사면이 산으로 둘러싸여 있는데 특별히 북쪽과 서쪽 지역이 그러하고, 남쪽에는 그들의 자랑인 남산이 있습니다. 서울의 배수로 시설은 일급 수준이지만, 도시는 아주 더럽습니다. 건축물을 보면서 무언가 칭찬할만한 것을 찾으려고 한다면, 감독님은 곧 실망하시게 될 것입니다. 집들은 마치 아일랜드의 뱀과 같은 모습입니다. 어디를 가든 모든 집들이, 초가집이든 아니면 기와집이든, 단층이며 놀라울 정도로 작습니다. … 길 역시 아주 좁고 구불구불합니다. … 일 년 중 열 달은 날씨가 아주 좋습니다. 그러나 나머지 두 달은 우기입니다. 우기는 보통 7월 1일에서 15일 사이에 시작이 되어 9월 1일까지 계속됩니다. 흐리고, 비가 오며, 습한 날씨라는 귀신과 싸우려면, 방수복이나 곰팡이 균으로 부터 보호를 받을 수 있는 옷을 입어야 합니다. 그렇지 않으면 서울에서 우기와 싸우기 어렵습니다. 일단 우기에 이런 상태에 빠지게 되면, 우기가 끝날 때까지 기다리는 수밖에 없습니다. 아니면 우기로부터 탈출하기 위해서는 말을 타고 진흙탕을 헤치며 항구(*제물포)까지 가야합니다.

5. 미 감리교의 한국 선교를 돌아보며:
Missionary Review of the Year, The Methodist Episcopal Mission (The Korean Repository, January 1895)

[*스크랜톤은 지난 10년간(1885-1895)의 감리교 한국 선교를 회상하고 평가하면서, 선교사들의 사역의 결과를 수학적으로 계산하거나 계량화하려고 해서는 안 된다는 점을 강조하고 있다. 어느 선교지에서든 그들은 하나님의 부르심에 따라 말씀을 전하고 복음의 씨앗을 뿌릴 뿐이며, 최종적인 판단은 주님의 손에 달려있다는 것이다.

그는 한국에서 사역하는 선교사들이 한 사람당 얼마나 넓은 지역과 많은 사람들을 담당하고 있는지를 구체적으로 보여 주며, 본국에 있는 사람들이 선교사들의 노고와 선교지의 현실에 대해 분명히 이해할 필요가 있다는 점을 부각시키고 있다. 특별히 선교사들과 한국 성도들이 열악한 환경 속에서도 얼마나 헌신적으로 교회를 섬기며, 자신들의 믿음을 지켜나가고 있는가를 제물포와 평양의 예를 들어 설명하고 있다. 특별히 그는 윌리엄 홀 박사의 희생과 죽음을 안타까워하며, 비통한 심정으로 애도하고 있다.

그의 보고가운데 흥미로운 사실은 선교사들이 한국 성도들을 가르칠 때 단순히 예수를 믿고 구원받는 것으로 그치는 것이 아니라, 그들을 보다 더 좋은 한국 사람으로 만들려고 했다는 것이다. 초기 미국 선교사들은 단순히 서양이 동양보다 우수하다고 생각하여 서양의 문물과 지식을 일방적으로 이식하려고 하지 않았다. 오히려 한국인들이 서양과 접촉하고 그 영향을 받으면서도, 자신들의 자랑스러운 문화와 역사를 보전하고, 한국인의 정체성을 지키는 가운데 한국적인 성도로 성장해 가기를 원하였다.]

만일 우리나라가 전쟁 중이라면, 우리 군대가 적군의 진영 어디까지 들어가 있는지 확인하는 것은 당연한 일일 것입니다. 그것은 마치 상인이 자신의 재무 상태를 점검하는 것처럼 쉬운 일입니다. 모든 것을 계량화해서 평가하는 이 세상일에 있어서는 성공과 실패 또는 장애와 격려라는 표현들을 사용하기가 쉽습니다. 그러나 선교는 이와는 다릅니다.

처음부터 우리는 이 사실을 알아야 합니다: 비록 선교본부는 숫자와 비용에 민감할지 모르나, 우리 선교사역의 결과는 물질적인 것이 아니며 계량화하기도 쉽지 않습니다. 어느 선교지든 간에 그곳에서 헌신한 선교사들에게 그 수고의 결과를 보여 달라고 요구하는 것은 비합리적입니다. 그것은 마치 과거에 다른 선교사역지에서 빛을 발하여 그곳에서 식물을 키우고 생명을 살리며, 에너지가 공급되어 힘을 모아 우리가 생각하는 것보다 훨씬 더 앞으로 나아갔던 일을 우리에게 요구하는 것과 마찬가지입니다.

선교란 아직 우리가 도착하지 못한 해안에 힘을 전하는 잔잔한 물결이나 파도 같은 것입니다. 그러나 그 물결은 영원까지 그 누구도 잠재울 수 없는 반향을 일으킵니다. 선교는 새 시대를 만들어 가는 것이며, 천상의 권세자들과 힘을 가진 자들에게 하나님의 지혜를 선포하는 일입니다. 선교란 씨를 뿌리는 일이며, 그 수확은 인간의 달력에 따른 것이 아니라, 마지막 때에 결정되는 것입니다. 코리언 레포지토리의 독자들과 같이 다양한 분들에게, 지난 세월 우리 선교 사역의 결과를 설명하는 일은 특별히 어렵다고 생각하는데, 그 이유는 독자들의 관심이 서로 다르기 때문입니다.

우리 감리교의 한국 선교사역은 1883년 본국의 해외선교부의 방침에 따라 시작되었습니다. 한국으로의 첫 파송은 1884년에 이루어졌는데, 현재 선교지에 있는 인력은 다음과 같습니다: 미 감리교 해외선교부 파송 남자 선교사 8명 (모두 결혼함), 미 감리교 해외여선교회 (*해외여선교회는 같은 감리교단안에 있으나 독자적인 기구임) 파송 여자 선교사 7명, 그리고 전체 사역지는 15곳인데 사역지의 형편은 서로 조금씩 다릅니다. 사역자들은 제물포, 원산, 평양에 한 가정씩 있고, 나머지는 감리교 선교회의 모든 행정시설이 위치한 수도 서울에 거주하고 있습니다. 서울에는 남자 학교(*배재학당), 여자 기숙학교(*이화학당), 성인 여성들을 위한 학교, 두 개의 병원 (*남성과 여성병원이 각 한 개씩)이 있고, 원산과 평양에서는 일반적인 의료사역이 이루어지고 있습니다. 우리는 서울에 출판사와 책 보관소도 가지고 있습니다.

서울에 있는 다섯 명의 남자 선교사들 가운데 두 명은 병원에서, 두 명은 학교에서 그리고 한 명은 출판소에서 사역을 하고 있고, 다섯 명중 네 명은 목회도 겸하고 있습니다. 또 두 명의 선교사는 한글 성서번역을 하고 있으며, 서울과 제물포에 각각 한 명씩 있는 선교사들은 출판위원회에서 일을 하고 있습니다. 이처럼 8명의 남자 선교사들은 16명이 해야 할 일을 떠맡아 하고 있습니다. 작년에 상당수의 사람들이 새 신자로 등록은 하였지만, 실제 성도 수는 증가하지 않았습니다. 그 이유는 새 신자가 증가한 만큼 한편으로는 여러 가지 이유로 인하여 교회에서 떨어져 나간 사람들이 있었기 때문입니다,

우리는 8곳에서 설교를 포함한 직접적인 기독교사역을 하고 있습니다. 지난 2년간의 어려운 상황으로 인해서, 우리는 멀리 있는 사역지 한 곳에서는 철수를 해야만 했습니다. 지금은 서울 근처에 있는 사역지들을 집중적으로 돌보고 있습니다. 우리는 주로 쉽게 접근할 수 있거나 아니면 특별히 우리를 초청하는 곳에서 사역을 하고 있는데, 이마저도 인력 부족과 1894년 발발한 청일전쟁으로 인하여 나라 사정이 혼란스럽기 때문에 제대로 하기 어렵습니다.

현재 이루어지고 있는 선교사역을 제대로 이해하기 위해서는, 사역지에 있는 기관의 수나 통계만을 볼 것이 아니라, 그 사역의 내용과 상황 파악을 해야 합니다. 현재 한국 인구는 가장 적게 잡아도 10,518,937명입니다. 이것을 한국에서 사역하는 15명의 선교사 수로 배분한다면, 한 명이 930,000명을 책임져야 한다는 것입니다. 한국의 면적은 84,244 스퀘어 마일인데, 이것을 15명의 선교사 수로 나눈다면 한 명이 5,600 스퀘어 마일을 맡아야 합니다. 이것은 인구와 면적의 비율로 볼 때, 선교사 한 명이 미국 코네티컷 주 만한 지역을 한 교구로 삼아 돌본다는 것입니다. 그런데 그에게는 자신을 도와줄 수 있는 추가인

력도, 어려운 언어를 극복할 수 있는 방법도 없습니다. 이 나라에는 철도와 호텔도 없고, 바퀴달린 물체가 다닐 만한 길도 변변치 않습니다. 선교사들이 이런 정도 규모의 사역과 많은 어려움을 안고 있다는 점을 잠시 살펴본 것입니다.

이곳에서 거리를 계산할 때는 마일이 아니라, 이동 가능한 기준으로 해야 합니다. 한국의 도로 사정을 기준으로 한다면, 제물포에서 원산까지의 거리가 200마일 정도인데, 걸리는 시간은 뉴욕에서 샌프란시스코까지 가는 만큼 됩니다.

제물포 지역은 작년에 우리가 경제적인 측면에서 가장 중요시 여기는 자립도 측면에서 가장 좋은 성과를 보였습니다. 그들은 자립의 필요성을 느끼고 있고, 그것을 이루기 위해 열심히 노력하고 있습니다. 그 결과 제물포에 한국인들의 헌금으로 세워진 한국 최초의 개신교 채플이 생겼습니다. 이 채플은 크기가 12x20 피트 정도인데, 초가지붕에 벽은 진흙으로 되어 있으며, 건축 비용은 약 60달러(멕시코 달러)가 들었습니다. 대부분의 사람들에게 이 채플은 별로 주목받지 못하는 건물이겠지만, 그곳 성도들에게 이 채플은 "내 믿음을 내가 한 일로 보여주겠다."는 상징과도 같습니다.

평양은 작년에 폭풍의 눈과도 같았습니다. 그들은 홀 박사 가족을 평양에서 쫓아내려고 모욕을 주고 돌을 던졌을 뿐 아니라, 그들을 돕는 한국인 사역자들을 예수님을 증거 한다는 죄목으로 체포해서 때리고, 옥에 가두고, 목숨을 위협하였습니다. 결국에 한국의 "소돔"이라 불리며, 기독교에 가장 적대적인 이 도시는 그 잔인함과 비인간적인 모습으로 인하여 하늘의 심판을 받았습니다. 평양의 인구는 약 8만 명 정도였었는데, (청일전쟁 때) 중국 군인들이 휩쓸고 지나간 후에는 단지 몇 백 명만이 살아남았습니다.

이런 와중에서도 얼마 되지 않는 성도들은 믿음에 굳게 서서, 서로 모여 주일을 지키고 함께 기도하였습니다. 그들의 삶은 힘들고 고달팠지만 목숨은 부지하였습니다. 일본군들이 평양을 점령했을 때, 일본군인 중 기독교인 두 명이 어느 집에서 모이고 있는 한국 성도들을 발견하고, 서로 말은 잘 통하지 않았지만 한 마음으로 하나님께 함께 기도하였습니다. 이 교회는 불같은 시련가운데 성장하였습니다. 그들은 자신들의 믿음을 헌금이 아니라 흔들리지 않는 신앙으로 보여 주었고, 견고한 소망의 닻을 내리고 있었습니다.

청일전쟁 직후 윌리엄 홀 박사는 성도들을 돌보기 위하여, 다시 평양으로 돌아왔습니다. 그는 세 명의 한국인 성도들에게 세례를 주었는데, 그는 곧 전염병에 감염되어 목숨을 잃고 말았습니다. 우리는 비통한 마음으로 함께 모여, 감리교 해외선교부가 파송한 선교사들 중 첫 희생자가 된 그를 애도하였습니다. 그의 지칠 줄 모르는 헌신과 인내는 모든 사람들을 감동시켰습니다. 홀 박사가 평양에서 보여준 자기희생의 삶은 후배 선교사들에게 고귀한 그러나 실천에 옮기기는 쉽지 않은 본을 보여 주었습니다. 지금까지 한국에 있는 그 어떤 선교사들도 작년에 평양에서 홀 박사와 장로교 선교사인 모펫이 경험한 것과 같은 고난을 당한 적은 없습니다.

작년에 있었던 이 청일전쟁으로 말미암아 한국, 일본, 중국의 수많은 가정들이 죽음과 좌절을 경험하였습니다. 그리고 그 전쟁의 여파는 아직도 이 나라들뿐 아니라 세계 평화를 위협하고 있습니다. 선교회에서 발행하는 출판물들도 영원한 평화와 안전에 대해 언급하고 있습니다. 출판 사업을 시작한지 얼마 되지 않았지만, 벌써 금년에 한국어로 52,185권 (1,801,440 페이지)을 발행하였습니다. 다음과 같은 하나님의 말씀이 마음에 와 닿습니다: "당신의 화살이 왕의 적군들의 가슴에 꽂히므로, 그들이 당신 앞에 쓰러지나이다."

우리 학교에는 남녀 180명의 학생들이 등록되어 있는데, 그들은 더 좋은 한국인이 되도록 훈련을 받고 있습니다. 지역과 상황에 따라 학교의 교과 과정에 차이가 있습니다. 학과목은 모국어인 한글, 중국어에서부터 영어, 역사, 화학 그리고 철학에 이르기까지 다양합니다. 학생들은 벌써 새로운 사상을 접하고 있는데, 그들의 생각은 그 어떤 정치적인 혼란함 속에서도 흔들리지 않습니다. 이러한 교육으로 말미암아 가장 어린 아이들까지도 사고방식이 바뀌기 시작하였습니다. 물론 수학적으로 계산을 할 수는 없지만, 분명 이 나라의 방향이 이성과 순결함 그리고 올바름을 향해 변화해 가고 있습니다. 교육이 마치 배의 진로를 가르쳐 주는 나침반과 같은 역할을 하고 있는 것입니다.

우리는 병원사역을 통하여 사람들에게 다음과 같은 사실을 분명히 가르쳐 주고 있습니다: 이 세상은 우리를 부패와 신음으로부터 구원해줄 위대한 의사가 필요하며, 이 땅의 의사들은 단지 몇 년간 우리의 고통을 치료해 줄 수는 있을지 모르지만, 오직 하나님만이 나병을 고치시고 죽은 자를 살리실 수 있습니다. 현재 의료사역은 서울, 원산, 평양에서 이루어지고 있습니다. 매년 12,000명 정도를 진료하고 있으며, 수입은 1,200불 정도 됩니다. 매일같이 말씀을 전하고 매주 예배를 인도하면서, 소망의 메시지 외에 제가 무슨 말을 할 수 있겠습니까? "울며 씨를 뿌리는 자는 기쁨으로 단을 거두리로다."라고 말씀하셨는데, 이미 하나님의 축복이 씨를 뿌리는 자와 빵을 먹는 자에게 임하고 있습니다.

우리는 어떤 사역을 하든 항상 하나님의 말씀을 가르치고, 하나님의 사랑과 은혜에 대해 강조를 합니다. 학교에서는 매일 기도회를 하고 성경을 읽고 있으며, 병원에서는 특별한 종교적인 교육도 이루어지고 있습니다. 매일 기도회에 참석하는 사람들에게 기독교적인 가르침이 강조되고 있는데, 그들은 계속해서 변화되고 있습니다. 주일 예배 참석 인원은 평균 500명 정도입니다. 그리고 이 숫자에 포함되어 있지는 않습니다만, 매달 여성병원에 오는 사람들이 평균 500명 쯤 됩니다.

이 글을 읽는 코리언 레포지토리 독자들 중에는 저희들이 하는 이런 광범위한 사역이 합리적이지 않다고 생각하시는 분들도 계실 것입니다. 그러나 저희들은 모든 곳에 복음의 씨앗을 뿌리라는 주님의 명령에 순종하는 것뿐입니다. 누가 복음을 들을 것인가 하는 것은 저희들의 소관이 아닙니다. 진실은 이것 입니다. 보이지 않지만 시간이 흐르면서 한 사람씩 복음사역자들에게 돌아와 다음과 같이 간증합니다: "성령께서 우리와 같은 선교기관들을 통해 자신들의 마음속에 역사하셨다."고 말입니다.

6. 53명의 부처와 아홉 마리의 용:
The Fifty three Buddha's and the Nine Dragons
(The Korean Repository, September 1897)

[*미 감리교 선교회는 1892년 원산 개척선교를 결정하고, 윌리엄 맥길 박사를 파송하였다. 장로사였던 스크랜톤 박사는 1896년 5월, 처음으로 원산을 방문하여 맥길의 선교 사역지를 돌아보았다. 그리고 그 이듬해인 1897년 5월 다시 원산을 방문하였는데, 이때는 어머니인 메리 스크랜톤이 동행하였다. 스크랜톤 모자는 원산을 방문한 후, 금강산에도 들렸는데 이 때 유점사(楡岾寺)를 둘러보고 기행문을 작성하여 선교잡지에 기고하였다.

이 사찰은 신라 초기 남해왕 때 창건되었는데, 경내에 아름드리 느릅나무가 많아 절 이름이 "유점사"(*원래 의미는 느릅나무(楡) 고개(岾)에 있는 절)가 되었다고 한다. 유점사는 금강산 4대 사찰 중에서도 가장 크고 웅장한 최고의 대찰이었다. 이 절에는 우리나라 중세 건축물 중에서 가장 높고 화려한 건물로 유명한 능인전이 있었는데, 여기에 스크랜톤 박사가 언급한 53 부처가 안치되어 있었다. 임진왜란 당시에는 사명당이 이곳에서 승병을 지휘하기도 하였는데, 6.25 전쟁 때 파괴되어 지금은 그 터만이 남아 있다. 스크랜톤의 기행문은 단순한 여행이야기라기 보다는 한국의 불교 역사와 문화를 서양에 알리고자 하는 의미가 더 크다.]

금강산에 유점사라는 절이 있습니다. 이 사찰은 제가 한국에서 본 장소들 중에 가장 의미가 있는 곳입니다. 한국에 있는 대부분의 사찰을 보면, 불교는 지나간 과거의 이야기인 것처럼 보입니다. 과거에 존재했던 그러나 이미 죽고 지나가 버린 모습이라는 뜻입니다. 그러나 이 사찰을 보면 비록 죽어가고 있다고 하더라도, 분명히 천천히 죽어가고 있으며, 방문객들에게 아주 많은 재미있는 모습을 보여줍니다. 첫째, 이 사찰의 모든 건물들은 보수가 잘 되어있고 깨끗합니다. 둘째, 이 사찰에는 100명 이상의 스님들이 계신데 그들은 재미있고, 친근하며, 지적입니다. 어디에서나 모든 스님들이 이렇다고 말할 수 는 없습니다. 그리고 여기에 계신 스님들 대부분이 신앙심이 깊고, 열정적이며, 열심히 명상을 합니다. 일반적으로 제가 한국에서 만난 스님들은 무지하고, 특히 그들의 신앙은 가히 경악할 수준입니다. 그래서 이곳에서 제가 예전에 가지고 있던 스님들에 대한 그런 부정적인 인상을 씻어 버릴 수 있게 된 것은 아주 큰 기쁨입니다. 이 유명한 명산에서 만난 인자하고 친절한 스님들에게 제가 질문을 했을 때, 자신들의 믿음을 열정적으로 쏟아내던 두 세 분의 스님을 저는 쉽게 잊지 못할 것입니다.

대부분의 사찰에서는 스님들 각자가 개별적인 장소에서 예불을 드립니다. 저는 그곳에서는 가장 진보적인 침묵 외에 다른 것을 본 적이 없습니다. 그러나 이곳에서는 분위기가 사뭇 다릅니다. 스님들이 각자의 장소에서 예불을 드리지만, 기도시간에는 많은 예불자들이 한 곳에 모여, 가장 편안한 자세로 가부좌를 틀고, 한 목소리로 단조로운 북과 종소리에 맞추어 부처의 이름과 경전을 암송합니다. 이 예불이 끝나면 대부분의 스님들이 부복한 자세로 나무아미타불을 외우며 명상에 들어갑니다. 경건한 스님들은 하루에 만 번까지도 나무아미타불을 반복합니다. 늦은 밤 시간에도 우리는 그들이 명상을 하는 동안, 단조롭지만 규칙적으로 울리는 북소리를 들을 수 있었습니다. 유점사의 대웅전에는

아름답게 장식이 되어있는 제단 뒤에 작은 부처상들이 있는데 저는 이들에 대해 이야기를 하려고 합니다:

약 3천 년 전에 당시 소육국에 살고 있던 53명의 부처가 명상을 하고 있었습니다. 그들의 눈은 온 세상을 다 꿰뚫어 볼 수 있었고, 그들의 영혼은 눈으로 보기 이전에 벌써 자신들이 어디로 가야할지를 알고 있었습니다. 어느 날 그들은 한국에 있는 금강산이 자신들의 거처로, 특별히 지금 유점사가 위치해 있는 곳이 자신들의 미래의 명상과 영향력을 행사하는 장소로 가장 적합하다고 판단하였습니다. 그들은 이 유점사에 영광과 깨달음을 가져올 수 있다고 생각하였습니다.

그래서 그들은 돌로 만든 배를 타고, 한국을 향해 여정을 시작하였습니다. 배가 신계사에서 40리 정도 떨어진 지점까지는 안전하게 왔지만, 사공의 잘못으로 인하여 그만 배가 뒤집히고 말았습니다. 지금도 전복된 배의 일부분을 볼 수가 있습니다.

상처를 입지 않고 무사히 해안에 상륙한 부처들은 사공을 불러 크게 꾸짖고, 주변에 있는 거대한 바위에 영원히 가두어 버렸습니다. 주변에 있던 한 지방관리가 부처들의 도착 소식을 듣고, 신앙심이 두터운 자기 아내와 황급히 달려왔습니다. 그들은 부처들을 공손히 안내했고, 자신들이 할 수 있는 일이면 무엇이든 그들을 위해 하겠다고 마음먹었습니다. 부처들은 노점시라 불리는 이 관리와 그의 아내에게 만일 그들이 한국에 불교를 심는 이 기념비적인 일에 동참하려면, 모든 세속적인 일을 뒤로 하고 세상의 것들을 포기해야 한다고 말하였습니다. 구름위에 앉아 있는 이 존엄한 모습의 53명의 부처들 그리고 노점시와 그의 아내가 전위대 역할을 함으로서 모든 일이 시작되었습니다.

이들이 산 아래에 도착했을 때 천둥이 치고 비가 내리기 시작했는데, 그 때 노점시의 아내는 집을 떠나기 전에 밖에 널어 두었던 목화가 생각났습니다. 그래서 롯의 아내와 같이 아직도 세속적인 것들에 대한 미련을 버리지 못한 그녀는 한국에 불교를 심으려는 이 53명의 부처들의 원대한 꿈에 동참하지 못하게 되었습니다. 하지만 그녀는 그곳에 있는 작은 사찰을 돌보는 영광스러운 일을 맡았고, 오늘날까지도 그녀는 그 절에서 숭배되고 있습니다.

노점시는 아내가 함께하지 못하는 것에 대해 큰 슬픔에 빠졌으나, 신심이 두터운 그는 부처들을 모시고 말을 타고 씩씩하게 앞으로 나아갔습니다. 하지만 험한 산길을 말을 타고 넘으려면, 반드시 53 부처의 도움이 필요했습니다. 이 길은 5마일이나 되었고, 어느 곳은 경사가 45도 이상이었습니다. 동쪽 해변을 따라 산꼭대기에 이르는 이 길은 갑자기 평지에서 급경사로 바뀝니다.

이 경이로운 여정이 성공적으로 끝나고, 일행은 드디어 유점사 인근에 도착하였습니다. 그 당시에는 산위에 호수가 있었다고 하는데, 그곳에는 아홉 마리의 강력한 용이 살고 있었습니다. 53 부처는 호수 인근의 산비탈에서 이 호수를 내려다 보았습니다. 이 지역은 그들이 이미 오래전 자신들의 거처로 점찍어 둔 곳이었습니다. 부처들은 아홉 마리의 용을 호수에서 불러내 그 자리를 양보하라고 요구하였습니다. 그러나 용은 쉽게 그 자리를 포기하려 하지 않았습니다.

53 부처의 그 어떤 제안도 효과가 없었습니다. 용은 화가 나서 호수로부터 하늘로 올라가더니, 폭풍우를 불러오고 주먹만한 우박들을 쏟아 부었습니다. 이에 53 부처들은 다소 낙심한 가운데, 자신들의 계획을 다시 생각할 수밖에 없었습니다. 그들은 용들로 하여금 다시 호수로 돌아와 평안하게 살라고 설득하였고, 모든 일이 일사천리로 잘 해결되었습니다.

   53 부처들은 그 후 오직 그들만이 할 수 있는 깊은 명상에 들어갔습니다. 그리고 얼마 후, 그들은 대담한 내용의 다섯 가지 항목을 크게 써서 호수 안으로 집어넣었습니다. 용들은 어떻게 되었을까요? 호수의 물은 점점 더워지더니, 드디어 부글부글 끓기 시작하였습니다. 뜨거운 김이 무럭무럭 올라오고, 드디어 그 호수는 불교에서 말하는 84,000 지옥중의 하나가 되었습니다. 경이로운 힘을 가진 용들도 어찌할 수 없었습니다. 용들이 황급하게 도망치기 시작하였는데, 어떤 용들은 산꼭대기 너머로 달아났습니다. 보다 덜 뜨거운 곳에 있었던 어떤 용들은 산 정상 주변으로 자리를 옮겼고, 산을 뚫고 도망간 용들도 있었습니다. 용들이 지나간 자리에 아직도 구멍이 남아있습니다. 용들이 아니었다면 그 구멍들은 생겨나지 않았을 것입니다! 용들이 산꼭대기 부분과 그 주위를 얼마나 어지럽혀 놓았는지, 수 마일이나 되는 산의 골짜기들과 산 주변에서 그 모습을 확인할 수 있습니다. 53 부처에 끝까지 대항했던 용들은 결국 그곳을 떠날 수밖에 없었고, 신계사에서 10마일 떨어진 구룡연에 자리를 잡았습니다. 호수를 차지한 53 부처들은 이제 자신들이 예전에 생각했던 일들을 열정적으로 진행하였습니다. 그들은 석탄과 흙으로 이 호수를 천천히 메워나갔고, 마침내 지

금 사찰이 위치하고 있는 이곳에 웅장하고, 흥미로운 그리고 아주 부유한 사찰 단지를 조성하였습니다. 원래 53 부처는 순금으로 되어 있었는데, 그들은 인간들의 욕심을 잘 알고 있었습니다. 인간들이 자신들의 순수한 뜻을 저버리고 53 부처를 녹여 반지, 머리 핀, 그리고 아무런 가치가 없는 장식물들을 만들지 못하도록, 53 부처들은 대웅전 앞 석탑 안에 거처를 정하고 그리로 들어가 버렸습니다. 그래서 오늘 우리들은 그 복사품을 볼 수 있을 뿐입니다. 53 부처는 여러 가지 크기인데, 아주 작은 것에서부터 보다 더 큰 것까지 다양합니다. 그들은 지금도 예전과 마찬가지로 조용히 앉아 명상을 하고 있습니다.

7. 미 감리교 한국 선교의 역사적인 고찰:
Historical Sketch of the Korea Mission of Methodist Episcopal Church (The Korean Repository, July 1898)

[*한국 감리교 선교 10주년을 맞아 이 글을 쓴 스크랜톤은 처음에 어떻게 한국 선교가 시작되었는지 그 기원에 대해 언급을 하고 있다. 거기에는 존 가우처 박사의 열정적인 노력과 로버트 매클레이 선교사의 헌신이 있었다. 또한 스크랜톤은 한국 선교가 시작된 1885년부터 1895년까지 연도별로 주요 사건들을 정리하면서, 누구나 쉽게 이해할 수 있도록 일목요연하게 설명을 하고 있다. 특별히 우리의 주목을 끄는 것은 한용경에 대한 부분이다. 그는 스크랜톤으로 부터 깊은 감동과 영향을 받고 기독교인이 되어, 초창기 스크랜톤의 선교 사역에 큰 도움을 주었던 인물이다. 스크랜톤의 주변에는 신실한 동역자와 제자들이 많이 있었다. 특히 한국인 중에는 한용경, 김창식, 전덕기, 김우권, 박 에스더,

전삼덕과 같은 사람들이 그에게 큰 힘과 위로가 되었다. 그들은 모두 합력하여 이 땅에 하나님의 나라를 이루어 간 신실한 주의 일꾼들이었다.]

미 감리교의 한국 선교 10주년을 축하하기 위하여 조직된 위원회로부터 우리 감리교 선교의 역사적인 고찰에 대한 글을 써달라는 요청을 받았습니다. 저는 이 보고서에서 해외여선교회의 사역에 대해서는 언급하지 않고, 제가 속한 북 감리교회의 선교사역에 대해서만 언급하겠습니다. 우리의 관점으로 본다면, 이것은 아직 점령되지 않은 가나안의 영토가 많이 남아 있고, 주요한 전쟁이 끝나지도 않은 상황에서 르우벤 지파, 갓 지파, 므낫세 반지파가 요단강 동편 저 너머에서 결과만을 계산하고 있는 것과 같은 모습이 아닐까 하는 생각이 듭니다.

이 땅에서의 우리 감리교 선교는 10년 전 지난 가을, 즉 1884년에 시작되었습니다. 그 당시 미 감리교 해외선교부의 파송결정 내용을 인용해서 말씀드리겠습니다:

"1884년 말, 윌리엄 B. 스크랜톤 박사가 먼저 파송을 받고, 그 후 헨리 G. 아펜젤러 목사가 파송을 받았다. 해외여선교회에서는 거의 완전한 은둔의 상태에 있는 한국의 여성들을 위하여, 스크랜톤 박사의 어머니인 메리 스크랜톤을 파송하였다."

실은 1882년에 한국에서 우리 감리교 선교를 개척해야 한다는 말이 일본에 있던 감리교 선교사들의 입에서 먼저 나오기 시작하였고, 이것이 해외선교부에도 전달된 적이 있습니다. 그리고 1883년에 한국 선교를 개척하기 위한 기금 요청이 있었는데, 볼티모어의 존 F. 가우처 목사가 이 일에 앞장섰고, 그가 2,000불을 기부함으로서 선교위원회에서는 한국 선교의 문을 열기로 결정하였습니다.

1884년에 이 기금의 일부는 당시 일본 감리교 선교회의 책임자였던 로버트 매클레이 박사에 의해 사용되었습니다. 한국을 방문하고 난 이후에, 그가 보고한 내용은 가장 희망적이었습니다. 그는 한국을 방문했을 때 미국 공사 루시우스 푸트(Lucius Foote)의 영접을 받았고, 그는 매클레이 박사가 한국 선교의 가능성을 타진하는 일을 자신이 할 수 있는 모든 힘을 다하여 도와주었습니다. 매클레이 박사는 왕에게 전할 문서를 작성하였는데, 거기에는 주로 학교와 의료 사역을 하겠다는 그의 계획안이 들어있었습니다. 이에 대해 왕은 감사를 표하고, 정중하게 그의 계획을 승인하며 격려해 주었습니다. 그가 개신교인이라는 점이 크게 작용을 하였습니다. 이러한 왕의 선의에 가득 찬 반응에 대해 매클레이는 해외선교부에 다음과 같은 의견을 제시하였습니다:

"우리의 궁극적인 목적이 복음을 전하는 것임을 숨길 필요는 없지만, 먼저 교육과 의료사역을 시작하는 것이 좋겠습니다."

매클레이 박사가 한국 선교의 가능성을 타진하고 있을 때, 본국의 해외선교부에서는 한국의 개척선교를 위해 적합한 선교사 후보자들을 물색하였습니다.

그리고 선교사로 결정된 사람들은 새로운 선교지에 보다 더 잘 적응하기 위한 준비의 일환으로 한국에 관한 얼마 되지 않는 자료들을 공부하기 시작하였습니다. 저는 초가집에서 사는 모습도 연상을 해보았는데, 이것은 지방여행을 할 때를 제외하고는 결코 일어나지 않는 일입니다. 이것은 단지 한 예에 불과합니다. 모든 일이 언제나 놀랍게도 때에 맞게 잘 진행이 되었습니다. 이 당시 한국은 외부 세계에 자신의 문호를 개방하고 있었습니다. 이것이 그 시대의 흐름이었고, 한국은 다른 여러 나라들과 조약을 체결하였습니다. 1884. 12. 4일, 저는 미국 뉴욕에서 앞으로 영광스러운 평화의 복음을 한국 사람들에게 선포할 수 있는 자격을 수여받는 목사 안수식에 참석하고 있었습니다. 그러나 같은 날 서울에서는 피비린내 나는 살육의 사건이 발생하였고(*개화파가 일으킨 갑신정변을 말함), 이로 인해 소위 문명의 개화가 늦추어 지게 되었습니다. 우리는 지금 바로, 그 지난 10년의 세월을 되돌아보고 있는 것입니다.

1885년 4월, 제가 일본에서 배를 타고 한국으로 출발하려고 할 때 미국성서공회의 책임자인 헨리 루미스 목사님이 저에게 한국에 가지고 가라고 하면서, 작은 책 보따리 하나를 주셨습니다. 이 책들은 한국 세관을 통과해야만 반입이 될 수가 있는 상황이었습니다. 만약에 세관 통과가 안 된다면, 배안에 내버려두거나 배 밖으로 던져 버려도 괜찮을 정도의 크기와 적은 가격의 물건이었습니다. 분명히 다른 사람들도 성서공회로부터 이것과 유사한 부탁을 받았을 것입니다. 장로교 선교부에서 "감리교 설교자"라는 애칭으로 불리던 언더우드 선교사, 아펜젤러 부부, 저희 가족 그리고 메리 스크랜톤이 1885년 한국에 도착하였습니다. 우리 모두는 한국에 도착한 이후로, 1888년 이른바 영아소동이 일어날 때 까지 "서두르지 말고 천천히 해라", "조심해라", "권리를 주장하지 말라"와 같은 말을 계속해서 들었습니다. 그러나 영아소동 이후에는 이런 말들이 사라졌습니다.

그래서 우리는 주의를 기울이며 조심스럽게 사역을 시작하였습니다. 저희 뒤를 이어 파송된 모든 선교사들도 한국에 도착하게 되면, 이러한 주의 사항에 대해 들었습니다. 그러나 다른 한편에서는 "이제 (한국의 선교현장에서) 무슨 일이 행해질 것이다."라는 분위기도 생겨나고 있었습니다. 1885년이 지나가기도 전에, 저는 저의 집에 임시 진료소를 개설하여 환자들을 돌보았고, 아펜젤러 선교사에게는 두 명의 학생이 생겼습니다. 왕은 우리가 학교를 시작하려는 목적에 대해 알고 있었고, 이에 대해 감사를 표하였습니다.

1885-1886년: 이 두 해 동안에는 선교 부지를 구입하는 일과 장차 외국인들이 거주할 만한 장소를 물색하는데 많은 시간을 보냈습니다. 우리는 건축업자인 동시에 설계자이기도 하였습니다. 또한 한국어를 배우는 학생들인 동시에 미숙하기 그지없는 사전편찬자이기도 하였습니다. 우리가 만드는 사전은 완전한 것이 아니며, 기초적인 내용을 담고 있는 정도인데, 이것도 아직 끝나지 않았습니다. 한국에서의 우리 감리교 선교는 저의 의료사역으로 부터 시작되었습니다. 저는 한국에 도착한 이후, 처음 한 달여 동안 알렌 박사의 제중원에서 일을 하였습니다. 그러나 그 해 심한 우기가 끝난 후, 9월 10일에 저의 집에서

정식으로 독자적인 의료사역의 문을 열었습니다. 그때부터 그 다음해 5월까지, 저는 522명의 환자들을 치료하였습니다. 1886년 봄에 정동에 병원 부지를 구입하였고, 수리를 한 후에 6월 15일부터 사용하였습니다. 저의 첫 번째 환자는 서대문 성벽 밖에 버려진 여인이었는데, 그녀 곁에는 4살짜리 딸도 있었습니다. 우리 모두는 작년에 죽은 패티(Patty)를 기억하고 있습니다. 그녀의 딸은 학교(*이화학당)에서 아직도 별단이로 불리고 있습니다. 이들이 바로 그 모녀입니다.

제 한국어 선생은 병원 문기둥에 다음과 같이 써서 붙였습니다:

"남녀노소를 불문하고 무슨 질병을 가지고 있든지 오전 10시에 (약을 받아 갈) 빈 병을 가지고 미국인 의사를 만나러 오시기 바랍니다."

제가 (그에게) 무엇을 더 요구할 수 있었겠습니까? 그 해에는 콜레라의 저주가 있었는데, 우리 모두가 처음으로 겪은 끔찍한 일이었습니다. 우리 이웃 사람들이 저를 찾아와 하늘에 제사를 드릴 비용을 도와 달라고 하였습니다. 아마 그들은 10년 전과 마찬가지로 금년에도 그리고 앞으로도 전염병이 유행할 때마다, 계속 찾아와서 같은 요구를 반복할 것입니다. 그들은 이렇게 말합니다: "당신이 하나님을 믿듯이 우리도 그렇습니다. 우리 모두 같습니다." 하지만 제가 묻고 싶은 것은 이것입니다: "어째서 우리는 지난 10년 동안, 우리 이웃들에게 아무런 영향력도 미치지 못했을까요?"

환자 이외에 학교 학생들이 병원 건물을 기숙사로 사용한 적이 있었습니다. 우리는 아주 조심스럽게 한문성경, 한글로 된 마가복음 그리고 로스(John Ross) 선교사가 번역한 신약성경을 방에 비치해 놓았습니다. 그 결과가 어떠했는지 후에 말씀드리도록 하겠습니다. 학교(*배재학당)는 금년에 문을 열 생각입니다. 학교 부지를 구입했고, 거기에 기숙사와 교실이 가을까지 준비될 것입니다. 배재학당을 설립하려는 첫 번째 계획은 1885년 가을에 시작되었습니다. 이 학교의 설립목적은 한국의 소년들로 하여금 미국의 교육기관과 교육방법에 쉽게 접근할 수 있도록 하는 것이라는 계획안이 왕에게 보고되었고, 왕께서는 기꺼이 그 안을 허락해주셨습니다. 나중에 한국 외아문의 수장인 김윤식이 찾아와 왕의 호의의 표시로 학교의 이름이 적힌 현판을 하사하였습니다. 학교 이름의 의미는 "유용한 사람을 길러내는 곳"이라는 뜻입니다. 1886년 6월에 아펜젤러 선교사가 7명의 학생들을 데리고 학당의 문을 열었습니다. 후일 이 학생들은 한국 정부에 의해 중요한 요직에 등용되었습니다.

이 학당은 성장을 거듭해서 곧 단과대학 형태의 상급반이 운영될 것입니다. 전국 각지에서 학생들이 몰려왔기 때문에, 이들을 수용할 보다 더 크고 편안한 시설이 필요하게 되었습니다. 그래서 서울의 서쪽 지역에 서양식 스타일의 벽돌건물을 신축하였습니다. 1887. 11. 1일에 학생들은 이 새로운 건물로 이전을 하였고, 구 건물은 기숙사로 용도를 변경하였습니다. 배재학당의 목표는 한국 학생들을 서양의 과학과 인문학에 기초한 교과과정에 익숙하게 만드는 것입니다. 물론 우리는 한국의 전통적인 교육제도의 좋은 점을 병행해 나갈 것입니다.

콜레라가 창궐하는 가운데서도, 금년 한 해 우리들은 건강하게 모든 사역을 미칠 수 있었습니다. 우리는 안전하게 지내고 있으며, 의료와 교육 사역 모두 잘 정착하고 있습니다. 금년에는 학습교인 한 명이 생겼습니다.

1887년: 올해 배재학당에는 63명이 등록을 했는데, 평균적으로 40명이 출석하고 있습니다. 금년에 학교의 새 건물 봉헌식을 가졌는데, 한국을 방문 중인 워렌(Warren) 감독님은 다음과 같이 말하였습니다: "이것은 미국인들의 한국을 위한 선물입니다." 한국의 국왕은 우리의 사역을 둘러본 많은 신하들을 통하여, 우리의 여자학교(*이화학당), 남자학교(*배재학당) 그리고 병원(*시병원)에 관한 이야기를 들었습니다. 왕은 학교와 병원의 이름을 직접 지어 현판에 새겨 보내주었고, 지금은 이 기관들이 왕이 지어준 이름으로 한국인들에게 알려져 있습니다.

1887. 7. 1일 기준으로 진료소에서는 2,000명 이상의 환자들을 치료하였고, 지난 4개월 동안에는 평균적으로 4명의 환자들이 계속 입원해 있었습니다. 저는 장로교 선교부의 헤론 박사님이 아주 친절하게 저희 병원 일을 도와주셨다는 사실을 강조해서 보고 드립니다. 저는 헤론 박사님에게 아주 큰 빚을 진 셈이며, 그의 도움을 기쁘게 받았습니다. 10월 9일에 아펜젤러 형제는 처음으로 한국인들을 위한 공개집회를 가졌습니다. 이 모임은 서울의 남쪽에 위치한 벧엘 채플(*후일 정동제일교회)에서 조용히 진행 되었는데, 여기에서 개신교 선교사에 의한 최초의 여성 세례자가 나왔습니다. 아펜젤러는 그녀에게 세례를

베풀고, 일주일 후에는 두 명의 한국인 기독교인 조사(*선교사들을 도와 사역을 했던 사람들)들이 참석한 가운데 성만찬식도 행하였습니다. 4월과 5월에 아펜젤러 형제는 처음으로 한국의 내지여행을 감행하여 평양까지 다녀왔습니다. 그는 그 이후에도 몇 차례 이런 여행을 계속하였습니다.

여기에서 저는 한 가지 제안 드리고 싶은 것이 있습니다. 특별히 한국 선교지에 새로 도착하신 분들께 드리는 말씀입니다. 그것은 앞으로 한국에서는 더 이상 개척이라는 말을 사용하지 말라는 것입니다. 개척이란 표현은 현지어에 대해 무지하고, 통역해줄 수 있는 사람도 없고, 선교지 전역을 돌아본 사람이 없었던 시기를 일컫는 말입니다. 그러나 그 용어는 지금 한국에서 사용하기에는 적절치 않습니다. 왜냐하면 처음 5년 동안 장로교 선교사들은 말할 것도 없고, 우리 감리교 선교사들도 서울에서 평양, 의주, 부산, 평안도 내지 및 함경도까지 반복적으로 여행을 하였습니다. 모든 지방을 순회하였고, 그 지방의 수도를 방문하였습니다. 한 선교사는 혼자서 360개의 행정구역 중에 70개를 방문하였고, 또 다른 선교사는 한 해에 1,830마일을 여행하면서 한국의 여덟 개 도(Province)중에 여섯 개를 순회하였습니다. 상대적으로 큰 관심을 받지 못했던 남부지역까지도 반복적으로 방문이 이루어졌고, 여러 선교사들이 육로로 부산까지 다녀오기도 하였습니다.

우리 모두는 최초의 한불사전(*천주교인들이 제작)을 만들었던 분들의 영웅적인 시도와 인내에 머리 숙여 감사를 표해야 합니다. 그들은 순교까지도 마다하지 않았습니다. 또한 우리는 존 로스(John Ross) 선교사도 잊어서는 안 됩니다. 그가 쓴 한국어 교본을 통하여, 우리는 한국어 글자를 배울 수 있었습니다. 그는 만주에서 한글 성경번역을 하였으며, 그 때 그와 함께 일했던 사람들이 지금 우리를 돕고 있습니다. 그는 존 메킨타이어 선교사와 함께 한글 성경번역의 개척자였으며, 성서 한국어의 기초를 놓았습니다. 저는 진심으로 그들에게 감사를 표합니다. 금년은 놀라운 성장과 격려의 한 해였습니다. 성탄절에 올링거 선교사가 도착하였고, 그는 학교 사역에 투입되었습니다. 이제 학습교인이 네 명이 되었습니다.

1888년: 지금까지 교회 사역은 조심해야 한다는 강력한 주의에도 불구하고, 복음전파는 잘 이루어지고 있으며, 보수파가 정권을 장악한 한국 정부도 점진적으로 개방되어 가는 분위기입니다. 그러나 금년은 위기의 한 해이기도 하였습니다. 천주교에서 종묘가 내려다보이는 높은 위치에 명동 성당을 건축하고, 몇 가지 다른 사소한 일들로 인해 천주교뿐만이 아니라 우리까지도 왕실의 반감을 샀습니다. 북쪽 지방을 여행하고 있던 아펜젤러와 언더우드 선교사는 한국 정부의 요청에 의해, 미국 공사관으로부터 즉시 귀환하라는 명령을 받았습니다. 그리고 모든 선교사들에게는 외국 종교를 가르치는 일이 금지되었습니다. 우리의 종교 모임에서도 한국어로 찬송을 부르는 것이 중단되었고, 이런 암울한 상황은 지금까지도 계속되고 있습니다.

이런 일의 정점은 1888년의 영아소동이었습니다. 이 사건으로 인해 우리는 심각한 위협에 처했습니다. 선교사들은 의심의 눈초리를 받았고, 서양 의학도

배척을 당했습니다. 우리가 붉은 벽돌로 새로 지은 학교건물도 영아들의 수용소로 오해를 받아, 파괴될 위기에 처하기도 했습니다. 이번 여름에는, 처음이자 마지막으로, 언제 일어날지 모르는 폭동에 대한 걱정 때문에 선교사들이 잠을 이루지 못하였습니다. 그들은 하루씩 교대로 경비를 섰습니다. 당시 미국 공사관에서는 만일 비상사태가 발생하면 총성을 울릴테니, 그 소리를 들으면 즉시 공사관으로 모이라고 하였습니다. 그런데 한 번은 총기를 청소하다가 실수로 총알이 발사되는 바람에 사람들은 혼비백산하였고, 미국 공사관에서는 이것이 오발로 인한 것이었다고 해명하기도 했습니다. 감사하게도 우리는 그 총성을 듣지 못했습니다! 이런 상황에서도 새 학교 건물은 완성이 되었고, 학생 수는 63명이 되었습니다. 인쇄 사역도 시작이 되었는데, 장차 학교 안에서 인쇄기술을 가르치는 일을 준비하고 있습니다.

연회에서 두 명의 한국인이 전도사 자격증을 취득하였습니다. 조지 존스 선교사가 5월에 한국에 도착하였고, 그는 아펜젤러와 함께 학교 사역을 시작하였습니다. 가을에는 애오개에서 의료 사역도 시작하였습니다. 저는 정동 시병원과 애오개 진료소에서 환자들을 돌보았는데, 분기마다 환자수가 증가하여 금년에 총 4,930명을 진료하였습니다. 정부에서 운영하는 제중원과 영국의 성공회 진료소에서는 돈을 받지 않지만, 비록 저렴하기는 해도 우리 병원과 진료소에서는 약값을 받고 있습니다. 금년에 우리 교인의 수는 정교인 11명, 학습교인 27명, 총 38명입니다.

1889년: 금년은 모든 사역에 있어 최선을 다한 한 해였습니다. 학생 수는 82명이 되었고, 아펜젤러 선교사는 긴 내지 여행을 다녀왔습니다. 출판 인쇄 사역은 올링거의 지도 아래 시작이 되었는데, 우리는 그에게 큰 책임감을 느낍니다. 맥길 선교사가 한국에 도착하였고, 그는 애오개의 의료 사역을 담당하였습니다. 금년 환자의 수는 감소하였는데, 그 이유는 메타 하워드의 보구여관에서 치료를 받은 여성 환자들의 수는 포함하지 않았기 때문입니다. 우리의 환자 수는 3,939명이었습니다. 지난 4년 동안 12,200명의 환자를 진료하였습니다.

1890년: 선교를 시작한지 5년째 되는 해입니다. 금년에는 특별히 한글번역에 집중하였습니다. 우리는 감리교의 교리와 장정, 종교 조례와 일반적인 규칙, 주기도문, 십계명 그리고 사도신경을 번역하였습니다. 성경 번역작업이 보다 체계적으로 시작되었으며, 스크랜톤과 장로교의 언더우드 선교사가 신약성경 전체를 번역하는 일을 준비하도록 임명받았습니다. 그들은 자신들이 맡은 일을 열심히 감당하였지만, 공교롭게도 두 사람의 가정에 중증환자들이 발생하여 미국으로 돌아가야만 했습니다. 맥길 박사가 상동 진료소에서 의료 사역을 시작했는데, 그의 헌신과 수고가 상동 교회의 성장에 큰 도움이 되었습니다. 메타 하워드 박사가 건강상의 문제로 미국으로 돌아갔기 때문에, 여성 환자들을 치료하는 일은 다시 남성선교부가 맡게 되었습니다. 학교 사역은 크게 부흥하고 있고, 사람들의 관심을 끌고 있습니다. 현재 60명의 학생이 등록되어 있습니다. 올링거 선교사가 제물포에서 사역을 시작하였습니다. 금년의 교인 수 현황은 정교인 9명, 학습교인 36명, 총 45명입니다.

1891년: 금년에 스크랜톤 박사의 가정이 예기치 않았던 일로 인해 미국으로 돌아가야만 했습니다. 그의 딸 중에 한 명(*어거스타)이 심하게 아팠기 때문입니다. 작년 겨울부터 병원과 진료소에서 복음을 전하기 위한 특별한 시도가 있었습니다. 진료소에서만 800권의 책과 소책자들이 팔렸습니다. 진료소에서는 매일 치료를 받으러 오는 환자들과 입원 환자들을 위해서 체계적인 교육이 진행되고 있습니다. 금년에는 가장 많은 수의 환자들을 치료하였는데, 총 7,533명입니다. 우리 병동은 언제나 환자들로 가득 차 있습니다. 여기에서 기독교 복음에 대해 가르치는 것은 널리 씨를 뿌리는 것과 같습니다. 이 사람들은 전국 각지에서 와서 치료를 받고 가기 때문에, 의료사역의 결과를 직접 계산하기는 어렵습니다. 하지만 그들이 우리의 명부에 올라있지 않다고 하더라도, 복음에 관심을 보이며 고향으로 돌아간 그들이 결국에는 반드시 열매를 맺을 것입니다.

스크랜톤 박사가 미국으로 가기 직전에, 병원에서 몇 년 동안 그를 돕고 있는 그의 조수(*한용경을 말함)가 우리 사역에 대해 다음과 같은 글을 썼습니다. 그는 이 글을 쓰면서 학교에 다니는 친구들의 도움을 받은 것 같습니다. 글이 다소 길고, 그의 성격이 드러나는 면이 있기는 하지만, 흥미로운 내용이 담겨있습니다. 그가 언급하는 책들은 배재학당의 학생들이 우리 병원의 병동을 기숙사로 사용할 때 거기에 있었던 것입니다. 다음은 한용경 씨가 한 말입니다:

"저는 일찍이 외아문(*오늘날의 외교통상부)에서 영어를 공부하였습니다. 위대한 미국에서 와서 정동에 살고 있는 아펜젤러 선교사가 영어를 가르친다는 말을 듣고, 저는 그에게 가서 일 년 동안 영어를 배웠습니다. 그리고 선생님이 하시는 일, 그 분의 습관과 매너를 지켜보았습니다. 그 분의 행동에는 질서가 있었고, 올바른 사람이라는 생각이 들었습니다. 저는 그 분이 무언가 훌륭한 교리를 공부하고, 그것을 실천하고 있다고 믿었습니다. 지금까지 저는 천주학에 대해서만 들었습니다. 그리고 천주교인들의 행동을 보지 못하였기 때문에, 그것이 잘못된 것이라고는 생각하지 않았습니다. 제가 의구심에 사로 잡혀있을 때, 제 동료 중에 한 명이 이런 말을 했습니다: '스크랜톤 박사님이 우리에게 주신 신약성경을 보십시오.' 그것은 예수님의 도에 관한 책이었습니다. 그들은 모두 말했습니다; '우리는 그것을 공부하지 않을 것입니다.' 그리고 그들은 학교를 떠날 생각을 하였습니다. 하지만 저는 선생님들에게서 그 어떠한 나쁜 모습도 보지 못하였기 때문에, 그들의 말에 의문이 생겼습니다. 그래서 저는 동료들에게 성경책을 달라고 하였습니다. 비록 그 의미를 분명히 다 알지는 못해도 성경에 나쁜 내용이 적혀 있지 않기 때문에, 저는 성경에 대해 더 알기를 원했습니다. 저는 아펜젤러 선생님에게 성경에 관해 질문을 했고, 그는 저에게 '신독통론'이라는 책자를 주었습니다. 거기에는 다른 것들도 있었지만, 공자의 가르침과 하나님의 은혜 그리고 예수님의 공로에 관한 내용이 있었습니다.

이러한 이유도 있었지만 무엇보다 스크랜톤 박사님을 도우면서 그 분의 사역을 보아왔기 때문에, 저는 성경을 공부해 보기로 결심하였습니다. 스크랜톤 박사님은 아침저녁으로 더러운 상처와 위험한 질병에 걸린 거지들을 모아 돌보셨습니다. 그들은 박사님의 친구들이었고, 그 분은 다른 것은 말할 것도 없고, 많은 죽어가는 사람들에게 생명을 주었습니다. 금년에 모든 사람들이 박사님께서 소경에게 눈을 주었다는 소문을 들었습니다.(*스크랜톤 박사의 백내장 수술을 두고 하는 말임). 그들은 박사님이 나무와 돌 그리고 동물들까지도 깨어나게 할 수 있을 것이라고 말했습니다. 모든 한국 사람들이 이렇게 말합니다: '만약에 모든 외국인들이 박사님처럼 한다면, 우리는 그들이 하는 말을 믿을 것입니다.' 예수님이 그 분의 능력으로 병을 치료하고, 놀라운 기적을 행하여 12제자들의 마음을 감동시킨 적이 있습니다. 마찬가지로 사람들은 마음이 감동을 받을 때 감사를 표시하였습니다. 저도 그들처럼 이전에는 확실하게 믿지를 못했습니다. 하지만 이런 일을 보면서 제 심령에 큰 울림이 있었습니다. 저는 하나님의 선하심과 예수님의 공로를 잊을까 두렵습니다. 제 육체는 연약할 뿐 아니라 저에게는 아무런 재능도 없습니다. 저는 불결한 습성에 찌들려 있고 많은 죄가 있습니다. 이 세상의 많은 직업과 일 가운데 의사가 가장 중요한 것처럼 보입니다. 이것은 저 뿐만이 아니라, 모든 사람들이 똑같이 하는 말입니다. 만일 박사님처럼 견고한 마음을 가진 사람들이 한국에 많이 있다면, 우리의 심령도 자연스럽게 깨어져 열릴 것입니다. 1890-1891년에 외국 의약품과 화학제품을 한글로 표기하는 용어들이 정리되었습니다."

스크랜톤 박사가 미국으로 떠난 후, 맥길 선교사가 모든 의료사역의 담당자가 되었습니다. 그는 상동교회의 주일 참석 인원이 10-30명쯤 된다고 보고하였습니다. 영국 성공회 소속의 와일즈(Wiles) 박사가 스크랜톤 선교사가 없는 동안, 보수도 받지 않고 우리 정동 시병원에서 환자들을 진료해 주셨습니다. 와일즈 박사님께 감사를 드립니다. 아펜젤러 선교사가 종로에서 새로운 사역을 시작하였습니다. 굿셀 감독님은 제물포 지역의 책임자로 아펜젤러 선교사를 임명하였습니다. 홀 박사가 금년 말에 한국에 도착해서 의료사역에 동참하게 되었습니다. 금년에 등록한 학생 수는 52명입니다. 그리고 신약성경이 공식적으로 학교 교과과정에 편성되었습니다. 또한 학생들이 어떤 방식으로든 일을 해서 지원을 받는 경우를 제외하고는, 모든 학생들에 대한 일괄적인 무료 재정 지원은 중단되었습니다. 존스 선교사는 평안도 지방으로 700마일 이상의 오랜 내지여행을 감행하였는데, 그 결과는 아주 고무적입니다. 교인의 수는 정교인 15명, 학습교인 58명 총 73명입니다.

1892년: 금년 1월에 올링거 선교사가 편집인이 되어 코리언 레포지토리가 창간되었습니다. 이것은 한국에서 영어로 발간되는 최초의 외국 간행물입니다. 3월에 스크랜톤 박사 가족이 한국으로 돌아와서 의료 활동을 재개하였습니다. 그동안 장로사 직분을 맡았던 아펜젤러 선교사가 안식년을 맞아 미국으로 떠났고, 대신 멜라리유 감독은 스크랜톤 박사를 새로운 장로사로 임명하였습니다. 존스 선교사는 교육 분야를 맡게 되었는데, 그가 충분히 감당할 수 있는 직책입니다. 노블 선교사 부부가 가을에 한국에 도착하였고, 그는 존스 선교사와 함께 학교 사역을 신실하게 담당하고 있습니다. 금년에 언더우드, 스크랜톤, 아펜젤러 선교사가 한글로 번역한 마태복음 30부가 출판되었습니다. 가장 많은 부분을 번역한 사람은 아펜젤러입니다.

금년에는 한국인들의 본성을 더 깊이 있게 경험할 수 있었습니다. ... 서양 사람들만 개혁을 한다고 자랑할 일이 아닙니다. 이곳 한국에서도 우리가 주목할 만한 눈에 띄는 변화가 있었고, 우리는 그것을 기쁘게 생각합니다. 우리 선교사들도 한국 형제들과 더욱 가까워졌습니다. 오랫동안 존재했던 장벽의 일부가 제거되고, 한국 형제들도 진심으로 우리 선교사들에게 그들의 마음 문을 열고 있습니다. 이것은 인종 편견을 없애고, 서로간의 기독교적인 신뢰를 형성하는 데 큰 진전이 이루어졌음을 의미합니다. 그러한 신뢰는 공동의 선에 대한 소망과 그것을 추구하는 예리한 통찰력에 근거한 것입니다. 이러한 일이 학교에서 시작되었고, 존스 선교사가 이 새로운 일에 중추적인 역할을 담당하고 있습니다. 참으로 감사한 일입니다.

맥길 선교사는 금년에도 도서 판매를 진행하고 있는데, 그는 이 일에 탁월한 능력을 가지고 있습니다. 멜라리유 감독님은 그를 원산의 개척선교사로 임명하였고, 광활한 한국의 동부지역을 담당케 하였습니다. 또한 감독님은 볼드윈 채플과 이화학당 구역을 새로 만들고, 스크랜톤 박사를 책임자로 임명하였습니다. 이 새로운 사역이 큰 기대 속에 시작되었고, 새로 건축된 볼드윈 채플은 금년 성탄절에 봉헌예배를 드렸습니다. 여러분들이 아시다시피, 금년에는 우리 사역자들이 여러 곳으로 흩어지게 되었습니다. 그러나 우리의 사역은 결코 약화되지 않고, 오히려 더 강화되었습니다. 존스 선교사는 계속해서 제물포 지역을 담당하면서, 새롭게 강화구역을 신설하였는데 이 지역은 큰 기대를 모으고 있습니다.

홀 박사는 평양으로 파송을 받았습니다. 그는 존스 선교사와 함께 평양을 거쳐 의주까지 700 마일 정도의 여행을 하였는데, 그는 이 지역을 돌아본 후에 평양에 선교를 개척하는 일이 가장 시급하다고 하였습니다. 아펜젤러 선교사가 예전에 이 지역에 복음을 전한 적이 있었습니다. 그리고 존스와 맥길 선교사도 이 사역지들을 둘러보고 도움을 주었습니다. 이 지역에 있는 얼마 되지 않는 학습교인들에 대한 기대는 아주 크지만, 선교사들은 서울의 사역이 너무 바빠 그들을 돌 볼 여유가 없습니다. 홀 박사는 평양에 사역자를 파송하는 것을 촉구했고, 그곳에 파송되는 사람에게는 2년 동안 적어도 절반 정도의 월급은 지불해야 한다고 주장하였습니다. 그는 다음과 같이 썼습니다: "우리는 성령의 역사하심을 믿습니다. 그 분은 우리를 실망시키신 적이 결코 없습니다." 홀 박사는 자신의 신앙과 행동의 일치를 모범적으로 보여주고 있습니다.

금년 연례 모임에서 자격증을 받은 2명의 전도사들과 권사들 중의 한 명은 배재 학당의 학생이었습니다. 학교에는 53명이 등록되어 있습니다. 출판사는 올링거 선교사의 지도하에 성장하고 있으며, 우리가 가장 소망하는 것은 1,130,860 페이지에 달하는 방대한 양의 자료를 영어, 한글 그리고 한자로 인쇄하는 것입니다.

1893년: 금년의 결과를 종합해 보면, 작년에 우리 선교사들이 여러 지역으로 흩어진 것이 현명한 일이었음을 알 수 있습니다. 이로 인해 교회 성도 수가 두 배로 증가하였습니다. 포스터 감독님은 노블 선교사를 애오개에 파송하였습니다. 우리 학교가 기독교 계통이라는 것이 한국인들에게 더 선명하게 부각되었고, 그들이 기독교에 대해 더 알기를 원한다는 사실이 우리에게 큰 격려가 됩니다. 남자 학생들에 의해 진행되는 기도회를 통하여 그들의 마음이 움직이기 시작하였고, 좋은 결과를 얻고 있습니다. 학생 수는 49명입니다. 존스 선교사가 신학반을 시작하였는데, 저는 이것이 더 계속되어야 한다는 목소리를 지속적으로 듣고 있습니다.

아펜젤러 선교사가 안식년에서 돌아와 학교 사역을 맡았고, 존스 선교사는 복음전파에 집중하기 위하여 제물포로 이사를 하였습니다. 제가 가장 바라는 것은 바로 이렇게 사역이 세분화되어 가는 것입니다. J.B. 버스티드 박사가 가을에 한국에 도착하여, 정동 시병원에서 사역을 시작하였습니다. 헐버트 선교사가 금년 말에 돌아와 출판사 일을 맡았습니다. 올링거 선교사가 미국으로 철수한 후에, 그간 출판사 편집인 자리가 비어 있었습니다.

스크랜톤과 아펜젤러 선교사는 5인으로 구성된 성서번역위원회에서 성경 번역 작업을 계속하고 있습니다.(*이 글을 쓰고 있는 1895년 현재, 마태복음은 개정이 되었고 마가복음은 아펜젤러 선교사가 번역을 하고 있습니다. 로마서는 스크랜톤 박사가 번역을 해서 위원회에 제출한 상태입니다. 이외에도 각 번역위원들은 지금까지 번역한 것보다 더 많은 분량의 구약과 신약을 번역할 것입니다. 성경번역과 더불어 우리 선교회에서는 교리문답, 성서 이야기 책, 주일학교 공과와 찬송가를 상당량 한글로 번역하였습니다. 이것은 남성 선교부와 해외여선교회가 서로 협력하여 이루어낸 성과입니다.)

진료소에서 치료받은 환자의 수는 5,087명입니다. 봄에 평균적으로 120여 권의 소책자와 쪽 복음을 나누어 주었습니다. 병원이나 진료소에서 매일 세 번의 예배가 드려졌습니다. 입원한 환자 수는 매달 평균 8명입니다. 저희들은 진료소를 찾는 사람들 중에 예수님만이 구원하시고 치료하시는 분이라는 말을 듣지 않는 사람은 없다고 확신합니다. 금년에 교회 재적 인원은 정교인 68명, 학습교인 173명, 총 241명입니다.

1894년: 금년에 있었던 일은 여러분들이 이미 잘 알고 계시기 때문에 간단히 언급만 하겠습니다. 금년은 한 마디로 무정부 상태의 정치적인 혼란의 시기였으며, 아직까지도 안정을 찾지 못하고 있습니다. 동학반란과 청일전쟁의 물결이 우리를 휩쓸고 지나간 10월에 한국인 한 명이 저에게 이렇게 말하였습니다: "정부의 살육이 시작되었으며, 많은 사람들의 피가 흐르고 있습니다." 저는 의사임에도 가장 큰 의구심에 빠져 있고, 지금 이 시간까지도 사태를 진단하기가 어렵습니다.

홀 박사는 평양에서의 사역을 중단해야 했으며, 김창식 형제는 모진 고문과 핍박을 당한 후에 풀려났습니다. 그러나 평양의 상황은 차마 눈뜨고 볼 수 없을 정도로 참혹합니다. 박해하던 자들은 어디로 간 것인가! 일본군과 청나라 군이 평양을 짓밟고 지나갔습니다. 그러나 이 모든 위기가운데서도 평양의 교인들은 흔들리지 않았고, 주일을 지키며, 함께 모여 기도하였습니다. 그들은 모진 인생의 어려움을 견뎌냈습니다. 전쟁이 끝난 후에 홀 박사는 성도들을 격려하기 위해서 다시 평양으로 돌아갔습니다. 그는 병든 영혼과 육체로 인하여 고통 받는 많은 사람들을 치료해 주었습니다. 그러나 우리가 이해하기 어려운 하나님의 섭리가운데, 그는 자신이 가슴에 품었던 선한 사역을 다 마치지 못하고 하나님의 부르심을 받았습니다. 그는 11월에 이 땅을 떠나 본향으로 돌아갔습니다. 홀 박사는 자신보다 더 오래 한국에 있었던 우리들보다 하나님이 주신 믿음의 시험을 더 잘 통과한 것 같습니다. 그는 모든 일에 자신의 믿음을 지켰습니다.

지난 7월과 8월에는 직업적인 관점에서 본다면, 병원에 아주 특이한 일이 있었습니다. 전쟁 부상자들이 가득 차게 된 것입니다. 당시 버스티드 박사는 미국에 있었기 때문에, 그 대신 홀 박사가 정동 시병원에 큰 도움을 주었습니다. 병원에는 수술을 필요로 하는 많은 환자들이 있었습니다. 이 기간을 제외하고 병원 일은 버스티드 박사의 지도하에 지난 2년처럼 일상적인 일을 반복했습니다. 헐버트 선교사가 맡고 있는 출판사 일은 서양의 어휘들을 동양적인 관점에서 표현하느라 많은 애로사항이 있었지만 훨씬 더 상황이 나아졌습니다. 판매량도 증가하였고, 1,801,440 페이지 분량이 3개 언어로 인쇄되었습니다.

학교 사역은 아펜젤러와 노블 선교사가 맡고 있는데, 등록된 학생 수는 104명입니다. 지금 새로운 정치적인 변화가 일어나고 있는데, 학교에 대한 특별한 요청이 있을 가능성이 높습니다. 선교사들의 보고에 의하면 학생들을 모두 자립하고 있으며, 어떤 학생들은 학교 건물을 돌보고, 어떤 학생들은 출판사에서 일을 합니다. 문학 활동을 하거나 개인교사로 일하는 학생들도 있습니다. 학교 교과과정은 다음과 같이 진행이 됩니다:

"수업은 한글, 한문, 영어 3개 언어로 합니다. 감리교 교리문답이 과정에 들어 있으며, 한국어로 가르칩니다. 교리문답 전체를 외우는 학생들도 몇 명 있습니다. 중국 고전은 한문으로 가르치는데, 교과과정의 주요한 부분을 차지하고 있습니다. 일반 과목, 고대 역사, 물리, 화학, 정치 경제, 음악과 성경은 영어로 가르칩니다. 상급반 학생들 중에 교회와 연관된 사람들이 있고, 모두가 주일 예배와 주중에 이루어지는 기도회에 참석을 합니다."

매일학교를 운영하는 곳이 몇 군데 있는데, 학교에서 가르치는 기독교에 대한 편견으로 인해 출석률은 만족할 만한 수준은 아닙니다. 신학반은 겨울과 늦은 봄에 열렸습니다. 학적부를 정리한 결과 등록된 숫자는 작년보다 5명이 줄었습니다.

1895년: 우리의 지난 10년 사역을 돌아보는 지금, 모든 사역이 일거리가 부족한 것이 아니라 사역자의 부족을 호소하고 있습니다. 주위에 할 일은 넘쳐나며, 우리가 모두 감당하기 어려울 지경입니다. 정규적인 복음 활동이 이루어지고 있는 구역이 8개입니다. 이중 4개는 서울과 그 인근에 있고, 나머지 4개는 항구와 내지에 있습니다. 그 외에 우리에게 학교, 병원, 출판사와 서점이 있는데, 이 많은 일을 어떻게 한국에 있는 8명의 선교사와 미국에 있는 선교사 한 명이 다 감당할 수 있을지 참으로 곤혹스럽습니다. 그동안 한국 정부에서 운영하는 학교(*육영공원)에서 오랫동안 일했던 벙커 선교사가 금년에 우리 선교회에 합류했으며, 아펜젤러 선교사가 맡고 있는 학교(*배재학당) 사역에 동참하였습니다. 학교 사역은 모든 혜택을 누리고 있습니다. 한국 정부가 우리 학교를 인정하고 후원을 해줄 뿐 아니라, 학생들을 채용하기도 합니다. 한 학생은 교수의 직위를 가진 강사로 선발되었습니다. 재적수는 169명이며, 모든 교사는 기독교인입니다. 1895년에 18명의 학생들이 교회에 등록을 하였습니다. 처음 학교 문을 연 이후 지금까지 졸업생 33명이 정부의 여러 요직으로 진출하였습니다. 제가 최근에 선교보고 때도 말씀드렸듯이, 저는 우리 학교가 그 수준에 있어서나 한국 사람들의 기준으로 보거나 정부에서 운영하는 학교를 능가하지 못할 이유가 하나도 없다고 생각합니다. 학교 사역은 다른 어떤 것보다도 한국 사회를 위하여 기독교 교사들을 준비시킬 놀라운 기회를 많이 가지고 있습니다. 이 나라는 곧 그들을 필요로 할 것입니다. 우리의 사역을 위해서도, 그것이 평신도이든 아니면 목회자이든, 기독교인 사역자를 훈련시키는 것은 엄청난 일입니다.

정동에 새로 세워질 교회 건물에 마음이 설레입니다. 지난 9월 주춧돌을 놓았습니다. 성도들의 헌금이 500,000원에 달했는데, 이것은 우리가 주의를 기울이며 처음으로 사역을 시작했던 때와 비교하면 그 상황이 사뭇 다릅니다. 하나님의 말씀은 막히는 곳이 없으며, 일단 복음이 선포된 곳에서는 열매가 맺힙니다. 작년에도 말씀드렸듯이, 출판사는 동양적인 상황에서 서양 방식으로 일을 하다 보니 많은 애로사항이 있었습니다. 그러나 궁극적으로는 사역이 성공적이어서 지난 한 해 동안 훌륭한 결과가 있었고, 사람들의 후원도 많았습니다. 일하는 사람의 수도 10명에서 16명으로 증가하였고, 월급 명세서도 80% 늘었습니다. 인쇄소도 확장을 하였고, 수작업도 활성화되고 있습니다.

 병원 사역도 8년의 준비 끝에 금년에 상동으로 이전하는 것을 마쳤는데, 지금 생각해 보면 현명한 결정이었습니다. 버스티드 박사의 신실한 사역으로 인해 진료소를 시작한 이후 지금까지 40,000명 넘게 환자를 치료하였습니다. 종로에 있는 서점은 성장하고 있으며, 장기적으로 보면 선교사역에 꼭 필요하다는 것이 증명될 것입니다. 저는 조만간 이 서점에 모든 소책자와 출판물이 가득 차고, 한국인 형제들이 (그것들을 마음껏 활용함으로) 보다 더 쉽게 사역을 해서, 우리 선교사들의 짐을 덜어줄 날이 오기를 기대합니다. 서울에 기독교 서점이 많아져서 더 이상 그 서점들의 목적이 오해를 받거나, 의심의 눈초리를 받는 일이 없었으면 합니다. 지금 그러한 방향으로 진전되고 있습니다. 우리의 사역이 축복을 받고 있다는 사실을 모두가 인정하고 있습니다.

 제가 지금까지 기관 사역에 대해서만 설명을 하고, 사람들에 대해서는 별로 말씀을 드리지 않은 것 같습니다. 저는, 만일 그런 일이 가능하다면, 선교사역에 종사하는 각 사람의 기여도를 계량화해서 그들이 얼마나 공헌했는가를 공정하게 평가할 수 있었으면 좋겠습니다. 그러나 하나님이 하신 일에 비하면, 우리가 한 것은 얼마나 사소한 일인지요! 우리가 현재 있는 자리에서 일어나 더 열심히 일하는 대신에, 수전노의 마음을 가지고 가만히 앉아서 그동안 얼마나 모아졌는가를 계산하는데 관심을 기울인다면 그것은 어리석은 일입니다.

우리 모두는 이런 저런 방식으로 하나님의 사역에 동참을 하고 있는 것입니다. 전쟁이 일어나면 어떤 사람은 총을 쏘고, 어떤 사람은 활을 쏩니다. 그리고 창과 칼을 쓰는 사람들도 있습니다. 그러나 목적은 같습니다. 그것은 적을 굴복시키고, 적의 손에서 죽어가는 사람들을 구하는 것입니다. 우리는 자랑할 것이 없습니다. 우리에게 주어진 일을 마친 후에도 우리는 무익한 종에 불과합니다. 우리는 학교나 병원 사역에 너무 과민할 필요가 없습니다. 하나님은 때로는 약하게도 하시고, 때로는 강하게도 하시는 분이십니다. 우리는 힘이 너무 약하다고 슬퍼할 필요도 없습니다. 하나님은 필요에 따라 때로는 적은 수로, 때로는 많은 수로 승리를 이끌어 내시기 때문입니다. 대신에 우리는 하나님의 도구가 되어서 400명 이상의 목숨을 구하고, 그들을 죽음에서 생명으로 옮겼다는 사실에 기쁨을 느끼고 격려를 받습니다. 우리는 그것이 하나님께서 받으시고자 하는 십일조이며, 장차 하나님이 이루실 일이라 믿습니다. 이미 씨가 뿌려진 상태에서는 하나님의 축복가운데, 한 해의 열매가 지난 10년 보다 더 많을 수 있습니다.

8. 헨리 아펜젤러 목사에 대한 회상:
Reminiscences of the Reverend H.G. Appenzeller
(The Korea Methodist, November 10, 1904)

[*이 글은 헨리 아펜젤러 선교사가 1902년 불의의 사고로 세상을 떠나고 난 후, 2년 뒤에 쓰여 진 것이다. 여기에서 스크랜톤은 아펜젤러가 어떤 인물이었으며, 그가 이룬 사역이 얼마나 위대한 것이었는지를 회상하며, 비록 그는 본향으로 돌아갔지만 그의 정신은 지금도 면면히 살아있다고 말한다. 한국 개신교 선교사에 있어 아펜젤러는 특별한 위치에 있으며, 그의 삶은 분명 불멸의 기록으로 남을 것이다. 개인적으로 아펜젤러를 누구보다 더 잘 알았던 스크랜톤의 그에 대한 추억이 이 글을 읽는 모든 이들의 마음을 뭉클하게 한다.]

이제 우리는 한국에서의 개신교 선교 20년을 맞이하였습니다. 20년 전의 옛 모습과 소리는 점점 희미해지고, 기념비적인 일들과 낯익은 얼굴들도 서서히 역사의 뒤안길로 사라지고 있으며, 새로운 한국이 태동하고 있습니다. 한국 선교의 개척자들 명단 에 헨리 아펜젤러의 이름이 들어있지 않다면, 그것은 완전하지 않은 것입니다. 비록 그의 이름을 불러도 이제는 귀에 익은 그의 목소리를 들을 수는 없지만, 그가 우리에게 남겨준 사역이 그를 대변하고 있습니다. 우리는 고요한 침묵가운데 서서 그를 기다리고 있지만, 그는 우리의 곁을 떠나고 말았습니다. 하지만 그의 탁월한 정신, 온화한 모습, 친숙한 행동들이 그의 모든 사역에 깊게 각인되어 있기 때문에, 우리는 그를 결코 쉽게 잊을 수 없을 것입니다.

우리가 20년 전에 알았던 아펜젤러, 그리고 최근에 우리 곁을 떠난 아펜젤러는 자연적인 성품과 한결같은 인격의 소유자라는 면에서 분명 같은 사람입니다. 하지만 그의 육체적인 겉모습은 아주 다릅니다. 제가 그를 처음 만난 곳은 뉴욕 브로드웨이에 위치한 해외선교부였습니다. 당시 해외선교부 건물은 지금 5번가 150번지에 있는 건물처럼 크고 우아하지 않았습니다. 그는 어디에서나 사람들의 주목을 끄는 돋보이는 인물이었습니다. 그는 건장한 체구를 가지고 있었고, 위로 처든 그의 머리와 딱 벌어진 어깨와 등은 아주 보기 좋았습니다. 체중은 180-200 파운드 정도였던 것 같습니다. 얼굴도 윤곽이 뚜렷한 모습이었고, 머리는 곱슬에 숱이 많았으며, 혈색도 좋아서 아주 건강해 보였습니다. 그는 항상 웃는 얼굴이었고, 웃음은 호탕하였으며, 언제나 예의 바르게 인사를 하였는데, 이런 그의 모습에 사람들은 쉽게 끌렸습니다.

그를 처음 만나고 난 며칠 후에, 저는 미래의 동역자인 이 새로운 친구와 가족들을 데리고 아라빅 호에 승선하여 미지의 땅을 향한 항해를 시작하였습니다. 그것은 아직 우리에게는 명확히 알려지지 않은 목적을 이루기 위한 하나님의 신비로운 계획에 동참하는 여정이었습니다. 아펜젤러는 우리 일행의 관리자이자 리더였습니다. 2월 15일 주일, 그는 태평양위에서 우리에게 설교를 하였습니다. 우리의 소망을 더욱 견고히 하는 메시지였는데, 당시 우리에게는 꼭 필요한 말씀이었습니다. 저는 평생에 여러 번 배를 타고 바다를 건너보았지만, 그 날 만큼 거세게 요동치는 바다 물결을 본 적이 없었습니다. 그가 택한 본문의 말씀은 아주 적절하고 긍정적인 내용이었습니다. 이런 그의 설교 스타일은 모든 목사들에게 필요하다고 생각합니다. 그는 항상 희망적이고, 위안을 주는 메시지 또는 바위처럼 견고한 거룩한 믿음의 기초에 대해서 설교를 합니다.

이 날 그는 출애굽기 17:6절의 말씀을 전하였습니다: "내가 호렙 산에 있는 그 반석 위 거기서 네 앞에 서리니 너는 그 반석을 치라 그곳에서 물이 나오리니 백성이 마시리라." 그는 하나님이 자신을 한국으로 부르셨다는 분명한 믿음을 가지고 선교여정에 올랐습니다. 그리고 하나님께서 한국에서 자신을 통하여 역사하실 것이라고 확신하고 있었습니다. 우리가 아주 오랫동안 험난한 여정을 마치고 요코하마에 도착하였을 때, 그는 상륙하기 이전에 우리 모두를 자신의 방으로 불렀습니다. 그리고 우리를 안전하게 이끌어 주신 하나님께 감사의 기도를 드리고, 앞날을 인도해 주실 것을 간구하였습니다.

초창기에 있었던 많은 일들에 대해 자세하게 말하는 것은 불가능합니다. 하지만 선교 초기에 그와 관련하여 제가 항상 가지고 있던 비전은 한국인들과 함께 기독교식으로 첫 예배를 드리는 것이었습니다. 아펜젤러 형제는 서울 중심부에 민가를 구입하였습니다. 그리고 그 집의 안뜰에 있는 방 하나를 한국에서의 첫 성소로 구별하고, 새롭게 도배와 청소를 하였습니다. 방안에 다른 물건은 없었고, 다만 작은 상 위에 정갈하게 성만찬을 준비하였습니다. 이것이 한국인 교회에서 가졌던 최초의 성만찬 예식이었습니다. 이 뜻깊은 예배에는 저와 아펜젤러 그리고 세례를 받은 4-5명의 한국인 성도들만 참석하였습니다. 이 날은 성탄절 아침이었는데, 그는 한국어로 세심하게 설교를 준비하였습니다: "예수의 이름을 부르라 그 분이 자신의 백성들을 그들의 죄에서 구원하실 것이다."

이 시기는 우리 모두에게 아주 비장한 때였습니다. 우리는 아무도 모르게 비밀스럽게 예배를 드려야 했습니다. 그러나 거기에서 우리는 첫 결신자들을 얻었고, 주님이 약속하신 말씀을 체험할 수 있었습니다: "보라 세상 끝날 까지 내가 너희들과 항상 함께하리라."

아펜젤러 형제를 아는 사람이라면, 제 말에 동의하실 것입니다. 그는 다양한 모습을 가진 사람이었습니다. 특히 대중을 사로잡는 탁월한 힘이 있었습니다. 저는 그가 담장의 경계와 위치에 대해 다음과 같이 말하는 것을 여러 번 들었습니다: "농부로서 저는 땅의 가치를 잘 압니다. 어쩔 수 없는 상황이 아니라면 저는 아주 작은 땅도 포기하지 않을 것입니다." 이것은 그가 가진 원칙이었으며, 그는 그 안에서 자신을 아낌없이 내어 던졌고, 자신에게 주어진 일을 결코 포기하지 않았습니다. 그리고 언젠가는 이 모든 것이 결국에는 자신이 이루고자 하는 일에 도움이 될 것이라는 확신을 가지고 있었습니다.

설교 다음으로 그가 마음에 품었던 사역은 교육이었습니다. 그는 자신이 세운 배재학당이 장차 대학으로 발전할 것이라는 기대를 가지고 있었습니다. 또한 자신의 가르침을 받으러 온 모든 사람들이 장차 이 나라를 세워 나갈 미래의 지도자로서 한국을 개혁하고, 의(義)의 왕국을 이루어가는 원동력이 될 것이라고 믿었습니다. 그는 그 힘이 발휘되기를 원했고, 사람들을 진리로 이끄는 정신이 살아있음을 느꼈습니다. 또한 그는 이러한 일이 비록 예견할 수 없는 장애물들을 만난다고 해도, 올바르게 진행될 것이라 확신하였습니다. 그는 자신의 이러한 신념에 대해 언제든 설명할 준비가 되어 있었고, 만일 자신을 대적하는 사람이 나타난다면 자신의 믿음을 위해 싸울 명분을 가지고 있었습니다.

저는 제 글을 읽는 분들이 제가 아펜젤러 형제를 아는 것처럼 그를 아셨으면 좋겠습니다. 그의 많은 사역과 그가 종종했던 권면의 이야기들, 그리고 그의 삶을 지배하고 결국에는 그를 삼켜버린 하나님 나라의 사역을 위해 자신의 전 생애를 불살랐던 그의 모습을 기억했으면 합니다. 그가 우리를 떠날 때의 모습은 처음 선교지에 도착했을 때의 모습과 너무도 달랐습니다. 아마 여러분들도 기억하실 겁니다. 그는 어깨가 굽었고, 탈진한 모습이었으며, 머리는 희어졌고, 중년의 나이임에도 노인처럼 보였습니다. 그 누구도 활동적이고 열정적인 선교사의 삶이 한가롭고 편안한 것이라고 생각하지 말기를 바랍니다. 오히려 선교사의 일생은 러스킨의 말과 아펜젤러의 삶에서 확인할 수 있습니다. 선교사들의 활동적이고 강력한 영혼은, 비록 육체는 날마다 약해져간다고 해도, 매일 자라며 결국에는 대항할 수도 없고, 끌 수도 없는 불멸의 힘으로 나타나 수의(壽衣)를 통해 밝게 빛납니다.

최근 전쟁에서 보여준 일본인들의 삶에 대한 무관심과 자신을 돌보지 않는 모습이 아름다운 믿음으로까지 승화되어 주목을 받고 있습니다. 그 이유는 그들이 믿는 신도(神道)라고 하는 종교에 기인하고 있습니다. 신도에서는 사람이 죽으면 영이 육체로부터 분리되어 조상들이 있는 곳으로 돌아가는데, 그곳은 사람들이 살아있는 동안에 자신이 죽으면 돌아가기를 사모하는 장소라고 합니다. 저는 아펜젤러 형제의 경우도 마찬가지라고 믿습니다. 비록 그는 우리들이 그의 이름을 부를 때 아무런 대답을 하지 않지만, 우리는 그가 자신이 머물렀던 장소와 행했던 사역들 그리고 우리와 함께 계획했던 많은 일들로부터 영원히 떠나갔다고 생각할 수가 없습니다. 그는 이 일들을 위해 자신이 가지고 있던 모든 힘과 재능을 쏟아 부었습니다.

비록 어떤 사람이 일하던 모든 장비를 그대로 놔두고 그 자리를 떠난다고 해도, 그 사람이 살아 있을 때 혼신의 힘을 다하여 쏟아 부었던 그 일이 그가 사랑했던 사람들의 삶속에 구체화된다면, 비록 그는 죽었을지라도 그의 흔적과 가르침 그리고 비전의 힘은 매일같이 더욱 분명히 드러나는 것입니다. 그래서 "그들의 사역이 그들을 따라 다닌다"고 말하는 것 같습니다. 그들은 죽어서도 자신들이 했던 사역을 통하여, 우리가 생각하는 것보다 훨씬 더 실감나게 살아 있는 듯합니다.

9. 윌리엄 스크랜톤 박사: Rev. W.B. Scranton, M. D.
(The Korea Methodist, February 10, 1905)

[*이 글은 미 북장로교 선교부 소속이었던 게일(J.S. Gale:1863-1937) 선교사가 스크랜톤에 대해 쓴 것이다. 그는 캐나다 출신으로 1888년 한국에 도착하여 36년간 사역을 하였다. 연동교회를 설립하였고, 언더우드 선교사가 세운 경신학교의 교장을 역임하면서 김규식, 안창호와 같은 애국지사들을 길러내기도 하였다. 또한 그는 성서번역에 큰 공헌을 세웠으며, 존 번연의 천로역정을 한글로 번역하여 많은 한국인들의 사랑을 받기도 하였다. 비록 교단은 달랐지만, 그는 스크랜톤과 거의 같은 시기에 한국에서 활동하면서 큰 업적을 남겼으며, 스크랜톤 선교사에 대한 존경의 마음을 가지고 있었다.]

미국 북감리교회 소속인 윌리엄 스크랜톤 박사님은 한국 선교 개척자중의 한 분입니다. 그는 서울이 잊혀 진 시대의 유물로 남아 있던 1885년에 한국에 온 사람 중의 한 명입니다. 그는 평화의 왕의 메신저였으며, 의료선교사 신분으로 입국하였습니다. 그는 처음 몇 년 동안, 환자와 고통 받는 자들을 치료하는데 많은 시간을 할애하였습니다. 지금 그는 군인처럼 구레나룻과 턱수염을 기르고 모자를 쓰고 있는데, 그의 과거의 모습은 현재와 많이 달랐습니다. 그의 진료소는 온갖 종류의 질병을 가진 사람들의 집합소였으며, 그는 매일 이 향기롭지 못한 방문자들에게 무료로 의술을 베풀어 편안함을 주었습니다. 저는 약 한 달 전에, 어느 교육에 관한 대중 집회에 갔다가 아주 지적인 전직 관료로부터 스크랜톤 박사에 관한 다음과 같은 말을 들었습니다:

"제 영혼에 어떻게 처음 빛이 비취게 되었는지 여러분들에게 말씀드릴까요? 저는 병으로 인해 죽어가고 있었습니다. 한방(韓方)의 모든 약들을 먹어 보았지만, 아무런 소용이 없었습니다. 저는 마지막으로 스크랜톤 박사님을 찾아 가기로 마음먹었습니다. 그리고 제 눈에는 죽음과도 같이 무시무시해 보이는 의료장비들을 스크랜톤 박사님이 사용하시도록 제 몸을 맡겼습니다. 어차피 저는 죽어가고 있었고 다른 방도도 없었습니다. 박사님은 저를 마취시킨 후에 수술을 하셨습니다. 그리고 모든 불행은 사라졌습니다. 저는 살아났고 박사님이 말씀하신 대로 성경을 읽기 시작하였습니다. 저는 보잘 것 없는 성도입니다만, 여기 계신 젊은 분들은 저보다 더 훌륭한 기독교인이 되시기를 바랍니다."

이 당시는 선교사들이 이 땅의 고통 받는 사람들을 알아가고, 의료사역을 활발히 진행하던 때였습니다. 스크랜톤 대부인(*메리 스크랜톤)은 소녀들을 위한 학교를 시작하였는데, 초창기에는 스크랜톤 박사님이 이 일에도 깊숙이 관여하셨습니다.

한 때 은둔의 왕국이었던 한국의 문호가 개방된 이후에, 스크랜톤 박사님은 청진기를 내려놓고, 성경번역과 복음전도의 사역에 집중하셨습니다. 그는 병자들을 돌보는 어려운 일을 할 때처럼, 새로운 사역에도 기꺼이 헌신하셨습니다. 그는 성경번역위원회의 위원이었고, 멀리 북쪽 내지까지 선교여행을 감행하였으며, 깊은 어두움을 뚫고 새로 시작된 그래서 현명한 지도자의 안내가 절실히 필요한 교회를 담임하는 목회자이기도 합니다.

그가 한국에 온 지 벌써 20년의 세월이 흘렀습니다. 그의 풍부한 경험은 한국의 모든 선교사역의 지경을 넓혀 주었습니다. 그는 지금까지 자신이 걸어온 긴 여정을 통하여, 현재 자신이 맡고 있는 일들을 감당할 수 있는 지식을 축적해왔습니다. 그는 한국이 비록 열강들에 의해 침식당하고 있지만, 결코 가라앉지 않을 것이라는 것과 한국인들의 지성, 감정 그리고 그들의 영혼에 대해 잘 알고 있습니다. 또한 그는 진리의 길을 방해하는 도덕적인 질병과 그것에 의해 침몰되지 않는 길도 알고 있습니다.

저는 그가 부르심을 받은 사명을 감당하면서 행복할 수 있기를 바랍니다. 우리는 그가 모든 선교사역을 지도할 수 있는 충분한 능력이 있으며, 이미 자신이 고난과 시험을 견디면서 선교지의 모든 일을 먼저 겪었기 때문에, 새로 한국에 와서 사역하는 사람들을 이해할 것이라는 사실을 잘 알고 있습니다.

10. 과거와 현재: Past and Present
(The Korea Methodist, March 10, 1905)

[*한국 감리교 선교가 20년에 접어든 시점에서 스크랜톤은 선교 사역의 과거와 현재의 상황을 진단하고 있다. 무엇보다 그는 미국에 있는 성도들에게 한국 교회의 현황을 소개하면서, 한국 교회와 성도들의 모습이 우리가 사도행전에서 마주치는 초대 교회의 모습과 너무나 흡사하다는 점을 상기시킨다. 그는 성령의 역사하심으로 한국 교회가 부흥하고 있으며, 미래의 전망이 아주 밝을 것이라는 확신을 피력한다. 다만 이처럼 부흥하는 선교지에 외국인 선교사의 수와 사역자들이 터무니없이 부족하여 사역에 지장을 받고 있다고 어려움을 토로한다. 본국에서 충분한 인력이 공급되지 않는 상황에서 스크랜톤은 현지인 사역자들을 양성하는 것이 가장 현명한 방법이라고 말하며, 현재 그들에 대한 교육이 얼마나 체계적으로 이루어지고 있는가를 자세하게 설명하고 있다.]

오늘날 아시아에서의 선교 사역과 그 상황은 1세기 때와 비슷합니다. 현재의 선교방법과 아시아인들에 대해 익숙한 사람들이라면, 초대교회에서의 복음 전파가 지금과 너무 흡사하고, 과거와 현재 사이에 즉시 공감대가 형성된다는 사실을 알 수 있을 것입니다. 우리는 오늘의 경험을 통하여 초대 기독교인들의 모습을 보는 것 같습니다. 그들도 지금 성도들과 마찬가지로 이곳에서 저곳으로 옮겨 다니며, 이미 복음이 전파된 곳에서는 서로 격려하고, 찬양을 부르며, 성경을 연구하는 가운데 그 깊은 의미를 찾으려 애쓰고, 같이 기뻐했을 것입니다. 오늘날과 마찬가지로, 그들에게도 골치 아픈 말썽꾸러기 성도들이 있었습니다. 어떤 이들은 교회 안에 진리를 희생시키는 비본질적인 잘못된 가르침을 가지고 들어왔습니다. 어떤 이들은 자신의 지위를 이용해서 사욕을 취하고, 교회의 공동선이 아닌 자신의 안위만을 추구하였습니다. 선생으로 대접받기만을 원하는 사람들도 많았습니다. 어떤 사람들은 핍박과 환란이 오기 전 까지는 믿음을 지키다가 곧 시들어 버렸습니다. 그들은 땅에 깊이 뿌리를 내리지 못한 것입니다. 그러나 주님 안에서 고요하게, 행복과 기쁨을 누리며, 열정적으로 온 마음을 다하여 주님을 섬기면서, 믿음이 연약한 형제자매들에게 빛과 위로가 되어주는 사람들도 있었습니다. 초대 교회의 지도자들도 지금 우리와 마찬가지로 새로운 무리들이 일어나거나, 참된 그리스도의 정신으로 유혹을 이겨내는 성도들의 신실한 모습을 보면서 크게 기뻐하였습니다. 반면에 자신들이 애써 노력을 기울이고 양육하여 많은 결실을 기대했던 사람들이 믿음을 제대로 지키지 못하는 모습을 보면서 큰 슬픔을 느끼기도 하였습니다.

우리가 고국에 있는 후원자들에게 생생하게 전달할 수만 있다면, 이곳 선교사들의 삶과 일상은 큰 흥밋거리가 될 것입니다. 그런 것은 말로 설명하거나 사진으로 보여줄 수 있습니다. 선교사들의 바쁜 일상사, 지방으로의 여행, 동양적인 풍경과 상황, 회심자의 수, 우리에게 필요한 것, 우리 회중의 모습, 그리고 우리의 계획들, 이런 것들은 모두 선교사가 하는 사역의 외형적인 것에 불과합니다. 이런 것은 건물에 비유하자면 기본 골격에 해당하며, 우리의 육체를 감싸는 옷과 같습니다. 진정한 선교사의 삶과 교회의 모습은 날마다 만나는 사람들과의 접촉 속에서 겪는 고민과 그들을 위로해 줄 수 있는 기회, 그들을 교정시키고 훈련해야 하는 일, 때로는 출교시켜야 하는 아픔등과 같은 일상사에 있습니다.

초대 교회 당시 사도 바울도 위와 같은 말을 한 적이 있는데, 그의 말은 선교 사역의 정수를 가리키고 있습니다. 이런 것들을 고국에 있는 후원자들에게 생생하게 전달하는 일은 너무도 어렵지만, 만일 우리가 그들로 하여금 이런 일들에 대해 익숙해지도록 만들 수 있다면, 그들은 진정으로 큰 기쁨을 느낄 수 있을 것입니다. 복음은 사도 바울 시대 이후로 조금도 바뀌지 않았으며, 진정한 성도의 열정과 기쁨도 그 당시에 비해 줄어들지 않았습니다. 사람들은 참으로 더디게 믿으며, 그때와 마찬가지로 지금도 사역자들이 절실하게 필요합니다.

저희들이 하는 사역을 보다 자세하게 마음에 담기 위해서는, 저희가 일하고 있는 이방 세계의 모습을 이해해야 합니다. 로마서와 고린도전후서을 읽다 보면, 거기에 묘사되어 있는 초대 교회의 상황이 지금 우리가 처해 있는 현실과 너무나도 흡사하다는 것을 알게 됩니다. 여러분들이 한국에 있는 성도들에 대해 알고자 한다면, 사도행전을 읽어 보시면 됩니다. 저는 사도행전의 기록이 여러 가지 면에서 서양 기독교인의 모습보다는 한국 교인들의 모습을 더 잘 보여 주고 있다고 생각합니다. 새로운 신자들은 마음에 기쁨이 넘쳐 하나님의 말씀대로 살고자 모든 것을 포기하기도 하고, 신앙적인 일이 아닌 것에는 자신들의 시간을 쓰지 않으려고 합니다. 여러분들은 선교에 관한 서적을 통해서 사도행전의 역사가 지금도 계속되고 있음을 확인할 수 있습니다. 그러나 진정한 성도들의 공동체의 모습은 그들이 축제의 날에 함께 모여 즐거워하고, 세례 받을 준비를 하면서 새로운 삶에 대해 고민하고, 성만찬 식에 참여하여 위로를 받고, 기도회에서 솔직하게 간증하며, 병자와 상가(喪家) 집에서 진심을 담아 부르는 찬송가에 있습니다. 그들은 하나님을 믿는 진실한 모습을 이런 방식으로 나타냅니다.

물론 우리 교인들이 여기저기에 흩어져 있고, 바깥 세상에 있는 사람들의 수에 비해 너무 적다고 실망하는 사람들도 있을 것입니다. 그러나 우리가 지금까지 걸어온 길을 뒤돌아 볼 때, 이런 모습이 오히려 장차 다가올 풍성한 추수의 전조라고 생각합니다. 저희들에게 적대적인 한 서양인이 모든 선교사들을 무정부주의자들이라고 매도한 적이 있습니다. 그러나 그것은 분명 사실이 아닙니다. 하나님의 교회는 어디에 있든 모든 것을 변화시키고 재창조하는 일을 해왔습니다. 현재의 상황들을 더 영광스러운 것으로 계속 바꾸어 나가는 것입니다. 물론 국가는 그대로 남아있고, 민족도 존속할 것입니다. 그러나 사람들의 마음과 행동은 더욱 다변화될 것입니다. 여기 한국에서 우리는 위대한 사역을 앞에 두고 있습니다. 아니 벌써 진행이 되고 있습니다. 하나님이 돌리시는 맷돌이 움직이기 시작하였으며, 하나님의 은혜가 자유롭게 역사하여 그 영광이 드러나고 있습니다. 하나님의 은혜와 영광은 언제나 같이 나타납니다. 우리를 도와줄 사람은 너무 적지만, 이 위대한 사역을 이룰 우리의 모든 계획을 실천에 옮기지 않을 수 없습니다. 만일 우리가 하나님을 온전히 신뢰하지 못한다면, 우리는 즉시 포기할 수밖에 없을 것입니다. 그러나 능력은 하나님께 있음을 알기 때문에, 우리는 힘 있게 일을 감당하였고 결국 그것을 증명하였습니다.

우리 선교사들은 여기저기 흩어져 있는데, 8명의 선교사들이 각 구역을 맡고 있습니다. 이 구역들은 위도 36도를 경계로 남북으로 250마일 거리 사이에 위치해 있습니다. 제가 이렇게 설명을 드려도 아마 여러분들은 감이 잡히지 않으실 겁니다. 한 순회구역이 보통 400-500 마일 되는 범위로 이루어져 있는데, 여기에는 언덕과 작은 마을, 강과 급격한 경사의 산 그리고 평야가 포함되어 있습니다. 금년에는 10명의 선교사들이 이 구역들을 돌보고 있는데, 그들을 도와줄 사역자는 네 명의 안수 받은 현지인 목회자들 뿐 입니다. 이것은 우리가 어떤 경로를 통해서든, 더 많은 사역자들을 공급받아야 한다는 사실을 보여줍니다.

현재 우리는 이 문제를 해결하기 위해서 새로운 선교 정책을 세우고 있습니다. 본국으로부터 적절한 도움을 받지 못한다면, 선교지에서 해결을 해야 합니다. 모든 외국인 선교사들은 자신의 양을 돌보는 일과 자신의 구역 안에 있는 현지인들을 훈련시키는 이중 작업을 하고 있습니다. 열정적으로 사역을 하는 것이 선교지에서 요청되는 모습입니다. 선교사들은 날마다 죄의 속박으로부터 구원을 받은 사람들의 목자입니다. 때로는 그들의 심판자로, 어떤 때는 공감을 나누는 친구로서 그들의 기쁨과 고통을 함께 나누고, 주님의 도우심으로 그들을 거룩한 믿음에 견고하게 세우기도 합니다.

선교사들은 그들이 작은 잎에서 이삭이 되고, 완전히 자라 결실을 맺으며, 구속받은 자들로 추수될 때까지 그 성장 과정을 지켜봅니다. 현지인들을 훈련시키는 일은 지금 우리가 심혈을 기울이고 있는 사역입니다. 일반적인 신학반이나 훈련학교를 개설하는 것은 비용 문제로 인하여 현지인 사역자들과 선교부 모두에게 현실적이지 못합니다. 또한 그들을 일정기간 동안 자기 지역에서 떠나게 하는 것도 바람직하지 않습니다. 그래서 결국에는 현지인들을 훈련시키는 일은 그들이 살고 있는 구역에서 진행하는 것이 가장 좋겠다는 결론을 내렸습니다. 그렇게 하는 것이 그 지역 사람들에게도 자극이 될 수 있습니다.

현지 사역자들을 훈련시키는 방법이 해마다 보다 더 완벽하게 수행이 되고 있습니다. 먼저 모든 순회구역에서 핵심 반을 운영합니다. 각 구역은 5-20개의 그룹으로 형성됩니다. 이 모임에는 속회 지도자, 권사 그리고 본처 사역자들이 참석하며, 그들을 집중적으로 교육시킵니다. 개체 교회의 교인들도 원한다면 자유롭게 참석할 수 있습니다. 오전 시간에는 복음서나 바울서신에 관한 강해가 이루어집니다. 또한 교리문답, 지리 그리고 찬송도 배웁니다. 말할 필요도 없이 찬송 시간이 가장 인기가 높습니다. 오후에는 자립, 결혼에 대한 제도 개혁, 주일 성수, 빚, 일반적인 규칙, 교회 행정, 교육 전반, 그리고 초등학교 학생들을 위한 주일학교 등과 같은 중요한 주제에 대해 전반적인 토론이 이루어집니다. 선교위원회에서는 초등학교 학생들이 따라야 할 교과 과정을 정하였고, 우리는 그 중요성을 기회가 있을 때마다 강조하고 있습니다. 저녁 시간에는 전도사역에 집중하는데, 선교사들이 설교를 하거나 보다 성숙한 현지인 사역자들이 순서를 맡습니다. 이런 방식의 모임과 교과 과정은 시간이 흐르면서 정착화 될 것입니다. 이 모임에 열심히 참석하고 실력을 인정받은 사람들은 지방회에서 진행하는 교육에 초대를 받습니다. 이 과정은 몇 년 동안 지속되며, 이것을 마친 사람만이 신학반에 진학을 하고 연회와 관계할 수 있습니다. 그래서 종합적으로 보면 일 년 내내 모든 순회구역, 지방회 그리고 마지막으로 신학반에서 교육이 이루어지는 체계입니다. 시간이 흐르면서 기초적인 강의는 상급과정에 진학한 능력이 있는 현지인 사역자들이 맡게 될 것입니다. 여성들을 위한 교육과정도 이와 비슷한데 교육을 받은 사람들은 전도부인의 사역을 감당합니다. 이것이 한국에서 성도들을 완전하게 양육하기 위해 복음전도자, 목사, 그리고 교사들을 양성하는 개괄적인 방법입니다.

11. 자립: Self Support
(The Korea Methodist, July 1905)

[*한국에 온 선교사들은 초창기부터 현지인 교회의 자립을 강조하였다. 그 이면에는 중국에서 사역하던 존 네비어스(John Nevius) 선교사의 영향이 컸다. 그는 이른바 자립, 자치, 자전의 선교 원칙을 주장하였다. 그것은 현지인들이 하루 빨리 선교사들의 경제적인 도움에서 벗어나야 하고, 현지인 사역자들을 양육하여 그들로 하여금 교회를 치리하게 하며, 현지인 성도들 스스로 복음을 전하여 교회의 부흥을 이루어가야 한다는 것이다. 이러한 네비어스의 선교 정책은 한국에서 큰 성공을 거두었다. 스크랜톤도 한국 교회의 모습을 사도행전의 초대 교회와 비교하면서, 한국 성도들이 얼마나 열심히 자립을 위해 노력하고 있는가를 자세히 설명하고 있다.]

우리는 종종 사역을 하면서 초대교회 사도들이라면, 우리와 비슷한 상황에서 무엇을 했을까 또는 우리가 당면한 문제와 똑같은 문제를 가지고 있었다면 그들은 어떻게 했을까를 생각해 봅니다. 우리는 성경에서 초대교회의 이야기를 읽다가 깨달음을 얻습니다. 성경을 읽다 보면 현재 우리가 한국에서 선교를 하면서 겪는 일과 초대교회가 경험했던 일들이 전혀 다르지 않다는 사실을 알게 됩니다. 성경에 이런 말씀이 있습니다:

"우리가 너희와 함께 있을 때에도 너희에게 명하기를 누구든지 일하기 싫어하거든 먹지도 말게 하라. 우리가 들은즉 너희 가운데 게으르게 행하여 도무지 일하지 아니하고 일을 만들기만 하는 자들이 있다 하니 이런 자들에게 우리가 명하고 주 예수 그리스도 안에서 권하기를 조용히 일하여 자기 양식을 먹으라 하노라"(데살로니가후서 3:10-12)

또 성경은 말합니다: "훔쳤던 자들은 더 이상 훔치지 말고, 자신의 손을 가지고 좋은 일을 하며, 자신에게 필요한 것은 노동을 통하여 스스로 얻을 것이니라." 성경은 성도들의 헌금과 하나님이 그들에게 주신 것을 한 주의 첫 날에 구별하여 드리는 것에 대해 언급하고 있습니다. 그리고 우리는 성경을 통하여 초대교회의 사도들도 우리와 마찬가지로 성도들에게 처음부터 자립을 추구하고, 서로 상부상조하여 자연스럽게 서로의 짐을 나누어지기를 간절히 소망하였음을 알 수 있습니다. 그 때나 지금이나 성도들은 자신들의 특권과 의무를 상세히 알아야 하고, 자신들의 능력에 따라 이 의무를 신속하고도 적절하게 이행해야 합니다.

한국에서의 교회 자립은 잘 진행이 되고 있습니다. 모임 장소, 교회, 학교건물을 건축하는데 도움을 달라고 요청하는 경우가 점점 줄어들고 있습니다. 우리가 학교를 필요로 하면, 우리 스스로가 학교를 지어야 하는 시절도 있었습니다. 교회를 건축하려면 대개 외국에서 도움을 받아 건축하였습니다. 아직까지도 현지인들의 목회는 미국에서 보내온 기금에 절대적으로 의존을 합니다. 물론 이런 일들은 사라져야하고, 실제로 빠르게 지나가고 있습니다. 그러나 아직도 우리는 현지인 교회에 말로 하거나 편지를 보내서 우리가 생각하는 바를 그들에게 반복해서 전달해야 합니다.

우선, 이곳에서는 "자립"이라는 말이 생소한 단어입니다. 시간이 흐르면서 그 말의 뜻을 어느 정도 이해는 하지만, 아직도 그 개념을 어색하게 생각합니다. 하지만 지금은 서서히 열매를 거두고 있고 성과도 나타납니다. 모든 면에서 자립에 관해 논의를 하고 행동으로도 옮기고 있습니다. 모든 새로운 아이디어들이 마찬가지이지만, 뿌리를 내리기 전에 일단은 사람들의 생각에 스며들어야 합니다. 믿음과 행함은 모두 들음에서 시작됩니다. 최근에 한 형제가 저에게 와서 이렇게 말했습니다: "목사님, 저희 교회에서는 금년에 독립(independence)하는 차원에서 큰일을 계획하고 있습니다." 독립이라는 말이 다소 놀랍게 들렸지만, 저는 그 형제와 그가 하는 많은 선한 일들을 알고 있었기 때문에, 그리고 자립이라는 단어가 최근에야 한국인들의 마음에 스며들고 그들의 언어에 포함되었기 때문에, 저는 그가 독립이라는 단어를 사용하였을 때 그것이 자립(self support)을 뜻한다는 것을 알았습니다. 그는 이렇게 말하였습니다: "저희는 두 명의 복음전도자들을 후원하려고 합니다. 사람들의 이름이 적힌 쪽지를 모자에 넣고 흔들어서 제비를 뽑은 다음에 거기에 이름이 적혀있는 두 명이 금년에 복음전도자가 되는 것입니다." 이 점에 대해서는 약간의 논쟁의 여지도 있습니다. 그들의 방식이 사도적일지는 몰라도 감리교적인 것 같지는 않습니다. 비록 그가 자립이라는 의미로 말은 했지만, 어쩌면 정말로 독립을 뜻하고 있는지도 모르겠습니다.

자립이라는 개념은 늘 우리에게 있었던 생각이었습니다. 작년 가을에 북쪽 지역에서 자립의 원리에 대해 강조를 하고 실행을 촉구하였을 때 그 반응은 아주 놀라웠습니다. 그들은 열정적으로 일을 시작하였고, 그 결과 외국 선교기금의 도움을 받지 않고 현지인 교회 자력으로 9명의 복음전도자들을 후원하였습니다. 다른 곳에서는 목회자 월급의 절반을 책임지기도 하였습니다. 제물포에 있는 한 교회는 목사님과 두 명의 교사들을 전적으로 책임졌고, 몇 년 동안 교회에 필요한 모든 수리비용과 운영 경비를 지불하였습니다. 그래서 지금은 외국 선교기금은 개척된 지 얼마 되지 않는 약한 교회들을 돕는데 사용하고 있습니다. 최근 연회에서 토론을 거쳐 이렇게 결정을 하였습니다. 자립의 원리를 원칙으로 하고, 가능한대로 현지인 교회들이 2년 이내에 목회자들의 후원을 전적으로 책임진다는 것입니다.

자립이라는 말은 그것을 현지인들의 입장에서 보느냐 아니면 외국인의 입장에서 보느냐에 따라 양면성을 가지고 있습니다. 선교현장에서 우리 선교사들은 이 양면성에 잘 적응해야 합니다. 외국 선교사로서 또한 선교회의 파송을 받은 교회의 대변자로서 우리는 교회를 세우기 위하여 여기에 와있습니다. 물론 이 교회들은 조만간 성도관리, 목회지, 교회의 유지와 후원, 이 모든 면에서 완전히 현지인들이 맡게 될 것입니다. 선교사들은 양부모와 같아서 현지인들이 온전히 이 일을 책임질 수 있을 때 까지 도와주는 것뿐입니다. 현지인들이 할 수 있는 일에 우리가 너무 많이 개입하는 것은 바람직하지 않을뿐더러, 스스로 일어서려고 하는 정신을 해치는 결과를 가져옵니다. 또한 그들을 너무 많이 도와주는 것은 그들의 자립정신을 개발하는 일에 방해가 됩니다. 지금으로서는 현지인들의 자립의 개념이 아직 적극적이지도 않고, 완전히 깨어있지 못하다는 것도 사실입니다.

12. 현재의 상황: Present Conditions
(The Korea Methodist, August 1905)

[*해리스 감독은 원래 로버트 매클레이와 함께 일본의 개척선교를 위해 파송된 선교사였다. 그는 감독으로 선출된 후에 한국과 일본을 동시에 관할하게 되는데, 스크랜톤의 눈에 비친 그는 지극히 친일적인 인물이었다. 물론 그가 오랫동안 일본에서 사역을 했기 때문에 친 일본적인 성향이 있는 것은 당연한 일이지만, 그는 지나칠 정도로 일본에 치우쳐 공정성을 상실하였다. 스크랜톤은 한국이 일본의 식민지로 전락하는 상황에서 많은 한국인들이 기회만 되면, 엘도라도를 찾아 고국을 등지고 해외로 떠나는 모습을 안타깝게 바라보았다. 이런 상황 속에서도 선교사역은 중단 없이 계속되었는데, 비록 선교사의 수가 적고 사역자들이 충분하지 않지만 스크랜톤은 미래의 영적 승리에 대해 낙관하고 있었다.]

오늘 해리스 감독님의 주재 하에 첫 연회를 열게 되어 아주 기쁩니다. 제 기억으로는 제가 처음으로 선교사를 만나 악수를 하고, 선교에 관해 이야기를 나눈 사람이 바로 해리스 감독님이었습니다. 제가 감독님을 처음 만난 것이 1884년 오하이오 주의 클리블랜드였는데, 당시 감독님은 일본 선교사로 사역을 하시면서 미국으로 첫 휴가를 오신 것으로 기억합니다. 감독님은 저희 한국으로 파송된 선교사 일행이 1885년 2월 일본에 도착했을 때에도 가장 먼저 영접해 주셨습니다. 오늘이 첫 선교연회이지만, 그 이전에 20년 동안 연례회가 있었습니다. 첫 연례회는 1885년 3월, 일본 선교 책임자이신 로버트 매클레이 박사님 댁에서 모였습니다. 그 모임에 해리스 형제(*당시는 해리스가 감독이 아닌 평선교사였음)가 참석했었는지 기억이 분명치 않지만, 우리는 일본에 있는 동안 여러 차례 그의 따뜻한 대접을 받았습니다. 우리는 그가 도움을 필요로 하는 모든 이들에게 손을 내미는 선천적인 기질이 있음을 알 수 있었습니다. 우리는 오늘 감독님이 이 혼란스럽고 어지러운 현실 상황 속에서도, 우리와 함께 하셔서 권면의 말씀과 선교 경험을 나누어 주신 것을 기쁘게 생각합니다.

예루살렘 성벽의 한국 부분은 지금 아주 어려운 시기에 쌓여지고 있습니다. 현재 한국의 분위기는 혼란과 불안, 미래에 대한 걱정과 의혹으로 가득합니다. 지금 한국의 정치 상황을 보면 이런 현상은 아주 당연한 일입니다. 한국인들은 내부적으로는 학정에 시달리고, 외부적으로는 보다 더 공격적이고 적극적으로 달려드는 세력들로 인해 고통을 받고 있습니다. 야망과 절망 그리고 두려움으로 인해 한국을 떠날 형편이 되는 사람들은 엘도라도(*황금의 땅)와 새로운 교육의 기회를 찾아 하와이, 멕시코, 미국 본토로 떠나고 있습니다. 그런데 10명의 한국인들이 떠난 그 절망의 자리에 1,000명의 일본인들이 탐욕을 채우기 위해 몰려듭니다.

그러나 이런 불안정한 상태에서도 무역과 상업은 유례를 찾아보기 힘들 정도로 호황을 누리고 있습니다. 한국인들은 수입품을 사들이는 데 전혀 돈이 모자라지 않는 것 같고, 이로 인해 일본과 중국인 상인들만 배를 불리고 있습니다. 활기를 띠고 있는 시장의 모습은 역설적이게도, 불만에 가득 찬 사람들의 배고픔을 보여 주는 것 같습니다. 한때 은둔의 왕국으로 알려졌던 이 나라가 이제는 외부 세계의 새로운 아이디어와 그릇에 더욱 집착하고 있습니다. 그들은 쥐를 잡는 덫에서부터 최근에 발명된 편리한 전기 제품, 서양 교육과 서양 담배에 이르기까지 모든 것을 빨아드립니다. 전차에는 매일 여행객들이 넘쳐나 회사는 처음부터 흑자를 기록하고 있습니다,

선교사들에 관해 말씀드리자면, 그들은 한국의 국가적인 혼란과 불안정으로 인해 당황스러워 하며 많은 어려움을 겪고 있지만, 한편으로는 이런 상황이 선교 사역이 활성화되는 기회가 될 것이라고 믿고 있습니다. 우리 외국인 선교사들은 성공적인 선교를 위해 반드시 필요한 무기를 사용하는 데는 아주 미숙합니다. 우리들은 러일전쟁 초기에 성벽 도시 안주를 점령한 소수의 일본 군인과 같습니다. 그들은 압도적인 러시아 군인들에게 둘러 쌓였을 때, 한국인들에게 무기를 잡게 하고 계속해서 사격을 하면서 시끄럽게 하라고 가르쳐 주었습니다. 러시아 군인들은 이러한 위장된 무력시위에 속아서 물러나고 말았습니

다. 우리는 우리가 방어할 수 있는 것보다 더 많은 출입문을 가지고 있습니다. 우리는 우리가 돌볼 수 있는 것보다 훨씬 더 많은 사람들을 상대하고 있습니다. 우리 선교사들 대부분은 선교 현장에서 사역한지 7년이 채 안되었고, 그 중에 절반은 5년도 되지 않았습니다. 그럼에도 불구하고 우리는 놀랄만한 진전을 이루고 있고, 선교사들이 용기와 인내를 가지고 사역에 임하고 있기 때문에 결국에는 승리할 것입니다.

13. 이 기회의 날: This Day of Opportunity
(The Korea Mission Field, June 1906)

[*1905년은 한국과 감리교 선교 역사에 있어 고난과 시련의 한 해였다. 나라는 을사보호조약을 통해 일본의 식민지로 전락하였고, 교회는 친일적인 해리스 감독의 치리를 받게 되었다. 일본인들이 물밀듯이 이 땅에 들어와 사욕을 채우고, 수탈의 강도는 깊어져 갔다. 그러나 스크랜톤은 이러한 국난의 위기 가운데서도 한국인들이 더욱 강해지고 있으며, 교회의 성장도 멈추지 않고 있음을 상기시키며, 미래에 대한 소망을 잃지 않았다. 그는 특별히 충청 지역의 부흥과 그 지리적 중요성을 강조하면서, 하나님이 감리교가 충청 지역을 차지하도록 인도하셨다고 말한다. 그가 지적한대로 감리교는 이 지역에서 크게 부흥하였으며, 지금까지도 타 교단에 비해 강세를 유지하고 있다. 그 부흥의 이면에는 스크랜톤, 맥길, 샤프 등 미국 선교사와 복정채, 손성영과 같은 한국인 사역자들의 헌신이 있었다.]

한국은 지난 일 년 동안 또 한 차례의 격변기를 거쳤으며, 우리들도 그 충격에 영향을 받았습니다. 이 나라와 한국인들은 오히려 더 강해지고 있습니다. 그들도 시편 기자처럼 "고난당한 것이 내게 유익이라 이로 인하여 내가 주의 율례를 배우게 되었나이다."라고 말하는 것일까요? 한국 사람들은 지금 올바른 길과 정의에 목말라하며, 그 이전에 가지고 있던 이런 단어들에 대한 개념이 아니라, 그 이상의 것을 받아들일 준비가 되어 있습니다. 만일 그것이 사실이 아니라면 어떻게 우리들이 그 많은 사람들을 그렇게 쉽게 예전의 속박으로부터 새로운 가르침과 경험의 광야로 인도할 수가 있겠습니까?

그러나 우리 상황을 잘 이해하고 계시는 분들은 한편으로는 우리가 또 다른 어려움에 직면하고 있다는 사실을 아실 겁니다. 우리들이 지금 하는 일중에 가장 힘든 일은 우리 사역자들을 경계구역 안에 머물게 하고, 그들로 하여금 주어진 사역범위를 벗어나 다른 사람들을 방문하고 그들을 가르침으로 현재 가지고 있는 힘을 과도하게 사용하지 않도록 하는 것입니다. 지금 우리가 안고 있는 짐은 또 다른 기회입니다. 그러나 안타깝게도 우리의 현실은 우리를 애타게 기다리고 있는 그 많은 사람들을 찾아가 가르칠 수 없다는 사실입니다. 만일 우리에게 그들을 찾아갈 수 있는 여력만 남아있다면, 그야말로 수많은 사람들을 교회로 인도할 수 있는 기회가 눈앞에 있는데도 그렇게 하지를 못하고 있습니다.

작년에 저는 서울 경기 지역과 샤프 형제의 갑작스러운 죽음 이후 충청 지역까지 맡아 돌보고 있습니다. 이 지역을 한 번 돌려면 그 거리가 500마일 정도 됩니다. 분기별로 한 번 모든 사람들을 방문하기도 어려운 실정입니다. 이 두 지역에는 세례교인과 학습교인만 모두 5,735명이 있습니다. 그리고 그 숫자는 만일 우리가 아직 드러나게 주일성수를 하고 정기적으로 예배에 참석하고 있지는 않지만, 우리와 함께 하기를 원하는 사람들까지 포함한다면 아주 쉽게 50% 이상 증가합니다.

저는 겨우 두 번 모든 지역을 돌아볼 수 있었습니다. 그러나 한국인 사역자 복정채와 손성영은 네 번에 걸쳐 장기간 심방을 하였고, 한 주에 한 번씩 만나 여러 그룹을 가르쳤습니다. 이외에 저는 서울에서 매달 저를 돕는 모든 사역자들을 만나 몇 차례 그들을 교육하였습니다. 심방을 다니는 곳마다 우리의 사역이 성장하고 있는 모습을 볼 수 있습니다.

우리 감리교 선교에 있어 충청 지역의 중요성을 깨달아야 하고, 그 지역에 필요한 것을 제공해 주어야 합니다. 먼저 충청 지역의 사역은 새롭게 시작하는 것이 아니라, 이미 10여 년 전에 뿌려 놓았던 씨앗의 열매를 거두는 것입니다. 이 지역 사람들의 특성은 북쪽에 있는 사람들처럼 열정이 있다는 것입니다. 이곳이 바로 새로운 모임들과 정당이 생겨나는 지역입니다. 최근에 샤프 형제가 현재 이 지역에 8개의 매우 활동적인 모임이 있다고 말해 주었습니다. 우리는 9번째 모임을 조직하였는데, 이곳의 분기별 모임인 계삭회는 다른 지역을 압도할 것으로 예상합니다. 이처럼 요동치고 에너지 넘치는 곳은 반드시 우리의 돌봄과 관심이 필요합니다. 지금 우리는 충청도 전 지역을 휩쓸고 있으며, 감리교가 조금 더 노력을 한다면 이 지역을 그리스도에게로 이끌 수 있을 것입니다. 이 지역에서는 특히 공주 지부가 중요합니다.

이런 모습을 보면 하나님이 이 지역을 우리가 차지하도록 우리를 부르셨으며, 놀라운 기회를 주셨다는 것을 알 수 있습니다. 또한 이 지역에 우리의 도움을 필요로 하는 사람들이 많이 있으며, 그들은 마치 묻혀있는 금맥과 같습니다. 저는 충청 지역의 사역을 위해서 다른 곳의 사역을 그만 두자는 것이 아닙니다. 다만 우리는 이 지역의 사역도 공정하게 고려를 해야 한다는 것을 말씀드리고 싶습니다.

14. 다시 찾은 강화: KangwhaRevisited
(The Korea Mission Field, May 1907)

[*강화 지역의 선교는 인천 제물포에서 사역을 하던 조지 존스 선교사에 의해 개척이 되었다. 스크랜톤은 1893년 장로사의 자격으로 존스와 함께 처음으로 강화 지역을 방문한 적이 있었다. 그때에는 여러 가지 힘든 점이 많았지만, 1907년 4월 사경회를 인도하기 위해서 강화를 다시 찾았을 때는 기대하지 않았던 엄청난 환대를 받았다. 그의 이번 여정에는 존스와 데밍 선교사, 현지인 사역자인 손승용과 노병선이 동행하였다. 무엇보다 스크랜톤을 감동시켰던 것은 강화 교인들의 열정이었다. 그들은 진정으로 말씀을 사모하고 있었고, 더 배우기를 원하였다. 스크랜톤은 사경회야말로 교인들과 현지인 사역자들을 훈련시키는 가장 좋은 방법이라는 확신을 가지고 있었다. 감리교 선교사 직을 사임하기 두 달 전에 있었던 강화의 마지막 방문은 그에게 잊을 수 없는 아름다운 추억을 남겨주었다.]

아마도 교회의 부흥을 위해 각 지역에서 간간히 이어지는 사경회는 한국 선교사역의 특별한 점일 것입니다. 분명히 사경회는 효과적이고, 모든 외국 선교 사역자들에게 칭찬을 받는 방법입니다. 교회의 모든 현지인 성도들이 외국 선교사에게 훈련과 돌봄을 받는 시대는 오래 전에 끝났습니다. 한편으로는 유감스러운 일이지만, 다른 한편으로는 이런 상황의 변화를 만족시켜줄 수 있는 기구가 있다는 것이 그만큼 사역이 성장했다는 증거이기도 합니다. 만일 이것이 사실이라면 각 교회의 성도들과 현지인 지도자들이 가급적 빠르고, 실제적이며, 효과적으로 훈련을 받는 것이 절대적으로 필요합니다. 왜냐하면 성도들을 개인적으로 돌볼 수 있는 인력이 더 필요하기 때문입니다. 선교사들이 이런 일을 다 할 수는 없습니다. 이러한 훈련을 위해서 조금 전에 말한 사경회가 가장 좋은 방법인 것 같습니다.

강화도의 수도인 강화읍에서 최근에 사경회가 열렸습니다. 사경회가 열리는 그 주간은 기쁨이 넘쳤습니다. 그들의 첫 번째 담임목사였던 존스 선교사가 몇 년 만에 이 지역을 다시 방문하여 사경회를 인도하였습니다. 그가 온다는 소식이 널리 알려졌고, 많은 사람들이 우리를 맞이하기 위해서 그리고 그를 기쁘게 영접하기 위해서 모였습니다. 이번 재방문은 그의 예전 사역 장소를 돌아보는 것이었는데, 그가 처음으로 강화도와 강화읍을 방문했을 때와는 사정이 많이 달랐습니다. 15년 전에는 그가 성벽안쪽으로 들어가려고 했을 때, 성벽을 지키는 간수들에 의해서 제지를 당하였습니다. 그들은 성안으로 들어가기 위해서는 먼저 군 지휘관의 허락을 받아야 한다고 하였습니다.

우리는 그런 허가 절차에 대해서는 들어본 적도 없었습니다. 그러나 이번에는 상황이 달랐습니다. 4월 6일 아침, 우리가 삼판에서 내리자 처음으로 눈에 띈 것은 우리를 반대하는 사람들이 아니라, 교복을 입은 200여명의 학생들과 군인들이었습니다. 그들은 우리를 환영하기 위해 줄을 서 있었고, 이번 우리 방문을 축하하기 위해 특별히 작곡된 찬송가를 힘차게 그리고 진심을 다하여 불렀습니다. 이렇게 경의를 표한 후에, 그들은 3마일이나 되는 먼 거리를 우리 앞서 행진하였습니다. 우리가 길을 가는 동안, 섬의 다른 지역에서 온 학생들이 합류해서 사람들의 수가 더 늘어났습니다. 남녀노소 그리고 어린아이들까지 합쳐 인원이 400명이 넘었고, 우리가 성안으로 들어갈 때에는 마치 점령군과 같았습니다. 그것은 흥에 겨운 성도들의 행진이었습니다.

평양은 믿음으로 유명하고, 황해도 사람들은 깃발을 좋아하며, 다른 지역은 성도들의 수를 자랑합니다. 그리고 강화는 열정과 정열, 아름다운 교제와 합력해서 일을 잘하는 것으로 유명합니다. 도착해서부터 마지막 날 까지, 우리가 목격한 사경회의 가장 두드러진 모습은 열정이었습니다. 이러한 모습은 사경회를 인도하는 강사들에게는 가장 큰 기쁨이었고, 학생들에게는 유익이었습니다.

둘째 날은 주일이었습니다. 이날 우리는 흥겨운 축제를 가졌습니다. 주일학교에는 900명이 참석하였으며, 아침에 모인 성도 수는 1,200명이었습니다. 그러나 소박한 크기의 현지인 교회가 이 인원을 다 수용할 수가 없어, 우리는 시장에 있는 공공기관 건물에서 모였습니다. 존스 목사가 오전에 감동적인 설교를 하였고, 성도들은 주의를 집중해 경청하였습니다. 120명의 남녀와 어린아이들이 세례를 받았습니다. 그리고 하루 종일 집회가 계속되었는데, 주님 안에서 즐거워하고 흥겨운 성도의 교제가 진행되었습니다. 아침과 오후 집회는 성경 말씀을 가르치고, 저녁은 존스 목사가 인도하는 부흥집회 형식이었는데, 사경회는 사람들의 큰 흥미를 끌었고 밤늦게까지 계속되었습니다. 그리고 매번 아쉬운 마음을 가지고 집회를 마쳤습니다. 예정했던 한 주간의 사경회를 마칠 시간이 되자, 그들은 2주 정도만 더 시간을 내줄 수 없느냐고 애원하였습니다. 그러나 우리가 가야할 시간이 되었고, 우리는 도착했을 때처럼 열정적인 무리들과 교회 성도들의 환송을 받으며 강화를 떠났습니다. 만일 시간과 지면의 여유가 있으면, 저는 그들이 어느 날 어떻게 시장에 구름처럼 몰려들어, 영적으로 돈을 바꾸는 자들의 상을 뒤집어엎고 시장 전체를 감리교 부흥집회로 바꾸어 놓았는지, 그 흥미로운 이야기를 들려주고 싶습니다. 사람들은 우리를 마을 밖까지 환송해주었고, 아쉬운 작별 인사를 하였으며, 우리가 시야에서 사라질 때까지 "우리 다시 만날 때 까지" 찬송을 불렀습니다. 우리가 그들을 마지막으로 보았을 때 그들은 아직도 십자로에서 찬송을 부르며, 가슴에 가득 찬 기쁨을 우리에게 실어 보내고 있었습니다.

2주 후에 4분기 모임이 강화에서 열렸는데, 작년에 비해서 성도의 수가 두 배 이상 증가하였습니다. 현재 강화에는 교회가 40개 있고, 성도의 수는 4,247명입니다. 24개의 남녀 학교가 있으며, 학생 수는 400명입니다. 한 남학교는 150명이 넘는 학생 전부가 교회에 다니고 있었습니다. 여학교를 세워달라는 요청이 도처에서 쇄도했는데, 이것은 얼마 전까지만 해도 "여자아이들을 가르쳐서 무엇 하느냐?"라고 묻던 때와는 사뭇 다른 모습입니다. 이런 모든 상황을 종합해보면, 짧은 시일 안에 17,000명의 주민이 있는 이 섬 전체가 적어도 명목상으로는 모두 기독교인이 될 수 있을 것이라는 밝은 전망을 갖게 합니다.

15. 세브란스병원 의과대학:
Severance Hospital Medical College
(The Korea Mission Field, July 1908)

[*1908년 세브란스 의학교는 첫 졸업생 7명을 배출하였다. 이 역사적인 졸업식에 당시 총독이었던 이토 히로부미를 비롯하여 국내외 유력인사들이 모두 참석하였다. 세브란스병원은 캐나다 출신의 의료 선교사인 에비슨(Avison) 박사와 세계적인 부호이자 자선 사업가였던 루이스 세브란스에 의해 설립되고 발전하였다. 물론 많은 선교사 출신의 서양 의사들이 교수진으로 활동하였다. 스크랜톤 박사도 그중에 한 명이었다. 첫 졸업식이 진행되던 1908년에 스크랜톤은 이미 감리교 선교사직을 사임하고, 대한의원의 교수로 봉사하고 있었다.

이 기념비적인 행사에 참석한 스크랜톤은 연사로 등장하여 한국에서의 서양 의학이 어떻게 시작되고, 그동안 어떠한 길을 걸어왔는지 설명하였다. 그리고 특별히 그는 졸업생들에게 축하의 말을 전하는 동시에 감동적인 권면도 잊지 않았다. 한국 의료선교의 진정한 개척자중의 한 명인 스크랜톤으로서는 이 순간이 참으로 감개무량했을 것이다.]

*세브란스병원 의과대학 졸업식: 한국에서의 첫 의대 졸업생들

수요일 오후에 한국에서의 서양 의술 역사에 새로운 이정표로 기록될 사건이 서울에서 있었습니다. 그 날 한국에서 첫 의대 졸업생들에게 학위 수여식이 있었습니다. 이 영광을 안은 기관은 남대문에 있는 세브란스병원 부속 의과대학입니다. 이 졸업식은 의과대학의 교정에 세워진 큰 텐트 아래에서 거행되었습니다, 게일 박사가 사회를 맡았습니다. 총독인 이토 히로부미가 중앙에 앉았고, 그 옆에는 중추원 의장인 김윤식이 자리하였습니다. 이외에 한국 정부의 관료들, 영사관 관계자들, 한국과 일본의 주요 관리들, 그리고 한국인과 외국인을 망라해서 사회 각계각층의 명망 있는 인사들 거의가 참석하였습니다. 특별히 많은 한국의 여성 대표들도 참석을 하였습니다. 전체 참석인원은 대략 천 명 정도였습니다. 한국인 목사의 기도로 졸업식이 시작되었습니다. 사회자의 간단한 인사가 끝난 후에, 스크랜톤 박사가 다음과 같은 연설을 하였습니다:

*한국에서의 서양의학의 시작과 발전에 대한 간략한 역사

오늘 한국에서 첫 의대생이 배출되는 이 뜻깊은 졸업식에 본인이 참석하게 된 것을 영광스럽게 생각합니다. 이 나라에 서양의학을 소개하는데 관계한 모든 분들에게는 특별히 오늘 이 자리가 큰 기쁨의 시간이라 생각합니다. 이 졸업식은 한국에서의 의학 발전에 획기적인 사건이며, 또한 미래의 성장과 연관하여 볼 때 아주 의미 있는 순간입니다. 우리 모두는 오늘의 결실이 있기까지 수년 동안 수고를 아끼지 않았던 세브란스병원과 의과대학 관계자 모든 분들에

게 진심으로 축하의 말씀을 드립니다. 의학기관으로서의 의과대학의 발전은 내외국인을 포함한 한국인 모두에게 새로운 봉사의 장을 열어갈 이정표가 될 것입니다.

약 25년 전 이때쯤이라고 기억됩니다. 미국의 두 선교부에서는 3명의 의사를 선발하여, 이제 막 문호를 개방한 한국으로 보내 기독교 선교를 시작하게 하였습니다. 이 세 사람의 선발과 파송에 관한 정확한 역사적인 순서에 대해서는 말씀 드릴 수 없습니다만, 그 세 사람은 알렌 박사, 저와 헤론 박사였습니다. 제가 이름을 언급한 순서대로 우리들은 한국에 도착하였습니다. 알렌 박사는 원래 중국의 남경에 파송되었습니다. 그러나 한국이 문호를 개방하고 새로운 기회가 주어졌다는 것을 간파한 그는 중국을 떠나 1884. 9. 20일에 한국에 도착하였습니다. 그는 처음 몇 달 동안은 자기보다 먼저 한국에 온 외국인들과 친분을 쌓고, 기회가 되는대로 한국인들과 접촉하느라 의료 활동은 많이 하지 못하였습니다.

1884. 12. 4일은 한국이 문호를 개방하는데 결정적인 역할을 한 날입니다. 이 날 우정국 신설을 축하하기 위해서 연회가 열리고 있었습니다. 그런데 연회가 진행되는 도중에 불꽃이 올랐고, 몇 몇 관리들은 몸을 피했습니다. 그러나 진보파에 속하지 않는 수구파 관리 몇 명의 목이 날아갔으며, 부상자 중에 왕비의 측근인 민영익이 있었습니다. 그는 미국에 파견된 한국사절단의 단장이었으며, 미국과의 수교를 알리기 위해서 세계여행을 마치고 막 돌아온 참이었습니다.

이때 미국의 전권공사였던 푸트 장군이 알렌 박사로 하여금 부상당한 사람들을 치료하게 했고, 특별히 민영익을 잘 돌보도록 하였습니다. 알렌 박사의 수고는 결실을 맺었으며, 이 일로 인해서 오늘 제중원의 뒤를 잇고 있는 세브란스 병원의 위상은 높아졌습니다. 사람들은 왕실을 위한 알렌 박사의 노고에 감사를 표하고, 그의 공로를 인정하였습니다. 제중원은 한국에 설립된 많은 외국인 기관가운데 최초의 기관입니다. 공식적으로 1885. 2. 25일에 문을 열었습니다.

저는 1885. 5. 3일 한국에 도착한 후, 제물포에서 처음으로 알렌 박사를 만났습니다. 도착 다음 날 알렌 박사와 함께 서울에 왔고, 5월 5일에 처음으로 제중원을 방문하였습니다. 그때부터 6월 말 헤론 박사가 올 때까지, 저는 알렌 박사를 도와 제중원에서 일을 하였습니다. 알렌 박사가 왕실 사람을 성공적으로 치료함으로서 서양의학은 특별한 관심을 받았고, 제중원에는 처음부터 온갖 종류의 환자들이 몰려들었습니다. 하루에 백 명이 넘는 환자들이 왔고, 알렌 박사는 그 어떤 조수의 도움도 없이 혼자서 갑자기 밀어 닥친 이 환자들을 돌보아야 했습니다.

헤론 박사가 도착한 후, 저는 (제중원을 그만두고) 감리교 선교부의 후원 아래 제 자신의 병원 사역을 시작하였습니다. 처음에 저는 현재 벙커 선교사가 살고 있는 선교단지 안에 진료소를 열고 일을 시작하였습니다. 그 다음해 6월에는 현재 정동교회 자리에 진료소를 열었습니다. 제 진료소는 시병원으로 알려졌는데, 그 이름은 한국의 왕이 지어준 것이었습니다. 왕(*고종)은 동시에 배재학당과 이화학당이라는 학교 이름도 지어주었습니다. 저는 이곳에서 수 년 동안 매년 5-7천 명의 환자들을 치료하였습니다.

다시 제중원[*현 헌법재판소 일대 구 홍영식의 집에서 개원하였으며, 처음에는 광혜원(1885. 4.12-4.26)이라 불렸으나 곧 제중원으로 이름이 바뀜] 이야기로 돌아가 보겠습니다. 아마 여러분들 중에는 예전의 "외국인 병원" (*Foreign Office Hospital: 외국인들은 제중원을 이렇게도 불렀는데, 그 이유는 제중원이 오늘날 외교통상부에 해당하는 통리교섭통상사무아문 소속 국립병원이었기 때문이다.) 이라고 불린 곳을 기억하실 겁니다. 의과대학은 1886. 4. 10일 그곳에서 시작되었습니다. 알렌, 해론 박사와 언더우드 선교사가 교사진이었습니다.

그 해는 아시아 콜레라라고 하는 무서운 전염병이 돌던 때였는데, 처음으로 서양의학의 효력을 시험받는 시기였습니다. 이 당시 외국인들은 "서양 귀신"이라고 불리며, 아기를 의약재로 사용하고, 아기를 잡아먹기도 하고, 아기들의 눈을 사진기 렌즈로 사용한다는 등 온갖 종류의 중상모략을 받고 있었습니다. 그리고 얼마 후, 배재학당 건물이 건축되었을 때 그 건물 밑에 지하 창고가 있었는데, 한국인들은 그곳이 아기들을 숨기는 장소라고 주장하였습니다. 그리고 직접 창고에 들어가서 소문의 진위를 파악하는 사람들도 있었습니다.

상황은 조금씩 안정되고 있습니다. 1887년(*실제로는 1886년 10/11월 경)에 예전의 외국인 병원은 위치가 더 좋은 구리개(*지금의 을지로 입구 하나은행 본점에서 명동성당 방향)라고 하는 곳으로 이전을 하였습니다. 후에 에비슨 박사가 그 곳에 살았고, 최근에는 거기에서 일본 전시회가 열렸습니다. 그 후에 애니 엘러스가 알렌 박사를 돕기 위하여 1886년에 한국에 왔습니다.(*그녀는 감리교 선교사인 벙커와 결혼하여, 지금은 벙커 부인으로 불리고 있습니다). 그녀는 알렌의 왕실 병원사역과 한국의 여성들을 치료하는 일을 돕고 있습니다.

이 당시 저는 여성과 아이들을 전문적으로 돌보는 병원이 필요하다고 판단하고, 지금 보구여관이라고 알려진 여성전문병원을 시작하였습니다. 현재 이 병원은 커틀러 박사가 담당하고 있습니다. 처음에는 메타 하워드 박사가 최초의 여성 의사로서 이 병원을 맡았습니다. 여러분들이 조금만 시간을 내주시고 인내해 주신다면, 여러 곳에서 의료사역을 담당했던 분들에 대해 잠시만이라도 언급을 하고 싶습니다: 의료사역을 하다가 목숨을 잃은 헤론 박사, 원산에서 수 년 간 수고했던 맥길 박사, 그와 함께 했었던 하디 박사, 부산에서 자신의 병원 일뿐만 아니라 다른 사역을 탁월하게 수행한 어빈 박사, 제물포의 랜디스 박사, 서울의 와일즈 박사, 그들은 모두 의료사역의 선구자들입니다. 평양에서 각각 남녀 의료선교사역을 맡았던 홀 박사 부부, 그리고 결코 명단에서 빠져서는 안 되는 웰즈 박사가 있습니다. 이들은 모두 한국 선교 초기에 의학 분야에서 탁월한 사역을 하였고, 오늘날 한국인들이 외국 선교사들에 대해 호감을 갖게 하는 데 큰 기여를 하신 분들입니다.

의료사역자들은 위에서 언급한 지역에서부터 시작하여, 다른 지역으로 이동하였으며 그 어디에서든 의료선교가 필요한 곳이라면, 그곳에서 의료사역을 시작하였습니다. 그래서 지금은 외국인이든 일본인이든 서양 의료사역을 하는 사람들을 보지 못하는 지역이 없을 정도입니다. 서양인들 뿐 만이 아니라 한국에 왔었던 일본인들에 의한 의료사역도 반드시 언급이 되어야 합니다. 한성병원은 오랫동안 존재하였고, 그 명성이 널리 알려져 있습니다.

특별히 언급해야할 한국 정부 소속의 세 기관이 있습니다. 그 중에 하나가 관립학교인데, 10년 이상 존속하고 있는 의학교입니다. 그리고 오늘날 제중원으로 알려진 정부 병원 소속의 의학교가 있습니다. 제중원은 예전의 외국인병원의 계승자라고 볼 수 있는데, 한국 정부에서 오래 전에 백신의 제조와 접종을 전국에 실시하기 위하여 만든 것입니다. 마지막으로 적십자 병원이 있는데, 이 병원은 최근에 일본이 한국을 지배하면서 생긴 것으로 일본인이 관리를 맡고 있습니다.

오늘 이토 히로부미 각하가 이 자리에 참석하심으로 인해서 이 졸업식이 더 빛을 발하고 있습니다. 한국을 개혁하는데 있어서 그는 한국 정부의 도움을 받고 있는 위 세 기관이 각자 자기의 일을 잘 하고는 있지만, 기대하는 것만큼 한국인들을 위해 제 역할을 하고 있지 못하다고 판단하였습니다. 그래서 그는 이 세 기관을 대한의원이라는 이름 아래 하나로 통합하고, 배런 사토 박사의 조력을 받고 있습니다. 사토 박사는 독불전쟁과 청일 전쟁을 통하여 다양한 경험을 한 의사이며, 공중병원 뿐 아니라 도쿄에 있는 자신의 개인 병원을 통해서도 널리 알려진 인물입니다.

대한의원은 거의 완공이 되어가고 있으며, 곧 개원식을 가질 예정입니다. 이 건물은 벽돌과 석조로 이루어진 전면이 아주 넓은 2층 구조입니다. 7개의 큰 병동이 서로 연결되어 있고, 200-300 병상 규모입니다, 여기에는 의학교, 기숙사와 병원 관계자들의 숙소도 포함되어 있습니다. 이 병원에 대해서는 조만간 더 자세한 소식들이 알려질 것입니다. 이제 다시 한국 최초의 정부 병원에 대한 이야기로 돌아가겠습니다.

제 기억으로는 에비슨 박사가 1893년에 한국에 와서 성공적으로 사역을 시작하였으며, 오늘 이 졸업식이 있기까지 그가 가장 많은 수고를 하였습니다. 그의 탁월한 경영으로 인하여 세브란스병원이 현재의 명성을 얻게 되었고, 1904년 구리개에 있던 병원이 현재 여러분들이 계신 위치로 이전하였습니다. 세브란스 씨의 아낌없는 후원은 세브란스병원이 지역 사회에 유익이 되고, 오늘 첫 졸업생을 배출하는 일이 가능하도록 애를 쓴 수많은 사람들의 수고만큼이나 소중합니다. 굳이 저의 찬하의 말이 아니더라도 여러분들은 지금 세브란스병원이 베풀고 있는 많은 혜택을 목격했을 것입니다.

지난날의 많은 일들을 회상하다 보니 세월이 참으로 빨리 흐른 것을 느낍니다. 생각해보면 실망스러운 때도 있었고, 격려가 된 때도 있었습니다. 결국 그 모든 시간들이 합쳐져 오늘 이 기쁨의 순간이 온 것 같습니다. 세브란스 뿐 만이 아니라 다른 기관들에 대해서도 마찬가지일 것입니다. 어느 한국인이 말한 것처럼 그동안 소경이 눈을 뜨는 역사도 있었고, 여러 가지 놀라운 일들이 많이 있었습니다. 그래서 나무와 돌 그리고 그 어떤 것도 한국인들이 서양의학에 대해 칭찬하는 말을 억제할 수 없습니다. 우리는 확신을 가지고, 아주 흥미롭게 서양의학이 이 나라에서 발전하는 과정을 지켜보았습니다.

오늘은 한국 의학의 새로운 시대를 여는 날입니다. 오늘 졸업생들은 일본에서 공부했거나 외국 의과대학에서 공부하고 돌아온 사람들과 함께 일을 시작할 것입니다. 남자 한명, 그리고 여자 한 명이 미국에서 공부를 하고 돌아왔습니다. 이제 결코 작지 않은 서양의학의 물결이 한국으로 흘러들었고, 이 둘은 잘 조화를 이룰 것입니다. 일본에서는 서양의학을 공부했던 사람들이 그 배운 원칙을 잘 지키고 있습니다. 그리고 서양을 계몽하는 일에도 일익을 담당하고 있습니다. 우리는 한국에서도 졸업생들이 공부한 것에 충실하고, 의학 분야에서 한국이 결코 보잘 것 없는 나라가 아니라는 사실을 증명해 주기를 소망하고 기대합니다. 서양의학이 한국에 많은 혜택을 준 것은 사실이지만, 앞으로 한국도 의학계에 열정과 헌신 그리고 은혜로서 보답할 것이라고 믿습니다.

저는 한국에서 처음으로 서양의학을 공부하고 개업을 하게 되는 이 졸업생들에게 진심으로 축하한다는 말씀을 드리고 싶습니다. 여러분들은 막중한 책임감을 가지고 있음을 기억하시기 바랍니다. 여러분들은 자신이 아닌 다른 사람들에게 봉사하는 직업을 가졌습니다. 앞으로 새로운 직업의 강령을 지키고, 이름이 아니라 행동으로 보여주며, 다른 사람들을 섬기는데 자신의 목숨을 귀하게 여기지 않았던 주님처럼 해야 합니다. 여러분들은 헌신, 끊임없는 연구와 높은 성취감의 유산을 물려받았습니다. 그리고 여러분들에게 위임된 그 가치는 손상되거나 감소해서는 안 됩니다. 여러분들은 선교사들을 통하여 인내와 헌신의 신실한 교훈을 배웠습니다.

저는 또한 다음과 같은 사실을 말씀드리고 싶습니다. 여러분들은 이 나라의 개척자들입니다. 이제 여러분들은 이 나라에서 다음 세대를 위해서 한국의 의학을 안정화하고 발전시켜 나가야 할 의무가 있습니다. 그리고 이러한 일은 현지인 의사들이 해야만 합니다. 외국인들은 이곳에 잠시 머물다가 떠납니다. 그러나 여러분들은 그들이 가르쳤던 것을 계승하고, 한국인들과 여러분들의 조국을 위하여 일을 해야 합니다. 오랜 세월동안 의학 분야에서 봉사했던 많은 선배들의 높은 이상을 간직하고, 의학의 발전과 앞서간 선배들과 그리고 장차 여러분들의 뒤를 따라올 다음 세대를 위해서 여러분들이 할 수 있는 최대한으로 일하시기 바랍니다.

스크랜톤 박사의 순서가 끝난 다음에, 가장 흥미롭고 중요한 학위수여식이 있었습니다. 졸업생들에게 가운을 입혀주었고, 학위는 이토 히로부미가 수여하였습니다. 이 영광스러운 졸업생들의 명단은 다음과 같습니다: 홍종은, 김필순, 홍석후, 박서양, 김희영, 주현칙, 신창희.

학위수여식 후에 이토 히로부미의 축사가 있었는데, 그의 말은 먼저 코쿠보 씨가 한국어로 통역하고, 그 후에 주모토 씨가 영어로 통역을 하였습니다:

"친애하는 신사 숙녀 여러분, 저는 오늘 세브란스 병원의 첫 졸업식에 참석하게 된 것을 특권으로 생각합니다. 저는 졸업생들에게 축하의 말을 전할 수 있는 기회를 갖게 된 것을 기쁘게 생각합니다. 오늘은 그들에게 행복하고 중요한 날입니다. 저는 이 자리에서 에비슨 박사님과 동료 의사들이 한국의 발전을 위하여, 의학 분야에서 보여준 그들의 탁월하고 양심적인 노력에 대해 특별히 감사의 말을 전하고 싶습니다.

한국은 다른 동양의 나라들처럼 의학교가 없었던 것은 아닙니다. 여러분들이 저보다 더 잘 아시겠지만, 한국의학은 서양의학과 비교할 수 없습니다. 특별히 질병의 원인을 연구하는데 아주 중요한 해부학과 임상학적인 분야 그리고 필요한 약을 발견하기 위해서 반드시 필요한 화학적인 연구에 있어서 그렇습니다. 그래서 총독으로 이 나라에 부임하자마자, 저는 한국 정부가 현재의 대한의원을 설립하도록 조언을 하였습니다. 보다 개선된 의학적 치료를 소개하고, 병원부속 의학교에서 서양의학을 가르치도록 하였습니다. 병원은 최근에 문을 열었지만, 졸업생들은 아직까지 없습니다.

오늘 제가 졸업장을 수여한 학생 여러분들은 견문이 넓고 경험이 많은 서양 의사들로부터 문명화 된 의학을 배울 수 있는 아주 드문 기회를 가졌습니다. 이제 여러분들은 모든 과정을 끝내고, 새롭고 중요한 단계에 들어가고 있습니다. 이제 여러분들의 일은 교실에서 배운 것을 현장에서 실습하는 것입니다. 여러분들이 삶의 큰 진보를 이루었다는 점에 대해 저는 최대의 경의를 표합니다. 저는 여러분들이 이 나라 의학 발전에 선구자적인 역할을 해주기를 소망합니다.

그렇게 함으로서 여러분들은 교수님들과 이 나라가 여러분들에게 기대하는 바를 충성스럽게 감당하는 것입니다. 조금 전 미국 총영사 새몬즈 씨가 언급했듯이, 이 병원은 세브란스 씨의 아낌없는 기부에 많은 빚을 지고 있습니다. 그는 총독과 한국 정부가 이 병원에 보여준 협조와 공감에 대해 강조를 하면서, 이것이야말로 세브란스 씨가 그 어떤 것보다 더 좋아할 것이라고 하였습니다.

미국 총영사의 말에 이어, 에비슨 박사가 자신이 처음 한국에 왔을 때의 상황과 의료 사역을 시작했던 일에 대해 흥미로운 발표를 하였습니다. 그는 그것이 결코 쉽거나 희망적이지 않았다고 하였습니다. 끝까지 그의 곁에 남아 인내하면서 공부를 마친 학생들은 많지 않았습니다. 그러나 그의 인내는 보상을 받았습니다. 그의 노력의 결과, 오늘 졸업을 하는 7명의 총명한 학생들을 보는 것이 그에게는 큰 즐거움입니다. 그들의 탁월한 성적을 보면, 어떤 사람들이 말했던 것처럼 한국인들이 뒤떨어진 민족이라는 말이 허구인 것을 알게 됩니다. 에비슨 박사는 이토 히로부미에게 그의 따뜻한 협조와 공감에 대해 감사를 표했습니다. 또한 졸업생들이 개업을 할 수 있도록 공식적인 자격증을 발급해준 점에 대해 감사를 표했습니다. 그는 오늘 이런 행사를 할 수 있도록 도와준 한국 정부의 관료들에게도 감사를 표했습니다. 그는 동서양의 모든 참석자들에게 감사했고, 그들이 오늘 이 행사에 참석함으로서 동양과 서양이 의학과 같은 인류애적인 일에 연합할 수 있음을 보여주었다는 사실을 강조하였습니다. 모든 순서는 M.N. 트롤프 목사의 기도로 끝났습니다.

참고문헌 (Bibliography)

1. 영문 자료

ARBF	Annual Report of the Board of Foreign Missions of the Methodist Episcopal Church
ARWFMS	Annual Report of Woman's Foreign Missionary Society of the Methodist Episcopal Church
CA(NY)	The Christian Advocate, New York
GAL	The Gospel in All Lands
HWF	Heathen Woman's Friend
KM	The Korea Methodist
KMEC	Official Minutes of Annual Meeting of the Korea Mission of the Methodist Episcopal Church
KMF	The Korea Mission Field
KRP	The Korean Repository
KRV	The Korea Review
KWC	Minutes and Reports of the Korea Woman's Conference of the Methodist Episcopal Church
MRW	The Missionary Review of the World

2. 한국어 자료

김명구, 『복음, 성령, 교회: 재한 선교사들 연구』, 예영 커뮤니케이션, 2017

김수진, 『한국 기독교 선구자 이수정』, 진흥, 2006

김용삼, 『대한민국 건국의 기획자들』, 백년동안, 2015

김재현, 『한반도에 심겨진 복음의 씨앗』, KIATS, 2014

김학은, 『루이스 헨리 세브란스: 그의 생애와 시대』, 연세대학교 출판부, 2008)

공병호, 『이름없이 빛도 없이』, 공병호연구소, 2018

릴리어스 언더우드, 『언더우드 부인의 조선견문록』, 이숲, 2008

민경배, 『알렌의 선교와 근대한국외교』, 연세대학교 출판부, 1991

박형우 외, 『윌리엄 B. 스크랜턴 자료집 I』, 공옥출판사, 2018

『윌리엄 B. 스크랜턴 자료집 II』, 공옥출판사, 2019

사우어(C.A. Sauer), 『은자의 나라 문에서』, 한국기독교역사연구소, 2006

서기종, 『이방 여인의 친구』, 동대문교회출판부, 2020

『메리 스크랜톤 자료집』, 동대문교회출판부, 2020

『Heathen Woman's Friend』, 동대문교회 출판부, 2020

셔우드 홀, 『닥터 홀의 조선회상』, 좋은 씨앗, 2003

임연철, 『이야기 사애리시』, 신앙과 지성사, 2019

이경숙 외, 『한국을 사랑한 메리 스크랜튼』, 이화여자대학교출판부, 2010

이동학, 『상동교회백십일년사』, 상동교회출판부, 1999

이덕주, 『충청도 선비들의 믿음 이야기』, 진흥, 2006

　　　『스크랜턴』, 공옥출판사, 2014

이숙, 『초기 개신교선교사들의 한국어교사』, 보고사, 2020

이화역사관, 『이화 110년사』, 이화여자대학교 출판부, 2007

옥성득, 『다시 쓰는 초대 한국교회사』, 새물결플러스, 2016

　　　『첫 사건으로 본 초대 한국교회사』, 짓다, 2016

올리버 애비슨, 『구한말 40여년의 풍경』, 대구대학교 출판부, 2006

엘리자베스 언더우드, 『한국의 선교역사』, 케노시스, 2013

주영하, 『백년식사』, ㈜ 휴머니스트 출판그룹, 2020

장춘식, 『인물로 보는 선교 이야기』, 올리브나무, 2016

조경열, 『애오개 믿음이야기, 1888-2010』, 아현교회 출판부, 2010

조선혜, 『매티 노블의 선교생활, 1892-1934』, 한국기독교역사연구소, 2020

전택부, 『양화진선교사 열전』, 홍성사, 2005

차신정, 『한국개신교 초기 그리스도를 나눈 의료선교사』, 캄인, 2013

찰스 스톡스, 『미국 감리교회의 한국선교 역사, 1885-1930』, 2010

캐서린 안, 『조선의 어둠을 밝힌 여인들』, 포이에마, 2012

한국기독교사연구회, 『한국기독교의 역사 I』, 기독교문사, 1989

호머 헐버트, 『헐버트, 조선의 혼을 깨우다』, 참좋은친구, 2016

헨리 아펜젤러, 『자유와 빛을 주소서』, 대한기독교서회, 1988

『100년 전 선교사, 서울을 기록하다』, 서울역사박물관, 2021